HEYNE BÜCHER

HEYNE SACHBUCH

MICHAEL PEARSON

Der plombierte Waggon

Lenins Weg aus dem Exil zur Macht

WILHELM HEYNE VERLAG
MÜNCHEN

HEYNE-BUCH Nr. 7209
im Wilhelm Heyne Verlag, München

Titel der englischen Originalausgabe
THE SEALED TRAIN
Deutsche Übersetzung von Götz Pommer

Genehmigte, ungekürzte Taschenbuchausgabe

Printed in Germany 1983
Umschlagfoto: Hansbernd Lindemann
Innenfotos: Keystone Press (2); Presseagentur Novosti (11);
Radio Times, Hilton Picture Library (8)
Umschlaggestaltung: Atelier Heinrichs & Schütz, München
Bildteil: RMO, München
Druck und Bindung: Presse-Druck Augsburg

ISBN 3-453-01718-8

Man hat Lenin wie einen Pestbazillus
in einem plombierten Waggon von der Schweiz
nach Rußland befördert.

WINSTON CHURCHILL, *Die Weltkrisis*

Die Fahrt des plombierten Waggons

Vorwort

Im März lebte Lenin ärmlich in Zürich, der emigrierte Führer einer kleinen und extremistischen revolutionären Partei, die auch in Rußland verhältnismäßig wenig Gefolgschaft hatte. Acht Monate später übernahm er die Herrschaft über 160 Millionen Menschen, über ein Sechstel unserer Erde.

DER PLOMBIERTE WAGGON ist die Geschichte dieser vierunddreißig unglaublichen Wochen. Dieser Zug und die seltsame Fahrt durch Deutschland, das damals im Krieg mit dem Russischen Reich lag, sind wichtige und dramatische Glieder in der Kette der Ereignisse. Denn ohne diesen Zug wäre Lenin nicht zu einem ganz bestimmten Zeitpunkt in St. Petersburg eingetroffen, und wenn er nicht nach Rußland zurückgekehrt wäre, hätte die Weltgeschichte einen ganz anderen Verlauf genommen. Denn keiner seiner Genossen besaß Lenins Sinn für den rechten Zeitpunkt, seine Willensstärke, seine geistige Beweglichkeit, sein feines Gefühl für die wechselhaften Stimmungen der Menschen und seine intellektuelle Kraft.

Es gehört zu den großen Ironien der Geschichte, daß Lenin ohne die Hilfe des deutschen Kaisers – jenes typischen Exponenten des kapitalistischen Systems, das Lenin zerstören wollte – nicht hätte erreichen können, was er erreichte. Die Errichtung eines sozialistischen Staats, der, wie Lenin hoffte, die erste Stufe zu einem weltweiten kommunistischen System sein würde, war nur möglich dank deutscher Hilfe, eines deutschen Zuges und massiver finanzieller Unterstützungen von deutscher Seite.

Bei dieser Vereinigung entgegengesetzter Interessen, die der plombierte Waggon verkörperte, ließen sich Lenin und Wilhelm II. auf ein ungeheures Risiko ein. Für Lenin waren der Makel einer Zusammenarbeit mit dem Feind und der Ruf, in den er durch den Zug geriet, nämlich ein Mann mit »schmutzigen Händen« zu sein, politisch äußerst gefährlich – es wurde ihm fast zum Verhängnis.

Für den Kaiser, wenn er es auch nicht ganz glauben mochte, bestand das Risiko darin, daß Lenins Plan zur Weltrevolution sich über die Grenzen Rußlands hinaus verbreiten und ihn mit demselben Schicksal bedrohen würde, das schon seinen Vetter, den Zaren, ereilt hatte.

Und obwohl ihre Interessen so konträr waren, erreichten beide viel von dem, was sie wollten. Lenin bekam seine Revolution, die allerdings nicht gleich das weltweite Ausmaß annahm, mit dem er gerechnet hatte. Und der Kaiser bekam seinen Separatfrieden an der Ostfront und konnte nun seine Streitkräfte in Frankreich konzentrieren – und nebenbei fielen ihm noch große Gebiete des einstigen Zarenreiches zu.

Bei diesem Buch haben mir in Europa, Amerika und Rußland so viele Menschen geholfen, daß ich nicht jeden einzeln nennen kann. Doch möchte ich ganz besonders Hanna Kaiser danken, die mir den Weg in Moskau und Leningrad gebahnt hat und mir auch sonst bei den Recherchen sehr behilflich war. Ebenso möchte ich Schirin Akiner danken, meinem unermüdlichen Russisch-Übersetzer in London. Auch die Übersetzungshilfen von Alla Figoff und Kate Oldcorn weiß ich sehr zu schätzen.

Meine Dankbarkeit möchte ich Fritz N. Platten aus Zürich ausdrücken für seine enorme Hilfe bei allem, was den plombierten Zug und die Rolle seines Vaters betrifft, ebenso danke ich den Direktoren des Verkehrsmuseums der Deutschen Bundesbahn in Nürnberg, die mir so außerordentlich hilfsbereit nähere Einzelheiten über den Zug und die deutschen Eisenbahnen im Jahre 1917 mitgeteilt haben.

Professor John Lukacs vom Chestnut Hill College in Philadelphia, Harry Willets und Dr. Harold Shukman vom St. Antony's College in Oxford, Professor Leonard Schapiro von der London School of Economics and Political Science, Hilda Kukj von der Hoover Institution on War, Revolution, Peace in Stanford (Kalifornien) und Dr. Z. A. B. Zeman waren so freundlich, mir Leitlinien für die Recherchen aufzuzeigen oder das strittigere Quellenmaterial zu diskutieren. Sehr dankbar bin ich auch Dr. Harold Shukman vom St. Antony's College in Oxford für seine Sorgfalt bei der Überprüfung des Beweismaterials für dieses Buch und für seinen Rat, der mir sehr willkommen war.

Große Hilfe habe ich von den sowjetischen Behörden in Rußland erhalten, die mir hervorragende Arbeitsmöglichkeiten und den Zugang zum Gespräch mit sowjetischen Historikern gaben. Hier sollte auch festgehalten werden, daß mir die Arbeit in Moskau durch einen sehr tüchtigen und sehr intelligenten Übersetzer sowie die vorzügliche Lenin-Bibliothek wesentlich erleichtert wurde. Gern würde ich die Namen jener Russen aufzählen, die mir in Rußland behilflich waren, aber das könnte ihnen Ungelegenheiten bereiten, obwohl sie mit amtlicher Billigung handelten. Jedes Buch über Lenin, das von einem nichtkommunistischen Autor aus dem Westen stammt, kollidiert unvermeidlich mit der offiziellen Betrachtungsweise in der UdSSR, denn gewisse Episoden der Revolutionsgeschichte wurden auf Stalins Anweisung hin abgeändert, und obwohl man das in jüngster Zeit wiedergutzumachen versucht, ist noch nicht alles berichtigt. Trotzki zum Beispiel wird in der Sowjetunion kaum erwähnt. Die Rolle, die Sinowjew und Kamenew spielten, wird abgewertet. Und sicher ist die Verbindung mit Berlin ketzerisch, trotz der Publikation der Akten des deutschen Außenministeriums. Allerdings möchte ich meinen russischen Helfern, die dies Buch vielleicht zu Gesicht bekommen, sagen, daß ich bei meinem Rußlandaufenthalt nicht vorhatte, diesem sehr bedeutenden Aspekt das Gewicht beizumessen, das er jetzt in diesem Buch hat.

Dankbar bin ich außerdem den Damen und Herren vom Lesesaal des Britischen Museums und des Public Record Office und, wie immer, auch Joan Bailey von der London Library. Sie alle haben mir sehr geholfen. Auch weiß ich die

Hilfe zu schätzen, die mir in der Bibliothek der School of Slavonic Studies an der London University zuteil wurde, insbesondere die von Hana Komarkova.

Schließlich möchte ich noch Averil Lewis und Sylvia Voller danken, die das Manuskript von Anfang bis Ende getippt haben, und meiner Frau Susan, die bei den Korrekturen mitgeholfen und die Entwicklung des Buches mit durchlebt hat.

1

Die Bibliothek in der Altstadt von Zürich war eigenartig untergebracht. Sie befand sich in der Predigerkirche, einem säkularisierten Gotteshaus aus dem 16. Jahrhundert. Es gehörte zum Gebäudekomplex des Dominikanerklosters am von Bäumen gesäumten Zähringerplatz.[1] Auch am 15. März 1917 brachte dort Wladimir Iljitsch Uljanow – bei Revolutionären besser bekannt unter dem Decknamen Lenin – den Vormittag arbeitend zu. Er tat das jeden Tag, vom Donnerstagnachmittag abgesehen, weil da die Bibliothek geschlossen hatte.

Wie üblich legte er kurz nach 12 Uhr die Bücher auf dem Tisch vor sich hin, säuberlich und ausgerichtet, denn er liebte die Ordnung, zwängte sich dann in seinen alten, abgetragenen grauen Mantel und ging nach Hause zum Essen.

Er trat aus der Tür der Bibliothek und lief durch die Predigergasse mit ihren Läden. Rasch und geräuschvoll schritt er aus in seinen genagelten Bergstiefeln, die er immer trug, eine kleine, drahtige Gestalt. Er ging etwas vornübergebeugt in seinem Mantel, und der schwarze Hut schien für seinen Kopf etwas zu groß geraten.

Er bog zum Neumarkt ein, passierte das Gewerkschaftshaus ›Eintracht‹, wo er manchmal den Abend verbrachte, und lief die Spiegelgasse hinauf, ein steiles Sträßchen mit Kopfsteinpflaster und hohen, düsteren alten Häusern. Und jetzt nahm er schon den Gestank von der Wurstfabrik droben wahr.

Das eine Zimmer in der Spiegelgasse Nr. 14, das er sich mit seiner Frau Nadja teilte, war dunkel und fade möbliert. Tagsüber, wenn die Wurstfabrik in Betrieb war, konnten sie wegen des Gestanks die Fenster nicht öffnen. Allerdings war das in den letzten, bitterkalten Monaten kein allzugroßes Problem gewesen. Nadja war wochenlang krank gewesen und hatte sich noch nicht ganz erholt. Die Nachrichten aus Rußland kamen noch spärlicher als sonst in der ganzen Zeit seit 1914, und es gab kaum Verbindungen zu den Mitgliedern der kleinen und extremistischen revolutionären Partei, die Lenin leitete. Isoliert in der Schweiz und ringsum kriegführende Nationen – allmählich hatte Lenin und Nadja das Gefühl endloser Verlorenheit überfallen. Schlimmer noch, sie waren entsetzlich knapp mit Geld – viel ärmer als jemals in den siebzehn Jahren, die seit ihrer Entlassung aus der sibirischen Verbannung vergangen waren.

Lenin war jetzt 47 Jahre alt. Er hatte einen runden Schädel, der kahl war bis auf einen roten Haarkranz, kleine, dunkle Mongolenaugen und einen Spitzbart. Seine Kleider waren immer zerknittert, seine Hosen ausgebeult und etwas zu lang. »Er ist anzuschauen«, bemerkte sein Freund Gleb Krschischanowski einmal, »wie ein wohlhabender Bauer . . . ein verschmitzter kleiner Muschik.«

Die meisten Menschen fanden ihn bei der ersten Begegnung nicht beeindruckend. Später schlugen seine Augen sie immer in Bann, die sich manchmal, wenn er lächelte, zu Schlitzen verengten. Sie verliehen seinem Gesicht große Beweglichkeit im Ausdruck, eine ungewöhnlich breite Skala von Gemütsbewegung: »Nachdenklichkeit, Spott, schneidende Verachtung, undurchdringliche Kälte, äußerster Zorn«, so Walentinow, ein alter Genosse.

Nadja* war ein Jahr älter als ihr Mann – eine unscheinbare Frau, die im mittleren Alter füllig wurde. In ihrem breiten Gesicht fielen die hervortretenden Augen auf. Das lag an einer krankhaften Schilddrüsenüberfunktion, was Lenins Schwester Anna zu der grausamen Bemerkung veranlaßte, sie sähe aus wie ein Hering.

Nach dem Essen machte sich Lenin fertig, um wieder in die Bibliothek zu gehen. Nadja spülte die Teller in einer Schüssel auf dem Waschtisch ab, und er schlüpfte umständlich in seinen Mantel. Plötzlich klopfte es laut an der Tür, und

---

* Die meisten Historiker nennen Nadja immer *Krupskaja*, was ihr wichtigster Deckname und ihr Mädchenname war. Da die Personen in meinem Buch jedoch stets von Nadja oder Nadeschda Konstantinowna sprechen, folge ich ihrem Beispiel.

Mieczyslaw Bronski, ein junger polnischer Revolutionär, kam hereingestürzt. Erregt glänzten seine Augen. Das Bild, das sich ihm bot, hätte er fast jeden Tag sehen können – die Uljanows, ganz Routine, ganz Normalität –, aber es muß ihn verblüfft haben, weil die Dinge, die er ihnen mitzuteilen hatte, sich so grell davon abhoben.

»Haben Sie gehört?!« rief er, laut Nadja. »In Rußland ist die Revolution ausgebrochen!«

Bronskis Jubelbotschaft war für Lenin derart unglaublich, daß er schwieg, als habe er einen Schock erlitten – er war »ganz verwirrt«, so beschrieb es Nadja später in der *Prawda*. Es war, fast auf den Tag genau, dreißig Jahre her, daß der 17jährige Lenin in seiner Heimatstadt Simbirsk an der Wolga seiner Mutter die Nachricht hatte überbringen müssen, Sascha, ihr ältester Sohn, sei in St. Petersburg als Terrorist verhaftet worden. Und zwei Monate danach hatte sein Lehrer nach ihm schicken lassen, um ihm mitzuteilen, daß Sascha gehenkt worden war. Seine ältere Schwester Anna, zum selben Zeitpunkt verhaftet wie Sascha, wurde auf das Gut ihres Großvaters in Kokuschkino verbannt. Im Dezember, als Erstsemester, wurde er von der Universität in Kasan relegiert, formal, weil er sich an einer Studentenunruhe beteiligt hatte, wenn auch nicht besonders exponiert, in Wirklichkeit aber, weil er Saschas Bruder war.

In Simbirsk mied man die Familie Lenins. Selbst die Nachbarn gingen ihnen aus dem Weg. Und nicht einer ihrer liberalen Freunde begleitete Maria Alexandrowna, Lenins verwitwete Mutter, nach Moskau zum Prozeß gegen ihren Sohn – das mag zu der Verachtung beigetragen haben, die Lenin seitdem für Liberale empfand. Die Familie hatte keinen terroristischen Hintergrund, keine terroristische Vergangenheit. Sie gehörte zum soliden Landadel. Lenins Vater war Zivilbeamter gewesen, Schulinspektor für das Gouvernement Simbirsk, und hatte, wie viele Menschen in Rußland auch in niedrigeren Positionen, das Recht auf den Titel ›Exzellenz‹. Man sprach natürlich über radikale Politik, aber im Rußland der 80er Jahre des 19. Jahrhunderts war es modern, sich als Radikaler zu geben.

Seit diesem traumatischen Jahr[2] hatte sich Lenin der Revolution verschrieben – anfangs als junger Anwalt, bis er verhaftet und für drei Jahre in das sibirische Dorf Schuschenskoje verbannt wurde. Nach seiner Entlassung folgten siebzehn Jahre, die er meistenteils im Ausland, im Exil verbrachte. In Westeuropa zog er von Stadt zu Stadt mit einer kleinen Gruppe von Genossen, die ihm bei der Führung der ›Bolschewiki‹ halfen, einer abgesplitterten Fraktion der Sozialdemokratischen Arbeiterpartei Rußlands (SDAPR).

Die Jahre im Exil waren hart, von Armut gezeichnet. Er mußte ständig im geheimen arbeiten, unter einem revolutionären Decknamen, der dann bekannter wurde als sein wirklicher Name, und ständig überwachten ihn die *schpiks* der Ochrana, der zaristischen Geheimpolizei, die in Paris eine Auslandszentrale unterhielt. Es war ein Leben der chiffrierten und mit unsichtbarer Tinte geschriebenen Briefe, der verabredeten Klopfzeichen mitten in der Nacht von soeben eingetroffenen Genossen. Er war hager, unrasiert, oft hungrig. Traurige Nachrichten über verhaftete Freunde liefen ein. Endlos und oftmals hitzig wurde in den Cafés über sozialistische Theorie diskutiert, denn Lenin war stets mit anderen Revolutionären in bittere ideologische Auseinandersetzungen verwickelt.

Sie lebten in einer kleinen Welt, in einer Welt der Inzucht mit wilden Konflikten zwischen den gegnerischen Fraktionen und strengen Treuebindungen innerhalb dieser Fraktionen. Aber jenseits von Cafés und Revolutionszeitungen war Lenin praktisch unbekannt.

Schon vor dem Krieg war die Gruppe seiner Genossen unglücklich, frustriert und heimwehkrank gewesen – aufrecht erhielt sie nur die Hoffnung, die sich in Karl Marx' Theorie von der Unvermeidbarkeit der Revolution verkörperte. Und nach 1914 nahm das Gefühl der Isolation noch zu.

Bronskis verblüffende Nachricht wirkte daher wie eine Offenbarung auf Lenin und Nadja, wie ein unverhoffter und überwältigender Blick auf das Ziel, für das sie ihr Leben lang gearbeitet hatten. Aber es kam zu plötzlich, sie konnten es nicht gleich glauben oder gar verarbeiten. Voller Zweifel fragte Lenin nach, und der junge Pole antwortete, es sei tatsächlich so, eben seien Sondernummern der Zürcher Zeitungen mit kurzen Telegrammen aus St. Petersburg herausgekommen: In der russischen Hauptstadt sei die Revolution aufgeflammt und habe mit dem Sieg des Volkes ihren Höhepunkt gefunden. Alle Minister des Zaren seien verhaftet worden. Zwölf Mitglieder der Duma – jener Institution, die im autokratischen Rußland einem frei gewählten Parlament am nächsten kam – hätten die Macht übernommen.

Es waren dürftige Fakten, aber für Lenin und Nadja entstanden daraus lebhafte Bilder der Erinnerung. Beide hatten sie in Petersburg gelebt* und gearbeitet, jener Stadt, die Peter der Große auf hundert Inseln in der Newa-Mündung erbaut hatte. Den Aufstand konnten sie sich leicht ausmalen: Die Menge schob sich durch die Straßen, Kosaken standen bereit, um sie auseinanderzutreiben, die Zugbrükken über die Newa waren hochgezogen – so hatten die Zaren seit alters die Stadt in kleine, leicht zu überschauende Sektoren aufgeteilt.

Lenin hatte Jahre damit zugebracht, die treibenden Kräfte des Aufruhrs zu studieren, aber diese Nachricht kam für ihn völlig unerwartet, als große Überraschung. Im Januar hatte er vorhergesagt, Europa, das bereits drei Jahre vom fürchterlichsten Krieg in seiner Geschichte heimgesucht wurde, sei ›revolutionsschwanger‹, aber er glaubte damals nicht, daß so bald eine Revolution stattfinden würde. Und er erwartete nicht, daß sie gerade in Rußland mit seiner Millionen zählenden Bauernschaft ausbrechen würde – sie reagierten nicht, und sie waren nicht militant –, in Rußland mit seiner zurückgebliebenen Industrie, die anderen großen Ländern um Jahre hinterherhinkte. Deutschland und Großbritannien mit ihren

---

* St. Petersburg wurde 1914 offiziell in Petrograd umbenannt, weil der alte Name zu deutsch klang für die kriegerischen Zeiten, aber für die Gestalten dieses Buches war es immer Petersburg oder bloß »Pieter«. Ich folge ihrem Beispiel.
Außerdem verwende ich im ganzen Buch den westlichen Kalender, der heute noch in Gebrauch ist, und nicht den russischen, der 1917 dreizehn Tage dahinter lag.

zigtausend Fabriken und der riesigen, vom Kapital ausgebeuteten Arbeiterklasse schienen für eine solche soziale Explosion viel empfänglicher – vor allem jetzt, da die Arbeiter als Soldaten Dienst tun mußten und scharenweise in den Schützengräben abgeschlachtet wurden.

Nachdem Bronski ihnen das wenige erzählt hatte, was er wußte, stürzte er davon, um die Nachricht den Charitonows zu bringen, die bis zu Lenins Ankunft im Vorjahr die Führer der kleinen bolschewistischen Gruppe in Zürich gewesen waren. Lenin und Nadja ›rissen sich zusammen‹ und eilten durch die vertrauten Gassen der Altstadt, die in den letzten Monaten ihre Heimat gewesen war, zum Bellevueplatz am Zürichsee, der an diesem Nachmittag im Wintersonnenlicht glitzerte.

Unter einer Markise lagen schweizerische Zeitungen aus. Teilnahmslos blickten riesige, geierähnliche Möwen, die immer auf der Ufermauer saßen, darüber hin. Um den Stand drängte sich eine Schar von aufgeregten Emigranten, die es kaum glauben konnten. Lenin und Nadja bahnten sich einen Weg durch die Menge und überzeugten sich, immer noch wie betäubt, mit eigenen Augen davon, daß Bronski die Wahrheit gesagt hatte.

Die ersten Presseberichte erwähnten den Zaren nicht, aber es war klar, daß die Revolution, mochte sie auch sonst nichts erreichen, der langen autokratischen Herrschaft der Romanows ein Ende machen *mußte* – und damit *mußten* auch Tausende von politischen Emigranten in Europa und anderswo wieder heimkehren können. Nach Hause – das war der alles beherrschende Gedanke bei den Männern und Frauen in der aufgewühlten und freudig erregten Menge am Ufer des Zürichsees –, und ebenso dachten die Emigranten, die sich in anderen schweizerischen Städten um die Zeitungskioske drängten.

Selbst jetzt traute Lenin den Nachrichten nicht ganz – »Wenn die Deutschen nicht lügen«, meinte er noch am selben Nachmittag in einem hastig geschriebenen kurzen Brief an seine Freundin Inessa Armand –, und er überschätzte das Ganze nicht. Wenige Mitglieder der Duma waren Sozialisten. Die frühen Phasen würden sich fast mit Sicherheit so ähnlich abspielen wie bei der Französischen Revolution von 1789 – als erste hatten damals Aristokraten die Macht gehabt. Und Karl Marx hatte vorausgesagt, daß Rußland, im Gegensatz zu den höher entwickelten Ländern, eine lange Periode kapitalistisch-parlamentarischer Demokratie durchlaufen müsse, bevor es zum Sozialismus fortschreiten könne. Unter diesen Umständen war die Gefahr einer Konterrevolution ungeheuer groß. Möglich auch, daß man versuchte, die Romanows wieder an die Macht zu bringen – vielleicht als konstitutionelle Monarchen nach britischem Vorbild.

Entscheidend würde auch die Einstellung der neuen Machthaber in Petersburg zum Krieg sein. Während die erregten Emigranten die Nachricht aufzunehmen versuchten – darüber war sich Lenin völlig klar –, tagten in den Hauptstädten der kriegführenden Länder gewiß schon die Minister, hielten Krisenbesprechungen ab und berieten über die eine Frage: Würde Rußland im Krieg bleiben?

Für Britannien und Frankreich, beide sehr geschwächt durch die fürchterliche Somme-Schlacht von 1916 und den zermürbenden U-Boot-Krieg, war es lebenswichtig, daß Deutschland auch weiterhin seine Streitkräfte nicht vereinigen konnte, weil es Truppen im Osten stehen haben mußte. Für Deutschland wiederum war es ebenso wichtig, mit Rußland einen Separatfrieden abzuschließen. Die eine Million starken deutschen und österreichischen Truppenverbände an der Ostfront, die sich von der Ostsee bis zum Schwarzen Meer erstreckte, konnten dann abgezogen und in Frankreich bei einer gewaltigen Offensive gegen die Alliierten eingesetzt werden.

Die Revolution, die in Rußland ausgebrochen war, kam den Männern in der Wilhelmstraße in Berlin zwar sehr gelegen, aber sie alleine reichte noch nicht aus, führte noch nicht zu dem Ergebnis, das sie wollten. Es war unwahrscheinlich, daß die neuen Führer in Petersburg Sozialisten sein würden, denn bei einer Revolution fiel die Macht anfangs eher denen zu, die sich ihr schon unter der alten

Ordnung genähert hatten. Und die russischen Sozialisten hatten sich, wie andere Sozialisten auch, des Kriegsproblems wegen in zwei Gruppen gespalten, die sich heftig befehdeten.

Einige russische Revolutionäre glaubten, erst müsse das imperialistische Deutschland besiegt werden, vorher könne man nicht zum Sozialismus fortschreiten. Andere, die Internationalisten, sahen den Krieg wie Lenin als ganz und gar kapitalistischen Konflikt, der beendet werden mußte, weil er auf beiden Seiten Raubbau mit der Arbeiterklasse betrieb.

Natürlich würden jetzt von den Rivalen in den Hauptstädten der kriegführenden Länder massive Kampagnen in Gang gesetzt werden, um in Petersburg den Ausschlag des politischen Pendels zu beeinflussen – die Deutschen gaben den pazifistischen Internationalisten den Vorzug, die Alliierten stellten sich gegen sie, besonders gegen jene, die als Emigranten im Ausland lebten, denn die hatten sie unter Kontrolle.

Es war erst ein paar Minuten her, daß er die Nachricht selbst schwarz auf weiß gelesen hatte, aber Lenin erkannte gleich: Das würde ein verzwicktes Problem werden. Denn die Alliierten würden wohl keinem pazifistischen Sozialisten bei der Rückkehr nach Rußland behilflich sein. Schließlich könnte er dort für einen Frieden arbeiten, der sich für ihre Interessen fatal auswirkte. Und am allerwenigsten würden sie Lenin helfen, der, wie sich bei Nachforschungen mühelos feststellen ließ, von Anfang an erbittert gegen den Krieg gekämpft hatte.

Und wenn eine Durchreise durch Frankreich, Italien oder Großbritannien unmöglich war, wie sollte er dann nach Rußland kommen? Er mußte nach Rußland, er mußte mithelfen, die Revolution zu bewahren und zu dirigieren. Denn seine Partei war zwar klein – sie hatte kaum 2000 Mitglieder in Petersburg und im ganzen riesigen Rußland nur 45000 –, aber sie hatte ihre stärkste Gefolgschaft beim Proletariat, bei den arbeitenden Massen in der Industrie. Diese Basis ließ sich verbreitern, Lenin wußte das, und er war ein glänzender Stratege. Nie zuvor hatte es die Aussichten gegeben, die sich jetzt für das Volk auftaten: Machtergreifung und Aufbau einer sozialistischen Gesellschaft. Wenn man nicht bald zugriff, bevor die unvermeidliche Konterrevolution zum Gegenschlag ausholte, war die Gelegenheit wahrscheinlich für lange Zeit vertan.

Für Lenin, der noch mit Nadja im Gedränge am Ufer des Zürichsees stand, war die Zeit gekommen, auf die er sich vorbereitet und für die er die Partei gestählt hatte. Doch daß er diese Chance auch nutzen konnte, hing davon ab, daß er so schnell wie möglich nach Petersburg kam. Und das schien an diesem Nachmittag im März in Zürich ungeheure Probleme aufzuwerfen. Fritz Platten, der Sekretär der Sozialdemokratischen Partei der Schweiz, drängelte sich durch die Menge zu Lenin und Nadja. Er war ein großer, schlanker und gutaussehender junger Mann mit einer auffallenden und für einen Marxisten ungewöhnlichen Neigung für breitkrempige Hüte und kunstvolle Krawatten. Wie Bronski war er mit der Nachricht von der Revolution in die Spiegelgasse geeilt, und die Kammerers, die Wirtsleute der Lenins, hatten ihm gesagt, sie seien zum See gegangen.

Lenin versuchte bereits, Pläne zu schmieden. Zu dritt gingen sie zur Post. Lenin schickte ein Telegramm nach Bern an Grigori Sinowjew, seinen wichtigsten Adjutanten und Helfer bei der Führung der Partei, und bestellte ihn sofort nach Zürich zur Beratung. Dann schrieb er schnell eine Postkarte an Micha Zchakaja, den Leiter der Bolschwewiki in Genf. Er hatte ein fertiges Paket an Inessa Armand dabei, die damals in Clarens am Genfer See wohnte. Er öffnete es noch einmal, schrieb eine kurze Notiz für sie und gab es auf.

Ungeduldig wartete Lenin auf Sinowjews Ankunft. In der Zwischenzeit suchte er Bronski auf und fragte ihn, laut Nadja, über einen Schmuggler aus, den Bronski kannte. Ob der Mann ihn nicht durch Deutschland schmuggeln könne? Es war ein recht konfuser, spontaner Einfall, denn als er das Problem von allen Seiten betrachtet hatte, erkannte er, daß das in Rußland womöglich ungeheure politische Nachwirkungen hatte. Welchen Weg er auch wählte, um nach Rußland zurückzukommen, es durfte kein Geheimnis sein.

Und später sickerte durch, daß ihn Bronskis Schmuggler ohnehin nur bis Berlin hätte bringen können.

Sinowjew traf am Abend in Zürich ein, und sie entwickelten in der Spiegelgasse, im Zimmer der Uljanows, ihre Pläne im Stehen und im Gehen, denn sie waren zu aufgeregt, um sich hinzusetzen. »Wladimir Iljitsch und ich liefen sinnlos umher«, so erinnerte sich Sinowjew, »wir standen noch unter dem gewaltigen Eindruck dieser welterschütternden Ereignisse und schmiedeten Pläne.« Begierig auf mehr Nachrichten gingen sie zum Büro der *Neuen Zürcher Zeitung* und versuchten, sich anhand von ›Informationsfetzen‹ ein Bild über die Lage in Rußland zu machen.

Im Augenblick konnten sie nicht viel planen, aber sie wußten einiges über die Männer, die in die Ereignisse von Petersburg verwickelt sein und das zukünftige Gesicht Rußlands gestalten würden. Viele von ihnen lebten wie sie als Emigranten in Europa und Amerika. Andere nahmen an der Revolution teil. Einige kannten sie persönlich, andere nur aus Berichten, aber es waren lauter Namen, die sie sich gemerkt hatten.

Jahrelang hatte Lenin sie studiert, ihre Reden und Artikel analysiert, war jede Information durchgegangen, die er über das geheime Nachrichtennetz der Partei erhielt. Vor zwei Jahren hatte er beispielsweise zu Sinowjew gesagt, er solle ein Dossier über Nikolai Tschcheidse anlegen, einen seiner Gegner bei den Sozialisten und Duma-Abgeordneter in Petersburg. Lenin glaubte bei ihm eine Tendenz zum ›Chauvinismus‹ entdeckt zu haben. »Alle Dokumente gegen Tschcheidse & Co. (die gegen sie sprechen) müssen sorgfältig gesammelt werden«, ordnete er an. Später erwies es sich, daß ihn seine Ahnung nicht getrogen hatte.

Denn der Konflikt in den nächsten Monaten, die die Welt veränderten und Lenins Stellung in der Welt so fantastisch verwandelten und ihn, den armen und unbekannten Emigranten, zur Herrschaft über 160 Millionen Menschen emportrugen – dieser Konflikt hatte seine Wurzeln in der Vergangenheit, in den ersten Jahren des zwanzigsten Jahrhunderts.

2

Im Jahre 1900 ging Lenins dreijährige Verbannung in dem sibirischen Dorf Schuschenskoje zu Ende, aber revolutionäre Arbeit war in Rußland kaum noch möglich – wie er und sein Freund Julius Martow bald feststellen mußten, als sie St. Petersburg besuchten. Der Aufenthalt in dieser Stadt war ihnen immer noch untersagt, weil man sie für Unruhestifter hielt, und die Polizei griff sie sehr rasch auf.[3]

Um die Jahrhundertwende gabe es zuviel Unruhe in Rußland, zuviel Gerede von der Revolution, zu viele Streiks. Und so wählten sie München als Operationsbasis. Sie wollten ein Projekt aufbauen, das Lenin in Schuschenskoje ersonnen hatte – eine Zeitung, die das taktische Rückgrat der Vereinigten Sozialdemokratischen Partei bilden, die Parteimitglieder anleiten und informieren und zudem ein Netz von Agenten im Untergrund schaffen sollte.

Die Agenten würden das Blatt verteilen, Parteipropaganda in den Ortszellen betreiben und dem Zentralkomitee Nachrichten zuleiten. Und die Zeitung würde mithelfen bei der Schaffung einer Partei, die fest zusammenhielt und nicht wie bisher bloß aus einer Reihe voneinander unabhängiger Gruppen bestand.

Als Namen dafür wählten sie *Iskra (Der Funke)*. Sie entnahmen ihn dem Motto der Dekabristen, der ersten russischen Revolutionäre, die schon 1825 versucht hatten, den Zaren zu entmachten: ›Aus dem Funken wird die Flamme schlagen.‹ Sie wurden in schmaler, kleiner Type auf Dünndruckpapier gedruckt – so konnte man sie bequemer schmuggeln.

Lenin war dreißig Jahre alt, als er die deutsche Grenze überschritt. Vor neun Jahren hatte er an der Universität von Petersburg seinen Abschluß als Jurist gemacht und zu praktizieren begonnen. Und ungefähr zur selben Zeit wurde er aktiver Revolutionär. Anfangs hatte er für mehrere kleine, militante Gruppen gearbeitet. Doch zu dem Zeitpunkt, da er verhaftet wurde, erkannte er allmählich, daß man ohne eine richtige Parteiorganisation keine echten Fortschritte machen konnte.

Lenins Bruder Sascha war Mitglied der *Narodnaja Wolja (Volkswille)* gewesen, einer Partei, die aus den *Narodniki (Volkstümler)*, zu denen die meisten russischen Revolutionäre des 19. Jahrhunderts gehörten, hervorgegangen war. Sie betrieb systematischen Terror und vertrat die Ansicht, der Sozialismus ließe sich auf den bäuerlichen Kommunen aufbauen, die es bereits in Rußland gab.

Lenin lehnte den Weg der *Narodnaja Wolja* ab. In dieser Zeit begann er, wie viele junge Radikale, Karl Marx zu lesen. Marx' Theorie besagte unter anderem, daß der Kapitalismus – ein Stadium, das alle Industriestaaten durchlaufen mußten, auch das rückständige Rußland – unweigerlich zerfallen werde, weil er zerstörerische Kräfte in sich trage. Und dann würde der Sozialismus entstehen – nicht durch die Machtergreifung der Bauern, sondern durch die Machtergreifung des Proletariats, der Arbeiter, jener vom Kapital ausgebeuteten Männer und Frauen, die immer mehr wurden.

Die Sozialdemokratie stützte sich auf den Marxismus, hatte aber keine Verwendung für den Terror, denn ihre Theorie basierte auf der Entwicklung der Gesellschaft. Gewalt in Form eines Aufstands mußte vielleicht im Endstadium einer Revolution angewandt werden – wenn die alte Ordnung immer noch Macht hatte –, aber die Verhältnisse mußten reif dafür sein. Erziehung der Massen und nicht der Mord an Zaren, das war der Grundgedanke ihrer Philosophie – und natürlich auch der Grundgedanke der *Iskra*.

Lenin hatte Martow erst ein paar Wochen vor seiner Verhaftung kennengelernt – sie trafen in Petersburg zusammen, um die Vereinigung ihrer beiden sehr kleinen Gruppen zu besprechen –, aber er wurde gleich mit ihm warm, was verwunderlich ist, denn sie waren zwei sehr verschiedene Charaktere.

Martow, bärtig, mit ziemlich trauriger Miene und einer Brille, die ihm stets von der Nase rutschte und deren Gläser immer trübe waren, war gesellig und gewandt, ein Mann, dem Nachtcafés als ganz natürliche Umgebung galten.

Lenin war weitaus reservierter. Die Privatsphäre war für ihn lebenswichtig. Wenn er sich in Gesellschaft befand, und sei es auch in der von Genossen, die ihm nahestanden, hielt er immer eine gewisse Distanz. »Es gab eine unsichtbare Barriere«, schrieb Walentinow, »eine Linie, die Lenin von den anderen Parteimitgliedern trennte, und ich habe niemals gesehen, daß jemand sie überschritten hätte.«

Lenin und Martow arbeiteten gut zusammen und hegten voreinander tiefen Respekt, den sie trotz ihres erbitterten Konflikts in späteren Tagen nie verloren. Als Verlagsort für die *Iskra* wählten sie München. Das geschah einmal deshalb, weil die deutschen Sozialdemokraten die aktivste marxistische Partei in Europa waren und sich bereit erklärt hatten, ihnen bei der Herstellung und beim Vertrieb der neuen Zeitung zu helfen, aber auch, weil in München ein junger, radikaler Journalist wohnte, ein Sozialdemokrat namens Alexander Helphand, der unter dem Pseudonym Parvus schrieb. Parvus sollte in Lenins Leben sehr wichtig werden – so wichtig, daß ihn im Juli 1917 die Verbindung mit Parvus fast Kopf und Kragen kostete. Doch da handelte es sich um einen ganz veränderten Parvus – reich, Agent der Deutschen, der über Millionen verfügte. Im Jahre 1900 lebte Parvus in München-Schwabing, ein junger Mann von Ruf und sehr geachtet in revolutionären Kreisen. Die ersten acht Nummern der *Iskra* wurden in Parvus' Wohnung mit einer speziellen, illegalen Druckerpresse hergestellt – sie war mit einer Vorrichtung versehen, die im Falle einer Polizeirazzia sofort die Druckformen vernichten konnte.

Von Anfang an wußte Lenin: Wenn die *Iskra* bei den russischen Sozialdemokraten wirkliche Unterstützung finden wollte, brauchte er Rückhalt bei den drei berühmtesten marxistischen Größen der älteren Generation, bei Georgi Plechanow, Paul Axelrod und Wera Sassulitsch.

Während Martow Rußland bereiste, um Agenten zu gewinnen, fuhr Lenin nach Genf und überredete Plechanow, dessen Schriften er sehr bewunderte, sich dem Redaktionskollegium der *Iskra* anzuschließen. Es setzte sich zusammen aus drei Marxisten der älteren Generation und drei jungen

Männern: Lenin, Martow und Alexander Potressow, ein Genosse, der ihnen bei der Planung des Projekts geholfen hatte. Es war eine explosive Partnerschaft, vor allem wegen der unvermeidlichen Zusammenstöße zwischen Lenin und Plechanow, den Löwen aus verschiedenen Epochen, doch entschärft wurde das etwas durch den Umstand, daß die *Iskra* in München erschien, weit weg von Genf.

Nadja wurde die Sekretärin der *Iskra* und pflegte die Kontakte mit den Agenten. »Man konnte das verbrannte Papier in ihrem Zimmer fast riechen«, schrieb Trotzki später, der sie damals noch gar nicht kannte.

Nadja hatte einen ähnlichen sozialen Hintergrund wie Lenin. Ihre Eltern gehörten zum niederen Adel. Als sie mit Lenin nach Schwabing zog, kannten sie sich sechs Jahre – zum erstenmal hatten sie sich in Petersburg bei einer Gesellschaft am Faschingsdienstag gesehen. Sie arbeiteten für dieselbe sozialdemokratische Gruppe, wirkten bei der Organisation von Streiks und Unruhen mit und wurden deshalb verschiedene Male verhaftet – samt Martow. Ihre Beziehung war seltsam leidenschaftslos. Beide waren sie wie besessen von der Revolution, und Lenins Briefe lassen wenig wirklich persönliche Gefühle erkennen. Verlobte und Verheiratete durften die Zeit der Verbannung gemeinsam verbringen. Lenin brauchte eine Sekretärin, und Nadja hatte eine schöne, wie gestochene Handschrift – nützlich für die Endfassungen der Manuskripte, die Lenin in der Verbannung verfaßte. Als sie den Behörden mitteilte, sie sei Lenins Verlobte und ersuche darum, ihn begleiten zu dürfen, wurde das von Lenin bestätigt. Sie kam zusammen mit ihrer Mutter nach Schuschenskoje. Ihre Mutter lebte die meiste Zeit mit ihnen zusammen, auch noch eine Weile, nachdem sie Sibirien verlassen hatten. Kurz darauf heirateten sie. In erster Linie war es eine Arbeitsbeziehung – die Ehe wurde von den Revolutionären sowieso als bürgerlich abgelehnt –, aber sie hatten beide einen ähnlich gearteten Humor und gemeinsame Ideale. Es war keine unglückliche Gemeinschaft.

Ende 1901 war die Sozialdemokratische Partei Rußlands mit ihrem Nachrichten- und Informationszentrum, der *Iskra*, tatsächlich eine Organisation geworden, grob im Aufbau zwar und keineswegs ohne Schwierigkeiten, aber trotzdem ein politisches Gebilde. Die Ochrana beobachtete sie etwas nervös. Auf ihr Ersuchen hin übte die Polizei Druck auf die deutschen Sozialdemokraten aus. Man wollte die *Iskra* außer Landes haben. Also zogen die Redakteure nach London um.

Lenin und Nadja mieteten zwei Leerzimmer am Holford Square in Finsbury. Martow lebte mit Wera Sassulitsch und einem weiteren Genossen in einer ›Kommune‹ zusammen, wie Lenin es nannte. Wera tat, was sie konnte, um die Auseinandersetzungen zwischen Lenin, der oft empfindlich auf Kritik reagierte, und dem älteren Plechanow, der leicht gekränkt und oft plump war, zu schlichten.

Noch säuerlicher wurde die Beziehung mit Trotzkis Ankunft in London, denn Plechanow haßte diesen jungen Mann. Lenin hatte sehr auf Trotzki gewartet. Russische Freunde hatten ihm geschrieben, dieser junge Revolutionär aus der Ukraine, der aus Sibirien geflohen und in Samara zur *Iskra*-Organisation gestoßen war, sei ein ›junger Adler‹.

Laut klopfte er eines Tages in aller Frühe an die Tür, als sie beide noch schliefen – dreimal, das geheime Zeichen. Nadja öffnete ihm im Morgenrock. »Pero ist da!« rief sie. Pero, ›Feder‹: eins von Trotzkis Pseudonymen.

Er war dreiundzwanzig Jahre alt, dunkelhaarig, bebrillt und theatralisch. Beim Tee in der Küche fragte Lenin ihn über die Lage der Partei in Rußland aus, und Trotzki meinte warnend, mit der *Iskra*-Organisation sei es dort schlecht bestellt.

Lenin machte mit ihm einen Rundgang durch London und zeigte ihm die Westminster Abbey – »ihr berühmtes Westminster«. Trotzki erzählte ihm, daß er in Moskau, im Gefängnis, wie mancher andere politische Gefangene Lenins erstes Buch *Die Entwicklung des Kapitalismus in Rußland* studiert habe. (Lenin hatte es in Sibirien geschrieben.) »Wir sprachen oft mit Staunen von diesem kolossalen Werk«, sagte Trotzki zu ihm.

»Nun«, meinte Lenin mit einem Lächeln, »es ist auch nicht an einem Tag entstanden.«

Lenin versuchte, Trotzki ins Redaktionskollegium der *Iskra* zu bringen, aber wie vorauszusehen, vereitelte Plechanow das, weil es das jüngere Element verstärkt hätte. Die Spannungen mit Plechanow waren jedoch 1903 nicht so wichtig wie der Konflikt zwischen Lenin und Martow, der sich fast unmerklich angebahnt hatte. Zum Ausbruch kam er beim Parteikongreß im August – der ersten großen Versammlung, die wirklich repräsentativ war und von Delegierten aus Rußland und ganz Europa besucht wurde.

Auf diesem Kongreß spaltete Lenin willentlich die Partei, als er feststellen mußte, daß er sie nicht dahin bekam, wohin er sie bekommen wollte. Dieser Konflikt dauerte vierzehn Jahre an. Und im November 1917 erreichte er seinen Höhepunkt.

Lenin war Stratege. Ihm ging es um greifbare, angewandte Macht. Wie er es ein paar Monate vorher in seiner Schrift *Was tun?* detailliert ausgeführt hatte, glaubte er, daß die Partei eine straffe Organisation von äußerst disziplinierten, berufsmäßigen Parteiarbeitern im Untergrund sein mußte. Sie sollte auf paramilitärischer Basis durch Ortszellen und regionale Kommandozentralen überwacht werden, durch ein kleines Zentralkomitee.

Martow war sehr viel mehr ein Demokrat im westlichen Sinn des Wortes. Er wollte eine breitgefächerte Partei, die jedem offenstand, der zu ›regelmäßiger persönlicher Mitarbeit‹ bereit war. Für Lenin war das zu lax, zu kompromißlerisch, zu ›weich‹ – es reichte nicht aus zu einer erfolgreichen Revolution. Er verlangte persönliches Engagement als Vorbedingung für die Mitgliedschaft in der Partei, und damit meinte er Parteiarbeit als Beruf.

Als es um die Frage der Mitgliedschaft ging, erhielt Martow die Mehrheit der Stimmen – trotz Lenins fieberhaften Aktivitäten hinter der Szene. Diese Meinungsverschiedenheit bestimmte den ganzen Kongreß und spiegelte sich auch in anderen Problemen wider. Die Delegierten spalteten sich in eine ›harte‹ und eine ›weiche‹ Gruppe auf, und daraus wurden Bolschewiki (›Mehrheitler‹) und Menschewiki (›Minderheitler‹).

Selbst diese Bezeichnungen waren ein taktischer Kniff. Lenin wählte den Namen Bolschewiki, weil seine Partei bei einem bestimmten Punkt die Mehrheit der Stimmen gewonnen hatte. Schon die Tatsache, daß Martow das Etikett ›Minderheitler‹ akzeptierte, war der Beweis für eine grundsätzlich ›weiche‹ Haltung.

Die Spaltung war von Dauer. In den folgenden Jahren gab es viele Versuche, sie wieder zu kitten, aber es konnte nie eine solide und haltbare Basis geschaffen werden. Denn die beiden Standpunkte waren prinzipiell konflikthaft. Sie verkörperten verschiedene Philosophien.

Und tatsächlich verkörperte jeder auch einen anderen Menschenschlag. Die Menschewiki übten große Anziehungskraft auf die marxistischen Intellektuellen und die meisten Emigranten aus. Auch die Bolschewiki hatten ihre Intellektuellen, aber sie sprachen hauptsächlich die Leute aus den Komitees an, die Parteiarbeiter in der Provinz, die Berufsrevolutionäre – »die Bakterien der Revolution«, wie Lenin sie nannte. Die ›Harten‹ waren im wesentlichen militant, während die ›Weichen‹ die Diskussion bevorzugten.

Plechanow unterstützte Lenin auf dem Kongreß, wurde dann aber schwankend und schloß sich schließlich Martow an. Trotzki versuchte, bei den Problemen, die die Partei entzweiten, zwischen den Fraktionen zu bleiben. Später neigte auch er mehr zu Martow – freilich nicht völlig, denn Trotzki war unabhängig.

Und das führte zu einem Zerwürfnis zwischen Lenin und Trotzki, das selbst im März 1917 noch nicht beigelegt war. Für Lenin war Trotzki jetzt, wie viele seiner Gegner, die er kränken wollte, der ›Genosse Woroschilow‹, eine Figur aus Turgenjews Roman *Rauch*. Und Trotzki fand, Lenin sei ein ›Despot‹. Wenn er vom »Sieg des Proletariats« rede, schrieb sein ehemaliger Schützling bissig, meine er eigentlich den Sieg *über* das Proletariat.

Lenin blieb nach dem Kongreß noch ein paar Monate in der Redaktion der *Iskra*, aber dann verweigerte Martow seine Mitarbeit. Die Beziehungen zu den anderen wurden problematisch. Schließlich trat Lenin ab und trennte sich damit nicht nur von Martow, sondern praktisch von allen früheren Parteiführern.

Lenin und Nadja gingen zum Wandern in die Schweizer Berge – seine übliche Therapie, wenn die Anspannung unerträglich wurde. Dann kehrte er nach Genf zurück, wo sie mittlerweile wohnten, und baute dort mit einem kleinen Kreis von 22 Personen, die hinter der bolschewistischen Auffassung und seiner Führerschaft standen, seine eigene Organisation auf.

Über ein Jahr wurde der Konflikt zwischen den beiden Gruppen in Artikeln, Reden und persönlichen Begegnungen mit äußerster Schärfe ausgetragen. Allein mit seiner kleinen Gruppe von Anhängern, fast wie ein verwundetes Tier, mußte sich Lenin gegen all die anderen durchsetzen.

Der Kampf verblaßte für kurze Zeit vor den Ereignissen von 1905 – ein Krisenjahr, mit dem alles anders wurde.

Im Januar kam für die Emigrantenkolonie in Genf als heftiger Schock die Nachricht vom ›Blutsonntag‹ – vor dem Winterpalast des Zaren aufmarschierte Truppen hatten auf eine unbewaffnete Bittprozession geschossen, die von einem Priester namens Gapon angeführt wurde. Lenin und Nadja gingen in das Emigrantenrestaurant Lepeschinski, wo sich bereits andere verwirrte Genossen eingefunden hatten. »Niemand sprach ein Wort. Jeder kämpfte mit seiner Erregung«, schrieb Nadja. »Man stimmte spontan den Trauermarsch ›Unsterbliche Opfer‹ an (für die Hunderte von Menschen, die vor dem Winterpalast umgekommen waren). Die Gesichter trugen den Ausdruck der Sammlung. Alle bewegte das Bewußtsein: Die Revolution hat bereits begonnen.«

In Wirklichkeit hatte die Revolution keineswegs begonnen, wenn auch der Zorn der Öffentlichkeit über das Massaker zu Streiks und Bauernunruhen und sogar zu einer Meuterei bei der Marine führte.

Lenin vertiefte sich ins Studium der militärischen Taktik für den bewaffneten Aufstand, der seiner Meinung nach unmittelbar bevorstand, und arbeitete Werke durch wie General Cluserets Buch über den Straßenkampf und Clausewitz' berühmtes *Vom Kriege.*

Er glaubte nicht unbedingt, daß die Revolution erfolgreich ausgehen würde. Als ein junger Bolschewik aus Kasan ihn in Genf aufsuchte und fragte, was die russischen Bolschewiki machen sollten, sagte Lenin harsch: »Da gibt es nur eines, einen bewaffneten Aufstand – einen sofortigen bewaffneten Aufstand.«

Der Genosse aus Kasan erwiderte, die Bolschewiki in Rußland glaubten nicht, daß ein Aufstand im Moment siegreich ausgehen könne.

»Sieg?« wiederholte Lenin. »Was kümmert uns der Sieg? . . . Wir wollen, daß der Aufstand die Fundamente der Autokratie erschüttert und die breite Masse in Bewegung setzt. Unsere Aufgabe wird es dann sein, diese Massen für unsere Sache zu gewinnen . . . Nur der Aufstand zählt.«

Der Krieg mit Japan fügte der Nation im Herbst manche Demütigung zu, und die Lage in Rußland wurde gespannter. Lenin geißelte die Genossen in Petersburg, weil sie es versäumt hatten, zu Aktionen anzutreiben. »Ich sehe mit Entsetzen . . .«, schrieb er, »daß man schon länger als ein halbes Jahr von Bomben spricht und noch keine einzige hergestellt hat! . . . Geht zur Jugend, Herrschaften! . . . Sonst werdet ihr, weiß Gott, zu spät kommen.«

Es ging die Rede von einem ›Sowjet‹ in Rußland – einem Rat von Delegierten aus den Streikkomitees der Arbeiter, der die Aktionen koordinieren sollte –, anfangs plante man den Sowjet nach dem Modell der *Committees of Correspondence* und der Kontinentalkongresse der amerikanischen Revolution. Trotzki, Parvus und Axelrod schrieben, daß ein solches Organ als Basis für gemeinsame Aktionen der Arbeiter notwendig sei.

Im Oktober weitete sich angesichts des gespannten politischen Klimas ein kleiner Streik von Druckern zur völligen Arbeitsniederlegung im ganzen Lande aus. Ende des Monats wurde in Petersburg ein Sowjet gebildet. Er sollte die Führung des Streiks übernehmen – der 23jährige Trotzki spielte hier die beherrschende Rolle –, und auch in anderen Städten entstanden Sowjets.

Ängstlich und besorgt gab der Zar dem Druck nach – und

erließ ein Manifest, in dem er ein Parlament, Wahlen und Redefreiheit zugestand. Doch die militanten Revolutionäre glaubten ihm nicht. Die Gefängnisse, so erklärte Trotzki, seien noch voll von politischen Gefangenen. Dramatisch riß er vor Tausenden von Zuhörern das Manifest in Fetzen. Er nutzte weiterhin die Kraft der Streikwaffe. Denn jetzt sah er mit wunderbarer Klarheit: Die Leute waren bereit, dem Sowjet zu gehorchen.

Auch andere erkannten die Botschaft. Die Reaktion überflutete das Land und war eine ständige Gefahr für die revolutionären Kräfte – der Höhepunkt dabei wurde 1917 erreicht. Illegale, rechtsextremistische Trupps, die oft von der Polizei bewaffnet und in ihrem Tun bestärkt wurden, suchten das Land unter dem Banner des Heiligen Rußland heim und sangen die Nationalhymne ›Gott schütze den Zaren‹. Diese Organisationen trugen Namen wie ›Die Schwarzen Hundert‹. Sie wurden Lenins erbittertste Feinde – vor allem 1917.

Um der Gewalt dieser Trupps gewachsen zu sein, stellten die Fabrikarbeiter Kompanien von Bewaffneten auf. Auch das wiederholte sich 1917.

Im Dezember schlug der Zar zu. Das Regiment Ismailowski verhaftete das gesamte Exekutivkomitee des Petersburger Sowjets. Daraufhin rief der Moskauer Sowjet zum Streik auf. Die Moskauer Arbeiter gingen auf die Straße, und die Truppen solidarisierten sich mit ihnen. Zweimal weigerten sich Kosaken-Einheiten, gegen sie vorzugehen. Und die Straßensperren wurden aufgehoben.

Nun schickte die Regierung das Regiment Semjonowski in den Kampf. Es trieb die bewaffneten Aufständischen im Arbeiterviertel Presnija zusammen, riegelte alles ab – und nahm dann das Viertel drei Tage lang unter Beschuß. Hunderte wurden getötet, darunter 86 Kinder. Es war der passende Ausgang eines Jahres, das am ›Blutsonntag‹ mit dem Massaker im Schnee vor dem Winterpalast begonnen hatte.

Für Lenin war der entscheidende Gesichtspunkt, daß tatsächlich Revolutionäre auf den Straßen gekämpft hatten. Es war also möglich – und es konnte sich in viel größerem

Rahmen wiederholen. Die paar hundert Toten von Moskau waren der Preis für die kämpferische Erfahrung. »Wer geschlagen worden ist, ist zweimal soviel wert wie der, der nicht geschlagen worden ist«, meinte er.

Lenin und Nadja trafen im November 1905 in Petersburg ein, und typischerweise bestand er darauf, daß sie getrennt und unter falschem Namen lebten. Er ließ sich auf kein Risiko ein. 1906 war ein Jahr der Unterdrückung, harten Durchgreifens der Polizei und amtlich gebilligter Raubzüge und Überfälle der Schwarzen Hundert.

Lenin siedelte mit Nadja nach Finnland um, das zwar zum Russischen Reich gehörte, aber eine gewisse Autonomie besaß und sicherer war als Petersburg. Durch den Moskauer Aufstand vom Dezember und die Auseinandersetzungen zwischen den Arbeitern und den Schwarzen Hundert hatte Lenin Geschmack an der Militanz gefunden – *und* er begeisterte sich jetzt für den Bankraub als Methode zur Aufbesserung der Parteikasse. Bei seinen Anhängern drang er darauf, sie sollten die militärische Ausbildung vorrangig behandeln. Ende 1905 bestand schon eine Organisation von Kampfeinheiten.

Jetzt hatten sie alle ein gemeinsames Ziel vor Augen, und selbst Lenin befürwortete nun die Wiedervereinigung von Bolschewiki und Menschewiki. 1906 saß Lenin wieder im Zentralkomitee der vereinigten Sozialdemokratischen Partei Rußlands, und durch umsichtiges und für ihn charakteristisches Taktieren sicherte er sich die Kontrolle über ihr militärisches Büro.

Die Menschewiki, die im Zentralkomitee das Übergewicht hatten, lehnten methodische Gewalt entschieden ab, aber sie billigten Lenins Vorschlag, man solle sich gegen die Schwarzen Hundert verteidigen, die in manchen Gegenden eine wirkliche Plage waren.

Diese Zustimmung nutzte Lenin aus. Er schuf ein geheimes Zentrum und finanzielle Rücklagen innerhalb der Partei – auf Geheimhaltung bestand er, weil immer eine Infiltrierung durch Ochrana-Agenten drohte.

Seine Kampfeinheiten machten eine Reihe von Banküberfällen. Die Beute floß zum größten Teil in die Geheimkasse, die er zur Finanzierung der bolschewistischen Interessen verwendete. Einige von den Banküberfällen erledigte ein unglaublicher, schielender kaukasischer Bandit mit dem Decknamen Kamo, der schon seit Knabentagen ein Freund von Josef Stalin[4] war, von dem er jetzt auch seine Befehle entgegennahm.

Kamos dramatischster Raub war der Überfall auf einen Geldtransport, der zur Staatsbank von Tiflis gehen sollte. Er erbeutete 341 000 Rubel, die er in einer Hutschachtel über die russische Grenze schmuggelte. Doch es waren hohe Banknoten, 500-Rubel-Noten, und es würde natürlich schwer sein, sie in Westeuropa gegen ausländische Währungen einzutauschen, ohne Aufsehen zu erregen.

Lenin wollte die Banknoten aufteilen und an einem bestimmten Dezembertag zur selben Zeit bei verschiedenen Banken in verschiedenen Städten umwechseln lassen.

Doch wie so oft war Lenins Verbindungsmann ein Spion der Ochrana. Am Tag der Transaktion stand schon die Polizei bereit.

Der Banküberfall – kaum die Art von Defensivmaßnahme, die die Partei gebilligt hatte – führte bei den Menschewiki zu heftigen Reaktionen gegen Lenin. Paul Axelrod schrieb an Martow: »Wie kann man mit den Bolschewiki in derselben Partei bleiben?« Und Plechanow betonte: »Die ganze Sache ist so schändlich, daß es für uns wirklich höchste Zeit wird, die Beziehungen zu den Bolschewiki abzubrechen.« Was Lenin nur zu dem gelassenen Kommentar bewegte: »Wenn ich höre, wie Sozialdemokraten verkünden . . . ›Wir sind keine Anarchisten, keine Diebe . . . wir stehen darüber . . .‹, dann frage ich mich: Verstehen diese Leute, was sie sagen?«

1911 veröffentlichte Martow eine lange Anklage gegen Lenin. Sie legte Zeugnis von der mittlerweile unwiderruflichen Entzweiung der beiden Männer und der beiden Fraktionen ab.

Zu dieser Zeit lebten Lenin und Nadja schon wieder drei Jahre in Westeuropa. Er führte eine neue Gruppe an, die auch noch im November 1917 bestand. 1908 war Grigori Sinowjew in Petersburg aus dem Gefängnis entlassen worden und mit seiner Frau Sina nach Genf gekommen. Ein paar Wochen später folgten ihnen die Kamenews – Lew und Olga, die Schwester Trotzkis.

Grigori Sinowjew und Lew Kamenew halfen Lenin bei der Arbeit am *Proletari*, der Parteizeitung, und bildeten mit ihm das Operationszentrum der Bolschewiki. Sie waren beide 25 Jahre, Lenin schon 38. Kamenew war die stärkere Persönlichkeit. Er trug einen Bart, hatte eine leise Stimme und kluge Augen hinter stahlgeränderten Brillengläsern, und er strahlte eine Autorität aus, die seinen Jahren voraus war. Sinowjew gehörte zwar ebensolange zu den Revolutionären wie Kamenew, aber er wirkte jünger und weniger bedeutend. Er hatte eine merkwürdig hohe Stimme, war stämmig, ein wenig dick, mit dichtem lockigem schwarzen Haar und bleicher Gesichtsfarbe – was vermuten ließ, daß er nicht oft genug an die frische Luft kam.

Diese drei Bolschewiki – Lenin, Kamenew und Sinowjew – wurden als ›Troika‹ bekannt. Von Genf zogen sie nach Paris um. Zusammen mit ihren Frauen bildeten sie den Kern der bolschewistischen Gemeinschaft, die sich oft in den Cafés der Avenue d'Orléans traf, nicht weit von Lenins Wohnung entfernt. Sie hatten immer wenig Geld. Nadja war äußerst amüsiert, als ein Mann, der eben in Paris angekommen war, Lenin fragte, wieviel hier Kalbfleisch und Gänse kosteten. Darüber wüßte sie nichts, meinte sie, »und für die Preise von Pferdefleisch und Salat zeigte der Pole kein Interesse«.

1910, in Paris, schloß sich der Troika eine neue Genossin an – Inessa Armand –, die auf Lenin eine äußerst starke Wirkung ausübte. Sie war 31 Jahre alt, eine bemerkenswerte Frau mit wildem kastanienbraunen Haar und dunkelgrauen Augen – eine faszinierende Persönlichkeit. Wie die meisten Revolutionärinnen trug sie sich betont unweiblich. Sie beherrschte fünf Sprachen fließend, spielte hervorragend Klavier und besaß einen Intellekt, der zu einem Konnex mit Lenin führte, wie er ihn in seinem ganzen Leben mit keiner anderen Frau hatte.

Von Geburt war sie Französin, Tochter eines Pariser Vaudeville-Komikers, aber verheiratet war sie mit einem russischen Industriellen, den sie als sehr junges Mädchen durch ihre Großmutter kennengelernt hatte, die im Hause seiner Familie bei Moskau als Erzieherin wirkte. Inessa verließ ihren Mann, nahm ihre fünf Kinder mit und wollte sich ganz der revolutionären Partei widmen.

Inessa hatte sich Wera Pawlowna als Vorbild genommen, die unabhängige, emanzipierte Heldin aus Nikolai Tschernyschewskis Roman *Was tun?*, der auch den jungen Lenin fasziniert hatte – und so wie ihm ging es den meisten Revolutionären seiner Generation. Bewußt hatte er denselben Titel für seine wichtige Schrift vor der Spaltung im Jahre 1903 gewählt.

Tschernyschewskis Wera Pawlowna lehnt das traditionelle Konzept von der Frau und Mutter ab. Sie und ihr Mann haben getrennte Zimmer und können so, ohne lange zu fragen, ihre eigenen Freunde empfangen. Sie hat Liebhaber, empfindet das starke Bedürfnis, soziale Ungerechtigkeiten auszugleichen, und als sie schließlich ihren Mann und ihre Kinder verläßt, geschieht es ohne Streitereien und ohne qualvolles Zaudern.

Als sie Lenin begegnete, hatte Inessa so ziemlich dasselbe getan. Sie hatte mit Wladimir, dem jüngeren Bruder ihres Mannes, zusammengelebt. Ein Jahr vor der Begegnung mit Lenin hatte sie Wladimirs Tod erschüttert – er starb an Tuberkulose. Sie war zu dieser Zeit schon eine langgediente Revolutionärin. Drei Verhaftungen hatte sie hinter sich, auch Gefängnisstrafen, einmal floh sie sogar aus der Verbannung in Archangelsk im arktischen Nordrußland. Sie war eine glühende Bolschewikin. Lenins Schrift *Was tun?*, die sie vor sechs Jahren gelesen hatte, schlug sie ebenso in Bann wie Tschernyschewskis Roman.

Für die Troika und die anderen Genossen war Lenins Reaktion auf Inessa erstaunlich. Er hatte vorher wenig Interesse für Frauen gezeigt, sie interessierten ihn nur als Genossinnen. Doch mit Inessa ging er allein in die Cafés an der Avenue d'Orléans und verhielt sich so, daß der Sozialist

Charles Rappaport meinte: »Lenin schaut mit seinen kleinen Mongolenaugen die ganze Zeit diese kleine ›Französin‹ an . . .«

Sie war der einzige Mensch außer seiner Familie und außer Martow, den er jemals in Briefen mit dem vertrauten Du anredete und nicht dem sonst üblichen höflichen Sie. Selbst zu Sinowjew und Kamenew, den beiden Genossen, die ihm am nächsten standen, sagte er Sie, ebenso zu ihren Frauen, die er mehrere Male in der Woche sah.

Und auf Parteiebene vertraute er ihr zeitweise mehr als seinen Kollegen von der Troika. Als er im Sommer 1911 in dem Dorf Longjumeau bei Paris eine Schule für Revolutionäre eröffnete, war Inessa die einzige Dozentin – sie hielt abwechselnd mit Lenin einen Kurs über politische Ökonomie.

Sie besorgte für ihn Übersetzungsarbeiten, unternahm auf seine Anweisung hin Reisen, führte oft schwierige und heikle Aufgaben durch, wobei ihre Sprachkenntnisse ein großer Vorzug waren. Sie nahm für ihn an Konferenzen teil und handelte dabei nach seinen strategischen Instruktionen. Manchmal sträubte sie sich, und er verlegte sich aufs Bitten – »Sag doch ja!« –, denn wenn er eine Aufgabe für nötig hielt, bediente er sich aller Mittel, um sie durchzuführen.

Wenn sie nicht bei ihm war, schrieb er ihr oft – meistens über Politik, denn die Politik war sein Leben, manchmal sprechen aus seinen Briefen auch Besorgnis und starkes persönliches Engagement. Er beschwerte sich über ihr Stillschweigen, wenn sie einen Brief nach dem andern nicht beantwortete. Manchmal lag das an Verzögerungen im Postverkehr – vor allem während des Krieges –, aber es gab offensichtlich Zeiten, da sie ihn bestrafte oder versuchte, die Bedeutung, die er für sie hatte, etwas abzubauen.

Er ließ sie an seinen Triumphen teilhaben. »Sieg! Hurra! Die Mehrheit ist für uns«, schrieb er von einem Kongreß in Brüssel.

Ihre Musik wirkte sehr stark auf ihn – besonders zwei Klaviersonaten von Beethoven, die *Pathétique* und die *Appassionata*. Jahre später, als Inessa schon an Typhus gestorben war, lauschte er mit Maxim Gorki einmal einer Aufnahme der *Appassionata* und bekannte: »Das ist erstaunliche, übermenschliche Musik. Ich möchte freundliche Dummheiten sagen und den Menschen über den Kopf streichen . . . die solche Schönheit schaffen können.«

Nadja erwartete von ihm, daß er sie um Inessas willen verließ. Denn das hätte der revolutionären Moral entsprochen, jener Philosophie der individuellen Freiheit und der Ehrlichkeit, die Tschernyschewski entwickelt hatte – auch Turgenjew, den Lenin sehr verehrte.

Laut Alexandra Kollontai[5] wollte Nadja ihn mehrere Male verlassen, aber er bat sie immer zu bleiben – möglicherweise lag das an seiner bürgerlichen Vergangenheit, vielleicht hatte er auch das Gefühl, eine gescheiterte Ehe schicke sich nicht für einen zukünftigen Staatsmann, selbst wenn es sich um einen revolutionären Staatsmann handelte, es kann aber ebensogut sein, daß sie ihm jene Stabilität gab, an der es ihm manchmal mangelte.

Nadja erklärte sich einverstanden, bei ihm zu bleiben, aber sie verließ das gemeinsame Zimmer – so berichtet Lydia Fotijewa, eine andere Genossin – und wohnte jetzt im Zimmer ihrer Mutter, jedenfalls für eine Weile.

Bei ihrer Wanderung von Stadt zu Stadt lebte Inessa eine Zeitlang so vertraut mit ihnen zusammen, daß man die Beziehung fast eine *ménage à trois* nennen konnte. Meist wohnte Inessa nicht im selben Haus wie Nadja und Lenin, aber gleich nebenan oder gegenüber auf der anderen Straßenseite. In ihren Schriften spricht Nadja herzlich von ihr. Manchmal klingt es geradezu idyllisch. »Wir streiften stundenlang auf den mit gelben Blättern bedeckten herbstlichen Waldwegen umher . . .«, so erinnert sie sich an die Zeit in Bern. »Mitunter saßen wir stundenlang an einem buschbewachsenen Berghang. Lenin verfaßte die Konzepte für seine Reden und Artikel . . . ich lernte Italienisch . . . Inés nähte irgend etwas . . .«

1911 änderte der Zar seine Politik von neuem, erlaubte wieder Duma-Wahlen und ließ sogar eine gewisse Redefreiheit zu. Kurze Zeit konnte die *Prawda* legal publiziert werden, und die Uljanows und Sinowjews zogen nach Krakau in Galizien dicht an der russischen Grenze. Dort schrieben sie ihre Artikel, gestalteten die Zeitung mit und unterhielten enge Kontakte zur Partei. Sporadisch kam auch Inessa nach Krakau. Sina Sinowjewa, die unter ihrem Mädchennamen Lilina arbeitete, half Nadja bei der geheimen Korrespondenz. Sie wurde zur Umgehung der russischen Zensur oft von Bauersfrauen befördert, die über die Grenze kamen, um auf den Krakauer Märkten einzukaufen.

Täglich gingen per Bahn Artikel nach Petersburg. Sie wurden nach der Redaktionskonferenz geschrieben, die morgens in der Küche des Hauses stattfand, das sie gemeinsam bewohnten.

Für eine Weile konnten die Emigranten auch wieder optimistisch sein. Bolschewistische Abgeordnete saßen in der Duma – aber dann fing es mit der Repression von neuem an, und es liefen Nachrichten von Verhaftungen ein: Stalin wurde festgenommen, Inessa, die wegen eines Spezialauftrags mit einem Genossen über die Grenze gegangen war, Georgi Safarow und schließlich Kamenew, der mit seiner Familie nach Petersburg zurückgekehrt war, um die Kontrolle über die *Prawda* zu übernehmen.

Als 1914 der Krieg ausbrach, siedelten sie wieder in die Schweiz um. Erst gingen sie nach Bern. Inessa war wieder zurück, kam auch nach Bern und mietete sich direkt ihnen gegenüber ein. Später zogen sie nach Zürich.

Die Schweiz war eine Insel der Neutralität. Viele russische Revolutionäre verließen – freiwillig oder gezwungenermaßen – die kriegführenden Länder und eilten dorthin. Die Schweiz war ein traditionelles Refugium für die politischen Emigranten aus Rußland. In Genf gab es sogar eine russische Bibliothek. Doch in Europa tobte der Krieg, und das schuf Barrieren. Der Postverkehr geriet ins Stocken, man konnte sich nicht mehr frei bewegen, und so wurde die Atmosphäre geradezu erstickend. Düster arbeitete Lenin in diesem kulturellen Vakuum, traf Vorbereitungen für eine Welt, die über dem Gemetzel in den Schützengräben aufsteigen würde – das glaubte er fest.

3

Bevor Bronski an die Tür klopfte, hatte Lenins und Nadjas Leben in jenen Wintermonaten einen Tiefpunkt erreicht. Zu Nadjas chronischem Basedow kam eine hartnäckige Bronchitis. Ihr kahles Zimmer hatte keinen Herd, und sie mußten sich die Küche mit Frau Kammerer, ihrer Wirtin, teilen. Außer ihnen wohnten hier noch drei weitere Parteien: ein Italiener, österreichische Schauspieler »mit einer fuchsroten Katze« und die Frau eines deutschen Soldaten, die mit ihren Kindern in einem Raum lebte.[6]

Ihr Dasein war ereignislos. Selten kamen Briefe aus Rußland, die – mit Hilfe eines deutschen Agenten, der sie sich gründlich durchlas – über Skandinavien befördert wurden. Lenin ging jeden Morgen in die Bibliothek und machte dabei – um in Form zu bleiben – einen Umweg, am Zürichsee und an der Limmat entlang. Zum Mittagessen kam er nach Hause, und in den Nachmittagsstunden kehrte er wieder in die Bibliothek zurück.

Am Donnerstag kaufte Lenin auf dem Weg zum Mittagessen »zwei kleine Tafeln Nußschokolade zu 15 Rappen das Stück«, und wenn Nadjas Gesundheitszustand es erlaubte, machten sie nachmittags einen Spaziergang auf den Zürichberg.

Lenin plante sein Leben präzis – es gab genau eingeteilte Stunden für Arbeit, Schlaf, Muße und Mahlzeiten. Er paßte sehr auf sich auf. Er rauchte nicht und trank kaum Alkohol – nur gelegentlich ein Glas Bier. Jeden Tag machte er Gymnastik – das hatte er sich in Petersburg angewöhnt, bevor er nach Sibirien verbannt wurde –, und oft unternahm er lange Spaziergänge.

Seine Arbeitsweise war durch dieselbe Präzision gekennzeichnet. Wenn er zu Hause arbeitete, wischte er erst den Tisch mit einem Staubtuch ab und legte dann sehr ordentlich seine Bücher und Papiere zurecht. Und seltsam, obwohl ihm Kleidung nichts bedeutete und seine Anzüge immer zerknittert aussahen, konnte er es nicht ertragen, wenn sie geflickt werden mußten. Lose Knöpfe nähte er gern selbst an, ohne Nadjas Hilfe. In anderen Städten hatte er ein Rad gebraucht, um zu den Bibliotheken zu fahren, und laut Walentinow hielt er es »so sauber wie ein chirurgisches Instrument«.

Daß er sehr gut Schach spielte, paßte dazu – manchmal war er wie besessen davon. Er konnte Stunden damit zubringen. Laut Nadja rief er einmal sogar im Schlaf: »Setzt er seinen Springer da hin, dann erwidere ich mit meinem Turm!«

Im März war die Armut ein ungeheures Problem für sie geworden. Zum Mittagessen hatten sie oft nur Hafergrütze, die Nadja immer anbrennen ließ, denn sie kochte nicht gut. »Wir leben auf großem Fuß, wie Sie sehen«, meinte Lenin scherzhaft zu Frau Kammerer. »Es gibt jeden Tag Gebratenes.«

Ihren Lebensunterhalt hatten sie in den Monaten seit Kriegsausbruch vor allem von einer kleinen Erbschaft bestritten, die eine Tante Nadja hinterlassen hatte. Ergänzt wurden ihre Finanzen durch Lenins Honorare, manchmal auch durch Geld von der Familie in Petersburg. Ende 1915 waren ihre Mittel fast erschöpft. »Wir werden bald mit unseren bisherigen Mitteln am Ende sein«, schrieb Nadja im Dezember an Lenins jüngere Schwester Maria, »und es wird eine ernste Frage, wie wir unser Geld verdienen.«

Im Januar 1916, als sie noch in Bern wohnten, teilte Lenin M. Charitonow mit, er wolle zwei oder drei Wochen in der Zürcher Bibliothek arbeiten. Ob er ihnen eine billige Unterkunft besorgen könne? Er wolle nicht mehr als einen Franken pro Tag zahlen und schliefe, wenn es nötig sei, auch in einem Bett mit Nadja. Wieviel könne er für einen Vortrag bekommen?

In Wirklichkeit hatte Nadja Ärger mit ihrer Wirtin gehabt, und da Lenin die Bibliotheken in Zürich viel besser fand als die in Bern, beschlossen sie, in Zürich zu bleiben.

Gegen Ende des Jahres verschlimmerte sich ihre finanzielle Lage noch. »Von mir persönlich muß ich sagen, daß ich etwas verdienen muß«, schrieb Lenin an Alexander Schljapnikow in Petersburg, den Mann im Zentralkomitee, der für die

Auslandsverbindungen zuständig war. »Sonst krepiere ich glatt, wirklich!! . . . Man muß bei dem Herausgeber der *Letopis*, dem zwei meiner Broschüren zugeschickt wurden, *mit Gewalt* Geld herauspressen . . . das ist mein vollster Ernst, glauben Sie's mir.«

Lenin suchte dringend Aufträge für Artikel, Broschüren und Vorträge. Er bat sogar Mark Jelisarow, seinen Schwager, der Direktor bei einer Versicherungsgesellschaft in Petersburg war, ob er vielleicht für ihn eine Aufgabe als Übersetzer finden könne.

Lenin hatte einen scharfsinnigen und eigenartigen Humor – oft war er sarkastisch auf anderer Leute Kosten, aber auch gegen sich selbst. Sein Freund Anatoli Lunatscharski war Schriftsteller und ›Gottsucher‹, Mitglied einer Gruppe, gegen die er später zornig zu Feld zog, weil sie die Revolution in poetischen Bildern sah, als »unvermeidliches, tragisches Stadium in der weltweiten Entwicklung des menschlichen Geistes zur ›All-Seele‹«. Nachdem er Lunatscharski einmal bei einer öffentlichen Veranstaltung in dieser Tonart hatte reden hören, trat Lenin mit demütig geneigtem Kopf auf ihn zu, ein boshaftes Glimmen in den Augen: »Segnen Sie mich, Pater Anatol«, flüsterte er.

Lenins Humor wurde in diesem Winter sehr hart auf die Probe gestellt. »Hier gibt es keine Veränderungen«, schrieb er trübsinnig an Maria in Petersburg. »Wir führen ein sehr stilles Dasein; Nadja fühlt sich oft schlecht.«

Im Februar erhielt er Geld von Maria – 808 Franken, die völlig unerwartet kamen. Er war entzückt. »Bitte schreib und laß mich wissen, wie es mit diesem Geld ist«, meinte er in einem Brief an sie. »Ich kann gar nicht verstehen, woher soviel Geld kommt; Nadja sagt im Scherz, ich muß wohl mein ›Ruhegehalt‹ bekommen haben. Haha! Es ist wirklich ein netter Spaß, denn die Lebenshaltungskosten bringen einen zur Verzweiflung, und ich bin wegen meiner zerrütteten Nerven kaum zum Arbeiten fähig.«

Die Emigrantenkolonie in Zürich war sehr klein. »So lebten wir in Zürich still und zurückgezogen«, schrieb Nadja. Oft schaute Grischa Ussijewitsch, ein junger Bolschewik, in der

Spiegelgasse vorbei, wenn er vom Mittagessen im Emigrantenrestaurant kam. Häufig trafen sie sich auch mit Charitonow und seiner Frau und einem anderen jungen Bolschewiken, den sie gerne mochten, mit Nikolai Boizow.

Als sie noch nicht lange in Zürich wohnten, besuchte sie eine Weile jeden Morgen der Neffe von Rosalija Salkind, einer alten Genossin. Der junge Mann war halb irr vor Hunger, trug Kleider, die so dreckig und zerlumpt waren, daß ihn nicht einmal die Bibliotheken einlassen wollten. Recht traurig und sehr bemüht, seine Ungeduld zu zügeln – denn seine Zeit war knapp –, diskutierte Lenin mit ihm über Ideologie. Doch die Begegnungen hinterließen bei ihm das Gefühl, daß »alles in der Welt schmerzte«. Später wurde der junge Mann geisteskrank.

Abends gingen sie manchmal ins Café Adler in der Rosengasse, gleich beim Zähringerplatz. Dort trafen sie sich mit den wenigen russischen und polnischen Bolschewiki, die in Zürich wohnten, außerdem mit einigen Schweizer Sozialdemokraten und mit ein paar Deutschen und Italienern. Lenin versuchte, dort Vorträge zu halten – meist über verschiedene Standpunkte dem Krieg gegenüber –, hatte aber nicht viel Erfolg damit. Einmal geriet ein junger Schweizer Genosse mit ihm in eine Diskussion und meinte, alle ihre Bemühungen seien vergeudete Zeit, denn sie bewirkten nichts. Man dürfe nicht mit dem Kopf gegen die Wand rennen, sagte er laut Nadja zu Lenin.

Dies schien eine allgemein verbreitete Einstellung zu sein. Vierzig Personen besuchten den ersten Vortrag, zu den folgenden kamen weniger. Beim vierten ließen sich nur ein paar Polen und Russen sehen. Sie »machten einige Witze und gingen wieder nach Hause«, erinnerte sich Nadja.

Es paßte zu ihrer Lebensstimmung damals. Lenin war sich nicht mehr ganz sicher, daß er an den dramatischen gesellschaftlichen Veränderungen würde mitwirken können, für die er so lange gekämpft hatte. »Wir, die Alten, werden vielleicht die entscheidenden Kämpfe dieser Revolution nicht erleben«, meinte er im Januar vor einem jungen Publikum.

Dieser Winter hatte schlimm für sie begonnen, denn 1916 war nicht nur ein Jahr der Armut, sondern auch ein Jahr der tragischen Nachrichten. Lenins Mutter Maria Alexandrowna starb. Sie hatte zuletzt in einer Wohnung in der Schirokaja-Straße in Petersburg gelebt, die sie sich mit ihren Töchtern Maria und Anna, mit Annas Mann Mark Jelisarow und beider Pflegesohn Gora teilte. Sie war eine bemerkenswerte Frau gewesen. Lenin und seine Schwestern hatten sie innig geliebt.

Im selben Monat wurde die mittlerweile 53jährige Anna verhaftet und nach Astrachan verbannt, dann aber wegen Krankheit entlassen. Den Großteil des Winters durfte sie – unter sehr strenger Überwachung – in der Schirokaja-Straße zubringen. Die Polizei durchsuchte zweimal die Wohnung und verhaftete Anna erneut im Februar.

In der Schweiz, Tausende von Kilometern von Petersburg entfernt, fühlte Lenin sich eingesperrt und wirkungslos. Auch bei der Arbeit litt er unter Frustrationen. Die Parteiorganisation war fast zusammengebrochen – nicht bloß wegen der Kommunikationsprobleme zwischen Zürich und Petersburg, die Kontakte zwischen den russischen Städten waren zudem unterwühlt durch die Ochrana. Und am schlimmsten – vor 1914 war noch der eine oder der andere mit Nachrichten aus erster Hand von zu Hause eingetroffen, aber jetzt kam niemand mehr.

Lenin gab auch weiterhin die Parteizeitung heraus, die jetzt *Sozial-Demokrat* hieß. Sie konnte nur beschränkt verbreitet werden. Sinowjew half ihm. Er war allerdings nicht mit Lenin umgezogen, sondern in Bern geblieben, wo er als Laborassistent arbeitete. Um die Herstellung der Zeitung kümmerte sich Wjatscheslaw Karpinski, ein Bibliothekar, der mit seiner Freundin Olga Rawitsch in Genf lebte.

In den Stunden, die er tagtäglich in der Bibliothek verbrachte, verfaßte Lenin Artikel und Schriften, schickte sie auch oft an Inessa Armand, die damals in Clarens am Genfer See wohnte. Sie sollte sie ins Französische übersetzen. Seit 1914 hatte er darum gekämpft, die Partei außerhalb von Rußland zusammenzuhalten, und hatte sich sogar bemüht, eine Allparteienfront von sozialistischen Internationalisten zu schaffen – denn obwohl Lenin oft der eigentliche Grund für Spaltungen war, bevorzugte er die Einigkeit, vorausgesetzt, sie kam unter seinen Bedingungen zustande.

Für die emigrierten Revolutionäre, die stundenlang in den Cafés der Schweizer Städte debattierten, schien diese Exilpolitik bedeutsam, aber es verhielt sich damit eher wie bei den kreißenden Bergen, die ein Mäuslein gebären. Lenin war völlig eingeengt, die Frustrationen lasteten ungeheuer auf ihm. Seine Briefe an Inessa sind oft gekennzeichnet von höchster Besorgnis um Angelegenheiten, die einen solchen Aufwand von unwirschen Gefühlen eigentlich gar nicht verdienen.

An einem Tag in diesem Winter trafen Nadja und Lenin auf der Straße zufällig Ernst Nobs, einen Redakteur bei der sozialistischen Zeitung *Volksrecht*, mit dem sich Lenin gestritten hatte. Nobs wollte ihm ausweichen und behauptete, er müsse schnell zur Straßenbahn, aber Lenin packte ihn bei den Rockaufschlägen und fing wieder mit der alten Auseinandersetzung an.

Nadja beobachtete das und wußte, daß es in der Schweiz »kein Betätigungsfeld für seine ungeheure Energie« gab. Bei dieser Szene fiel ihr ein, wie sie einmal gemeinsam mit Lenin den Londoner Zoo besucht hatte.

»Ich erinnerte mich an einen weißen Wolf . . . Wir hatten lange Zeit vor seinem Käfig gestanden. ›Alle Tiere, Bären, Löwen, Tiger‹, erklärte der Wärter, ›gewöhnen sich allmählich an ihre Käfige. Nur der weiße Wolf aus dem russischen Norden gewöhnt sich nie daran und schlägt Tag und Nacht mit dem Kopf gegen die Gitterstäbe.‹« Für seine Frau war Lenin, der den armen Nobs an den Rockaufschlägen schüttelte, ähnlich wie dieser weiße Wolf.

In seiner Verzweiflung stritt Lenin in diesem Winter fast mit allen Menschen, zu denen er in Europa oder in Amerika Kontakt hatte. Nikolai Bucharin, ein kluger Bolschewik, den er normalerweise schätzte, bezog Prügel. »Trotzki, das Schwein«, mittlerweile in New York, wurde wieder heftig attackiert. Scharf kritisierte er auch Rosa Luxemburg, die aus

Polen stammte und eine führende Rolle bei den deutschen Sozialisten spielte – dabei mochte und achtete er sie. Karl Radek, ein galizischer Revolutionär und Journalist, den er seit Jahren kannte, wurde als ›Schacherer‹ abgestempelt: »Er zwängt sich in den Spalt unserer Meinungsverschiedenheiten: die übliche Politik des Lumpengesindels und des Packs.«

Selbst seine glühendsten und ergebensten Anhänger mußten Zusammenstöße mit ihm büßen – und er versuchte sie mit seiner üblichen Methode zu beruhigen. Er gab seiner Überraschung über ihre so gefühlsmäßige Reaktion Ausdruck, meinte, sie hätten ihn mißverstanden, analysierte, was sie gestört hatte, und wollte ihnen damit demonstrieren, wie falsch es sei, ihm etwas übelzunehmen.

Er schrieb an Sinowjew, der einen plötzlichen und ungewohnten Anflug von Auflehnung gezeigt hatte, und meinte beschwörend: »Es gibt keinen Konflikt – Sie bilden sich da wirklich zuviel ein.« In einem seiner vielen Bekenntnisse an Inessa gab er zu, er habe »einen sehr erregten Brief« an Olga Rawitsch geschickt, »den Karpinski bitterböse nannte . . . Ich schreibe ihr einen Entschuldigungsbrief«.

Im Februar richtete sich sein Zorn dann gegen Inessa, die wieder einmal seine Briefe ignorierte. »Sind Sie vielleicht ›gekränkt‹, weil ich geschrieben habe, Sie hätten den französischen Text nicht durchgesehen?« fragte er. »Unwahrscheinlich! . . . und ist es denn überhaupt denkbar, daß man über so etwas *gekränkt* sein kann?? Das ist nicht denkbar!! Aber andererseits ist es seltsam, daß Sie sich . . . gänzlich in Schweigen hüllen.«* Er kannte seine Freundin, und ihre Beziehung änderte sich.

In diesem furchtbaren Winter waren Lenins *rages*, wie Nadja es mit dem französischen Wort nannte, sehr viel häufiger. Sie überwältigten ihn, und er verlor auf fast kindische Weise die Selbstbeherrschung. Wenn sie von politischen Gegnern provoziert wurden, schlugen sie oft in wilde Haßanfälle um. Dann wollte er, so Walentinow, der Genosse

---

* Das *Du* taucht nur in den ersten Briefen an Inessa Armand auf. (Anm. d. Übers.)

aus früheren Tagen, »ihnen ins Gesicht schlagen . . . sie beleidigen, auf ihnen herumtrampeln, sie anspucken . . .«

»Nach einer solchen Attacke . . . ließ seine Energie allmählich nach, und eine psychologische Reaktion setzte ein: Abgespanntheit, Kraftlosigkeit und Müdigkeit, was ihn vorübergehend handlungsunfähig machte. Er konnte weder essen noch schlafen, Kopfschmerzen quälten ihn. Sein Gesicht wurde bläßlich, manchmal düster, das Licht in seinen kleinen Mongolenaugen erstarb.«

Viele seiner *rages* in der Schweiz – vor allem die leidenschaftlichen Zornesausbrüche gegen seine Bolschewiki – wurden durch Grundsatzfragen des Krieges ausgelöst.

Für Lenin war der Patriotismus Bauernfängerei. Die bourgeoisen, imperialistischen Regierungen bedienten sich dieses Tricks, um bei ihren Leuten Kampfgeist zu erzeugen – aber er wußte, daß der Patriotismus tiefe Gefühle in Gang setzte. Darum war er gefährlich, und darum unterdrückte Lenin bei seinen Anhängern auch sofort jede patriotische Regung. Für den Marxisten, und das war Lenin erklärtermaßen (»Ich bin immer noch ›verliebt‹ in Marx und Engels und kann keinerlei Schmähungen gegen sie ruhig hinnehmen«, hatte er im Januar an Inessa geschrieben), für den Marxisten war der Sozialismus ein weltstaatliches Ideal.

Doch die natürliche Liebe zur Heimat konnte leicht zu dem Gedanken führen, man müsse diese Heimat verteidigen und für sie kämpfen. Das kam auch bei begeisterten Bolschewiki vor, denn sie waren größtenteils gefühlvolle Russen, die Rußland sehr vermißten. 1914 hatte es Lenin erschüttert – und mehr erschüttert als alles andere seit der Spaltung von 1903 –, daß Sozialisten in solchem Umfang den Krieg unterstützten.

Als er las, die deutschen Sozialisten – eben die Partei, die ihm beim Druck und beim Vertrieb der ersten Nummern der *Iskra* behilflich gewesen war – hätten im Reichstag für die Kriegskredite gestimmt, wollte er es zuerst nicht glauben, er war überzeugt davon, es handle sich um eine propagandistische Lüge der deutschen Regierung.

Erst zwei Jahre zuvor hatte die Zweite Internationale eine

Resolution verabschiedet, in der es hieß, jeder Krieg könne für die Arbeiterklasse nur bedeuten, »sich gegenseitig für den Profit der Kapitalisten totzuschießen, für die ehrgeizigen Neigungen von Dynastien, für die Erfüllung von geheimen diplomatischen Verträgen«. Pflicht der Sozialisten sei es, so betonte die Resolution, sich eine solche Krise zunutze zu machen, um das Volk gegen die kapitalistische Ordnung aufzurütteln.

Wie konnten diese Männer und Frauen in einer derart wichtigen Frage abtrünnig werden? fragte sich Lenin erstaunt. Doch auf seiten der Alliierten ergab sich bald ein Pendant zu den Deutschen: Plechanow und viele andere Sozialisten befürworteten ebenfalls die Kriegspolitik ihrer Regierungen. Als Lenin erfuhr, Plechanow, der Heros seiner Jugend, habe in Paris russische Emigranten dringend dazu aufgefordert, in die französische Armee einzutreten, geriet er in Verzweiflung: »Ist auch Plechanow zum Verräter geworden?«

Im Jahre 1914, nach einer Konferenz mit ein paar Bolschewiki im Bremgartenwald bei Bern, hatte der angewiderte und skeptische Lenin eine herausfordernde Resolution geschrieben, in der er definierte, wie sich für ihn die Dinge darstellten:

Der Krieg sei nichts weiter als »ein Kampf um Märkte und um die Freiheit, fremde Länder auszuplündern«, ein Kampf zwischen bourgeoisen Regierungen. Er sei ein Mittel zur Unterdrückung der revolutionären Bewegung, denn er »stellt die Lohnsklaven der einen Nation gegen die einer anderen«.

Der Patriotismus sei ein »chauvinistischer Sophismus«, dessen sich beide Seiten bedienten, um »die Massen hinters Licht zu führen«. Der Patriotismus ignoriere jene fundamentale Wahrheit des Kommunismus, die Marx und Engels vor vielen Jahren im *Kommunistischen Manifest* niedergelegt hatten: »Die Arbeiter haben kein Vaterland.«

Eine Niederlage der zaristischen Monarchie und des zaristischen Heeres, so sagte er stets, sei ein »weitaus kleineres Übel« als ein Sieg, denn das Chaos nach der Niederlage würde die Basis für die Revolution abgeben, für den weltweiten Bürgerkrieg zwischen den Klassen.

In den drei Jahren, die seitdem verstrichen waren, hatte er seinen Glauben nicht geändert.

Im März, zu der Zeit, da er vom Ausbruch der Revolution erfuhr, waren in Lenins Leben vier Orte von besonderer Wichtigkeit: Bern, wo Sinowjew wohnte und ihm bei der Arbeit am *Sozial-Demokrat* und bei der Führung der Partei half; Genf, wo Olga Rawitsch und Karpinski Drucklegung und Herstellung der Zeitung für ihn besorgten; Clarens, wo Inessa lebte; und Zürich mit Charitonow, seinem wichtigsten Verbindungsmann zu der hiesigen kleinen Partei.

Er unterhielt auch einige Kontakte zum geheimen Netz der Partei in Skandinavien, über das lange Zeit Briefe und bolschewistische Zeitungen nach Rußland eingeschleust worden waren – oft in Schuhsohlen von Genossen versteckt, die über die Grenze gingen. Doch der Krieg machte diesen Weg sehr viel problematischer und unzuverlässiger.

Lenin schrieb auch an Alexandra Kollontai, aber sein wichtigster Briefpartner in Schweden war ein polnischer Genosse namens Jakob Fürstenberg, den selbst die Genossen, die Lenin nahestanden, für einen zwielichtigen Charakter hielten. Fürstenberg hatte eine Reihe von Kontakten zur halbkriminellen Unterwelt und überdies Verbindungen zur Wilhelmstraße in Berlin. Er war nicht einmal Mitglied von Lenins russischer Partei. Trotzdem führte er Spezialaufträge aus, bei denen er mit Parteigeldern zu tun hatte. In den nun folgenden Monaten sollte er eine entscheidende Rolle spielen.

Lenin schrieb auch sehr oft an die Menschen, die er nicht persönlich treffen konnte – wenigstens an die in der Schweiz –, ermahnte sie, beschwerte sich, drängte zur Eile, verdonnerte Genossen und Gegner, die krumme Wege in der Ideologie gingen.

Und dies enge, introvertierte Leben mit zänkischen Auseinandersetzungen und Politik im kleinsten Rahmen wurde am 15. März durch die kurze Nachricht aus Petersburg verwandelt.

In den nächsten paar Stunden begannen in den Redaktionsbüros mehr Informationen aus Rußland einzulaufen, und Lenin konnte sich allmählich ein Bild von der Lage machen. Er erfuhr, wie völlig unerwartet die Revolution gekommen war, wie explosiv – unter dem Druck von Hunger und Armut und Unterdrückung und organisatorischem Chaos, unter dem Druck eines Krieges, der nie mehr zu enden schien.

Wie 1905 griff eine Arbeitsniederlegung in einer Fabrik plötzlich auf viele Fabriken der Stadt über, und das weitete sich aus zu einer Massendemonstration – Zehntausende von Arbeitern zogen im Protestmarsch zum Zentrum der Hauptstadt.

Wie üblich befahl die Regierung, die Zugbrücke über die Newa hochzuziehen, aber es war bitterkalt, der Fluß zugefroren. Die zornigen Arbeiter hatten keine Brücken gebraucht.

Meutereien breiteten sich bei den Regimentern der großen Petersburger Garnison aus, und die Soldaten schlossen sich den Demonstranten an. Wie 1905 in Moskau weigerten sich die Kosaken, dagegen einzuschreiten. ›Die Pharaonen‹, die verhaßte, mit Peitschen bewehrte berittene Polizei, wurden von der zahlenmäßigen Überlegenheit der Masse überwältigt.

Die Revolution brach plötzlich los wie ein Sturm, ihren Gipfelpunkt erreichte sie am dritten Tag. Hunderte starben bei Schießereien auf den Straßen – später wurden sie auf dem Marsfeld, in der Nähe des Winterpalastes, beigesetzt. Gebäude wurden geplündert und in Brand gesteckt. In den Kasernen und auf Schiffen der Kriegsmarine wurden Offiziere ermordet.

Schließlich drangen viele zornige Menschen in die Gefängnisse ein und befreiten die politischen Häftlinge. Und dann marschierten Tausende von Arbeitern, Soldaten und freigelassenen Revolutionären zum weiß und golden schimmernden Taurischen Palast – einst Sitz des Prinzen Potemkin, des Geliebten von Katharina der Großen – und forderten, die Duma solle die Macht übernehmen, die bis dahin Zar Nikolaus II. innegehabt hatte.

Das war das Ende der Zarenherrschaft und der Anfang der Volksherrschaft – die anfangs, bis die Ordnung wiederhergestellt war, von einer ›Provisorischen Regierung‹ ausgeübt werden sollte, deren Minister von der Duma bestätigt wurden. Später, darüber waren sich alle einig, würde es im ganzen Lande Wahlen zu einer Konstituierenden Versammlung geben – zu einem Parlament.

Die Ereignisse von 1905, die vom barbarischen Gemetzel in Moskau unterbrochen worden waren, kamen wieder in Gang. Deputierte aus den Fabriken und Armee-Einheiten – die schon vor der Revolution gewählt worden waren, das gehörte zu den Untergrundaktivitäten verschiedener Parteien – trafen allmählich im Palast ein, dem Brennpunkt der Revolution, und suchten nach einer Führung.

Der Sowjet entstand spontan, hier und auch in anderen russischen Städten, auf die die explosiven Vorgänge von Petersburg bald übergegriffen hatten. Männer erhoben sich, unsicher, einer nach dem andern – und viele konnten weder lesen noch schreiben, noch die Botschaften der Leute artikulieren, die sie gewählt hatten – sie standen auf im Vestibül des Westflügels im Taurischen Palast und schworen der Revolution die Treue.

Der Sowjet, der sich mehr aus einer gemeinsamen, instinktiven Vorstellung entwickelte als aus vorgefaßten Ideen, war eine seltsame Körperschaft. Im wesentlichen glich er fast einer improvisierten Gewerkschaftsversammlung, nur kamen seine Mitglieder nicht aus Gewerkschaften. Sie kamen aus Arbeitergruppen und Fabriken, von der Eisenbahn, von den Docks, aus den Kasernen – kurz, von allen Orten, wo viele Menschen beschäftigt waren.

Überdies betrachtete sich der Sowjet nicht als Werkzeug der Regierung, sondern als Überwachungsorgan im Interesse des Volkes, als Aufpasser, der dafür zu garantieren hatte, daß es keine Rückkehr zur Zarenherrschaft, keine Konterrevolution gab. Wie 1905 fügte sich ihm das Volk von Anfang an.

Lenin ging in Zürich die Zeitungen durch und konnte die neuen Verhältnisse sehr schnell beurteilen. Die meisten

Minister gehörten zu den liberalen Kadetten, der Partei der Konstitutionellen Demokraten, die von dem ehemaligen Universitätslehrer Pawel Miljukow angeführt wurden. Er war soeben Außenminister geworden. Die Kadetten hatten eine große Anhängerschaft bei der Mittelschicht und wollten in Rußland eine kapitalistische Demokratie nach britischem Vorbild schaffen. Sie unterstützten natürlich den gemeinsamen Krieg mit den Alliierten zur Unterwerfung Deutschlands.

Wie die Bolschewiki in Petersburg war Lenin entsetzt von den neuen Machthabern. Denn was für eine Revolution konnte das wohl sein? Der neue Präsident war sogar ein Prinz.

In den allerersten Tagen war der Sowjet ein sehr revolutionäres Organ. Viele seiner Mitglieder waren in ihrer Gedankenwelt der Pariser Commune verpflichtet. Laut forderte der Sowjet einen Prozeß gegen den Zaren und hoffte auf eine dramatische Hinrichtung. Bei seiner ersten Amtshandlung schaffte er die Todesstrafe in der Armee ab und verbot, daß die Offiziere militärisch gegrüßt wurden, befahl allen Regimentern, Komitees zu bilden, die Delegierte zum Petersburger Sowjet entsenden sollten. Die Komitees sollten die Kontrolle über die Waffen- und Munitionsvorräte ihrer Regimenter übernehmen. Im Augenblick handelte der Petersburger Sowjet für ganz Rußland als Zentrale der Revolution.

Trotzdem traute Lenin den Leuten vom Sowjet nicht, denn im Sowjet überwogen zwei sozialistische Parteien, die viel mehr Anhänger hatten als die extremistischen Bolschewiki – Menschewiki und Sozialrevolutionäre. Die Sozialrevolutionäre hatten ihre Politik von der alten terroristischen Narodnaja Wolja übernommen, für deren Sache Sascha gestorben war. Sie hatten sie aber verfeinert und wie die Marxisten den methodischen Terror aufgegeben – wenngleich es bei ihnen noch ein paar militante Elemente gab. Die Sozialrevolutionäre waren die Partei der Bauern, der größten Gruppe der russischen Bevölkerung. Zu ihnen gehörten auch viele Soldaten und Matrosen, die aus ihren Dörfern zum Kriegsdienst eingezogen worden waren.

Lenin wußte, daß die Menschewiki mit den neuen Ministern zusammenarbeiten würden, denn der Kompromiß lag ihnen im Blut, und bei den Sozialrevolutionären war er sich auch recht sicher. In einem Brief nach Norwegen, an Alexandra Kollontai, den er, ein paar Stunden nachdem er von der Revolution erfahren hatte, schrieb, betonte er ausdrücklich, er wolle vor allem keine Verbindungen mit diesen Parteien haben – kein Wort von Einigkeit oder gemeinsamer Front. So klein sie auch waren, die Bolschewiki würden für sich bleiben, die Partei, die *nicht* mit den Kapitalisten kollaborierte.

In diesem Punkt traute Lenin auch vielen seiner Bolschewiki nicht – und schon darum war es absolut erforderlich, daß er rasch nach Petersburg kam und mit fester Hand die Führung der Partei übernahm. Doch im Moment schienen die Hindernisse noch fast unüberwindlich. »Wir fürchten, daß es uns nicht so schnell gelingen wird, aus der verfluchten Schweiz herauszukommen«, schrieb er in einem weiteren Brief an Alexandra Kollontai.

Obwohl er pessimistisch war, ließ er nichts unversucht, um die Schwierigkeiten zu überwinden. »Wladimir Iljitsch glich zu dieser Zeit einem Löwen im Käfig«, berichtete Sinowjew. »Wir müssen uns auf den Weg machen. Jede Minute ist kostbar. Aber wie . . . es macht mich rasend . . .«

Er dachte daran, Deutschland mit dem Flugzeug zu überqueren, erkannte aber schnell, daß das nicht zu machen war. In einer seiner schlaflosen Nächte, als er mit Nadja im Bett lag, sagte er plötzlich zu ihr: »Vielleicht ginge es mit dem Paß eines stummen Schweden?« Stumm deshalb, weil er sich dann nicht verraten konnte – er sprach kein Schwedisch.

»Du schläfst ein, siehst im Traum Menschewiki«, stichelte sie, »und fängst laut an zu schimpfen: Schweinehunde, Halunken! Da ist's dann mit der ganzen Konspiration vorbei.«

Sie spottete zwar, aber es war ihm ernst mit dieser Idee. Er schrieb an Jakob Fürstenberg in Stockholm und fragte, ob er für ihn und Grigori Sinowjew schwedische Ausweispapiere besorgen könne.

Mittlerweile zog er eine andere Möglichkeit in Betracht. Am 18. März schrieb er an Inessa und bat sie, nach England zu fahren und zu erkunden, ob die Briten ihn vielleicht durchreisen ließen. Als er am nächsten Tag mit einem Anruf in Clarens nachsetzte, weigerte sich Inessa hartnäckig, seinem Wunsch nachzukommen. »Ich kann Ihnen nicht verhehlen«, schrieb er ihr am selben Abend, »daß ich sehr enttäuscht bin. Meiner Meinung nach kann es jetzt bei jedem nur einen Gedanken geben: losfahren . . . Ich war davon überzeugt, daß Sie sich sofort nach England begeben, denn nur dort kann man erfahren, wie man fahren kann und ob das Risiko groß ist (man sagt, über Holland – London–Holland–Skandinavien – ist es nicht sehr riskant) . . .«

Am selben Tag beschäftigte er sich mit einem weiteren Plan. »Lassen Sie sich auf Ihren Namen Papiere für eine Reise nach Frankreich und England geben«, instruierte er Karpinski in Genf, »und ich fahre *mit diesen Papieren* über England (und *Holland*) nach Rußland. Ich kann eine Perücke aufsetzen.«

Und unter den vielen, vielen Anweisungen an Inessa in dem Brief vom 19. März findet sich eine weitere Idee: die Deutschen darum ersuchen, daß sie einen Eisenbahnwaggon nach Kopenhagen passieren ließen – aber niemand dürfte wissen, daß dieser Vorschlag von ihm stammte. Seltsamerweise brachte ihn auch sein ehemaliger Freund Julius Martow am selben Tag in Bern bei einer Versammlung von Emigranten aller Parteien vor. Er betonte, die russische Regierung könne dem eine gewisse Legalität geben, indem sie ebenso viele deutsche Kriegsgefangene freiließ, wie Russen durchreisten. Sinowjew nahm an dieser Beratung teil und erstattete Lenin am nächsten Tag Bericht darüber. Lenin war entzückt. Es gab nur ein Problem: Alle Teilnehmer der Versammlung waren sich einig darüber, daß man die Genehmigung Petersburgs abwarten sollte, bevor man reiste. Das bedeutete einen weiteren Aufschub, aber Lenin ließ gelten, daß dies politisch äußerst wichtig war, denn sie bedienten sich ja der Hilfe des verhaßten Feindes, und das konnte in Rußland unerhörte Nachwirkungen haben. Seit Ausbruch des Krieges waren Hunderttausende von Russen durch deutsche Kugeln und deutsche Bajonette gestorben. Sie waren schlecht ausgerüstet, trugen schlechtes Schuhwerk und wurden nach wie vor im zähen Dreck der Schützengräben hingeschlachtet, die sich in einer gewaltigen Linie von der Ostsee bis zum Schwarzen Meer hinzogen. Und wenn man sich das vergegenwärtigte – wie würde der normale Russe, mochte die Situation auch noch so revolutionär sein, auf die Nachricht reagieren, Lenin und andere Emigranten hätten deutsche Hilfe angenommen? Auch wenn die Regierung ihr Plazet gab, konnten sich politische Gegner diesen Umstand leicht zunutze machen. Und ohne Zustimmung der Regierung war es äußerst gefährlich, denn dann handelte es sich um Verrat. Und so warteten die Emigranten auf das ersehnte Telegramm vom russischen Außenministerium.

Lenin tüftelte an bizarren Plänen für die Rückreise nach Rußland, und Alexandra Kollontai wollte derweil Norwegen verlassen und nach Petersburg gehen. Sie hatte ihn telegrafisch um ›Direktiven‹ gebeten (»Wie soll man denn von hier aus Direktiven geben«, kommentierte Lenin mit scheinbarer Verwunderung), und am 17. März schrieb er ihr, welche Linie sie in Rußland vertreten sollte: keine »dummen ›Einigungs‹versuche . . . *nicht das geringste* Vertrauen, nicht die geringste Unterstützung für die neue Regierung (nicht das geringste Vertrauen zu Kerenski . . .)«.

Lenins Genossen fanden es merkwürdig, daß er ausgerechnet Alexander Kerenski solche Bedeutung beimaß, der nur ein rangniederer Minister in der neuen Regierung war. Andere Männer kamen ihnen viel gefährlicher vor. Aber schon damals schien Lenin zu fühlen, daß Kerenski in dem Konflikt, der ihm in Petersburg bevorstand, sein entscheidender Gegenspieler sein würde. Eine gewisse historische Ironie haftete diesem Glauben an, denn so groß Rußland auch war, Kerenski stammte wie Lenin aus der kleinen Wolgastadt Simbirsk. Sein Vater hatte Lenin in der Schule unterrichtet, und nach dem Tod von Lenins Vater – so versichert uns Kerenski – wurde er eine Art Vormund der Familie.

Kerenski war zehn Jahre jünger als Lenin und gehörte zum rechten Flügel der Sozialrevolutionäre.[7] Als Anwalt hatte er sich einen guten Ruf und große Popularität erworben, weil er mutig die Opfer der zaristischen Unterdrückung verteidigte. Er war ein faszinierender Redner, besaß einen Hang zum Dramatischen und glaubte ganz offensichtlich, die Vorsehung habe ihn zu Großem berufen. Vielleicht hatte Lenin dieses Talents wegen sein Augenmerk auf ihn gerichtet, vielleicht lag es aber auch nur daran, daß Kerenski als eines von zwei Mitgliedern des Sowjets, die Minister in der neuen Regierung waren, symbolisch für den Kompromiß stand – und für den Chauvinismus, denn er befürwortete eindeutig den Krieg. Und dieser Aspekt machte es für Lenin zu einer Qual, warten zu müssen, bis Martows Vorschlag, wegen einer Durchreisemöglichkeit an die Deutschen heranzutreten, mit Petersburg telegrafisch ausgehandelt war.

In all seinen Emigrantenjahren hatte er sich nie so machtlos gefühlt. Jeden Tag durchstöberte er die Zeitungen nach neuen Nachrichten aus Rußland, oft mit hilflosen Wutausbrüchen, wenn er von Aktionen las, die er nicht zu unterbinden vermochte. »Es ist einfach Scheiße!«, so tobte Lenin, als er den Bericht von einer kompromißlerischen Rede des menschewistischen Führers Nikolai Tschcheidse las – das wird uns von einem Besucher berichtet.

Doch seine vielen Wutausbrüche hielten ihn nicht von der Arbeit ab. In seinem Zimmer in der Spiegelgasse und in der Bibliothek in der Predigerkirche saß er jeden Tag stundenlang und schrieb eine Briefserie für die *Prawda*, die jetzt wieder erschien. Er steckte die Ziele der Partei für einen großen Problembereich ab.

Lenin schwebte eine neue Art von Gesellschaft vor. Er behauptete, die Macht, die früher der Zar innegehabt hatte, sei einfach von der Bourgeoisie, von den Kapitalisten und Großgrundbesitzern übernommen worden. Notwendig war jetzt die Zerschlagung des gesamten Staatsapparats – vor allem der alten Polizeiorganisation[8], denn auf dieser Basis arbeiteten sich die Konterrevolutionäre immer voran, wenn sie zurück an die Macht wollten.

Statt dessen, so lautete Lenins wichtigster Vorschlag, sollte das ganze Volk, sollten beide Geschlechter bewaffnet werden. Aus dieser Masse bewaffneter Arbeiter rekrutierte sich eine Miliz. Sie hatte einen großen Aufgabenbereich, darunter die öffentliche Wohlfahrt und die sanitäre Aufsicht. Ihre Mitglieder würden alle vierzehn Tage einen Tag bei voller Bezahlung von der Arbeit freigestellt werden und Dienst bei der Miliz tun.

Die Volksmiliz sollte in Petersburg eine ständige Präsenz von 50000 Mann haben und im Notfall sehr schnell auf 750000 Mann vergrößert werden können. Außerdem sollte sie mit der Bürokratie, der Armee und der neuen Polizei verschmolzen werden. »Eine solche Miliz würde absolute Ordnung garantieren und eine kameradschaftliche Disziplin, die mit Begeisterung geübt wird.«

Lenins Idee bei diesem Konzept vom ›bewaffneten Proletariat‹ war, Schluß zu machen mit der Herrschaft von oben – der Herrschaft des Staats und seiner Agenten – und die Herrschaft von unten einzuführen. Jeder Funktionär sollte dem Volk verantwortlich sein – und sofort von ihm abgewählt werden können. Diese Denkart war sehr idealistisch. Sie rührte her von den Pariser Massen von 1789 und besonders von der Commune von 1871 – damals hatten die Einwohner von Paris für kurze Zeit ihre eigene Regierung gebildet.

Lenin erklärte, es sei äußerst wichtig für die Partei, eine eindringliche Kampagne zur Verbreitung der Sowjets durchzuführen, bei der ganzen Nation und bis in die Dörfer und Stadtbezirke hinein. Denn der Bourgeois, so lautete seine Warnung, sei gut organisiert, und wenn sich die Arbeiter nicht ebenso gut organisierten, würden sie die Macht vielleicht erringen, aber niemals halten können.

In Zürich verstrichen die Tage, und es schien immer unklarer zu werden, wie Lenin nach Rußland zurückkommen sollte – trotz aller Zuversichtlichkeit, die er vor kurzem Inessa gegenüber bekundet hatte, bezweifelte er jetzt, daß die Deutschen überhaupt mit ihnen zusammenarbeiten würden. »Walja hat man gesagt (in der englischen Botschaft), daß es über England überhaupt nicht geht«, schrieb er am 23. März an Inessa. »Wenn uns nun *sowohl* England *als auch* Deutschland *um keinen Preis* durchlassen!!! Und das wäre doch möglich!«

In Wirklichkeit war das nicht möglich, und er wußte es genau.

4

Lenin wußte, daß er bald von Parvus hören würde. Parvus trat allerdings nicht direkt an ihn heran. Jakob Fürstenberg telegrafierte Lenin und bot ihm die Durchreise durch Deutschland für zwei Personen an.[9]

Lenin war sich völlig klar darüber, woher diese Offerte kam. Fürstenberg konnte ihm vielleicht die gefälschten schwedischen Pässe besorgen, um die er gebeten hatte. Doch er war sicherlich nicht imstande, eine solche Fahrt mit der Eisenbahn zu organisieren. Parvus dagegen konnte es.

Lenin hielt sich zu diesem Zeitpunkt noch alle Wege offen, und daher telegrafierte Sinowjew vorsichtig zurück: »Onkel wünscht Näheres zu erfahren. Offizieller Weg für einzelne unannehmbar.« Parvus schickte einen Agenten nach Zürich, der das Angebot näher erläuterte, aber Lenin lehnte es kategorisch ab. Er suchte zwar dringend nach einer Möglichkeit, Deutschland zu passieren, doch das schien ihm zu hinterlistig. Ein Zug, der mit Einverständnis Petersburgs eine große Anzahl von politischen Emigranten beförderte – *das* war der ideale Plan. Und Lenin blieb zwar etwas skeptisch, aber im März schien sich diese Möglichkeit zu bieten.

Es bedeutete eine gewisse Gefahr, überhaupt mit Parvus zu verhandeln. Denn seit der Zeit in München, aus der Lenin ihn kannte, hatte er sich völlig verändert. Damals war er ein junger und brillanter marxistischer Journalist gewesen, schäbig gekleidet wie alle anderen – der Mann, der auf einer geheimen Presse in seiner Wohnung die ersten Nummern der *Iskra* gedruckt hatte. Und nun war er ein Kapitalist. Der neue Parvus, ein ungeheuer dicker Mensch, war ein lebendes Paradoxon, verschroben und fantastisch. In seinem schlaffen Körper lebten in friedlicher Koexistenz ein flamboyanter Großkapitalist von schlimmster bürgerlicher Vulgarität und ein glänzender, marxistisch geschulter Geist.

Nach der Spaltung der russischen Sozialdemokraten im Jahre 1903 verband sich Parvus mit Trotzki zu einer Art Partnerschaft. Gemeinsam entwickelten sie eine Theorie der permanenten Revolution in Rußland – die mit der Vorstellung in Widerstreit lag, die die meisten Marxisten hatten: Fortschritt durch klar voneinander abzugrenzende Phasen.

Damals ging Lenin heftig gegen ihre Argumente an, aber trotzdem betrachtete er Parvus als einen Revolutionär von Format – besonders nach der Revolution von 1905, bei der Parvus mit Trotzki zusammengearbeitet und eine bedeutende Rolle gespielt hatte. Es endete für ihn mit der Verbannung nach Sibirien.

Später machte Parvus in Konstantinopel ein Vermögen. Niemand wußte genau, wie. Gerüchtweise verlautete, er habe einen sehr umfangreichen und dubiosen Handel mit Getreide und Waffen betrieben.

Der Krieg brach aus, und Parvus hatte einen neuen Part, der ihn für jedermann verdächtig machte – den eines marxistischen Millionärs. Er bewahrte sich zwar seine sozialistischen Ambitionen, war aber ein Großkapitalist wie eben einer Karikatur entstiegen – mit großem Wagen, einer Garnitur von Blondinen, mit dicken Zigarren und einer Passion für den Champagner – oft trank er schon eine Flasche zum Frühstück.

Die Revolutionäre Europas waren entsetzt – besonders als sie erfuhren, daß seine Big-Business-Kontakte selbst bis in die Wilhelmstraße in Berlin reichten. Sogar Trotzki lehnte ihn ab, diesen »Falstaff . . . den wir jetzt auf die Liste der politischen Leichen gesetzt haben«.

Lenin hatte ihn zum letztenmal 1915, vor zwei Jahren, gesehen. Damals kam er mit einer Exfreundin und einem jungen Bolschewiken namens Arthur Siefeldt ins Studentenrestaurant in Bern. Es war ein viel zu bescheidenes Lokal für den neuen Parvus. Stammgast wäre er hier nie geworden, aber er suchte Lenin.

Lenin aß mit Nadja, Inessa und einem anderen Genossen zu Mittag. Parvus stand da und ließ seinen Blick über das volle Lokal schweifen – so ungeheuerlich von Gestalt, schrieb Siefeldt in einer Bakuer Zeitung, daß er einem »unbeweglichen, vollgestopften Sack mit schwabbeligem Bauch« glich. Nun hatte er Lenin entdeckt und kam schwerfällig an seinen Tisch. Trotz ihrer Differenzen begrüßte Lenin ihn herzlich. Parvus bat ihn um ein Gespräch unter vier Augen, und Lenin nahm ihn in seine und Nadjas Wohnung mit.

Ihre Unterhaltung ist immer noch von Geheimnis umwoben, aber man kann fast mit Sicherheit annehmen, daß sie hochbedeutsam für die Weltgeschichte war. Er habe Parvus »mit dem Schwanz zwischen den Beinen« weggeschickt, sagte Lenin später zu Siefeldt. Parvus erreichte also nichts. Obendrein wollte Lenin ihn nicht mehr sehen, und soviel man weiß, sah er ihn auch nie wieder. Parvus verfaßte einen Bericht über die Begegnung und beschränkte sich darauf zu erwähnen, daß sie ein Streitgespräch über die Entwicklung der Revolution geführt hätten.

Die Wahrheit sagte keiner von beiden – zumindest nicht die volle Wahrheit. Ohne Parvus und seine Organisation, über die den Bolschewiki Millionen von Goldmark zuflossen,* hätte Lenin 1917 nie die Macht in Rußland erlangen können. Und diese Verbindung – eine seltsam indirekte Verbindung insofern, als keine von beiden Parteien unmittelbaren Kontakt zur anderen hatte und jede entschieden die Existenz von Kontakten bestritt – wurde bereits in den ersten Monaten des Jahres 1915 in Berlin, in der Wilhelmstraße, hergestellt.

Die Beziehung zwischen den beiden Männern – dem drahtigen, disziplinierten Ästheten und dem rabelaisschen Bonvivant – hatte einen Hauch von Ironie, denn sie waren Konkurrenten. Vorher hatten sie, als marxistische Intellektuelle mit verschiedenen Auffassungen, wild miteinander

---

* Beweise für die Finanzierung durch die Deutschen im Nachwort.

gewetteifert. Und nun standen sie sich als potentielle Führer der sozialistischen Revolution gegenüber – als Antagonisten, aber Antagonisten, die sich brauchten. Und die Arena war sehr viel größer, denn Parvus hatte mittlerweile die Unterstützung einer Großmacht erlangt.

Er war an diesem Sommertag wegen einer großen revolutionären Operation nach Bern gekommen, vor der alles verblaßte, was Lenin jemals hätte aufbieten können. Denn Parvus' geheimnisvolles Vermögen eröffnete ihm erhebliche Möglichkeiten und außerdem Verbindungen – auch zum deutschen Botschafter in Konstantinopel. Parvus gab ihm zu verstehen, daß die Deutschen und die russischen Marxisten ein gemeinsames Interesse an der Vernichtung der zaristischen Autokratie hätten. Er erklärte, er habe einen Plan, um sich diesen Umstand zunutze zu machen. Sein Vorschlag wurde zu einem idealen Zeitpunkt ans deutsche Auswärtige Amt in Berlin weitergeleitet. Denn Ende 1914 war es völlig klar, daß der Krieg nicht so schnell gewonnen werden konnte, wie es der Kaiser und seine Generäle vorhergesagt hatten. Die neue Politik hieß jetzt ›Revolutionierung‹. Arthur Zimmermann, damals Unterstaatssekretär im Auswärtigen Amt, hatte sie in einer Denkschrift kurz umrissen. Eine Revolution, so meinte Zimmermann, werde den Zaren zum Abschluß eines Separatfriedens zwingen. Und damit konnten die Deutschen ihre Streitkräfte an *einer* Front, an der Westfront, konzentrieren. Parvus wurde nach Berlin eingeladen.

Anfang 1915, bei einem Treffen auf höchster Ebene in der Wilhelmstraße, erklärte Parvus, er könne die Revolution zustande bringen, die Zimmermann wolle. Ein entscheidender Punkt seines Plans war Lenin. Er schlug vor, man solle deutsches Geld in seine Organisation aus erfahrenen Berufsrevolutionären investieren. Das war für Parvus die Speerspitze einer Operation, die alle Kräfte der russischen Sozialdemokratie nutzbar machen sollte. Er meinte, Bolschewiki und Menschewiki müßten sich wiedervereinigen.

Parvus betrachtete sich als Königsmacher, als graue Eminenz hinter einem Thron, den Lenin besteigen würde. Ob die sozialistische Weltrevolution sein Fernziel war, ist nicht klar – als junger Marxist in München hatte er sich jedenfalls dafür eingesetzt. Bei der Zusammenkunft mit den Beamten des deutschen Auswärtigen Amtes stellte er sich natürlich als einen Mann dar, der Deutschland liebte – der es tatsächlich so sehr liebte, daß er sich bald darauf einbürgern ließ.

Für die Deutschen brachte Parvus einen gewaltigen Aktivposten mit. Er kannte jeden Mann von Rang und Namen in der Welt des militanten Sozialismus. Er hatte mit ihnen gelebt, mit ihnen in Cafés diskutiert, in Artikeln erbitterte Theoriedispute mit ihnen ausgefochten – und er war von ihnen respektiert worden.

Die Deutschen waren tief beeindruckt. Schon zu Anfang ließen sie sich auf ein Risiko ein. Er schlug vor, einen Generalstreik in Rußland zu organisieren. Sie stimmten zu, und die Staatskasse stellte ihm dafür eine Million Goldmark zur Verfügung.

Das war der Grund für seinen Besuch in der Schweiz im Mai 1915. Typischerweise hatte er sich samt Mädchen und Champagner in Zürichs luxuriösestem Hotel, dem Baur au Lac, einquartiert.

Er reiste nach Bern, um Lenin aufzusuchen. Die Bolschewiki konnten ihm mit ihren Zellen in den russischen Fabriken bei der Organisation seines Streiks behilflich sein. Und außerdem wollte er herausfinden, was Lenin zu seinem weitaus ehrgeizigeren Revolutionsplan sagte, in dem die bolschewistische Partei eine entscheidende Rolle spielte. Bei der Unterredung in seiner Wohnung am Distelweg lehnte Lenin den Vorschlag ab, den ihm Parvus unterbreitete, aber man darf fast mit Sicherheit annehmen, daß es anderweitig doch Übereinstimmungen gab. Nach dem Gespräch erwog Lenin ernsthaft, nach Skandinavien umzusiedeln. Von dort aus bestanden seit langem geheime Wege nach Rußland, über die Nachrichten und Personen geschleust wurden, und darum konnte Lenin Parvus' Hilfe in Skandinavien weitaus besser nutzen als in der Schweiz. Schließlich beschloß er, doch zu bleiben – was er 1917 bereute. Verzweifelt schrieb er das in einem seiner frustrierten Briefe an Inessa vom März

1917, denn hätte er in Skandinavien gewohnt, so wäre das Problem mit der Rückreise schon gelöst gewesen. Doch seinerzeit war weitaus wichtiger sein Einverständnis dazu, daß sein guter Freund Jakob Fürstenberg für Parvus arbeiten sollte.

Nachdem Lenin ihm die Mithilfe der Bolschewiken verweigert hatte, zog Parvus unter dem Deckmantel einer Handelsgesellschaft seine eigene Organisation auf. Sie hatte ihren Hauptsitz in Kopenhagen und unterhielt innerhalb und außerhalb Rußlands ein Netz von Agenten. Daneben handelte sie auch tatsächlich – sie verkaufte deutsche Erzeugnisse nach Rußland und russische Erzeugnisse nach Deutschland. Chemikalien, Arzneien, chirurgische Instrumente und sogar Verhütungsmittel hatte diese Firma im Angebot, die sich aus Spionen und ahnungslosem Personal zusammensetzte, das nicht die geringste Vorstellung von der wahren Natur dieser Organisation hatte.

Daß Jakob Fürstenberg Direktor dieser seltsamen, facettenreichen Gesellschaft wurde, schuf eine wahrhaft bizarre Situation.[10] Denn damit war der Freund, dem Lenin vertraute und der wichtige Geheimaufträge für ihn ausführte, gleichzeitig die rechte Hand von Parvus, dem einzelgängerischen Großkapitalisten, dem Verräter an der Sache, den alle Genossen von früher wegen seiner Verbindungen zum kaiserlichen Deutschland verachteten.

Diese enge Beziehung mit ihrem politischen Gefahrenpotential war zweifellos ein Grund dafür, warum Lenin eine heftige Attacke gegen Parvus ritt, als dieser eine sozialistische Zeitung mit dem Namen *Die Glocke* gründete – natürlich mit finanziellem Rückhalt bei den Deutschen. Parvus' neues Blatt, so behauptete Lenin im *Sozial-Demokrat*, sei ein »Organ der Renegaten und schmutzigen Lakaien«, verschwistert mit »der Jauchegrube des deutschen Chauvinismus«. Später führte er diesen Angriff als Beweis dafür an, daß er nichts mit Parvus gemein hatte.

Parvus lieferte den Deutschen seinen Streik ohne Lenins Mithilfe – aber vom Umfang her war es eine enttäuschende Sache. Im Januar 1916 legten in mehreren Petersburger

Fabriken 55 000 Menschen die Arbeit nieder. Aber *dafür* hätte die Wilhelmstraße wohl kaum eine Million Mark ausgegeben. Die Aristokraten im Auswärtigen Amt mißtrauten Parvus ohnehin, und jetzt ließen sie ihn für ein paar Monate fallen – bis zum März 1917. Nun eröffnete der Sturz des Zaren völlig ungeahnte Perspektiven, und Parvus gewann wieder einen gewissen Wert für die Deutschen. Sein neuer Status geht aus der Einladung zu einer Unterredung mit Arthur Zimmermann hervor, der mittlerweile Staatssekretär geworden war.

Er bekleidete dieses Amt seit vier Monaten, und seine Voraussetzungen, sein Hintergrund waren durchaus ungewöhnlich. Denn er kam nicht aus einer der Aristokratenfamilien, aus denen sich praktisch alle höheren Beamten in Berlin rekrutierten, auch die Botschafter, die ihm Bericht erstatteten. Er stammte aus der Mittelschicht und hatte dank seiner Tüchtigkeit diese Klassenschranke überwunden. Zimmermann war ein kräftig gebauter Mann mit rötlicher Gesichtsfarbe, der zum Mittagessen immer eine Flasche Mosel trank. Sein politisches Geschick hatte ihm die Hochachtung des Kaisers eingetragen.

Möglicherweise war der wichtigste Faktor im März 1917 der Umstand, daß das ›Revolutionierungs‹-Konzept von Zimmermann stammte. Und durch die Ereignisse von Petersburg hatte sich der Spielraum vergrößert – Dimensionen taten sich auf, wie es sie vorher nie gegeben hatte.

Zwei Jahre lang hatte die Politische Abteilung des Auswärtigen Amtes geduldig ihre Revolutionspolitik entwickelt. In dieser Zeit suchten deutsche Agenten innerhalb und außerhalb Rußlands Kontakte zu Sozialisten aller Parteien – und es stellte sich heraus, daß Lenin für die Deutschen der Mann mit dem größten Potential war. Nicht nur Parvus plädierte für ihn. Ein Bolschewik aus Estland, Alexander Kesküla, den Gisbert Freiherr von Romberg, der deutsche Gesandte in Bern, als Agenten angeworben hatte, verwandte sich ebenfalls dafür, daß die Deutschen den Bolschewiki massive finanzielle Unterstützung zukommen ließen. Bald nachdem Parvus bei Lenin vorgesprochen hatte, unterhielt sich Kesküla mit Lenin über die Bedingungen, »unter denen die russischen Revolutionäre im Falle eines Sieges der Revolution bereit wären, mit uns Frieden zu schließen« – und das implizierte deutsche Hilfe. Was die Bedingungen betraf, so erklärte sich Lenin unter anderem erstaunlicherweise dazu bereit, eine russische Armee nach Indien zu entsenden.

Bedenkt man die Größe der bolschewistischen Partei im Jahre 1915, so war diese Unterredung geradezu lachhaft theoretisch. Noch 1917 nahmen die mehr als tausend Delegierten des Kongresses der Sowjets in Petersburg Lenins Versicherung, die Bolschewiki würden die Macht übernehmen, wenn man sie ihnen anböte, mit höhnischem Gelächter auf.

Doch in Berlin betrachtete man das nicht als Witz. Zimmermann und Diego Graf von Bergen, der für die politische Subversion in Rußland verantwortlich war, wußten beide, daß auch eine finanzielle Spritze für eine kleine Partei große Ergebnisse zeitigen konnte – vorausgesetzt, diese Partei war gut organisiert. Momentan war sie natürlich nicht organisiert, der Krieg und die Ochrana hatten sie zerrüttet. Doch ihr Aufbau aus kleinsten Zellen, ihre Philosophie vom disziplinierten Berufsrevolutionär, die Lenin schon 1903 verfochten hatte, und die Qualitäten ihres Führers veranlaßten von Bergen zu der Anweisung, man möge dem Emigranten in seiner Einzimmerwohnung in der Spiegelgasse besondere Aufmerksamkeit zuwenden.

Aus den Akten des Auswärtigen Amtes geht hervor, daß die Bolschewiki über Kesküla Geld erhielten. Man darf allerdings mit einigem Grund bezweifeln, ob Lenin das wußte. Kesküla sagte, er habe Arthur Siefeldt damit beauftragt. Siefeldt tarnte die Zuwendungen als Spenden von verschiedenen Personen, und auf diese Weise floß das Geld der Partei zu. Es kann nicht allzuviel gewesen sein, denn eine größere Summe wäre aufgefallen. Allerdings wurden Kesküla innerhalb von zwei Jahren fast 250000 Mark von den Deutschen ausbezahlt.

Er ließ auch bolschewistische Literatur drucken und nach Finnland einschmuggeln, erleichterte Lenin die Kommunikation mit Rußland und las gründlich das Material, das durch seine Hände ging. Ein deutscher Beamter berichtete aus Schweden nach Berlin, Kesküla habe »seine äußerst nützliche Verbindung zu Lenin aufrechterhalten und uns den Inhalt der Lageberichte übermittelt, die Lenin von seinen Vertrauensleuten in Rußland zugeschickt worden sind«.

Und so waren im März 1917 die deutschen Kontakte zu Lenin und seiner Partei im Prinzip bereits hergestellt, freilich in noch bescheidenem Umfang. Jetzt eröffnete auch Parvus' Organisation mit ihrer Tarnung als Handelsgesellschaft neue Möglichkeiten, um den Bolschewiki weitaus größere Mittel zukommen zu lassen.

Es dauerte ein paar Tage, bis man in der Wilhelmstraße die Nachricht von der Revolution verarbeitet hatte, aber dann fand man bald zu einer klaren Politik – dabei halfen Parvus und Ulrich Graf von Brockdorff-Rantzau, der deutsche Gesandte in Kopenhagen, der mit Zimmermann gut befreundet und tief beeindruckt war von den Ideen jenes merkwürdigen Revolutionärs und Großkapitalisten, der jetzt in Dänemark lebte. Diese Politik war zynisch, aber realistisch. Ziel der Deutschen müsse es sein, so formulierte es Rantzau, »in Rußland ein größtmögliches Chaos zu schaffen«, indem sie das ›extreme Element‹, das Lenin anführte, voll und ganz unterstützten. Vorerst sollte an der Ostfront keine deutsche Offensive erfolgen. Denn das hätte patriotische Stimmungen entfachen können, und eben die wollte man vermeiden. In drei Monaten würde die ›Zersetzung‹ ohnehin weit genug fortgeschritten sein, »um durch ein militärisches Eingreifen unsererseits den Zusammenbruch der russischen Macht zu gewährleisten«.

Und so zahlte die Staatskasse am 5. April über fünf Millionen Goldmark an Parvus aus.[11] Das Geld sollte für politische Zwecke verwendet werden. Es war sehr viel mehr als vorher, aber nur ein Bruchteil dessen, was insgesamt investiert wurde.

Für die Männer in der Wilhelmstraße (wenn auch nicht für Parvus) war Lenin nichts weiter als eine Marionette – völlig entbehrlich, sobald er seine Schuldigkeit getan hatte. »Es ist aus mit ihm«, schrieb der Kaiser im Jahr darauf verachtungsvoll auf eine Denkschrift aus Moskau. Vor sechs Monaten hatte sein Geheimdienst Lenins Machtergreifung finanziert, und mittlerweile hatten seine Unterhändler die Bolschewiki gezwungen, große Teile des ehemaligen Zarenreiches an Deutschland abzutreten. Der kurze und boshafte Kommentar gibt der Einstellung des Kaisers und seines Oberkommandos beredten Ausdruck.

Arthur Zimmermann überwachte persönlich die Vorbereitungen für die erste Stufe des Plans: Lenin und die emigrierten Revolutionäre aus der Schweiz zu holen. Am 23. März erhielt er ein Telegramm von Gisbert Freiherr von Romberg, dem Gesandten in Bern. Man hatte Romberg inoffiziell davon in Kenntnis gesetzt, »daß hervorragende hiesige Revolutionäre Wunsch hätten, über Deutschland nach Rußland heimzukehren . . . Bitte Weisung für den Fall, daß derartige Anträge an mich herantreten«.

Zimmermann übermittelte Rombergs Nachricht sofort an die Oberste Heeresleitung auf Burg Pleß in der Nähe der polnischen Grenze und betonte, es läge im deutschen Interesse, »daß Einfluß des radikalen Flügels in Rußland Oberhand gewinnt«.

Binnen dreier Tage billigten der Kaiser und seine Generäle das Projekt. Detaillierte Pläne wurden ausgearbeitet. »Sammeltransport unter militärischer Aufsicht«, erfuhr Romberg am 26. März. »Übergabe an Grenzstelle . . . durch zuverlässigen Konsulatsbeamten. Umgehende Mitteilung Reisedatum und Namensliste, die vier Tage vor Grenzüberschreitung vorliegen muß.«

Die Vorkehrungen für die Reise waren also getroffen, aber Romberg hatte es offenbar nicht eilig. In der Gesandtschaft empfing er den Präsidenten der Sozialdemokratischen Partei der Schweiz, Robert Grimm, den das Allparteienkomitee der Emigranten zum Unterhändler ernannt hatte. Aber Romberg war nicht sehr entgegenkommend. Er drängte darauf, daß Petersburg möglichst bald die Durchreise genehmigte (man hatte bereits telegrafisch darum ersucht), und spielte mit ihm ein wenig Katz und Maus. Grimm wollte von den Bedingungen sprechen, die die Emigranten stellen müßten. Romberg erhob Einspruch. »Verzeihen Sie, Herr Grimm«, sagte er, »ich hatte den Eindruck, daß nicht ich darum gebeten habe, nach Rußland durchzureisen, sondern Herr Uljanow und weitere Herren, die mich um die Erlaubnis gebeten haben, Deutschland passieren zu dürfen. Gewiß sind *wir* diejenigen, die das Recht haben, Bedingungen zu stellen.«

Romberg, der seit 1914 eine Agentengruppe leitete, war von allen deutschen Beamten wohl am meisten besorgt darum, welche politischen Auswirkungen diese Reise in Rußland haben würde. Denn wenn man die Auswirkungen möglichst stark beschränken konnte, hatten es die Bolschewiki leichter, vermochten sie besser ihren Einfluß zu vermehren. Und aus diesem Grunde wollte er, daß Emigranten aus allen Parteien mitreisten und Deutschland möglichst mit Einverständnis der russischen Regierung passierten.

Arthur Zimmermann wartete ungeduldig eine Woche lang darauf, daß Romberg die nötigen Vorkehrungen traf. Dann drängte er zur Tat. Rantzau hatte am selben Tag aus Kopenhagen telegrafiert, es gebe Anzeichen dafür, daß die Engländer ebenfalls mit extremistischen sozialistischen Kreisen in Verbindung stünden – in Wirklichkeit scheint es sich allerdings nicht so verhalten zu haben. Wichtiger war wahrscheinlich die Tatsache, daß Deutschland bald gegen einen neuen und mächtigen Feind antreten mußte. In wenigen Stunden würde Präsident Woodrow Wilson in Washington den Kongreß darum ersuchen, »formal anzuerkennen, daß wir uns im Kriegszustand befinden«.

Schon vor dem Sturz des Zaren hatten sich Zimmermann und die Oberste Heeresleitung auf ein enormes Wagnis eingelassen, bei dem die richtige Zeiteinteilung eine entscheidende Rolle spielte. Sie bauten auf die Theorie, daß den Alliierten sehr schnell die Luft ausgehen würde, wenn sie den Nachschub über den Atlantik total blockierten. Und darum erging Anweisung an die deutschen U-Boote, alle Schiffe zu versenken, die einen feindlichen Hafen anliefen, auch Schiffe, die unter neutraler Flagge fuhren. Am 18. März, drei Tage nach der Nachricht von der russischen

Revolution, die die Welt in Staunen versetzt hatte, lasen die Bürger der Vereinigten Staaten in der Zeitung, drei amerikanische Schiffe seien ohne Vorwarnung torpediert worden.

Man hatte in Berlin schon einkalkuliert, daß Amerika möglicherweise in den Krieg eintreten würde. Als Gegenmaßnahme plante Zimmermann, Mexiko und Japan in den Konflikt einzuschalten. Doch jetzt kam es in erster Linie darauf an, den Entente-Truppen in Frankreich Niederlagen beizubringen, bevor amerikanische Truppen in Europa stationiert werden konnten. Davon hing alles ab.

Und angesichts dessen war es von ungeheurer Wichtigkeit, daß die russische Armee kapitulierte. Lenin und die extremistischen Sozialisten mußten auf dem schnellsten Wege Rußland erreichen und das Chaos schaffen, das für Zimmermanns Plan unerläßlich war. Am 2. März wurde an Romberg folgendes Telegramm geschickt: »Nach hierher gelangten Nachrichten ist möglichst baldiger Durchtransport russischer Revolutionäre durch Deutschland erwünscht, da Gegenbearbeitung durch Entente in der Schweiz bereits eingesetzt hat. Anheimstelle dementsprechend thunlichste Beschleunigung Ihrer Verhandlungen mit Vertreterkomités.«

Und daraufhin schritt Romberg zur Tat und versuchte, per Telefon Paul Levi zu erreichen, einen deutschen Journalisten, der damals gute Verbindungen zu Lenin hatte. Er fand ihn schließlich im Berner Volkshaus. »Ich habe in der ganzen Stadt nach Ihnen gesucht«, sagte er, laut Levi. »Wie kann ich Fühlung mit Lenin aufnehmen? Ich erwarte jeden Moment endgültige Anweisungen für seinen Durchtransport.«

Drei Tage vorher hatte sich auch Lenin entschieden. Er wollte nicht länger warten. Petersburg hatte nicht auf die Bitte um Erlaubnis reagiert – und Lenin wußte, warum. Pawel Miljukow, der neue Außenminister, war ein bürgerlicher und liberaler Patriot. Zweifellos wollte er nicht, daß Lenin oder andere Sozialisten und Kriegsgegner Unruhe in Rußland stifteten.

Und die Nachrichten aus Rußland waren unerfreulich. Die

Regierung hatte eine geschickte patriotische Politik entwikkelt. Sie forderte das Volk dazu auf, »die Republik zu verteidigen«, das Werk der Revolution. Das sei eine »Irreführung der Arbeiter«, schrieb Lenin an Jakob Fürstenberg. Alexander Kerenski wirke dabei tatkräftig mit. Der Sowjet habe sich hinters Licht führen lassen. Denn diese Politik sei nur ein Deckmäntelchen für die alte imperialistische Kriegspolitik der Zaren – und davon profitiere die Bourgeoisie, aber nicht das Proletariat.

»Den Arbeitern muß man die *Wahrheit* sagen«, mahnte Lenin in seinem Brief an Fürstenberg. »Ich bitte Sie eindringlich, bemühen Sie sich, alles dies nach Petrograd weiterzuleiten, an die ›Prawda‹ . . . Ich hoffe, daß Sie das machen werden!! Daß Sie alles machen werden, was nur möglich ist.«

Aber er wußte, daß das nicht ausreichte. Wenn er nicht selbst den Arbeitern und Soldaten »ganz populär und ganz klar, ohne gelehrte Worte« die Fakten einhämmerte, würde es mit dem Schwindel weitergehen. Mit Besorgnis vernahm er auch, Kamenew und Stalin seien aus Sibirien entlassen worden und nach Petersburg zurückgekehrt. Kamenew würde bis zu Lenins Rückkehr der wichtigste Parteiführer sein. Seine Neigungen und seine Persönlichkeit ließen ihn zum rechten Flügel der Bolschewiki tendieren. Und wenn er am Ruder war, wuchs die Gefahr, daß die Bolschewiki mit anderen Parteien kolaborierten, vor allem mit den Menschewiki.

Am Samstag, dem 31. März, traf Lenin nach einer erregten Diskussion mit Nadja und Sinowjew den Entschluß, Deutschland ohne die Erlaubnis Petersburgs zu durchfahren. Er telegrafierte Robert Grimm, die Partei habe sich dafür entschieden, das Angebot der Deutschen anzunehmen – das noch gar nicht definitiv vorlag. »Wir bitten dringend, sofort Rücksprache zu nehmen und uns, wenn möglich, schon morgen Bescheid zu geben.«

Damit ging Lenin das größte Risiko seines Lebens ein. Daß er es tat, ist auch heute noch erstaunlich. Er handelte wie ein Spieler, der ungeheure Einsätze macht. Denn er beging Verrat, nahm die Hilfe eines Feindes an, der von seiner

Friedenspolitik nur profitieren konnte – und damit lieferte er sich schutzlos seinen vielen rechten und linken Feinden in Rußland aus. Er kollaborierte mit dem Kaiser.

Lenin war sich der Gefahr vollauf bewußt und tat, was er konnte, um sie möglichst gering zu halten. Er war nicht nur Politiker, sondern auch Jurist, und er würde Bedingungen stellen, die erfüllt werden mußten, bevor er die Hilfe der Deutschen akzeptierte. Lenin wollte einen ›plombierten Waggon‹, der den exterritorialen Status einer ausländischen Botschaft hatte. Auf diese Weise konnten die heimkehrenden Emigranten das feindliche Deutschland passieren, ohne mit Deutschen in Berührung zu kommen. Sie würden bis zum Ende der Reise im Waggon bleiben. Die Türen sollten plombiert werden.

Fritz Platten, der Schweizer Sozialdemokrat, hatte sich einverstanden erklärt, als Leiter der Gruppe mitzufahren und als Mittelsmann zu wirken. Für ihn gab es das Problem des Kompromisses nicht, denn er war ja kein Russe. Und wenn man unterwegs mit irgendwelchen Deutschen reden mußte, würde Platten es übernehmen.

Das war der Versuch, etwas akzeptabel zu machen, das im Grunde genommen nicht akzeptabel war – denn mochte der Waggon nun plombiert sein oder nicht, zur Verfügung stellte ihn der Kaiser, der Feind des russischen Volkes. An sich war es eine kluge Idee, aber sie mußte unweigerlich scheitern. Denn mit seinen sinistren Untertönen komplizierte der ›plombierte Waggon‹ die Lage. Er wurde zur Legende, zum Symbol des Verrats, zum höhnischen und lauten Argument bei öffentlichen Versammlungen.

Nachdem Lenin das Telegramm an Robert Grimm aufgegeben hatte, machte er sich hastig und nervös an die letzten Vorbereitungen. Am Sonntag kabelte er Fürstenberg nach Stockholm: »Reserviert 2000, besser 3000 Kronen für unsere Reise. Beabsichtigen Mittwoch zu reisen, mindestens zehn Personen.«

Und am nächsten Tag telegrafierte er seinen Schwestern in Petersburg: »Ankommen Montag 23 h. Informiert ›Prawda‹.« Er schrieb an die ›Züricher Sektion der Bolschewiki‹ – der

Empfänger war vermutlich Charitonow – und sagte ihnen, wer mitfahren wolle, möge seinen Namen auf eine Liste setzen und überdies angeben, wieviel Geld er habe. Diese Liste sollte sofort zu Sinowjew nach Bern geschickt werden. Die Bolschewiki in Lausanne, deren Gruppe M. Gobermann leitete, wurden ebenfalls zur Eile angetrieben. »Wir haben schon über 1000 Franken für die Reise beisammen«, schrieb Gobermann.

Am Mittwochmorgen erfuhr er, Romberg habe versucht, Kontakt mit ihm aufzunehmen. Er bat Nadja, alles zusammenzupacken. Sie würden den nächsten Zug nach Bern nehmen. Nadja war an schnelle Entschlüsse gewöhnt, aber das kam etwas plötzlich. »Fahre allein«, meinte sie, »ich komme morgen nach.«

»Nein«, erwiderte Lenin, »wir fahren zusammen.«

Sie erreichten rechtzeitig den 15-Uhr-Zug. Sinowjew und Fritz Platten begleiteten sie. Lenin hatte Platten gebeten, die Verhandlungen mit Romberg zu übernehmen. Er traute Grimm nicht, weil er auf freundschaftlichem Fuß mit Martow stand. Als sie sich von ihren sympathischen Wirtsleuten in der Spiegelgasse verabschiedeten, sagte Lenin: »So, Herr Kammerer, jetzt wird es bald Frieden geben.«

Am Nachmittag ging Platten in die deutsche Gesandtschaft und suchte Romberg auf. Er trug ihm Lenins Bedingungen vor. Da Romberg jetzt Anweisung hatte, das Unternehmen schnell abzuwickeln, erhob er keine Einwände dagegen. Lenin wollte nicht nur einen ›plombierten Waggon‹. Es sollten auch keine Namen genannt werden. Die Reisenden würden lediglich als Nummern auf einer Liste erscheinen. Außerdem wollten sie die Fahrt selbst bezahlen.

Eine wichtige Forderung, die Platten an Romberg stellte, war die, daß man den Emigranten eine ›sichere Durchreise‹ garantierte. Denn die politischen Auswirkungen in Rußland waren nicht die einzige Gefahr, mit der Lenin rechnete. Für ihn war der Klassenkampf weitaus wichtiger als der Kampf der Militärs, und wenn er in einem deutschen Eisenbahnwaggon reiste, lieferte er sich auf Gedeih und Verderb seinem erklärten Feind aus, dem Kaiser, und das zu einer

Zeit, da dessen Vetter, der Zar, soeben durch die Revolution entmachtet worden war. Lenin hatte sein ganzes Leben in den Dienst der Aufgabe gestellt, das System zu stürzen, dem Wilhelm II. als Monarch vorstand. In seinen Artikeln hatte er – wie Marx und Engels auch – Deutschland als besonders empfänglich für eine Revolution dargestellt, und die ›Infektionsgefahr‹, die jetzt von Rußland ausging, war größer denn je. Der Wert Lenins und seiner Genossen, die in Rußland für den Frieden kämpften, lag auf der Hand – ›lebende Bomben‹ nannte Karl Radek sie sarkastisch –, aber war die ›Infektionsgefahr‹ nicht größer? Lenin schloß nicht völlig aus, daß sie in eine Falle gelockt werden könnten. Aufgrund ihres ›mißtrauischen Charakters‹, schrieb Romberg nach Berlin, hätten die Russen anfangs nicht an die Möglichkeit einer sicheren Durchreise glauben wollen.

Lenins Mißtrauen hatte einige Berechtigung. In Deutschland befürchtete man, die Revolution könne von Rußland aus auf das Reich übergreifen. Wenige Stunden nachdem die Nachricht vom Sturz des Zaren in Berlin eingetroffen war, gab Kanzler Theobald von Bethmann-Hollweg seine Absicht bekannt, das Wahlrecht zu erweitern. Vor knapp einem Jahr waren drei deutsche Offiziere und 32 Soldaten aus dem Mannschaftsrang hingerichtet worden, weil sie an der Front das internationalistische Kientaler Manifest verteilt hatten, das gegen den Krieg gerichtet und für das Lenin mitverantwortlich war.

Und Kaiser Karl von Österreich hatte warnend an Wilhelm II. geschrieben: »Wir kämpfen gegen einen neuen Feind, der gefährlicher ist als die Entente – die internationale Revolution . . . Ich flehe Sie an, diese schicksalhafte Seite der Frage nicht außer acht zu lassen.«

Romberg versicherte Platten, es werde keine Probleme geben. Man könne den Reisenden die ›sichere Durchreise‹ garantieren. Und da Zimmermann zum Handeln gedrängt hatte, rechnete er kaum mit weiteren Schwierigkeiten wegen der anderen Bedingungen. Am selben Tag noch telegrafierte er Lenins Bedingungen mit der Bitte um Einverständnis nach Berlin.

5

In derselben Woche erfuhr auch Arthur Balfour, der britische Außenminister, von Lenins Plan, durch Deutschland zu fahren. Am 5. April trafen in seinem Londoner Ministerium zwei Telegramme ein, die Besorgnis auslösten.[12]

Aus Bern berichtete der britische Botschafter Sir Horace Rumbold, mit der deutschen Regierung seien Verhandlungen im Gange. »Russische Sozialisten und Anarchisten mit Wohnsitz in der Schweiz« bemühten sich um eine »sichere Durchreise durch Deutschland nach Rußland«. Da sie für den sofortigen Frieden mit Deutschland plädierten, hätten sie den Auftrag, »bei der Arbeiterklasse in Rußland und bei den Fronttruppen massive Propaganda zu betreiben«. Bald werde die erste Gruppe aufbrechen.

Noch am Abend kabelte das britische Außenministerium die Nachricht nach Petersburg. Sie war für Sir George Buchanan bestimmt, den britischen Botschafter. Er wurde gebeten, »in Erfahrung zu bringen, ob die russische Regierung beabsichtige, irgendwelche Maßnahmen zu ergreifen, um diese Gefahr abzuwenden«.

Das zweite Telegramm, das an diesem Tag in London eintraf, war an die Admiralität gerichtet. Die britische Marinebehörde hatte sechs Sozialisten von dem Dampfer *Christianiafjord* geholt, der mit Kurs von New York nach Rußland in Halifax (Neuschottland) eingelaufen war. Es sei gemeldet worden, daß einer von ihnen, ein gewisser Trotzki, »der Führer einer Bewegung (sei), die eine Revolution gegen die gegenwärtige russische Regierung in Gang bringen will. Die Mittel dazu werden von Sozialisten und Deutschen gestellt«. London möge bitte diskret bei der russischen Regierung anfragen, ob sie die Sozialisten weiterreisen lassen wolle. Und so ging ein weiteres Telegramm an Buchanan.

Das beweist, daß Lenin gut beraten war, sich nicht um die Hilfe der Briten zu bemühen. Denn seit der Revolution hatte das britische Kabinett – unter dem Druck Buchanans – alles

Erdenkliche getan, um es der Provisorischen Regierung in Rußland recht zu machen. Auf Buchanans Ersuchen hin sandten das Unterhaus und die Führer der britischen Arbeiterbewegung Grußbotschaften nach Petersburg. Und trotzdem sagte Miljukow zu Buchanan, man sei in Rußland etwas enttäuscht wegen der nicht sehr herzlichen Gefühle, die die Menschen in Großbritannien für die Revolution hegten.

Die russischen Minister betrachteten nervös die unsicheren Kantonisten im Sowjet. Sie waren verschreckt, und nicht anders erging es den Kabinettsmitgliedern in London. Nun wurde der britische Botschafter in Washington, Sir Cecil Spring-Rice, dringend dazu aufgefordert, er möge Sorge dafür tragen, daß Gewerkschaftsführer und Prominente in den USA Botschaften nach Petersburg schickten und darin betonten, wie unerläßlich es sei, den Krieg fortzuführen, damit am Ende die freiheitlichen und demokratischen Prinzipien siegten. »Es besteht reale Gefahr«, so hieß es mahnend in dem Telegramm, »daß revolutionäre Pazifisten die Oberhand gewinnen und den Platz der Provisorischen Regierung einnehmen.«

Hier klang eine gewisse Panik an, aber das war nicht allzu befremdlich. Die Alliierten planten eine neue Offensive an der Westfront. Sie sollte am 9. April beginnen.

Während die Telegramme zwischen London, Washington und Petersburg hin und her gingen, marschierten im Schlamm Nordfrankreichs Truppen auf, wurde die Artillerie in Stellung gebracht und der Nachschub organisiert. Der Schlag sollte die deutschen Linien bei Arras treffen.

Lenins Plan wurde also in der britischen Botschaft und im britischen Außenministerium diskutiert. Und an anderer Stelle in Petersburg, jenseits der Newa, beschäftigte sich das Zentralkomitee der Bolschewiki damit. Es hatte seinen Sitz in einer Villa, die es der Vorbesitzerin abgenommen hatte, der Krzesinskaja, einer Primaballerina, die früher einmal die Geliebte des Zaren gewesen war.

Kamenew und Stalin hatten bei ihrer Ankunft Wjatscheslaw Molotow und Alexander Schljapnikow die Kontrolle über die Partei und über die *Prawda* entrissen. Molotow und Schljapnikow leiteten das Büro des Zentralkomitees, solange die anderen Parteiführer in Sibirien oder im Exil waren. Und es trat genau das ein, was Lenin befürchtet hatte: Sie schwächten die Militanz der Bolschewiki ab und boten dem Sowjet sogar ihre Mitarbeit an. Das stand in völligem Widerspruch zu Lenins Anweisungen, aber Lenin war im Ausland. Und in der Schweiz, behaupteten sie, könne er nicht die Stimmung in einer Stadt beurteilen, die zum erstenmal in ihrer Geschichte den Rausch der Freiheit schmeckte.

Alexander Schljapnikow, der für die Verbindungen mit dem Ausland zuständig war, hatte große Schwierigkeiten, überhaupt Kontakt zu Lenin zu bekommen. Anfangs glaubte er, daran sei nur das Chaos im Nachrichtenwesen schuld, das durch die Revolution entstanden war. Aber dann merkte er, daß die Schwierigkeiten einen schlimmeren Grund hatten: Die Provisorische Regierung erließ Befehle, die sich unverhohlen gegen die Bolschewiki richteten.

Und darum schickte er Maria Stetzkewitsch als Kurier über die finnische Grenze nach Schweden. Von dort aus sollte sie Verbindung mit der Schweiz aufnehmen. Am 2. April war sie wieder zurück in Petersburg und brachte Briefe von Lenin und Jakob Fürstenberg mit. Und am selben Tag traf auch Alexandra Kollontai ein.

Das Zentralkomitee kannte daher den Plan und wußte nur zu genau, wie die ›Chauvinisten‹ in Petersburg aus dieser Fahrt durch Deutschland Kapital schlagen würden. Aber trotzdem waren auch sie der Meinung, daß das Risiko sich lohnte. Sie telegrafierten an Fürstenberg: »Uljanow muß sofort kommen.« Anna und Maria machten auf die Gefahr aufmerksam, daß das Ganze eine Falle sein könne, und daraufhin schickten sie ein zweites Telegramm: »Wladimir nicht zum Kommen zwingen. Jedes Risiko vermeiden.«

Wieder machte sich Maria Stetzkewitsch auf den Weg zur schwedisch-finnischen Grenze. Es hätte ja sein können, daß die Zensur das Telegramm abfing. Diesmal wurde sie in Torneå einer strengen Leibesvisitation unterzogen. Sie mußte sich völlig entkleiden. Die Briefe wurden beschlagnahmt, aber sie durfte nach Schweden einreisen. Jetzt wußte man schon ungefähr, was Lenin bevorstand. Denn diesen Grenzposten mußten er und seine Genossen passieren, wenn sie nach Petersburg wollten.

Die endgültige Genehmigung aus Berlin traf am Donnerstag, dem 5. April, bei der deutschen Gesandtschaft in Bern ein – wenige Stunden nachdem Buchanan das Telegramm aus London erhalten hatte, in dem er gefragt wurde, was Miljukow tun werde, um das Unternehmen zu vereiteln. Romberg erfuhr, daß am Samstagabend, dem 7. April, voraussichtlich zwei Wagen zweiter Klasse in Gottmadingen bereitstehen würden, einer kleinen Station im Hügelland jenseits der Schweizer Grenze. Ein Legationsbeamter sollte die Reisenden in einem fahrplanmäßigen Schweizer Zug begleiten, der von Zürich abging. Dieser Zug würde noch vor Singen, wo sich das reguläre Zollamt befand, in Gottmadingen halten. Dort sollte ein Begleitoffizier den Legationsbeamten ablösen. Am selben Tag bat Arthur Zimmermann die Oberste Heeresleitung, einen »taktvollen Offizier mit politischem Verständnis« abzukommandieren. Er sollte die Emigranten auf ihrer Reise eskortieren. Sie ging über fast tausend Kilometer, von Gottmadingen nach Saßnitz, dem Ostseehafen, von dem aus täglich Fähren nach Trelleborg in Südschweden verkehrten. Und von dort aus konnten die Emigranten dann mit dem Zug über Finnland nach Rußland weiterreisen. Die Oberste Heeresleitung entschied sich dafür, zwei Offiziere zu schicken.

Wieder wurde Lenin nach vielen Seiten hin tätig. Er teilte das Abreisedatum Karpinski mit, der die anderen davon informieren sollte, und er gab Jakob Fürstenberg in Schweden Bescheid. Lenin hatte jetzt plötzlich Angst, daß gerade der plombierte Waggon ihm nicht genügend Absicherung bot, wenn er sich in Petersburg den unvermeidlichen Fragen stellen mußte. Seine Angst war durchaus begründet. Am Donnerstag hatte er von einem Bericht in der französischen Zeitung *Le Petit Parisien* erfahren. Danach drohte Miljukow allen Russen, die durch Deutschland reisten, mit strafrechtlicher Verfolgung wegen Hochverrats.

Um sich angesichts dieser neuen Gefahr etwas Rückendekkung zu verschaffen, verfiel Lenin auf den Gedanken, ein Schriftstück aufzusetzen, das die Billigung seines Vorgehens enthielt und von möglichst bedeutenden Sozialisten aus mehreren Ländern unterzeichnet werden sollte. Vor allem wollte er die Unterschrift von Romain Rolland, dem berühmten französischen Schriftsteller, der in der Schweiz lebte, und er bat den französischen Redakteur Henri Guilbeaux, sie ihm zu beschaffen. Doch Rolland weigerte sich. Er erklärte, Lenin sei »ein gefährlicher und zynischer Abenteurer«, und sein Plan, Deutschland zu durchqueren, werde »der pazifistischen Bewegung großen Schaden zufügen«.

Lenin mußte sich mit weniger bedeutenden Männern zufriedengeben – unter ihnen Bronski, der für Polen unterschrieb, Guilbeaux für Frankreich und Platten für die Schweiz. In Stockholm wollte er dann die Liste mit den Unterschriften prominenter schwedischer Sozialdemokraten vervollständigen.

Sie fuhren weder am Samstag noch am Sonntag, dem zunächst vorgesehenen Datum, denn Romberg hatte seine eigene Auffassung von der Sache und versuchte verzweifelt, einige emigrierte Sozialrevolutionäre dazu zu bewegen, daß sie mit Lenin fuhren. Martow und die Menschewiki weigerten sich standhaft, ohne die Genehmigung Petersburgs zu reisen, die einige Tage später endgültig von Miljukow verweigert wurde. Romberg meinte, der Durchtransport werde weniger politischen Zündstoff liefern, wenn die Gruppe nicht bloß aus Bolschewiki bestand.

Aber er vermochte die Sozialrevolutionäre nicht für seinen Plan zu gewinnen – jedenfalls nicht rechtzeitig, und die Abreise konnte nicht beliebig oft verschoben werden. Er mußte sich damit zufriedengeben, daß einige Bundisten mitfuhren – jüdische Marxisten, die sich mit ihrer sozialdemokratischen Gruppe der russischen Partei angegliedert hatten. Aber das war vermutlich besser, als wenn gar kein Außenstehender mitgekommen wäre.

Am Montag, dem 9. April, versammelten sich die Reisenden frühmorgens – ein paar Stunden nach Beginn der alliierten Offensive bei Arras – im Berner Volkshaus. Die Genossen aus den anderen Städten der Schweiz waren am Tag zuvor eingetroffen – Gobermann aus Lausanne, A. Abramowitsch und A. Linde aus Chaux-de-Fonds und fünf Genossen aus Genf. Die Genfer Gruppe führte der 60jährige Micha Zchakaja an, der vor Jahren, als er die Uljanows in Genf besuchen wollte, ihrer Wirtin einen solchen Schrecken eingejagt hatte, daß sie ihm die Tür vor der Nase zuschlug. Denn damals hatte er kaukasische Tracht getragen und mit seinem gewaltigen grauen Vollbart wie ein Brigant ausgesehen.

Vor zwölf Monaten hatten sich die beiden Männer bei einem nächtlichen Gespräch in Lenins Zürcher Wohnung spaßeshalber gelobt, binnen eines Jahres gemeinsam nach Rußland zurückzukehren. Als die Nachricht aus Petersburg eintraf, schickte Lenin eine Postkarte an Zchakaja: »Gratuliere zur Revolution in Rußland. Ihr Optimismus hat sich bewahrheitet . . . Ich bereite die Abreise vor, packe, was machen Sie?«

»Mein Koffer steht schon seit letztem Jahr bereit«, schrieb Zchakaja zurück.

Zur Genfer Gruppe gehörten auch Olga Rawitsch, die erst in letzter Minute dazugestoßen war – Lenin hatte angenommen, sie werde bei Karpinski bleiben –, und David Suliaschwili, ein junger Genosse. In Genf hatten mehrere Leute sie zum Bahnhof gebracht, und vor der Abfahrt reichte ihm einer ein rotes Taschentuch durchs Fenster – es sollte das Banner der Revolution sein. Und treu wie ein Fähnrich aus dem 18. Jahrhundert hielt Suliaschwili es immer noch in der Hand. Außerdem gehörte zur Genfer Gruppe G. Sokolnikow, der für die in Frankreich erscheinende Zeitung *Nasche slowo (Unser Wort)* arbeitete, die Martow und Trotzki herausgegeben hatten, bis sie 1916 verboten wurde. Er war noch nicht lange Bolschewik, aber in Lenins Briefen an Inessa klingt an, daß er ihn für einen begabten Mann hielt. Er sollte in den folgenden Monaten während Lenins Aufstieg zur Macht eine wichtige Rolle spielen.

Inessa war vor einigen Tagen von Clarens nach Bern

gekommen, um Lenin bei den letzten Vorbereitungen zu helfen. Und natürlich waren auch Sinowjew, Sina und Stepan da, ihr neunjähriger Sohn. Er war 1908 geboren, ein paar Monate nachdem sie sich Lenin in Genf angeschlossen hatten. Zur Gruppe gehörten auch Georgi Safarow, ein junger Ingenieur, den Lenin oft auf Auslandsreisen geschickt hatte, und seine Frau Walentina.

Charitonow, der junge Grigori Ussijewitsch und seine Frau Helene Kon, die Tochter des bekannten polnischen Sozialisten Felix Kon, stießen in Zürich dazu.

Das jüngste Mitglied der Gruppe war Robert aus Genf, ein vierjähriger jüdischer Junge. Er gefiel Nadja derart gut, daß er in ihrer Darstellung von der Reise fast so wichtig ist wie Lenin.

An diesem Morgen war der für gewöhnlich gerade in solchen Situationen gelassene Lenin nervös und aufgeregt. Er fuhr sich mit seinem Taschentuch über die Stirn. Es hatte noch viel zu organisieren gegeben. Am Samstag hatte er Charitonow nach Zürich telegrafiert: Platten müsse die Erlaubnis einholen, daß sie Proviant mitnehmen dürften. Und er kabelte an Fürstenberg, sie würden am Sonntag abreisen. Er möge »Belenin« – das war der Deckname von Alexander Schljapnikow – und Kamenew zur Beratung nach Finnland bestellen. Das Datum wurde geändert, und er telegrafierte noch einmal: »Endgültige Abreise Montag. 40 Personen.« Das war zu hoch geschätzt, denn es kamen nur 32 Personen mit, darunter zwei Kinder.[13]

Nadja war sehr gelassen. Sie sprach allen ihre Anerkennung dazu aus, daß sie sich so schnell eingefunden hatten. »Echte bolschewistische Disziplin«, soll sie laut Olga Rawitsch gesagt haben.

Das Gepäck der Uljanows bestand aus drei Körben – einer mit Kleidungsstücken, einer mit Büchern und einer mit alten Zeitungen – und zwei Schachteln, in denen Zeitungsausschnitte und Parteidokumente lagen. Außerdem hatten sie einen schwedischen Spirituskocher dabei, den sie auf der Reise gut gebrauchten konnten.

Sie fuhren mit der Bahn von Bern nach Zürich. Dort aßen

sie mit einigen Schweizer Genossen im Zähringerhof am Zähringerplatz zu Mittag – ganz in der Nähe der Bibliothek, in der Lenin so viele Stunden mit Arbeit zugebracht hatte.

Im Zähringerhof unterzeichneten sie auch eine Erklärung des Inhalts, daß sie sich den Anordnungen des Reiseführers Platten fügen würden und daß ihnen Miljukows Drohung bekannt war, sie verhaften zu lassen. Jeder bestätigte, »daß ich die ganze politische Verantwortlichkeit für diese Reise ausschließlich auf mich nehme«.

Lenin verlas einen Abschiedsbrief an die Schweizer Arbeiter. Es war ein wichtiges Dokument, weil er darin ein paar Stunden vor der Abreise aus der Schweiz sein langfristiges Konzept für die sozialistische Revolution darlegte, ein Konzept, das er dann im plombierten Waggon umänderte. »Rußland ist ein bäuerliches Land«, sagte er, »es ist eines der rückständigsten Länder Europas. Der Sozialismus kann hier nicht sofort und unmittelbar siegen.«

Nach dem Mittagessen gingen sie zum Hauptbahnhof – eine Gruppe von Männern, Frauen und Kindern in abgetragenen Gewändern, die Männer mit schwarzen Hüten, die Frauen mit langen Röcken und Halbstiefeln und verschiedenen Kopfbedeckungen, ein paar mit Hüten, Olga Rawitsch mit einem großen, breitkrempigen Hut. Sie schleppten Dekken und Kissen mit. Vermutlich hatten sie ihre wichtigsten Gepäckstücke, die Körbe, gleich auf dem Bahnhof gelassen – Romberg hatte nach Berlin gemeldet, jede Person nähme drei Körbe mit.

Auf dem Bahnsteig, von dem der Zug nach Gottmadingen abging, hatte sich eine Gruppe von ›etwa hundert Russen‹ versammelt. Die meisten waren feindselig gesinnt und wollten dagegen protestieren, daß Lenin ohne die Genehmigung aus Petersburg durch Deutschland fuhr.

»Der Abschied war ein ziemlich erregter«, kommentierte ein Beobachter von der deutschen Gesandtschaft sarkastisch das »kleine genußreiche, echt polnisch-russische Stilleben«. Etwas hochmütig interpretierte er die Szene als typisch für den Mangel an Disziplin und Einigkeit bei den »Arbeiterparteien aller Länder«.

Schrille Pfiffe gellten. »Provokateure! Spione! Schweine! Verräter!« brüllten die Protestierenden. »Der Kaiser bezahlt euch für die Reise«, höhnte einer. »Man wird euch aufhängen . . . wie deutsche Spione!« schrie jemand.

Auf den Ruf »Verräter« antwortete prompt einer von der Genfer Gruppe: »Du Lump, wer bist du denn . . . Ich weiß ganz genau, daß du jeden Monat auf dem (deutschen) Konsulat deine 200 Franken abgeholt hast!«

Sie droschen mit Stöcken gegen den Waggon, schrien und pfiffen die ganze Zeit. D. B. Rjasanow, ein guter Freund von Trotzki, kam auf den Bahnsteig gerannt, und als er Sinowjew am Wagenfenster sah, sagte er in flehentlichem Ton: »Lenin hat sich hinreißen lassen! Er sieht nicht, wie gefährlich die Situation ist. Sie sind vernünftiger. Sagen Sie Wladimir Iljitsch, er soll diese irrsinnige Reise durch Deutschland sein lassen!«

Sinowjew zuckte die Achseln und grinste. Sina, seine Frau, beobachtete Lenin, der nur »dastand und ihnen sardonisch lächelnd zuhörte. ›Zischt, soviel ihr wollt‹, sagte er, ›wir Bolschewiki werden die Dinge ändern und euch die Suppe versalzen!‹«

Fritz Platten hatte eine heftige Auseinandersetzung mit einem ›halb wahnsinnig sich gebärdenden Sozialpatrioten‹, und schließlich ließ sich sogar Lenin zur Gewalttätigkeit hinreißen. Man sagte ihm, ein Sozialdemokrat namens Oskar Blum sei vorhin in den Zug gestiegen und habe sich in ihren Waggon gesetzt.

Blum, der Verfasser des Buches *Die Hirne der sowjetischen Revolution*, hatte am Mittagessen im Zähringerhof teilgenommen und gefragt, ob er sich der Gruppe anschließen dürfe. Lenin ließ über den Antrag abstimmen. Er wurde entschieden abgelehnt.

Ein deutscher Diplomat berichtete, Lenin habe Blum für einen russischen Agenten gehalten, wahrscheinlicher ist allerdings, daß er für die Franzosen oder für die Briten arbeitete – wenn er überhaupt ein Spion war. Jedenfalls wollte er mitkommen. Obwohl die Mehrheit gegen ihn war, stieg er heimlich in den Zug. Erbost schlich sich Lenin zu

Blums Abteil, packte ihn beim Kragen und beförderte ihn unsanft auf den Bahnsteig, wozu er natürlich kein Recht hatte, denn es handelte sich um einen fahrplanmäßigen Zug, mit dem jedermann reisen konnte. Erst in Gottmadingen standen die Sonderwagen.

Um 15.10 Uhr rollte der Zug unter Schmähungen und Jubelrufen aus dem Bahnhof. »Iljitsch«, meinte einer seiner Anhänger, »geben Sie auf sich acht. Sie sind der einzige, den wir haben.« Ein paar andere stimmten die Internationale an. Suliaschwili ließ das rote Taschentuch, das er im Genfer Bahnhof bekommen hatte, wie eine Fahne aus dem Wagenfenster flattern.

Als der Zug durch die Vororte von Zürich dampfte und gemächlich ins Hügelland hineinfuhr, verteilte Fritz Platten Papierbogen, auf denen Ziffern standen – von 1 bis 32. Sie sollten als Ersatz für die Pässe dienen. Er unterrichtete die Reisenden kurz von den Bedingungen, die er mit den Deutschen ausgehandelt hatte. Der wichtigste Punkt war, daß sie den Waggon nicht verlassen und mit niemand außerhalb des Waggons sprechen durften. Diese Anweisung scheint unnötig gewesen zu sein, aber es ging hier um etwas sehr Wesentliches.

Um 1 Uhr morgens hatte Romberg noch ein Telegramm nach Berlin geschickt. Arthur Zimmermann akzeptierte nämlich Lenins Bedingungen bis auf eine: daß kein Deutscher mit den Reisenden in Verbindung treten sollte. Am Sonntag war bei der Berner Gesandtschaft ein Telegramm eingetroffen, in dem es hieß, daß Wilhelm Jansson, ein deutscher Gewerkschaftsführer, unterwegs zusteigen werde. Das gehörte zu Parvus' großem Plan – er wollte die deutschen Sozialdemokraten in die ganze Operation einbeziehen.

Romberg hatte die politische Gefahr für Lenin besser begriffen als Parvus. Er war überzeugt davon, daß die deutsche Sache ungünstig beeinflußt werden konnte, wenn Jansson sich der Gruppe anschloß. »Die Emigranten sind auf größte Schwierigkeiten, womöglich strafrechtliche Verfolgung seitens russischer Regierung wegen Durchreise durch feindliches Land gefaßt«, telegrafierte er nach Berlin. »In ihrem Interesse daher notwendig, daß sie versichern können, in Deutschland mit keinem Deutschen gesprochen zu haben.«

In Schaffhausen, der Schweizer Grenzstadt am Rhein, forderten Zollbeamte die Reisenden auf, den Zug zu verlassen und auf Bahnsteig 3 zu warten. Was die Deutschen mit den Emigranten vereinbart hatten, nämlich, sie ohne Formalitäten durchreisen zu lassen, galt nicht für sie. Sie überprüften das Gepäck und beschlagnahmten einen Großteil des Proviants, den Platten für die Reise besorgt hatte. Während des Krieges war die Ausfuhr von Lebensmitteln aus der Schweiz stark eingeschränkt. Trotzdem fanden die bedrängten Passagiere, daß die Beamten es zu genau nahmen. Die Deutschen hatten zwar versprochen, die Emigranten so gut wie möglich mit Essen zu versorgen, aber trotzdem hatte Romberg Platten dazu aufgefordert, sie möchten auch selbst etwas Proviant mitnehmen. Wegen dieser Aktion nun mußten sie jetzt womöglich hungrig bleiben. »Sie waren ganz offensichtlich gegen uns«, berichtete Suliaschwili.

Doch das war nicht ihre letzte Begegnung mit der Schweizer Bürokratie. In Thayngen, der letzten Station vor der deutschen Grenze, bestanden die Beamten auf einer erneuten Überprüfung.

Wütend beschwerte sich Platten über diese Behandlung. In einem erbosten Telegramm an die Regierung beklagte er sich darüber, daß Bürokraten ihnen Steine in den Weg legten. Doch sein Zorn machte wenig Eindruck. Stur und buchstabengetreu erfüllten die Beamten ihre Pflicht.[14] Endlich war der Schweizer Zoll mit ihnen fertig, und sie konnten die deutsche Grenze passieren. Obwohl vor ihnen nichts lag als Ungewißheit, waren sie erleichtert. Olga jedenfalls gefiel es. Nicht nur, weil es nach Hause ging, sondern auch, weil sie die tödliche »Stille der bürgerlichen Schweiz mit ihrer genau bemessenen Gemütsruhe« hinter sich lassen konnte. »Manche Menschen brauchen Kämpfe«, schrieb sie in ihrem Bericht von der Reise, »manche Menschen brauchen Stürme.« Weder am einen noch am anderen sollte es ihr in den nächsten Monaten fehlen.

Nach wenigen Minuten sahen sie den großen, bewaldeten Hügel vor sich, der über Gottmadingen aufragte. Sie näherten sich dem Dorf, das rechts vom Schienenstrang lag. Der Zug bremste. Langsam zog das alte Bahnhofshotel mit seinem Walmdach und seinem blassen, rissigen Verputz vorbei. Dann kam das Stationsgebäude in Sicht. Dampfend hielt der Zug am einzigen Bahnsteig von Gottmadingen, der leer war bis auf zwei Offiziere mit Schaftstiefeln und grüngrauen Uniformen.

Die Emigranten spähten aus den Fenstern. Angst kam auf, als sie die starr und steif dastehenden Offiziere sahen. Sie waren fast alle im Gefängnis gewesen, in die Illegalität untergetaucht, waren verfolgt und in Städten des Auslands von der Polizei verhört worden. Das Mißtrauen saß tief in ihnen.

Die beiden Offiziere waren von General Erich Ludendorff, dem Generalstabschef der Achten deutschen Armee an der Ostfront, persönlich instruiert worden. A. Iwanow[15], einem sowjetischen Historiker, zufolge sprach Leutnant von Bühring, der jüngere Offizier, fließend Russisch, hatte aber Anweisung, das nicht merken zu lassen. Wenn das stimmt, so war es die einzige politische Vorsichtsmaßnahme bei einem ansonsten völlig zynisch aufgezogenen militärischen Unternehmen.

Auf Ersuchen der Offiziere stiegen die Reisenden aus dem Zug und luden ihr Gepäck aus. Der ältere Offizier, Rittmeister von der Planitz, wies sie in den Wartesaal dritter Klasse. Nervös traten sie ein. Die Atmosphäre in dem kahlen Raum war so gespannt, als hätten die beiden Offiziere im Dienst der Ochrana gestanden. Die ganze Gruppe hatte den heimlichen Verdacht, daß sie in eine Falle getappt waren. »Wir rechneten auf dieser Reise mit allen möglichen Katastrophen«, erklärte später Micha Zchakaja, der Altbolschewik aus dem Kaukasus.

Als Rittmeister von der Planitz darum bat, Männer und Frauen möchten jeweils eine Gruppe bilden, wuchs die Nervosität. Sie hatten lange genug mit der ständigen Gefahr der Verhaftung gelebt. Wenn Uniformierte ihnen etwas befahlen, war das ein Alarmzeichen. Instinktiv stellte sich Lenin an die Wand. Die anderen Männer umringten ihn – Gestalten mit grimmigen Gesichtern, mit schwarzen Hüten und Mänteln. »Wir wollten nicht, daß man ihn zu genau ansah«, berichtete Karl Radek. »Es war sehr unangenehm.«

Und so herrschte dramatisches Schweigen, bis der kleine Robert etwas sagte, der Vierjährige aus Genf, den seine Mutter auf einen Tisch gestellt hatte. Er fragte laut: »Mamele, was ist los?« Flüsternd versuchte sie ihn zu beruhigen.[16]

Das andere Kind, der neunjährige Stepan Sinowjew, stand still neben seiner schlanken Mutter. Er hatte seine Eltern oft ängstlich erlebt.

Die Offiziere wickelten die Formalitäten ab, so schnell sie konnten, hakten die Passagiere ab und ließen sich das Fahrgeld bezahlen – Lenin hatte bei den Verhandlungen darauf bestanden, daß sie selbst für die Reisekosten aufkämen. Dann bat sie Rittmeister von der Planitz, in den Zug zu steigen. Ein richtiger Zug war es freilich nicht, nur ein grüner Waggon mit acht Abteilen, drei zweiter Klasse und fünf dritter Klasse, dazu ein Gepäckwagen. Man hatte von Lenins Konzept, daß die Emigranten unterwegs mit keinem Deutschen in Berührung kommen sollten, ein wenig abweichen müssen. Die deutschen Offiziere brauchten auch Platz im Waggon, denn die Russen konnten Deutschland natürlich nicht ohne Eskorte durchqueren – es war schließlich Krieg. Aber die Deutschen versuchten, sich möglichst eng an das Konzept zu halten. Das letzte Abteil dritter Klasse war für die Offiziere reserviert. Auf dem Seitengang wurde ein weißer Kreidestrich gezogen. Niemand außer dem Schweizer Fritz Platten durfte diese Linie übertreten. Zum Glück gab es an jedem Ende des Waggons eine Toilette. Die Offiziere brauchten sich also nicht auf ›russischem Territorium‹ zu bewegen.

Sobald alle im Zug saßen, wurden drei von den vier Außentüren des Waggons verschlossen. Die vierte, gegenüber dem Offiziersabteil, blieb offen, aber sie befand sich jenseits der weißen Linie, auf ›deutschem Gebiet‹, und somit war zumindest formell dem Prinzip der Exterritorialität Genüge getan. Die Russen blieben für sich, bis sie die Ostsee erreichten. Charitonow[17] sagte, niemand habe sich darum gekümmert, daß auch die Türen auf der anderen Seite des Waggons versperrt würden (sie ließen sich direkt vom Abteil aus öffnen) – entweder wurde das vergessen, oder man fand, das Prinzip der Exterritorialität sei bereits erfüllt.

Platten erwähnt in einem seiner Berichte, die Blenden an den Fenstern seien zugezogen gewesen. Aus anderen Darstellungen geht jedoch klar hervor, daß das zumindest zeitweise nicht der Fall war. Vielleicht wurden sie zu Beginn der Reise heruntergezogen, weil es ohnehin schon später Nachmittag war.

Die alleinstehenden Männer der Gruppe gaben sich mit den harten Holzbänken der dritten Klasse zufrieden und überließen den Frauen mit ihren Gatten und ihren Kindern die bequemeren Abteile zweiter Klasse mit ihren braunen Polstersitzen.

Lenin und Nadja hatten ein Abteil zweiter Klasse am Ende des Gangs für sich allein. Die Genossen wollten es so. Der Zug fuhr ab, und die düstere Stimmung der Emigranten verflog. Gute Laune kam auf. Man lachte und scherzte. »Durch den ganzen Wagen klang die vergnügte Stimme des kleinen Robert«, schrieb Nadja. Aufgeregt rannte er im Seitengang auf und ab und kletterte ab und zu Sokolnikow auf den Schoß, an dem er anscheinend Gefallen gefunden hatte. Er wollte »mit den weiblichen Mitreisenden keine Unterhaltung führen«.

Ein paar von den Jüngeren in der dritten Klasse stimmten die Marseillaise an. Andere fielen ein. Gehobener Stimmung sangen sie das Kampflied der Französischen Revolution, und es hallte in den Wäldern wider, die vorbeiflogen.

In der Wilhelmstraße in Berlin verfolgte Arthur Zimmermann die Fahrt der Gruppe ganz genau. Von verschiedenen Gesandten waren Telegramme eingelaufen. Romberg machte darauf aufmerksam, daß der Transit durch Schweden, um den der deutsche Gesandte in Stockholm bereits ersucht hatte, noch nicht bewilligt sei. Aus Kopenhagen kabelte Graf Brockdorff-Rantzau: »Dr. Helphand (Parvus) ersucht, unverzüglich von Ankunft der russischen Emigranten, die von der Schweiz durch Deutschland reisen, in Malmö oder Saßnitz unterrichtet zu werden. Helphand wünscht Zusammentreffen in Malmö.«

Arthur Zimmermann telegrafierte nach Stockholm und drängte zur Eile. Nach Kopenhagen kabelte er: »Russische Emigranten aus der Schweiz eintreffen Saßnitz Mittwochmittag.«

Das britische Außenministerium in Whitehall erhielt im Lauf des Tages ein Telegramm von Sir George Buchanan aus Petersburg. Er hatte mit Pawel Miljukow, dem russischen Außenminister, gesprochen. »Alles, was man tun kann«, so hatte ihm Miljukow gesagt, »ist, ihre Namen und die Tatsache, daß sie über Deutschland gekommen sind, publik zu machen. Dies wird ausreichen, um sie in Rußland zu diskreditieren.«

Später traf ein weiteres Telegramm von Buchanan ein. Diesmal ging es um Trotzki und seine Genossen, die in Halifax festgehalten wurden. Der Minister, so berichtete Buchanan, habe darum ersucht, »sie sofort (nach Rußland) weiterreisen zu lassen. Es gebe bereits so viele extreme Sozialisten, und er sträube sich nicht dagegen, wenn andere kämen, die im Ausland gelebt hätten, da sie dank ihren Erfahrungen mit anderen Ländern manchmal geneigt seien, die Dinge vernünftiger zu betrachten und einen mäßigenden Einfluß auf ihre russischen Kollegen auszuüben«.

Außenminister Arthur Balfour ordnete darum am nächsten Morgen an, sie freizulassen – widerrief es allerdings, nachdem er ein weiteres Telegramm aus Petersburg erhalten hatte. Miljukow hatte es sich noch einmal überlegt und wollte jetzt wissen, wie die festgehaltenen Sozialisten mit Vornamen hießen und »welcher Grund sie (die britischen Seebehörden) zu der Vermutung veranlaßt habe, diese Personen seien von Deutschland dafür bezahlt worden, daß sie die Provisorische Regierung stürzten«.

Es waren keine sehr triftigen Gründe, es ging um nichts Dramatisches, etwa um Spionage. Der Kommandeur in Halifax hatte nur einen einschlägigen Bericht in der Zeitung gelesen.

Der kleine Zug wurde von einer großen schwarzen Lok gezogen. Er fuhr durchs waldige Hügelland, aus dem dicken Schornstein quoll der Rauch, und Lenin, so erinnerte sich Sina Sinowjewa, »ging nicht vom Fenster weg«. Er stand da wie immer, die Daumen in den Achselhöhlen. Viel dürfte er im Dämmerlicht nicht gesehen haben – nur vorbeihuschende Tannen und Buchen.

Sie brauchten nicht mehr weit zu fahren. Denn die Nacht verbrachten sie in Singen, einer farblosen Kleinstadt am Schnittpunkt zweier wichtiger Eisenbahnlinien, die nach Norden führten. Der Waggon und der Gepäckwagen wurden auf ein Nebengleis rangiert, und die Begleitoffiziere reichten über den Kreidestrich Bier und belegte Brote.

Die Genossen hatten darauf bestanden, daß Lenin zusammen mit Nadja ein Abteil für sich haben sollte, damit er in Ruhe arbeiten konnte, aber an diesem Abend fand er nicht viel Ruhe. Es war laut im Waggon, der in der Dunkelheit auf einem Nebengleis stand. Und dazu kamen die Probleme, die sich unweigerlich ergeben, wenn 32 Menschen gezwungen sind, mehrere Tage auf engstem Raum zu verbringen. Sie tauchten sehr früh auf und verdarben die gute Laune etwas.

Bei einer der ersten Schwierigkeiten ging es ums Rauchen, das Lenin verabscheute. Er hatte gleich zu Anfang angeordnett, daß nur auf der Toilette geraucht werden durfte. Eine Schlange bildete sich auf dem Gang, und schließlich gab es Streit zwischen den Rauchern und den Genossen, die die Toilette zu ihrem eigentlichen Zweck benutzen wollten.

Seufzend traf Lenin seine Entscheidung. Er schrieb Erlaubnisscheine aus: Die Raucher kamen an zweiter Stelle, den Vorrang hatten die anderen. Und damit löste sich die Spannung. Allerdings entwickelte sich zwischen den Männern, die auf dem Gang standen, bald ein heiteres Streitgespräch über die Wichtigkeit ihrer jeweiligen Bedürfnisse. »Schade, daß Genosse Bucharin nicht bei uns ist«, scherzte Karl Radek, denn Bucharin, einer der billantesten Denker der Partei, war gut bewandert in den Theorien Ben Baverks,[18] der die menschlichen Bedürfnisse ihrem Stellenwert nach kategorisiert hatte.

Radek machte Lenin an diesem ersten Abend recht viel Ärger. Er war nicht bei den alleinstehenden Männern in der dritten Klasse – warum, weiß man nicht –, aber es lag gewiß vor allem an ihm, daß aus dem Abteil zweiter Klasse neben Lenin Lärm und grelles Gelächter drangen. Drinnen saßen Radek, Olga Rawitsch, Georgi Safarow mit seiner Frau Walentina und Inessa. Radek hatte ein gerötetes Gesicht, dichtgelocktes graues Haar, trug eine Brille und war ein amüsanter Unterhalter. Er besaß ein großes Talent für die Anekdote, fürs Schauspielern und für den Gesang. Auch Lenin verschonte er mit seinen Clownerien nicht. Olga berichtete, Iljitsch habe mehrere Male hereingeschaut, und Radek habe immer wieder gesagt, er müsse, »ob er wolle oder nicht, die Führung der revolutionären Regierung übernehmen. Wladimir Iljitsch zog die Stirn kraus, bedeutete ihm aber, daß er es nicht ablehnen werde«.

Olga schrieb ihre beiden Berichte über die Reise nach Lenins Tod, und sie nimmt diese Szene ganz ernst. Aber im Abteil ging es laut und vergnügt zu – gelegentlich schauten Charitonow und Ussijewitsch herein –, und Radek foppte den Führer der Bolschewiki, freundlich allerdings, denn Radek war ein überzeugter, begeisterter Revolutionär, aber immerhin, er foppte ihn.

Er hatte einen empfindlichen Punkt getroffen. Lenin wußte zwar, daß er die Revolution führen mußte, und nahm darum auch das Risiko der Fahrt durch Deutschland auf sich, aber er wußte ebensogut, welch ungeheure Probleme vor ihm lagen, und es war ihm nur zu klar, wie wenig Rückhalt die Bolschewiki noch hatten – auch Radek wußte das.

Lenins Beziehung zu Radek war ein wenig unberechenbar. Er kannte ihn seit Jahren, hatte ihn verteidigt, als die deutschen Sozialdemokraten ihn heftig angriffen – es handelte sich dabei um einen jener Konflikte, die in den revolutionären Parteien so häufig aufflackerten – und ihn schließlich wegen Diebstahls aus der SPD ausschlossen. Seit Kriegsausbruch hatten sie beide in der Schweiz gelebt, und seit Kriegsausbruch war es immer wieder zu Spannungen zwischen ihnen gekommen – hauptsächlich, weil Radek und seine polnischen Freunde nicht mit Lenins Linie übereinstimmten. Erst vor ein paar Monaten hatte Lenin ärgerlich in einem Brief an Inessa geschrieben, er sei »unverschämt, aufsässig, dumm«. Doch jetzt gab es zwischen ihnen keine Differenzen mehr. Radek, der als Österreicher nicht nach Rußland einreisen durfte, übernahm in Schweden eine wichtige Mission, mit der ihn Lenin betraut hatte.

Lenin muß Radeks Verhalten sehr aufreizend empfunden haben, sonst hätte er jener Neigung zum Sichzurückziehen nachgegeben, die ihn bei bestimmten Spielarten des Kontakts mit anderen überkam. Aber er verbarg seine Gefühle und reagierte freundlich.

Trotzdem, es gab Grenzen. Olga lachte sehr hoch und schrill, und im Laufe des Abends konnte Lenin dann ihre Entzückungsschreie nicht mehr ertragen. Er stand auf, trat auf den Gang und öffnete die Tür zum Nachbarabteil. Wortlos nahm er Olga bei der Hand und führte sie zu einem anderen Abteil, das nicht gleich neben dem seinen lag. Vielleicht handelte es sich um das Abteil zweiter Klasse, das noch verfügbar war – drinnen saßen Sina Sinowjewa und Ussijewitschs Frau Helene Kon –, aber das war noch ein wenig zu nah bei ihm und zu nah bei Radek. Wahrscheinlich stieß er die Schwingtür im Gang auf, die die zweite und dritte Klasse trennte, und wies ihr eine der harten Holzbänke der dritten Klasse zu.

Anders als Radek erwähnte Olga diesen Vorfall in ihren Berichten nicht. Sie gab Safarow, Charitonow und Ussijewitsch die Schuld an dem Lärm. Doch sie schrieb zu einem Zeitpunkt, da Lenin bereits vergöttert wurde, und dem Vorfall mangelte es etwas an Würde. Vermutlich nahm sie diesen herben Tadel damals klaglos hin. Sie war seit langer Zeit Parteimitglied und eine gute Freundin von Lenin. Sie hatte zu den Genossen gehört, die auf Lenins Anweisung hin die 500-Rubel-Noten vom Überfall auf den Geldtransport in Tiflis umwechseln sollten. Sie war damals in einer Münchner Bank verhaftet worden. Und bald darauf wurde Karpinski wegen eines Briefes, den sie nach Genf geschrieben hatte, von der Schweizer Polizei verhaftet.

Inessa scheint auf der Fahrt ungewöhnlich still gewesen zu sein. Safarow, Radek und Olga erwähnen sie kaum in ihren Berichten, sie halten nur fest, daß auch sie dabei war.

Und das ist seltsam, besonders daß Safarow kaum von ihr spricht, der möglicherweise ihr Geliebter war und eng mit ihr zusammengearbeitet hatte, 1912 mit ihr zusammen von Krakau aus über die russische Grenze gegangen und verhaftet worden war. Denn sie war eine lebhafte Persönlichkeit, die man kaum übersah. Man behält den Eindruck, daß sie recht ruhig dasaß neben ihren hochgestimmten Reisegefährten und der kichernden Olga – fast wie eine Außenseiterin.

Daß sie nicht in einem Abteil mit Lenin und Nadja fuhr, ist bereits bedeutsam, wieder ein Hinweis auf die veränderte Beziehung zu Lenin. Denn schließlich hatte sie Lenin und Nadja bis Ende 1915, als sie Bern verließ, sehr nahegestanden.

Auch vorher hatte sie sie schon verlassen – in der Krakauer Zeit zum Beispiel. Sie wurde unruhig in der kleinen, provinziellen Stadt, sie vermißte Paris. Der Abschied von Bern aber stand deutlich unter Anzeichen einer starken emotionellen Belastung. In seinem ersten Brief danach verwendete Lenin nicht mehr das vertraute *Du* seiner früheren Briefe, und Nadja bezeichnete er kühl als »meine Frau«. Inessa war nach Paris zurückgegangen, und vielleicht schrieb Lenin nun anders wegen der französischen Zensur, aber auch wenn dem so gewesen sein sollte, ließ sich die Sûreté nicht hinters Licht führen, denn nach wenigen Wochen teilte sie der Ochrana mit, Inessa sei Lenins Geliebte. Doch der Brief enthielt auch romantische Anklänge. Er und »seine Frau« waren »den Weg nach Frauen-Kapellen gegangen, den wir – erinnern Sie sich? – zu dritt einmal zurückgelegt haben. Ich habe immer wieder an diesen wunderschönen Spaziergang gedacht und bedauert, daß Sie nicht da sind«.

Lenin war beunruhigt ihretwegen – denn sie schien wieder einmal seine Briefe nicht zur Kenntnis zu nehmen. Ob sie gekränkt sei, weil er sie in Bern nicht an die Bahn gebracht habe? Dieser »schlimme Gedanke« sei ihm gekommen, schrieb er in einem zweiten Brief. Aber dann meinte er:

»Nein, nein, ich gebe diese Gedanken schon reumütig wieder auf, ich habe sie bereits verscheucht.«

Vier Tage später hatte sie immer noch nicht geantwortet, und Lenin war zutiefst besorgt. »Wie geht es Ihnen?« fragte er. »Sind Sie zufrieden? Langweilen Sie sich nicht? Haben Sie viel zu tun? Sie bereiten mir großen Kummer damit, daß Sie mir so jede Nachricht von sich vorenthalten! . . . Wo wohnen Sie? Wo essen Sie?«

Sie kam für kurze Zeit nach Bern zurück, im Juli 1916. Damals versuchte sie, einen Paß zu bekommen, denn sie wollte nach Norwegen. Es war das Ende der Affäre, aber er schrieb ihr auch danach – nicht sehr oft und gewöhnlich nur über die Arbeit, die sie für ihn besorgte. Im Oktober schrieb er wieder häufiger, sehr praktische Briefe ohne seine üblichen heiteren Abschiedsgrüße in fremden Sprachen. »Seine Frau« war jedoch wieder »Nadja«.

Im November muß es zu einer erneuten Krise in ihrer Beziehung gekommen sein, denn er meinte: »Natürlich möchte auch ich einen Briefwechsel mit Ihnen, also werden wir ihn fortsetzen« – das klingt, als sei die Frage, ob man den Briefwechsel fortsetzen solle oder nicht, ein Problem gewesen.

Und er fuhr fort zu schreiben – und häufiger als zuvor, oft mehrere Male pro Woche. Anscheinend arbeitete Inessa bereitwillig für ihn, wollte aber nicht am selben Ort leben wie er. Sie zog von Paris in die Schweiz um, nach Hertenstein, dann nach Sörenberg und schließlich nach Clarens. Aber sie mied Zürich, wo er wohnte. Und manchmal ließ sie seine Briefe immer noch unbeantwortet – was ihn nach wie vor ärgerte.

Jetzt kehrte sie nach Rußland zurück, eine attraktive Frau Anfang Vierzig. Sie hatte viel zu bedenken. In den vergangenen Wochen hatte Lenin sie sehr in Anspruch genommen, war so fordernd gewesen wie früher – sein gutes Recht insofern, als es für die Sache der Partei geschah. Es wäre seltsam gewesen, wenn sie keine Trauer empfunden hätte, denn für sie ging jetzt ein Lebensabschnitt zu Ende. In Rußland, vielleicht auch schon während der Reise, entschloß sie sich dazu, nicht in Petersburg und damit in Lenins Nähe zu bleiben, sondern nach Moskau zu gehen.*

Olga Rawitsch und Karl Radek waren zwar getrennt, aber der Lärm hörte nicht auf, und als die Genossen sich spät am Abend immer noch nicht beruhigt hatten, fand Lenin, es sei jetzt genug mit der Geduld. »Die Zeit zum Schlafen ist gekommen, aber niemand will leise sein«, berichtet Georgi Safarow im Präsens, wie es die Russen oft tun. »Iljitsch tritt als Mahner auf. Er versucht, sehr gestreng zu sein. Leider macht seine Strenge auf niemanden Eindruck.«

Schließlich bestand Lenin darauf, daß sie schlafen gingen – es sei »ein Gebot der Parteidisziplin«. Normalerweise hätte man ihm daraufhin sofort gehorcht, aber selbst das verfehlte diesmal seine Wirkung.

6

Am nächsten Morgen, Dienstag, dem 10. April, wurden der plombierte Waggon und der Gepäckwagen an einen Zug angehängt. Es ging nach Norden, in Richtung Stuttgart. Die andere Linie führte nach Radolfzell und Ulm.[19]

Man machte Tee auf Nadjas Spirituskocher, und jetzt war die unbequeme Nacht fast vergessen – sie hatten ja in ihren

* Alexandra Kollontai, die sie beide gut kannte, schrieb einen Roman mit dem Titel *Eine große Liebe*, der von dieser Beziehung handeln dürfte – es geht um die Affäre zwischen einem revolutionären Führer, der im Exil lebt, und einem Mädchen namens Natascha. Wie Lenin hat er eine Frau, die oft krank ist, wie Lenin hat er einen Bart und trägt manchmal eine alte Mütze. Und wie Inessa hat sie andere Liebhaber, ein eigenes Einkommen, wie Inessa arbeitet sie in der Partei und spricht fließend mehrere Sprachen. Im Roman verläßt sie ihn schließlich, um in Rußland im Untergrund zu wirken. Sie bricht die Beziehung ab, weil der Geliebte ihre Talente als Revolutionärin nicht genug zu schätzen weiß – was für Lenin kaum zutrifft – und weil ihre Leidenschaft begonnen hat abzukühlen, was für Inessa durchaus gegolten haben kann. Das hätte jedenfalls mit dem Prinzip der klaren Trennungen übereingestimmt, für das Tschernyschewski und Turgenjew plädierten, die Lenin beide sehr bewunderte.

Kleidern im engen Waggon schlafen müssen. Die Brötchen aus der Schweiz hatte der Schweizer Zoll nicht beschlagnahmt. Sie waren mittlerweile etwas altbacken, aber immerhin – man konnte frühstücken.

Schläfrig schauten die Reisenden aus dem Fenster: malerisches Hügelland, Wiesenhänge mit Baumgruppen, Tannenwälder, Dörfer, die fast genauso aussahen wie Gottmadingen: Häuser mit krummen Dächern, um kleine Kirchen geschart. Und der Zug fuhr höher und höher hinauf, die Hügel wurden steiler.

Bei der Reise durch Deutschland wurden die beiden Waggons wie Kurswagen an verschiedene Züge angekoppelt. Vier Staatsbahnen waren zuständig, und immer, wenn sie von einem Land zum andern wechselten, wurde an der Spitze des Zuges eine neue Lokomotive bereitgestellt. Da die Linien, die zur Front führten, vor allem dem militärischen Verkehr vorbehalten waren, mußten sie manchmal für ein paar Kilometer das Gebiet der jeweiligen Staatsbahn verlassen, kehrten aber nach einem kurzen Umweg dorthin zurück. Im Moment befanden sie sich auf badischem Boden und fuhren mit der großherzoglich badischen Staatseisenbahn.

Bis Frankfurt war die Verpflegung etwas unbefriedigend. Aber danach hatte der Zug auch einen Speisewagen – zumindest scheint es so, denn Nadja spricht von warmer Küche. Doch bis Frankfurt mußten sie mit ihrem eigenen Proviant auskommen – und mit den belegten Broten, die man auf den Bahnhöfen für sie besorgte.

Lenin arbeitete in seinem Abteil. Radek berichtete, er habe mit seiner kleinen, engen Schrift Eintragungen in ein Schulheft gemacht. Wahrscheinlich dachte er an das Jahr 1905 – jedenfalls sprach er davon zu den Genossen. Damals hatte er auch diesen Weg genommen. Überhaupt ähnelten sich die beiden Reisen. Wie jetzt war er auch seinerzeit der Revolution entgegengefahren, hatte er Briefe geschrieben, in denen er dringend zur Volksbewaffnung riet, hatte er die Entfernung zwischen der Schweiz und Rußland verflucht, die ein richtiges Urteil über die revolutionäre Situation so sehr erschwerte. Und damals wie jetzt ließ er seine Papiere bei Karpinski zurück.

Die Vorgänge wiederholten sich natürlich nur auf recht oberflächliche Weise, denn es gab keinen Zaren mehr, der die Semjonowski-Garden herbeordern konnte. Und diesmal handelte es sich um eine historische Krise ohnegleichen, um eine Zeit der großen Chancen. Aber die richtige Einschätzung des revolutionären Potentials und die richtige Zeiteinteilung waren lebenswichtig.

Sina Sinowjewa saß mit dem neunjährigen Stepan zwei Abteile weiter als Lenin und Nadja. Mit im Abteil waren wohl Helene Kon, Ussijewitschs dunkelhaarige Frau, der kleine Robert mit seiner Mutter und Grigori Sinowjew.[20] Sina war Lenin zum erstenmal 1903 begegnet, vor vierzehn Jahren. Er hielt einen Vortrag in einem Berner Café, und sie ging hin. Die Ochrana war Grigori auf den Fersen, und sie hatten es für besser gehalten, Rußland für eine Weile zu verlassen. Man kannte Lenin damals schon in revolutionären Kreisen, aber es gab kaum Fotos von ihm, und nur wenige der jungen Marxisten wußten, wie er aussah.

Das Café war voll. Sie kam außer Atem an, der Vortrag hätte eigentlich schon beginnen müssen. »Sie sind spät dran«, sagte ein Mann, der beim Eingang stand, mit mildem Tadel – so berichtete sie in der *Leningradskaja prawda*. Er war klein und kahlköpfig bis auf einen roten Haarkranz. Er hatte nicht allzugroße, runde Augen, und wenn er lächelte, verengten sie sich zu Schlitzen.

Sina lachte. Sie war sehr jung, Anfang zwanzig. »Dieser reizende Mann würde ohne mich doch nicht anfangen«, meinte sie fröhlich.

»Sind Sie sicher?« fragte er.

»Aber ja«, meinte sie heiter.

»Nun sind Sie also eingetroffen«, sagte er mit übertriebener Höflichkeit, und in seinen Augen schimmerte es vergnügt auf. »Würden Sie wohl bitte gestatten, daß ich jetzt beginne?«

»Mir wurde heiß und kalt«, schrieb Sina. Gelegentlich neckte Lenin sie heute noch wegen dieser Geschichte.

Das geschah zur Zeit der Auseinandersetzungen mit den Menschewiki, nach der Spaltung auf dem Londoner Parteitag. Martow hatte begonnen, so Sinowjew, »aus der Reihe zu tanzen«. Grigori war damals erst zwanzig Jahre alt. Zusammen mit anderen jungen Bolschewiki, die in Bern wohnten, besuchten sie Lenin.

Sie war tief beeindruckt von ihm. Er gab sich in keiner Weise förmlich, hörte ihnen aufmerksam zu und legte ihnen ganz einfach die ideologischen Probleme dar, die sie nicht verstanden.

Sie hatten auch Plechanow besucht und waren verblüfft gewesen über diesen krassen Gegensatz. Plechanow behandelte sie höflich und förmlich und bot ihnen in seinem Salon Tee in erlesenen Porzellantassen an. Lenin trank auch Tee mit ihnen, aber aus einfachen Bechern, und man saß dabei am Küchentisch. Dann sahen sie ihn erst fünf Jahre später wieder. Das war, als sie als Emigranten aus Rußland kamen.

Sina blickte aus dem Fenster. Jetzt hatte sie wenig zu tun, was selten vorkam in ihrem Leben. Vielleicht dachte sie an die neun Jahre Emigration, die hinter ihr lagen. Später schrieb sie viel über ihre Erinnerungen an Lenin, enthüllte auch Facetten seiner Persönlichkeit, die andere Zeitgenossen ignorierten – beispielsweise seine Freude am Radfahren. Als sie alle in dem Dorf Longjumeau bei Paris wohnten, arbeiteten sie die ganze Woche über angestrengt für die Parteischule, und am Sonntag machten sie Ausflüge mit dem Rad. Sie brachen früh am Morgen auf und waren den ganzen Tag unterwegs: Lenin, Nadja, Grigori und Sina. Sina schrieb später: »Wladimir Iljitsch stellte eine Bedingung, und die hieß: Kein Wort von der Politik.« Er war ein »sehr guter Radfahrer« und achtsam auch, er behielt Nadja und Sina im Auge und nahm sie oft ins Schlepptau, wenn es bergauf ging.[21]

Lenin mochte den kleinen Stepan sehr gern. »Warum schreit er?« fragte er, als Stepan geboren wurde. Als sie dann in Krakau unter einem Dach wohnten und der Junge vier

Jahre alt war, spielte er oft mit ihm, manchmal raufte er auch mit ihm. Er trug ihn auf den Schultern spazieren, holte seine Bälle wieder, wenn sie unter irgendwelche Möbel gerollt waren, und führte seine ›Befehle‹ aus.

»Manchmal«, schrieb Sina, »stießen Wladimir Iljitsch und Stjopka alles mögliche im Zimmer um. Wenn es sehr laut wurde, versuchte ich, ihnen Einhalt zu gebieten. Aber Iljitsch sagte immer: ›Mischen Sie sich nicht ein! Wir spielen!‹«

Einmal gingen sie in Krakau die Straße entlang. Der kleine Junge rannte voraus, und Lenin meinte plötzlich nachdenklich und melancholisch: »Schade, daß wir keinen solchen Stjopka haben.«

Lenin mochte den Jungen auch noch, als er älter wurde. Im Juli 1916, neun Monate vor der Fahrt im plombierten Waggon, war Lenin zusammen mit Nadja in den Schweizer Bergen. Es ging ihr gesundheitlich nicht gut, und sie sollte sich ein wenig auskurieren. Von dort schrieb er einen Brief an Sina, der folgendermaßen endete: »Beste Grüße, und grüßen Sie Stjopka, der gewiß schon so groß geworden ist, daß ich ihn nicht mehr bis an die Decke werfen kann!«

Der Zug fuhr in sanftem Bogen in Rottweil ein. Die Reisenden konnten die drei Kirchtürme der mittelalterlichen Stadt sehen, die das Gewirr der hohen alten Backsteinhäuser überragten. Sie ließen den Bahnhof hinter sich und überquerten zwei Neckarbrücken. Der Fluß zog sich hier in Windungen durch das Tal. Dann schoß der Zug durch einen langen Tunnel.

Nach der Dunkelheit des Tunnels wirkte alles übertrieben hell. Der Zug dampfte durch ein kleines Tal. Steile Hänge traten nah an die Schienen heran. Sie waren dicht mit Tannen bewachsen.

Dann wurde das Tal wieder breiter. Es ging am Neckar entlang. Das Wasser wirbelte in kleinen Stromschnellen und an Steinen.

Sie machten einen Umweg über Stuttgart. Die direkte Linie nach Frankfurt zweigte kurz vorher bei Tuttlingen ab. In Tuttlingen hatten sie gehalten, um die Lok zu wechseln, denn sie fuhren jetzt mit der württembergischen Staatsbahn.

Doch auf dem direkten Weg wären sie auf eine wichtige Nachschublinie geraten, die nach Frankreich, zur deutschen Front führte. Und gerade jetzt kämpften die Truppen des Kaisers verzweifelt, um die jüngste Offensive der Alliierten aufzuhalten. Auf der Linie Karlsruhe–Offenburg war nur Militärverkehr zugelassen.

Die Russen mußten zwar über Karlsruhe fahren, aber da sie über Stuttgart umgeleitet wurden, kamen sie jetzt von Osten und behinderten die Militärzüge nicht.

Der Zug ratterte durchs breite Neckartal, und bald sahen sie Horb mit seinen Häusern vor sich liegen, über denen ein alter, viereckiger Wachturm und ein hoher Kirchturm aufragten. Der Fluß ergoß sich über einen kleinen Wasserfall, floß durch die Stadt, machte dann einen scharfen Knick, über den eine Eisenbahnbrücke führte. Das Tal verengte sich wieder, und man sah auf beiden Seiten nur noch grasbewachsene Böschungen.

Und dann ließen sie die Höhen hinter sich und fuhren in offenes, sanft gewelltes Land hinein, dessen Eintönigkeit hier und da durch einen Baum oder durch eine Erhebung aufgelockert wurde.

Den Reisenden kam die Gegend deprimierend vor – »Ich erinnere mich an den schmerzlichen Eindruck, den das frostige Land auf uns machte«, schrieb Sinowjew, obwohl es damals schon Frühling war. Am meisten fiel ihnen »die völlige Abwesenheit erwachsener Männer« auf, schrieb Nadja – man sah nur Frauen, Greise und Kinder.

»Die Felder«, schrieb Olga, »machten den Eindruck, als habe man sie lange Zeit brachliegen und verkommen lassen.«

»Die Bahnhöfe waren leer«, berichtete Sina.

Das Deutsche Reich bot sich dar als ein Land, das schon seit längerem im Kriegszustand lebte, und die Reisenden ahnten, daß sich dasselbe traurige Bild in Rußland wiederholen würde: Die meisten Männer im wehrdienstfähigen Alter standen im Feld – und hatten vielleicht Soldaten vor sich, die aus den Dörfern kamen, die der Zug gerade passierte.

Das Leben in der Schweiz war für die fast ausnahmslos

armen Emigranten hart gewesen, aber die Schweiz befand sich immerhin nicht im Kriegszustand. Sokolnikow nahm den Unterschied besonders kraß wahr. Er saß auf seiner harten Holzbank in einem Abteil dritter Klasse, schaute zum Fenster hinaus und war verwirrt, weil die wenigen Menschen in den Bahnhöfen, wo der Zug die Fahrt verlangsamte oder hielt, so seltsam hereinstarrten. Zwar nennt er in seinem Reisebericht keinen bestimmten Ort, aber vielleicht fiel es ihm besonders in Tuttlingen auf, wo die Loks gewechselt wurden.

Merkwürdig, daß Sokolnikow sich wunderte. Denn er hatte wirkliche Not gelitten. Wie so viele andere wurde er nach der Revolution von 1905 verhaftet und nach Sibirien verbannt, obwohl er erst siebzehn Jahre alt war. Einmal wurde er sogar in Ketten gelegt, weil er sich geweigert hatte, vor dem höchsten Beamten des Ortes den Hut abzunehmen. Er kannte die Qualen der Einzelhaft, die er sich etwas erleichterte, indem er mit dem Gefangenen in der Nachbarzelle mit Hilfe von Klopfzeichen Schach spielte. Brotbrocken dienten ihnen als Schachfiguren. Dann floh er aus Sibirien und war wochenlang unterwegs – er durchquerte ganz Rußland, bis er zur preußischen Grenze kam.

Und trotz seiner Leidenserfahrung hatte er den Ausdruck in den Augen der Menschen, die in sein Abteil starrten, nicht deuten können. Schließlich ging ihm auf, warum er soviel ungläubige Aufmerksamkeit erregte! Auf dem Tischchen am Fenster lag ein Brötchen aus der Schweiz. Und jetzt im Krieg gab es in Deutschland natürlich kein Weißbrot. Hinter Vaihingen begann der Lokführer zu bremsen. Der ganze Zug vibrierte, und dann rollten sie bergab, auf Stuttgart zu. Manchmal gaben die Baumgruppen und Wiesen den Blick auf die Stadt frei, dann schlossen sie sich wieder zusammen wie ein Vorhang – und schließlich sahen sie rote Dächer und viele Kirchtürme unter sich.

Es war der erste größere deutsche Bahnhof, in den sie einfuhren. Natürlich durfte niemand den Wagen verlassen, aber sie schauten nach draußen, auf den Bahnsteig. Auch diese wichtige Station lag seltsam still und leblos da.

Fritz Platten war beeindruckt, weil die beiden deutschen Begleitoffiziere sich genau an die Abmachungen hielten, die er mit der deutschen Gesandtschaft in Bern vereinbart hatte. Kein einziges Mal versuchten sie, über den Kreidestrich im Gang hinauszugehen.

Während der Zug im Stuttgarter Bahnhof stand, rief ihn Rittmeister von der Planitz zu sich. Wilhelm Jansson, der Gewerkschaftsführer, der auf Berlins ausdrücklichen Wunsch mit Lenin zusammentreffen sollte, war zugestiegen und ersuchte um eine Unterredung mit Platten.

Der Schweizer Sozialist erklarte sich einverstanden und überschritt die weiße Markierung im Gang – nur er durfte das. Er kannte den Gewerkschaftsführer, mit dem er jetzt im Abteil der deutschen Offiziere zusammentraf, von früher her. Jansson sagte, er habe den Genossen die Grüße der Generalkommission der deutschen Gewerkschaften zu übermitteln und würde sie ihnen gern persönlich ausrichten.

Platten erklärte ihm, daß sie Deutschland mit exterritorialem Status durchquerten. Die Genossen wünschten mit niemand zu sprechen. Er versprach jedoch, mit ihnen zu reden und Jansson später eine Antwort zukommen zu lassen. Der Gewerkschaftsführer ging und kehrte auf seinen Platz in einem anderen Waggon des Zugs zurück.

Platten empfand die Dramatik der Situation sehr stark. Er muß geahnt haben, wie Lenin auf Janssons Bitte reagieren würde. »Wenn er hierherkommt, werden wir ihn verprügeln«, meinte Lenin gereizt. »Sagen Sie ihm, er soll sich zum Teufel scheren.« Soweit Plattens Bericht.

Jansson, Mitglied der SPD, die die Zweite Internationale ruiniert hatte, konnte sich keine Hoffnung darauf machen, mit Lenin zu sprechen – ganz abgesehen davon, daß das die Russen kompromittiert hätte. Jedenfalls hatte er Ort und Zeit nicht sehr glücklich gewählt. Denn in Stuttgart hatte damals die Konferenz stattgefunden, bei der die Zweite Internationale gegründet wurde.

Daß Jansson im selben Zug saß wie sie, erfüllte Lenin mit Besorgnis, und zwar Radeks wegen. Jansson kannte ihn von früher her, als der Österreicher einen Skandal erregt hatte und wegen Diebstahls aus der SPD ausgeschlossen worden war. Er konnte Radek, der inkognito reiste, etwas anhaben. Jansson sah ihn vielleicht zufällig auf irgendeiner Station und verriet ihn womöglich aus Bosheit und Ärger darüber, daß er seine Mission nicht erfüllt hatte und mit Lenin nicht ins Gespräch gekommen war.

Radek wurde sicherheitshalber in den Gepäckwagen beordert. »Man gab mir eine eiserne Ration von etwa fünfzig Zeitungen mit, damit ich mich still verhielt und keinen Ärger machte« – was Radek, gefühlsbetont und temperamentvoll, wie er war, oft gerne tat.

Der Zug setzte seine Fahrt durch Württemberg fort und hielt in Bretten, um wieder die Lok zu wechseln, denn jetzt waren für den plombierten Waggon und seinen Gepäckwagen von neuem die badischen Staatsbahnen zuständig.

Der Zug hielt wieder in Karlsruhe. Diese Industriestadt machte keinen Eindruck auf die Emigranten – zwar müssen hier Militär- und Nachschubzüge nach Süden gebraust sein, aber sie achteten nicht darauf.

Die Strecke Karlsruhe–Mannheim führte durch die Oberrheinische Tiefebene – kahles, flaches, offenes Land. Die Reisenden konnten kilometerweit sehen.

Sie näherten sich Mannheim, und nun sangen ein paar von den Genossen in der dritten Klasse wieder – französische Revolutionslieder. Der Zug fuhr über den Rhein, bremste, rollte in den Mannheimer Bahnhof ein. Jetzt sangen sie lauter. Wahrscheinlich stimmten andere mit ein. Die beiden Deutschen im letzten Abteil dritter Klasse fanden es unerträglich – womöglich konnte man den Gesang draußen auf dem Bahnsteig hören.

Wieder rief Rittmeister von der Planitz Fritz Platten zu sich. Diesmal war er zornig. Das Absingen von derartigen französischen Liedern in seinem Heimatland sei eine Beleidigung für das deutsche Volk, meinte er.

Platten entschuldigte sich für seine Genossen und sorgte dafür, daß der anstoßerregende Gesang verstummte.

Wieder wurde die Lok gewechselt, denn sie befanden sich jetzt im Zuständigkeitsbereich der preußisch-hessischen

Staatsbahnen. Sie verließen Mannheim und fuhren weiter durchs Flachland, auf Frankfurt zu.

In der Wilhelmstraße in Berlin kümmerte Arthur Zimmermann sich um den weiteren Verlauf des Unternehmens. Vom deutschen Botschafter in Stockholm traf ein Telegramm ein. Die schwedische Regierung gestatte den Revolutionären die Durchreise nach Finnland.

Vorher waren, was Zimmermann nicht wußte, die Botschafter der Entente in Stockholm zusammengetroffen. Sie berieten darüber, ob sie auf die schwedische Regierung Druck ausüben sollten, damit diese der Gruppe die Durchreise verweigere oder andere Mittel und Wege fände, »den Erzrevolutionär aufzuhalten« – so Lord Esme Howard, der britische Botschafter in Schweden. »Doch der Plan war offenbar nicht zu verwirklichen. Er schien die Lage nur zu verschlimmern. Tatsächlich war die Revolution in Rußland schon so weit vorgedrungen, daß man es für klüger hielt, den Dingen ihren Lauf zu lassen und sich nicht in Angelegenheiten einzumischen, von denen wir damals praktisch nichts wußten.«

Howard hatte schnell erkannt, daß Deutschland den russischen Sozialisten, die so dringend Frieden wollten, vielleicht bei der Rückkehr in ihre Heimat behilflich sein würde. Vor siebzehn Tagen hatte er London warnend auf das Sicherheitsrisiko an der schwedisch-finnischen Grenze aufmerksam gemacht. »Mehrere sehr zweifelhafte Charaktere sind in Richtung Grenze aufgebrochen, da es dort anscheinend überhaupt keine Kontrollen gibt und jedermann ohne eine Überprüfung nach Finnland und Rußland einreisen kann. Das ist eine große Gefahr, und es ist äußerst wahrscheinlich, daß die Deutschen jetzt Agenten aller Art einschleusen werden, die Munitionsfabriken und dergleichen sprengen und überdies auf einen Separatfrieden hinarbeiten sollen.«

Der britische Vizekonsul von Haparanda, der schwedischen Grenzstadt, stünde den britischen und französischen Offizieren in Torneå, der finnischen Grenzstadt, zur Seite, berichtete Howard. »Aufgrund der gegenwärtigen Unruhe sind die kommandierenden russischen Offiziere kaum zu Kontrollzwecken zu gebrauchen, die ganze Arbeit wird daher von britischen und französischen Offizieren getan.« Darum war Maria Stetzkewitsch, Schljapnikows Kurierin aus Petersburg, auch in solche Bedrängnis geraten. Man mußte damit rechnen, daß die Briten und Franzosen versuchen würden, Lenin an der Einreise zu hindern. Allerdings – und das wußte auch Howard – waren die Mittel dazu begrenzt.

Howard und die anderen Botschafter dachten nicht als einzige darüber nach, wie sie Lenins Ankunft in Rußland verhindern könnten. In Petersburg war kurz nach der Revolution ein robuster, martialischer Oberst namens B. W. Nikitin zum Chef der Gegenspionage ernannt worden. Sein Amt befand sich in der Snamenskaja-Straße. Nikitins zaristische Vorgänger waren vor die Duma gestellt und beschuldigt worden, für die Geheimpolizei gearbeitet zu haben. Infolgedessen war das Netz der Gegenspionage sehr brüchig geworden, denn unter den neuen Bedingungen fand man hier nicht gerade einen sicheren Posten.

Aber Nikitin war ein Mann mit Entschlußkraft und baute die Gegenspionage allmählich wieder auf. Er hatte eigentlich nur deutsche Spione aufzuspüren, aber da er – und das mit gutem Grund – vermutete, feindliche Spione stifteten in der ohnehin schon chaotischen Stadt Unruhe und Meinungsstreitigkeiten, geriet er unversehens in die Innenpolitik.

Die linken Sozialisten, insbesondere die Bolschewiki, forderten die Einstellung der ›Raubkriege‹. Auch die Deutschen wollten mit dem Krieg an der Ostfront aufhören, und daher kam der Oberst zu dem Schluß, daß die Bolschewiki deutsche Agenten sein müßten. Er hatte sich bereits vorgenommen, das zu beweisen, als eines Morgens im April ein Major Alley von der britischen Botschaft mit ihm in Verbindung trat und ihm mitteilte, Lenin und eine Gruppe von dreißig ›Internationalisten‹ führen mit dem Zug durch Deutschland. Ihr Reiseziel sei Rußland. Der Major konnte ihm sogar eine Liste aller Beteiligten geben.

Entsetzt wandte sich Nikitin an General Lawrenti Kornilow, den Oberbefehlshaber der Streitkräfte in der Region

Petersburg, und forderte ihn dazu auf, Lenins Einreise zu verhindern. Kornilow, ein Mann mit diktatorischen Neigungen, spielte später eine wichtige Rolle in einer für Lenin äußerst kritischen Phase. Aber jetzt im April, da in Rußland das Chaos herrschte, kamen dem General ein paar linke Revolutionäre mehr oder weniger recht unerheblich vor.

Kornilow sagte, er werde tun, was er könne. Das versprachen auch ähnlich laxe Amtspersonen. Aber das änderte nichts am Ergebnis. Das Exekutivkomitee des Sowjets bestand darauf, daß man den heimkehrenden Emigranten die Einreise gewährte. Obwohl die Menschewiki und die Sozialrevolutionäre, die im Sowjet die Mehrheit hatten, nicht eben Lenins Freunde waren, schätzte man im neuen Rußland in den ersten Wochen nach der Revolution die Freiheit über alles. Aber Nikitin war ein resoluter Mann – und später wurde er ein Todfeind Lenins.

7

Als der Zug in den Bahnhof von Frankfurt dampfte, war gerade Stoßverkehrszeit. Arbeiter und Arbeiterinnen strömten zu ihren Zügen. »Magere, erschöpfte Menschen mit müden Augen bewegten sich in langer Prozession an unserem Wagen vorbei«, berichtete Fritz Platten. »Wir sahen niemand lächeln. Diese deprimierende Szene gab den Emigranten die große Hoffnung, daß die Stunde der Revolution gegen die herrschende Klasse in Deutschland nicht mehr fern sei.«[22]

Platten, der sein Recht auf Bewegungsfreiheit recht großzügig auslegte, stieg aus und besuchte eine Freundin in der Stadt. Die beiden deutschen Offiziere verließen ebenfalls den Wagen – vermutlich wollten sie etwas trinken.

Der Bahnhof wimmelte von deutschen Soldaten. Einige sperrten den Bahnsteig ab. Platten ging zum Buffet, bestellte Bier, belegte Brote und Zeitungen. Ein paar Soldaten sollten alles zum Wagen bringen. Dafür gab er ihnen Trinkgeld.

Vermutlich erzählte er ihnen, im Zug säßen russische Revolutionäre, die fest entschlossen seien, dem Krieg ein Ende zu machen, denn Radek – der sich geweigert hatte, auch nur eine Minute länger im Gepäckwagen zu bleiben – sah, wie die Soldaten plötzlich herbeigerannt kamen. »Sie hielten in jeder Hand einen Krug Bier. Sie stürzten sich auf uns . . . und fragten, ob und wann es Frieden geben würde.« Radek, der immer gerne Konvertiten warb, redete auf sie ein, bis besorgte Offiziere sie vom Zug wegscheuchten.

Trotzdem gab das Erlebnis mit den Soldaten den Revolutionären Aufschwung – denn die Soldaten waren alle ›Patrioten‹, und man hätte meinen können, daß sie nationalistisch und martialisch seien. Sie hatten nach Frankfurt länger gebraucht als erwartet und waren so spät angekommen, daß sie den fahrplanmäßigen Anschlußzug nach Berlin versäumten. Der plombierte Waggon und der Gepäckwagen wurden für die Nacht auf ein Seitengleis rangiert. Am nächsten Morgen, einem Mittwoch, waren sie wieder unterwegs – nach Berlin.

In Trelleborg, dem südschwedischen Hafen, wo die Fähren aus Saßnitz ankamen, wartete Jakob Fürstenberg. Auf Lenins Telegramme hin hatte er sich am Dienstag im nahe gelegenen Malmö in einem Hotel einquartiert und die Nachmittgsfähre aus Deutschland abgewartet. Von Lenin und seiner Gruppe natürlich keine Spur. Am Mittwoch – der Zug war noch auf der Strecke zwischen Frankfurt und Berlin – stand Fürstenberg wieder am Kai in Trelleborg und hielt Ausschau unter den Passagieren, die die Gangway herunterkamen.

Es war seltsam, daß Lenin sich im Augenblick – und in den folgenden Monaten noch mehr – so sehr auf diesen merkwürdigen Polen verließ. Denn eigentlich verkörperte Fürstenberg alles, was der Führer der Bolschewiki sonst verabscheute. Er leitete Parvus' Organisation, und diese Organisation schlug auf übelste Art Profit aus dem Krieg. Sie prosperierte, weil sie mit wichtigen Artikeln handelte, die knapp waren: Arzneimittel für die Verwundeten und Empfängnisverhütungsmittel für die Truppe. Lazarette und Bordelle waren die Abnehmer. Auch Fürstenbergs Geschäftsmethoden waren anrüchig – er verschob viel geschmuggelte Güter, und in Schweden lebte er jetzt, weil Dänemark ihn ausgewiesen hatte.

Auch sein Geschmack hätte Lenin eigentlich widerstreben müssen. Er war elegant und gefällig und vergaß nie die Blume im Knopfloch – vielleicht Relikte seiner Herkunft. Er hatte reiche Eltern, die in Warschau ein großbürgerliches Haus führten.

Früher gehörte er einmal zu den leitenden polnischen Sozialdemokraten, aber die Sozialdemokratische Partei Polens war wie ihre russische Bruderpartei gespalten. Weil die bolschewistische Führungsspitze seinem Freund mißtraute, mußte sich Lenin später sehr für ihn einsetzen – im Dezember 1917 sagte er vor dem Zentralkomitee, Fürstenberg habe immerhin »über zehn Jahre für die Partei gearbeitet«.

Fürstenberg war zwar, formell gesehen, noch kein Bolschewik – und darauf wies Lenin auch im Juli hin, als er sich so schnell wie möglich von ihm trennte –, aber die beiden Männer kannten sich schon sehr lange. Zum erstenmal hatten sie sich im Entscheidungsjahr 1903 gesehen, auf dem Londoner Parteitag, bei dem Lenin die Partei spaltete. Und obwohl er kein Bolschewik war, gehörte Fürstenberg 1913 neben Lenin und Sinowjew zu dem Tribunal, das über einen der führenden Bolschewiki, über Roman Malinowski, ›zu Gericht saß‹. Man warf Malinowski vor, er sei ein Agent der Ochrana. Die drei Männer sprachen ihn frei – fälschlicherweise, wie sich später herausstellte.

Am Mittwochnachmittag waren Lenin und seine Gefährten wieder nicht auf der Fähre aus Saßnitz. Fürstenberg fürchtete, sie seien in Deutschland auf Schwierigkeiten gestoßen. Besorgt telegrafierte er in die Schweiz und erbat Informationen.

Der Zug mit dem plombierten Waggon und dem Gepäckwagen raste Berlin entgegen. Anfangs hofften die Männer in der Wilhelmstraße wohl, die Verspätung ließe sich wieder wettmachen, und die Reisenden würden noch so zeitig in Saßnitz eintreffen, daß sie die Nachmittagsfähre nach Trelleborg erreichten, denn ihr Zug wurde allem anderen Verkehr gegenüber vorrangig behandelt. In Halle, wo er von der sächsischen zur preußischen Eisenbahn überwechselte, mußte sogar der Privatzug des deutschen Kronprinzen zwei Stunden lang warten, um ihn passieren zu lassen. Doch man merkte bald, daß sie Saßnitz nicht mehr rechtzeitig erreichen konnten, und die Beamten im Auswärtigen Amt planten um – die Gruppe sollte Deutschland erst am Donnerstag verlassen.

Der Zug fuhr durch die Vororte von Berlin, und die Emigranten waren entsetzt über die Spuren des Krieges. Radek machte ein paar Bemerkungen über den Stacheldraht auf dem Perron des Potsdamer Bahnhofs. Berlin kam Sinowjew »wie ein Friedhof« vor, und die sonst so heitere Olga fand, es herrsche »Totenstille«.

Die Restriktionen waren hier so streng wie bisher noch nie. Selbst Platten durfte den Wagen nicht verlassen. Ein Stabsoffizier aus der Wilhelmstraße, taktvollerweise in Zivilkleidung, traf ein und erkundigte sich, ob ihre Reise zufriedenstellend verlaufen sei. Platten äußerte sich lobend über die deutsche Hilfe.

Man hatte den Reisenden unterwegs ein gutes Mittagessen serviert, vermutlich aus dem Speisewagen: Kotelett mit Erbsen, dazu Milch für die Kinder.

Wieder waren deutsche Sozialdemokraten zugestiegen. Aber laut Nadja konnten sie keinen Kontakt zu den russischen Rvolutionären aufnehmen. Nur der kleine Robert lief ihnen über den Weg und fragte sie auf französisch: »Was tut der Kondukteur?« Wie es dazu kam, erklärte Nadja nicht. Doch vermutlich nahm man es mit der Regel, daß der Wagen nicht verlassen werden durfte, bei einem Vierjährigen nicht so genau. Vielleicht konnte Robert auf den Bahnhöfen kurz auf den Perron gehen. Vielleicht verließ er den Wagen auch, als die Verbindungstür aufgeschlossen und das Mittagessen für die Revolutionäre aus dem Speisewagen hereingereicht wurde.

Der plombierte Waggon blieb recht lange in Berlin – möglicherweise an die zwanzig Stunden –, und der Grund für diesen Aufenthalt ist dunkel. Es könnte etwas Aufregendes dahinterstecken.

Aus den Unterlagen des deutschen Außenministers läßt sich klar herauslesen, daß die Emigranten noch am Nachmittag nach Saßnitz weiterreisen sollten, obwohl sie die Fähre nicht mehr erreicht hätten. Man leitete alles in die Wege, damit sie dort die Nacht in einem separaten und verschlossenen Raum zubringen könnten.

Doch dieser Plan wurde fast mit Sicherheit nicht in die Tat umgesetzt. Der Wagen dürfte also über Nacht in Berlin geblieben sein. In keinem einzigen von den Berichten der Emigranten wird von einem längeren Aufenthalt in Saßnitz gesprochen – was man hätte erwarten können, wenn es tatsächlich der Fall gewesen wäre. Mehrere erwähnen die Ankunft am Hafen. Und es gibt weitere Hinweise darauf, daß der Wagen mindestens bis zum späten Abend in Berlin blieb.

Die Emigranten fuhren höchstwahrscheinlich nicht, wie ursprünglich geplant, weiter. Aber was war der Grund dafür? Wenn wir diese Frage stellen, müssen wir uns zwei wichtige Tatsachen vor Augen halten. Zum einen war der Potsdamer Bahnhof nur wenige Minuten von der Wilhelmstraße entfernt. Zum andern war Lenin für die deutsche Kriegspolitik von solcher Bedeutung, daß die Reichsregierung mehr als 40 Millionen Goldmark in ihn investierte – nach heutigem Währungsstandard Hunderte von Millionen DM.*

Unter diesen Umständen ist es kaum vorstellbar, daß man die Gelegenheit zu einem Treffen zwischen Lenin und wichtigen Männern aus dem Auswärtigen Amt (vielleicht kam sogar Arthur Zimmermann) ungenutzt vorübergehen ließ – man konnte es ja so leicht arrangieren.

Fritz Platten bestritt energisch, daß in Berlin etwas Derartiges stattgefunden habe, Lenin ebenfalls. Es war selbstver-

* Quellen → Nachwort.

ständlich von größter Bedeutung, daß nicht einmal der Verdacht aufkam, es könne eine solche Begegnung gegeben haben, denn das hätte Lenin aufs fatalste bloßgestellt. Aber drohte diese Gefahr überhaupt? Ein Wagen, der in der Dunkelheit auf einem Nebengleis steht, von Soldaten bewacht wird und mit Stacheldraht abgesperrt ist, um Unbefugte fernzuhalten – das bot ein Höchstmaß an Sicherheit.

Wenn aber eine solche Unterredung stattgefunden hat, stellt sich die faszinierende Frage nach dem Ergebnis. Hier haben wir einen Zusammenhang von ungeheurer historischer Bedeutung: Waren Gesprächsgegenstände eines geheimen Teffens der Grund dafür, daß Lenin seine Meinung zur Strategie der Revolution änderte?

Denn man kann zwar über die Vorgänge jener Nacht in Berlin nur Vermutungen anstellen, aber es gibt keinen Zweifel daran, daß Lenin auf der Reise von Zürich nach Petersburg seinen taktischen Plan änderte.[23] Die Linie, die er einige Stunden nach seiner Ankunft in der russischen Hauptstadt darlegte, war eine völlig andere als jene, die er vorher in seinen langen politischen Briefen vertreten und noch kurz vor der Abfahrt beim Mittagessen im Zähringerhof erläutert hatte.

Weder sowjetische noch westliche Historiker haben bisher eine zufriedenstellende Erklärung dafür liefern können. Lenin hatte sein ganzes Leben lang die Revolution studiert und über die Revolution nachgedacht. Er war überzeugter Marxist, doch seine neue Taktik verstieß kraß gegen eine marxistische Richtlinie, die von allen russischen Sozialdemokraten akzeptiert wurde. Es war auch Lenins Richtlinie vor der Fahrt im plombierten Waggon. Und er änderte seine Meinung zu grundsätzlichen Problemen nicht so leicht – es sei denn, neue Umstände erforderten es. Und es gibt gar keinen Zweifel daran, daß seine jetzige Taktik vollendet mit Arthur Zimmermanns Politik in Einklang stand.

Das soll nicht heißen, Lenin sei ein deutscher Agent gewesen, der die Politik des Kaisers des Geldes wegen oder um persönlicher Macht willen ausführte. Als Revolutionär besaß Lenin ohne Frage große Integrität. Sein Ziel änderte sich keinen Augenblick. Er strebte die sozialistische Weltrevolution an, getreu der Voraussage von Karl Marx. Aber Lenin hatte stets einen Sinn für das Praktische. Nadja betonte, er habe Differenzen mit Personen beigelegt, die seit Jahren seine Feinde waren, wenn politische Gründe es erforderten. Aber ebenso brach er mit Freunden, wenn er es für nötig hielt. In Zürich sagte er, um nach Rußland zurückzukommen, würde er auch einen Pakt mit dem Teufel schließen – und es war ihm völlig ernst damit. Es ist möglich, ja sogar wahrscheinlich, daß er für etwas viel Größeres als nur die Heimkehr nach Rußland in Berlin einen Pakt mit dem Teufel schloß.

Denn nach der Fahrt durch Deutschland im plombierten Waggon kam ein Faktor dazu, den es nicht gegeben hatte, als Lenin noch in der Schweiz war: massive Finanzierung durch die Deutschen, genug Geld, um in ganz Rußland Parteizeitungen herauszubringen und Propaganda in einem Ausmaß zu betreiben, wie es sich Lenin vorher nie hätte träumen lassen.

Der wichtigste Aspekt bei Lenins neuer Strategie war die Zeiteinteilung. Marx' Konzept von den zwei Stadien der Revolution wurde von praktisch allen Revolutionären mit Ausnahme der Anarchisten akzeptiert: Mit den westlichen Nationen verglichen sei Rußland rückständig, und daher müsse es erst eine Phase kapitalistischer Macht westlichen Stils durchlaufen, bevor es in die zweite Phase eintreten könne, in den Sozialismus.

Bei seiner Rede im Zähringerhof hatte Lenin noch einmal betont, er hielte sich an dieses Modell. Doch eine Woche später, am Ende der Reise, hatte er es aufgegeben und ein neues Programm ersonnen, um Rußland *sofort* und mit einem gewaltigen Sprung ins zweite Stadium hineinzukatapultieren. Er forderte, alle Macht solle dem Petersburger Sowjet gegeben werden, und der Petersburger Sowjet würde mit anderen Sowjets im ganzen Lande in Verbindung stehen. Und das mußte *sofort* geschehen.

In der Schweiz hatte er auf die Volksbewaffnung gedrungen, eine Art von kontrollierter Herrschaft durch die Massen angestrebt. Er hatte zwar auch den Sowjet ins Spiel gebracht, aber nicht gesagt, daß er Macht ausüben sollte wie eine Regierung.

Der neue Plan, der sich bei der Fahrt im plombierten Waggon herauskristallisierte – wahrscheinlich nach dem langen Zwischenaufenthalt in Berlin –, verblüffte jedermann in Rußland, nicht zuletzt Lenins Anhänger. Man hielt ihn für völlig undurchführbar.

Es sah so aus, als nehme er mit seinem neuen Zeitplan nicht zur Kenntnis, daß die russische Industrie nicht genügend entwickelt war, um für die Arbeiter als Ausgangspunkt bei der Machtergreifung zu dienen. Und der Vorschlag mit dem Sowjet – der Sowjet ähnelte einer Vereinigung von Gewerkschaften und hatte kaum die rechten Mittel, um Herrschaft auszuüben –, dieser Vorschlag mutete einfach absurd an.

Es würde zum Chaos führen – aber das war wohl Lenins erklärte Absicht, eine Art kontrolliertes Chaos, das erst dann in sein letztes Stadium eintrat, wenn die Massen hinreichend erzogen waren, um im bolschewistischen Konzept von einer neuen Gesellschaft die Lösung ihrer Probleme zu sehen. Das Chaos kam natürlich auch den Deutschen gelegen.

Im April, als Lenin nach Rußland reiste, schätzten die Massen die Bolschewiki nicht besonders – nicht umsonst blieben sie im Sowjet in der Minderheit. Lenin plante, das mit Hilfe eines Propagandafeldzugs zu ändern. Und das wollte er folgendermaßen erreichen: Die Bolschewiki blieben von allen anderen Parteien unabhängig. Diesen Parteien konnte man dann später vorwerfen, sie hätten sich auf Kompromisse mit den Kapitalisten eingelassen. Vor allem aber wollte Lenin den Massen sein Programm in Form einer Plattform nahebringen, die sehr wenige, sehr einfache und sehr attraktive Ziele enthielt, die jedermann zu verstehen vermochte und die seine Agitatoren stets und ständig wiederholen konnten.

Das wäre Lenins Plan ohne deutsche Hilfe gewesen. Eine Geheimverhandlung in Berlin hätte ihm ganz neue Aspekte eröffnet: den gewaltigen Unterschied zwischen einer relativ begrenzten Kampagne und einem gigantischen, landesweiten Propagandafeldzug. Denn eins war klar: Die Bolschewiki konnten die Macht nur dann erlangen, wenn die Mehrheit der Massen hinter ihnen stand. Und die Deutschen hatten die Möglichkeit, ebenso tatkräftig einzugreifen wie Lenin. Mit ihren Finanzen ließ sich sicherstellen, daß der Zeitpunkt, wo dies der Fall war, schneller heranrückte.

Der Zug blieb längere Zeit in Berlin, aber nicht auf dem Potsdamer Bahnhof, denn die Linie nach Saßnitz zweigte woanders ab. Die beiden deutschen Offiziere – der sowjetische Historiker A. Iwanow berichtet, sie hätten gefuhlvolle Lieder gesungen – stiegen aus und gingen zum Essen. Zu ihrer Überraschung waren die Wagen nicht mehr da, als sie zurückkehrten – und das legt die Vermutung nahe, daß die Entscheidung, sie an einen anderen Ort zu bringen, ganz plötzlich erfolgte, vielleicht aufgrund allerhöchster Anordnung. Die Wagen wurden zum Stettiner Bahnhof gefahren, der möglicherweise bequemer oder geeigneter war für ein geheimes Treffen. Und schließlich trafen auch die besorgten Begleitoffiziere hier ein.

Die Fahrt zwischen Potsdamer und Stettiner Bahnhof machte man normalerweise mit dem Taxi. Für die Revolutionäre kam das nicht in Frage, denn sie hätten dann ja den Wagen verlassen müssen. Aber während der Fahrt mit dem Zug konnten sie sich ein besseres Bild von der kaiserlichen Hauptstadt machen.

»Wir fuhren im Bogen durch die ganze Stadt«, berichtete Sina. »Berlin hinterließ bei uns einen erschreckenderen Eindruck als die Dörfer. Iljitsch hob die Sichtblende ein wenig an und . . . gab sich dem traurigen Anblick der Stadt hin.«

•

Tags darauf, am Donnerstag, dem 12. April, trafen sie in Saßnitz ein und gingen an Bord der schwedischen Fähre *Königin Viktoria*. Als sie im Hafen aus dem Zug stiegen, gaben sich die Deutschen wieder mit wenigen Formalitäten zufrieden: Sie brauchten nur die numerierten Fahrkarten, die man ihnen an der Schweizer Grenze ausgehändigt hatte. Doch die schwedischen Beamten bestanden auf einer Passagierliste.

Sonst durften sie nicht an Bord. Von den Schweden war wenig zu befürchten, und daher gaben sie alle, fast gewohnheitsmäßig, falsche Namen an.

Fürstenberg wartete in Trelleborg schon den dritten Tag auf die Fähre. Mittlerweile wußte er, daß er den Emigranten Fahrkarten für den Abendzug nach Stockholm besorgen sollte. Er bat den Hafenmeister, das Schiff anzufunken, um in Erfahrung zu bringen, ob sich die Gruppe an Bord befand.

In der Wilhelmstraße war ein Telegramm vom kaiserlichen Hauptquartier in Pleß eingetroffen. Beim Frühstück mit seinen Offizieren hatte Wilhelm II. angeregt, man solle den Sozialisten seine Osterbotschaft und den Abdruck der Kanzlerrede vor dem Reichstag mitgeben (in der Bethmann-Hollweg mit einem Seitenblick auf die Revolution die Erweiterung des Wahlrechts versprochen hatte), »damit sie in ihrer Heimat aufklärend wirken können«. Seine Majestät hatte auch gesagt, daß die Oberste Heeresleitung, falls die Schweden die Einreise verweigerten, bereit wäre, »die Reisenden durch die deutschen Linien nach Rußland hineinzubefördern«.

Das war ein interessanter Gedanke, den man mittlerweile aber als überholt betrachten konnte.

Die *Königin Viktoria* nahm Kurs auf Trelleborg. Die Ostsee war rauh. Anfangs stand fast die gesamte Gruppe an Deck, aber die meisten gingen wieder hinunter, weil ihnen das Schiff zu sehr stampfte und schlingerte. Ein paar standen am Bug und sangen Lieder wie ›Weint nicht um gefallene Kämpfer‹ und Lenins Lieblingslied ›Wir sind nicht in der Kirche getraut‹ – so berichten uns die sowjetischen Historiker P. W. Moskowski und W. G. Semjonow. Eins wird sogar zitert:

Man kann unser Lied von ferne hören,
es breitet sich immer mehr aus,
unser Banner weht auf der ganzen Welt.

Einmal spülte ein Brecher über den Bug und spritzte Lenin naß. »Die erste revolutionäre Welle vom russischen Strand«, sagte jemand lachend. David Suliaschwili berichtete, Lenin habe gelächelt und sich mit dem Taschentuch abgetrocknet.

Mit Micha Zchakaja, dem alten Revolutionär aus dem Kaukasus, spazierte Lenin übers Deck. Micha hatte 1905 am Londoner Parteitag der Sozialdemokraten teilgenommen. Er und Lenin besuchten damals das Grab von Karl Marx auf dem Highgate-Friedhof.

»Am Tor . . .«, so erinnerte sich Micha, »stand ein Friedhofsbeamter, der einen hohen Zylinder trug. Der Friedhof war ein riesengroßer Park mit einer Unmenge . . . teurer Grabmäler – bis zur Gedenkstätte für ein Hündchen, das einem Lord oder einer Lady gehört hatte.

Doch das Grab des großen Denkers des 19. Jahrhunderts, des Schöpfers des wissenschaftlichen Kommunismus . . . konnten wir nicht ohne die Hilfe von Steinmetzen finden, die auf dem Friedhof arbeiteten . . .

Lange Zeit saßen wir am Grab. Wir hatten es nicht eilig. Iljitsch meinte spöttisch, der Beamte (am Friedhofstor) mache sich wahrscheinlich Sorgen, weil wir so lange am Grab einer ihm unbekannten Person verweilten.

Der unselige Bürger kann ja nicht ahnen, daß wir in uns all das tragen, was an Marx und Engels unsterblich ist, und daß wir (ihre Lehren) selbst dem rückständigen zaristischen Rußland bringen werden, zum Schrecken der Bourgeoisie aller Länder.« An diesem Nachmittag, da die Fähre die Ostsee durchpflügte, schien darauf weit mehr Aussicht zu bestehen als damals vor zwölf Jahren in London.

Ein Schiffsoffizier näherte sich den beiden Männern. »Wer von Ihnen ist Herr Uljanow?« erkundigte er sich. Auf der Passagierliste stand natürlich kein Uljanow. »Iljitsch und ich sahen uns nur an«, berichtete Micha.

Nach einer Pause antwortete Lenin: »Das bin ich.« Der Offizier übergab ihm den Funkspruch aus Trelleborg. Erleichtert bat Lenin, man möge die folgende Antwort senden: »Herr Uljanow grüßt Herrn Ganetzki (das war einer von

Fürstenbergs Namen) und bittet ihn, Fahrkarten bereitzuhalten.«[24]

Es war schon dunkel, als die *Königin Viktoria* den Leuchtturm von Trelleborg passierte. Am Kai wurden die Revolutionäre neben Fürstenberg auch von schwedischen Sozialisten und dem Bürgermeister von Trelleborg begrüßt.

»Freundliche Willkommensgrüße, Fragen, Lärm und Kindergeschrei«, so Fürstenberg, »aber es war keine Zeit zu verlieren. In einer Viertelstunde ging der Zug nach Malmö.«

In einem Malmöer Hotel war der Tisch schon reichlich mit Vorspeisen gedeckt – *sakuski*, wie die Russen sagen. »Wir, die wir uns in der Schweiz daran gewöhnt hatten, mit einem Hering zum Mittagessen vorliebzunehmen«, schrieb Karl Radek, »sahen diesen ungeheuren Tisch, *sakuski* überall – und wir stürzten uns darauf wie die Heuschrecken . . . Wladimir Iljitsch aß überhaupt nichts. Er fragte Ganetzki ›die Seele aus dem Leib‹ und versuchte, von ihm alles über die russische Revolution zu erfahren.«

Sie nahmen den Nachtzug nach Stockholm. Lenin saß mit Fürstenberg, Sinowjew und Radek im Abteil und sprach vom »harten Kampf des Proletariats, der uns bevorstünde«, so berichtete der Pole, »von der Gefahr, die von Kerenski ausginge, obwohl dieser damals noch keine sehr große Rolle spielte . . . Wladimir Iljitsch wies auf die Notwendigkeit hin, Parteizellen im Ausland zu gründen . . . ›um ganz sicher zu gehen‹«.

Lenin wollte in Stockholm ein Auslandsbüro des Zentralkomitees einrichten. Fürstenberg und Radek, dem man als Österreicher die Einreise nach Rußland verwehren würde, sollten es leiten. So wichtig sie später waren – formell gehörten sie beide nicht zur Partei der Bolschewiki.

Sie sprachen bis vier Uhr morgens miteinander. Um acht weckte sie ein Schwarm von Zeitungsreportern. Man hatte sie von Malmö aus alarmiert, und sie waren auf einem kleinen Bahnhof zugestiegen. Lenin wollte sie nicht sehen – auch ohne falsche Berichterstattung würde er in Rußland genug Probleme haben – und kündigte an, in Stockholm werde er ein Kommuniqué herausgeben.

Eine Stunde später trafen sie in Stockholm ein. Am Bahnhof wurden sie vom Bürgermeister und anderen führenden Sozialisten begrüßt. Reporter und Fotografen mischten sich ins Gedränge auf dem Bahnsteig. Sogar die Wochenschau war da.

Für Lenin war es ein Tag voller Hektik: Unterredungen mit schwedischen Sozialisten, letzte Vorbereitungen für das Auslandsbüro, über das sie im Zug diskutiert hatten, Bereitstellung der Finanzen, die die Bolschewiki schon seit längerem in Schweden deponiert hatten, an das Auslandsbüro – und dann sogar noch ein ›Einkaufsmbummel‹.

»Vermutlich«, schrieb Radek, »weckte das förmliche Aussehen der schwedischen Genossen in uns den heftigen Wunsch, Iljitsch möge äußerlich mehr einem ganz gewöhnlichen Menschen gleichen. Wir versuchten ihn wenigstens dazu zu überreden, daß er sich neue Stiefel kaufte. Auf der Reise hatte er Bergstiefel mit ungeheuren Beschlagnägeln getragen.«

Es gelang ihnen, Lenin zu beschwatzen, und er sah sich tatsächlich in ein paar Stockholmer Geschäften um. Und nun mußte er Stellung nehmen zu ihrem Wunsch, er möge sich nicht nur Stiefel, sondern auch etliche Kleidungsstücke anschaffen. »Er verteidigte sich, so gut er konnte, fragte uns, ob wir glaubten, daß er in Petersburg ein Konfektionsgeschäft eröffnen wolle, aber wir konnten ihn trotzdem dazu überreden, sich Hosen zu kaufen.«

Am selben Tag hielt sich Parvus in Stockholm auf. Er hatte Fürstenberg gebeten, ein Treffen mit Lenin zu arrangieren. Doch was immer in Berlin geschehen sein mag, Lenin war sich der allgemeinen Gefahr zu sehr bewußt, als daß er die Begegnung mit einem Mann riskiert hätte, der nicht nur bei der ganzen sozialistischen Bewegung diskreditiert war, sondern auch bekanntermaßen finanzielle Beziehungen zu den Deutschen unterhielt. Er schlug die Einladung ab – und forderte Radek dazu auf, seine Weigerung schriftlich zu fixieren. Seine Vorsicht wurde später belohnt.

Auf Lenins Antwort folgte ein frostiger Austausch von

Entgegnungen. Fürstenberg übermittelte sie. Parvus erkundigte sich nach Lenins politischen Plänen. Lenin erwiderte, er befasse sich nicht mit Diplomatie, seine Sache sei vielmehr die sozialrevolutionäre Agitation. Parvus ließ Lenin durch Fürstenberg folgendes übermitteln: Er »möge nur agitieren; wenn aber die Staatspolitik für ihn nicht existiert, so wird er ein Werkzeug in meinen Händen werden«.

Parvus war über die Abfuhr gekränkt, aber er konnte nicht ohne Lenin operieren, denn Lenin war für seinen Plan von zentraler Bedeutung. Er wußte auch, daß ein Treffen zwischen ihnen nicht unbedingt nötig war. Statt dessen hatte er eine Unterredung mit Karl Radek, den er von früher her gut kannte. Und es ist recht gewiß, daß diese Begegnung nicht ohne Lenins Billigung stattfand. Für Parvus war es jedenfalls Anlaß genug, um nach Berlin zu melden, er habe mit »den russischen Emigranten aus der Schweiz« verhandelt.

Bei der langen Unterredung zwischen Parvus und Karl Radek wurden wohl die Einzelheiten des Finanzierungsplans besprochen, der Lenin bei der Machtergreifung behilflich sein sollte. Denn Parvus reiste danach sofort aus Stockholm ab, traf in Kopenhagen kurz mit seinem Freund Graf Brockdorff-Rantzau, dem deutschen Gesandten, zusammen und fuhr dann weiter nach Berlin zu einer Konferenz mit Arthur Zimmermann, bei der es offenbar um so geheime Inhalte ging, daß keine Notiz gemacht und kein Protokoll aufgenommen wurde.

Danach kehrte Parvus nach Stockholm zurück, wo sich ja das einzige bolschewistische Büro außerhalb Rußlands befand. Fürstenberg hatte ein großes Guthaben in Moskau – wie Oberst Nikitin von der Gegenspionage herausfand, als er die Bankkonten eines Agenten von Fürstenberg überprüfen ließ. Ein Teil des Geldes stammte mit ziemlicher Sicherheit von den Deutschen und war durch Parvus' Hände gegangen, dem das Unternehmen, das Fürstenberg leitete, zur Hälfte gehörte. Doch das wurde nie einwandfrei bewiesen, und da die Firma auch in Rußland Handel betrieb, kam zumindest ein Teil der Summe vielleicht aus dieser Quelle.

Fürstenberg hatte Kontakte zur russischen Gesandtschaft

in Stockholm und benutzte erstaunlicherweise den diplomatischen Postverkehr. Diese Verbindungsmöglichkeit hatte er sich offenbar im April geschaffen. Damals schrieb er an Alexander Schljapnikow: »Am 4. dieses Monats wurde durch die Gesandtschaft Paket No. 6839 an das Ministerium für Auswärtige Angelegenheiten geschickt . . . Bestätigen Sie zuverlässig – aber vorsichtig – telegrafisch den Erhalt meiner Pakete. Die Gesandtschaft (in Stockholm) kontrolliert Pakete nicht, ich reiche sie fertig gepackt ein. Wenn Sie sie rechtzeitig an sich nehmen, das heißt genau dann, wenn sie beim Ministerium für Auswärtige Angelegenheiten eintreffen, werden Sie sie, wie ich hoffe, ungeöffnet erhalten.« Nach eigener Aussage benutzte Fürstenberg diese Verbindungsmöglichkeit – neben einigen anderen – bis zum Juli.

Parvus war fast mit Sicherheit der wichtigste, wenn auch nicht der einzige Mittelsmann, über den die Gelder liefen, die die Deutschen den Bolschewiki zur Verfügung stellten. »Fast mit Sicherheit« deshalb, weil die Kanäle, über die deutsche Gelder an Lenins Patei flossen, weitaus schwieriger zu eruieren sind als die Tatsache, *daß* deutsche Gelder an Lenins Partei flossen.

Die Sowjets haben die Existenz der ›Kaiser-Millionen‹ stets bestritten, und selbst heute noch behaupten kommunistische Historiker, all das sei eine bürgerliche Lüge. Sie haben vielleicht das Gefühl, es werfe ein ungünstiges Licht auf Lenins Integrität. Aber in Wirklichkeit war es so, daß Lenin das deutsche Geld zwar annahm, aber deswegen nicht von seinen revolutionären Idealen abließ. Es änderte sein Ziel nicht – nur die Taktik zur Erreichung dieses Ziels. Man darf behaupten, daß er es ohne die Finanzierung durch die Deutschen nicht hätte verwirklichen können, denn in diesen wenigen Monaten des Jahres 1917 war die richtige Zeiteinteilung lebenswichtig.

Lenin dachte von seinen Geldgebern nicht viel anders als sie von ihm. Für sie war er entbehrlich, sobald er seinen Zweck erfüllt hatte. Und Lenin glaubte nicht, daß sie überhaupt noch existieren würden, wenn sie ihre Schuldigkeit getan hatten. Er glaubte vielmehr an das Marxsche Konzept der Weltrevolution, war überzeugt davon, daß die proletarische Revolution wie ein gewaltiger Feuerbrand auf Europa übergreifen und sehr bald auch Deutschland erfassen werde. Der imperialistische Krieg würde sich in einen Bürgerkrieg zwischen den Klassen verwandeln, bei dem die Arbeiter und Soldaten aller kriegführenden Nationen auf *einer* Seite standen. Und so war die Tatsache, daß er sich deutscher Mittel bedient hatte, um eine ohnehin unumgängliche Bewegung zu schaffen, völlig unerheblich. Die Deutschen meinten, Lenin hätte keine Chance, an der Macht zu bleiben, und Lenin war überzeugt davon, daß der Kaiser mit seiner finanziellen Unterstützung nur zu seinem eigenen Untergang beitrüge.

An der Finanzierung der Bolschewiki durch die Deutschen kann es keinen Zweifel geben, es sei denn, man nimmt an, das Auswärtige Amt habe in seinen geheimen Mitteilungen an den Kaiser gelogen – was uns wirklich keine brauchbare Hypothese zu sein scheint, zumal wenn wir einen weiteren Beweis heranziehen.

Am 3. Dezember 1917 schickte Richard von Kühlmann, der Zimmermann als Staatssekretär abgelöst hatte, ein Telegramm an seinen Verbindungsoffizier bei der Obersten Heeresleitung, das dem Kaiser zur Kenntnis gebracht werden sollte. Darin hieß es, daß »die Bolschewisten, erst seitdem sie von uns einen ständigen Strom von Geldern über verschiedene Kanäle erhielten, in der Lage waren, ihr Hauptorgan *Prawda* aufzubauen, energische Propaganda zu betreiben und die ursprünglich schmale Basis ihrer Partei merklich zu erweitern«.

Drei Monate zuvor, im September, hatte er in einem anderen Telegramm versichert, daß »die bolschewistische Bewegung ohne unsere kontinuierliche Unterstützung nie die Größe oder den Einfluß hätte erreichen können, den sie heute hat«.

Die Gesamtsumme, die die Deutschen während dieser kritischen Monate in Rußland investierten, geht aus einer Analyse des Budgets des Auswärtigen Amtes für propagandistische und besondere Zwecke in anderen Ländern hervor.

Sie befindet sich unter den geheimen Akten, die nach dem 2. Weltkrieg zugänglich gemacht wurden. Nach einer Begleitnotiz, die mit dem 5. Februar datiert ist, heißt es, es seien für Rußland Mittel in Höhe von 40580997 Goldmark zur Verfügung gestellt worden, von denen bis zum 31. Januar 1918 effektiv 26566122 Goldmark verbraucht waren.

Anderen Dokumenten zufolge gab das Schatzamt am Tag nach Lenins Machtergreifung im November 15 Millionen von diesem Teilbetrag frei. Das heißt, daß *vor* dem November etwa 11500000 Goldmark in Rußland investiert wurden.

Diese 11500000 Goldmark waren jedenfalls ein ungeheurer Propaganda-Etat. Ein Autor[25] hat nach einer Unterredung mit einem deutschen Währungsspezialisten den Wert einer Goldmark im Jahre 1917 auf 40 DM nach heutigem Kurs beziffert – was diesen Teilbetrag auf fantastische 460 Millionen DM hochschnellen läßt. Doch auch bei vorsichtigerer Schätzung ist es immer noch ein ungeheurer Aufwand zur Förderung der Bolschewiki.

Und wenn man bedenkt, daß ein Budget zur Verfügung stand, das fast noch viermal so groß war, kann man den vollen Umfang der Lenin zuteil gewordenen Unterstützung ermessen. Als er in Rußland eintraf, dürfte er wohl gewußt haben, daß das, was er an Geld benötigte, da war – ein wahrhaft verblüffender Umstand für den Führer einer relativ kleinen Partei.

Doch nichts weist in der Kostenanalyse des deutschen Auswärtigen Amtes darauf hin, daß diese Mittel Lenin und seiner Partei zugeleitet wurden – und gewiß haben sämtliche bolschewistischen Quellen es stets entschieden bestritten. Könnte das Geld nicht anderweitig für Propaganda verwendet worden oder an andere Organisationen gegangen sein? Insgesamt müssen wir das verneinen, wenn auch vielleicht ein paar kleinere Summen anderen Zwecken dienten. Denn in den geheimen Telegrammen des Staatssekretärs an die Oberste Heeresleitung – das wichtigste Steinchen im Mosaik der Beweise – heißt es definitiv, daß die Bolschewiki deutsche Gelder erhielten, und Wendungen wie »ständiger Strom von

Geldern« und »kontinuierliche Unterstützung« weisen auf recht erhebliche Summen hin. Wenn man den Staatssekretär als verläßlichen Informanten hinsichtlich der Ausgaben seines Ministeriums betrachtet, dann haben wir hier den Beweis dafür, daß Lenins Partei einen großen Teil der deutschen Mittel erhielt, die in Rußland investiert wurden.

Die Bolschewiki waren für die Deutschen natürlich die logische Wahl, denn abgesehen von den Anarchisten, denen es an Disziplin und Geschlossenheit und damit an Zuverlässigkeit mangelte, kämpfte ihre Partei als einzige kontinuierlich und einmütig für den Frieden.

Und wenn wir es von der Empfängerseite aus betrachten, tritt klar hervor, daß die bolschewistischen Aktivitäten im Frühling und Sommer des Jahres 1917 so massiv waren, daß, wie es Professor Leonard Schapiro in *Die Geschichte der Kommunistischen Partei der Sowjetunion* formuliert, die Mittel dazu »nicht aus den offiziellen Einkünften der Partei gekommen sein können – jenem Zehntel des Einkommens, das die örtlichen Organisationen an das Zentralkomitee abführen mußten, denn die Erträge aus dieser Quelle waren zugegebenermaßen geringfügig«. Auch die Beiträge von Abonnenten der Parteiorgane können nur einen Bruchteil ausgemacht haben, denn viele Parteizeitungen wurden kostenlos verteilt. Und in den ersten Wochen nach der Revolution im März war die *Prawda* so knapp mit Geld, daß sie zu Spenden aufrief. Bald würde sie alles Geld haben, das sie brauchte.

In zwei dramatischen Artikeln im Berliner *Vorwärts* bezifferte Eduard Bernstein, ein prominenter deutscher Sozialdemokrat, der im Schatzamt gearbeitet hatte, die Summe, die an die Bolschewiki ging, mit ›über 50 Millionen Mark‹. Wenn wir jedoch die Akten des deutschen Auswärtigen Amtes heranziehen und zu dem Aufwand, um Lenin an die Macht zu bringen, die Ausgaben rechnen, die geleistet wurden, damit er auch an der Macht blieb, mutet Bernsteins sensationelle Schätzung nur noch sehr behutsam an. Und jetzt mußten die Aufwendungen natürlich sehr groß sein, denn die Alliierten pumpten mittlerweile Geld in die weißrussische Opposition.

Jedenfalls haben wir Grund zu der Annahme, wenn auch keinen zwingenden Beweis, daß Parvus im Frühling und Sommer des Jahres 1917 den größten Teil der deutschen Mittel über Fürstenberg an die Bolschewiki leitete. Parvus und Lenin hatten Differenzen. Aber sie ließen es offenbar beide nicht zu, daß sich das störend auf die Ziele der sozialistischen Revolution auswirkte.

Am Karfreitag um 18.30 Uhr fuhren die Reisenden weiter zur schwedisch-finnischen Grenze, eine Strecke von fast tausend Kilometern. Auf dem Perron des Stockholmer Bahnhofs hatten sich mehr als hundert Menschen versammelt, um die Revolutionäre zu verabschieden. »Es herrschte eine wunderbare Stimmung«, berichtete die schwedische Zeitung *Politiken*. »Alle trugen rote revolutionäre Embleme . . . In einem der Fenster sah man den charakteristischen Kopf Lenins.« Der arme Karl Radek, der wegen seiner ›bösen österreichischen Staatsangehörigkeit‹ zurückbleiben mußte, beobachtete die Szene mit traurigen Augen. Ein Mann, den Radek nicht kannte, trat vor und hielt eine Rede. »Lieber Führer«, sagte er, »passen Sie darauf auf, daß man in Petersburg keine schlimmen Sachen macht.« Lenin erwiderte das mit einem rätselhaften Lächeln.

Dramatisch wie immer berichtete Radek: »Der Zug fuhr ab, und wir sahen dieses Lächeln noch eine Weile vor uns.«

David Suliaschwili hatte Lenin beim Gepäcktragen geholfen. Nun wurde er in das Abteil gebeten, in dem Lenin, Nadja und Inessa Armand saßen.[26] Es war ein Schlafwagenabteil, und offenbar war alles schon für die Nacht vorbereitet, denn Lenin und Suliaschwili nahmen die oberen Betten und überließen den beiden Frauen die unteren.

Lenin legte sein Jackett ab – Nadja meinte, er werde sich verkühlen – und zog ein paar russische Zeitungen aus der Tasche, die er sich in Schweden besorgt hatte. Dann begann er zu lesen. Ab und zu rief er laut und wütend: »Oh, diese Schweine! Diese Verräter!«

Suliaschwili vermutete, Lenin erregte sich über die menschewistischen Führer im Sowjet, besonders über

Tschcheidse, die mit der Provisorischen Regierung zusammenarbeiteten.

»Sozialdemokraten!« sagte Lenin plötzlich voll Verachtung. »Diese Bezeichnung ist idiotisch geworden. Man muß sich schämen, wenn man jetzt noch einen solchen Namen führt. Wir müssen uns Kommunisten nennen.«[27]

Am nächsten Morgen – der Zug brauste nach Norden durch die Fichtenwälder – frühstückten die vier in ihrem Abteil. Es gab belegte Brote und Tee, den Nadja auf dem Spirituskocher zubereitet hatte. Dann bat Lenin Suliaschwili, er möge alle zusammenrufen, denn er wolle zu ihnen sprechen.

Als sich die Gruppe auf dem Gang versammelt hatte, sagte Lenin ihnen, was sie tun sollten, wenn sie an der Grenze auf Anweisung der Provisorischen Regierung hin verhaftet würden. Auf keinen Fall sich wegen der Fahrt durch Deutschland verteidigen. Sie müßten vielmehr die Regierung angreifen, weil sie ihnen bei der Rückkehr aus der Emigration nicht geholfen und weil sie in diesem Punkt keinen Druck auf die Entente ausgeübt habe.

Es war Mitte April, aber Haparanda, die schwedische Grenzstadt, die sie am Samstagabend erreichten, war noch tief verschneit. Müde nach fünf Tagen Reise stiegen die Revolutionäre aus dem Zug und luden ihr Gepäck aus.

Torneå lag drüben über der breiten, zugefrorenen Mündung des Tornionjoki, des Grenzflusses.

Um hinzukommen, mußten die Reisenden mit Pferdeschlitten, *weiki* geheißen, übers Eis fahren.

»Ich erinnere mich daran, daß es Nacht war«, berichtete Sinowjew. »Wir fuhren in einer langen Reihe. In jedem Schlitten saßen zwei. Als wir uns der finnischen Grenze näherten, erreichte die Spannung ihren Höhepunkt. Der Ungehemmteste der jungen Leute – Ussijewitsch – war ungewöhnlich still. Wladimir Iljitsch blieb äußerlich gelassen. Ihn interessierte vor allem, was im fernen Petersburg geschah . . . Jenseits der zugefrorenen Bucht mit ihren hohen Schneewehen . . . fünfzehnhundert Werst vor uns . . .«

Als sie Torneå erreichten, »stürzten sich die jungen Leute auf die Grenzposten« und bestürmten sie mit Fragen.

Die Angst, sie könnten an der Grenze verhaftet werden, verflog, als die diensthabenden russischen Soldaten sie herzlich begrüßten – aber die britischen Offiziere, die hier aufgrund von Vereinbarungen unter den Mächten der Entente stationiert waren, verhielten sich so feindselig, daß die Angst wiederkehrte. Im hölzernen Stationshaus an der Grenze wurde jedes Mitglied der Gruppe eingehend von den Offizieren befragt. Aus Lord Howards Bericht nach London geht hervor, daß auch der britische Vizekonsul aus Haparanda dabeigewesen sein könnte.

»›Unsere Alliierten‹, seufzte jemand« – so Olga Rawitsch –, »›sie richten sich ganz häuslich ein.‹«

»Wir wurden bis aufs Hemd ausgezogen«, berichtete Sina Sinowjewa. »Mein Sohn und ich wurden gezwungen, auch die Strümpfe auszuziehen. Ich weiß nicht, wonach sie suchten. Denn sie hatten alle Dokumente, sogar die Kinderbücher und das Spielzeug meines Sohnes an sich genommen.«

Lenin wurde gründlich befragt. Warum er Rußland verlassen habe? Was er in Finnland wolle? Welchen Beruf er ausübe? Angespannt erwiderte er dem Offizier, er habe Rußland illegal als politischer Flüchtling verlassen. Seine Religion – das sagte er vermutlich, weil er glaubte, sie erwarteten, er müsse eine haben – sei die russisch-orthodoxe. Er habe nicht vor, in Finnland zu bleiben. In Petersburg werde er bei seiner Schwester in der Schirokaja-Straße wohnen. Von Beruf sei er Journalist. Er wurde samt seinem Gepäck durchsucht. Die britischen Offiziere konnten ihnen zwar Ungelegenheiten machen, aber sie konnten sie nicht daran hindern, in eine russische Provinz einzureisen.

Micha Zchakaja berichtete, Lenin habe nach der Befragung gesagt, »daß die Offiziere enttäuscht gewesen seien, weil sie nichts gefunden hätten. Iljitsch brach in glückliches Gelächter aus, umarmte mich und sagte: ›Die Zeit der Prüfungen ist zu Ende, Genosse Micha. Wir stehen jetzt auf heimatlichem Boden und werden ihnen zeigen‹ – und dabei ballte er die Faust –, ›daß wir die würdigen Herren der Zukunft sind‹«.

Das muß eine völlig spontane Reaktion auf die Überwindung des ersten Hindernisses gewesen sein, denn Lenin befürchtete immer noch, sie könnten bei der Ankunft in Petersburg verhaftet werden. Als er entdeckte, daß aus der Hauptstadt eine militärische Begleiteskorte gekommen war, fragte er Sinowjew: »Um uns ins Gefängnis zu bringen?«

Nadja hatte keine Angst. Sie freute sich zu sehr darüber, daß sie wieder in Rußland war: »Die schlechten Dritteklassewagen, die russischen Soldaten – wunderbar schön erschien uns das alles.« Der Zug war voll von Soldaten, die südwärts fuhren.

Nur Fritz Platten mußte zurückbleiben. Trotz Lenins dringendem Ersuchen wurde ihm die Einreise verweigert, weil er kein Russe war.

Den Ostersonntag müssen sie zum größten Teil in Torneå verbracht haben, denn erst nach sechs Uhr abends wurde Lenins Telegramm an seine Schwester durchgegeben: »Eintreffen Montag nachts 11. Verständigt ›Prawda‹ – Uljanow.«

Erbost und frustriert hatte Lord Esme Howard, der britische Botschafter in Stockholm, Lenins Fahrt durch Schweden verfolgt. Am Samstag, als Lenin im Zug nach Haparanda saß, telegrafierte er nach Hause: »Lenin, einem russischen Sozialisten, ist samt einigen anderen von der deutschen Regierung gestattet worden, auf dem Weg nach Rußland durch Deutschland zu reisen.«

Die *Dagens Nyheter*, eine Stockholmer Zeitung, so berichtete Howard, habe einen scharfen Angriff gegen Britannien veröffentlicht. Der Verfasser sei Lenin. Er habe in seinem Artikel hervorgehoben, daß die britische Regierung ihnen die Durchreise versagt, die deutsche Regierung hingegen besondere Erleichterungen gewährt habe.

Man verfolgte Lenins Reise auch im Außenministerium in London, und von hier aus sah die Lage in Rußland besser aus. Am Dienstag – der plombierte Waggon befand sich auf der Strecke Singen–Frankfurt – hatte Sir George Buchanan hocherfreut gemeldet, die Petersburger Garnison habe erklärt, es sei nötig, den Krieg fortzuführen, »bis die neugewonnene Freiheit gesichert ist«, und er meinte dazu, dies sei »das hoffnungsvollste Zeichen seit den ersten Tagen der Revolution«.

Fünf Tage später – Lenin und seine Gruppe waren in Torneå – schrieb Buchanan, bei der Ostseeflotte seien Ordnung und Disziplin wieder eingekehrt – und hier war die revolutionäre Leidenschaft am heftigsten gewesen. Am Tag darauf schickte Buchanan ein Telegramm, in dem er berichtete, General Michail Alexejew, der russische Stabschef, sei »weitaus optimistischer hinsichtlich der militärischen Lage. Eine Konferenz im Hauptquartier hat einstimmig bekräftigt, die Verfassung der Armee sei dergestalt, daß sie die Offensive verkraften könne«.

In Petersburg im bolschewistischen Hauptquartier, der Villa Krzesinskaja, traf die Nachricht von Lenins baldiger Ankunft ein, als der Zug schon einige Stunden auf der Strecke war, die an der Westküste Finnlands entlang nach Helsinki führte.

Jakob Fürstenberg hatte am Karfreitag ein Telegramm in Malmö aufgegeben, das Schljapnikow jedoch erst am Ostersonntag erreichte. Er wurde gebeten, dafür zu sorgen, daß es an der Grenze möglichst wenig Schwierigkeiten gab – das tat Schljapnikow, aber mittlerweile hatte Lenin die Grenze schon überschritten. Noch wußte das Zentralkomitee nicht, wann er ankommen würde. Am späten Sonntagabend war Nikolai Podwoiski, einer der Kommandeure der Militärischen Organisation der Bolschewiki, noch in der Villa Krzesinskaja beschäftigt, als Lenins Schwester Maria das Telegramm aus Torneå überbrachte.

Sofort weckte Podwoiski die anderen Mitglieder des Zentralkomitees. Sie mußten einen würdigen Empfang für ihren Führer planen. Doch dazu blieben nur ein paar Stunden Zeit. Außerdem war Ostern, niemand arbeitete in den Fabriken, es erschienen keine Zeitungen, und darum konnte man sich nicht so leicht mit anderen in Verbindung setzen. Aber es war natürlich sehr wichtig, Lenin zu zeigen, daß die Arbeiterklasse ihn massiv unterstützte – und es auch den tonangebenden Männern im Sowjet vor Augen zu führen.

8

Die anderen schauten in die Dämmerung des Sonntagabends – verschneite Fichten wischten vorbei –, Lenin studierte ein paar Nummern der *Prawda,* die ihm Soldaten im Zug gegeben hatten. »Er schüttelte den Kopf und hob verzweifelt die Hände«, erinnerte sich Sinowjew. Lenin las, Miljukow habe offensichtlich den festen Willen, dem russischen Volk auch weiterhin einzureden, daß der Krieg in seinem Interesse sei. Was ihn noch mehr ärgerte, war die Haltung, die die *Prawda* unter Kamenew und Stalin eingenommen hatte – es lief seinen Anordnungen direkt zuwider.[28]

Kamenew redete in den Kolumnen des Parteiorgans einer Politik das Wort, die den Krieg mehr oder weniger unterstützte. »Es wäre die dümmste Politik«, so schrieb er, »eine Armee, die dem Feind gegenübersteht, dazu zu drängen, die Waffen niederzulegen und nach Hause zu gehen. Das wäre keine Politik des Friedens, sondern eine Politik der Sklaverei, eine Politik, die von der freien Nation verachtungsvoll zurückgewiesen wird.«

Nadja beobachtete, wie sich der kleine Robert einem älteren Soldaten auf den Schoß setzte. Er legte ihm die Arme um den Nacken und plapperte irgend etwas auf französisch. Der Soldat teilte seine *pascha* mit ihm, die traditionelle Osterspeise der Russen, die aus Weißkäse zubereitet wird.

»Wir umdrängten das Fenster«, erinnerte sich Nadja. »Auf den Stationen, die wir passierten, standen die Soldaten in Gruppen zusammen. Ussijewitsch steckte den Kopf zum Fenster hinaus. ›Es lebe die Weltrevolution!‹ rief er. Die Soldaten blickten ihn verwundert an.«

Lenin wollte in Ruhe arbeiten und ging darum mit der Krupskaja in einen leeren Waggon zu den hintersten Sitzen. Es war ein Wagen dritter Klasse, die einzige Beleuchtung war ›eine flackernde Kerze‹. Aber er kam wieder nicht zur Ruhe. Erst unterhielt sich ein Leutnant mit ihm. Heftig widersprach er Lenins Meinung, daß der Krieg beendet werden müsse.

Und dann strömten Soldaten herzu, lauschten dem Streitgespräch, mischten sich ein. Schließlich war der Wagen so voll, daß die Männer auf die Bänke kletterten.

Lenin sprach mit großem Geschick zu jungen oder ungebildeten Leuten. Er begann immer damit, daß er sie nach ihrer Meinung fragte, brachte sie zum Reden und ließ seine Ansichten oft nur durchblicken, indem er sehr kurze, manchmal nur aus einem Wort bestehende Fragen an sie richtete. Wenn die Soldaten ihn zu einer Äußerung drängten, sagte er stets: »Nein, sprechen Sie zuerst.« Soweit Sina.

Georgi Safarow fand einen Soldaten, der regelmäßig die *Prawda* las, und »brachte ihn als Trophäe zu Iljitsch«. Wahrscheinlich war er es, der Lenin zustimmte, als er sagte, sie sollten »ihre Bajonette in den Boden rammen« und mit dem Krieg Schluß machen.

Ein anderer gab der Meinung der meisten Männer im Wagen Ausdruck. »Wie ist es möglich«, so fragte er skeptisch, »den Krieg bloß dadurch zu beenden, daß man die Bajonette in den Boden rammt?«

Lenin merkte auf, denn diese Frage war typisch. Es gab Millionen, die so dachten wie dieser Mann – Millionen, die die Bolschewiki durch »geduldiges Erklären« auf ihre Seite bringen mußten.[29]

Lenin hatte den Soldaten erklärt, so berichtete Sina, sie müßten des Krieges müde sein, was zweifellos stimmte. Aber sie waren nicht so müde, daß sie alles aufgeben wollten, wofür sie gekämpft hatten. Laut Sinowjew erkannte Lenin, daß »der defensive Standpunkt noch eine Größe ist, mit der man rechnen muß«.

Das war ein weiterer Grund für ihre Befürchtung, sie könnten verhaftet werden. Denn man konnte den plombierten Waggon weit eher Menschen verständlich machen, die den Krieg beenden, als solchen, die ihn fortführen wollten und in den Deutschen nur die verhaßten Feinde sahen.

Den ganzen Tag lang fuhr der Zug durch Finnland. Sie kamen nach Süden, und die Strecke verlief jetzt allmählich in östlicher Richtung. Am Abend näherten sie sich der Grenze zum eigentlichen Rußland. Beloostrow, die kleine Station zwischen Finnland und Rußland, war der erste gefährliche Punkt. Womöglich wartete hier eine Einheit von Kosaken oder von Junkern (dem Kadettenkorps der Eliteoffiziere), um sie festzunehmen.

Doch in Beloostrow standen keine Soldaten. Das entdeckten dann auch bald die Genossen, die besorgt aus den Fenstern spähten. Aber es warteten viele Arbeiter, die »mehrere Werst« gegangen waren, um die Emigranten zu empfangen – Arbeiter aus der Munitionsfabrik von Sestrorezk. Bolschewistische Agitatoren hatten sie hierhergeholt.

Es war bereits dunkel, und es nieselte. Das Empfangskomitee der Partei, »etwa zwanzig«, wartete im Bahnhof. Auch Maria war da, Lenins jüngere Schwester. Zum letztenmal hatte sie ihren Bruder und ihre Schwägerin vor dem Krieg gesehen, bei einem Besuch in Paris. Auch Kamenew und Schljapnikow und Ludmilla Stal, eine alte Freundin der Uljanows, waren da – und Theodor Raskolnikow, ein junger Leutnant zur See, der wichtigste bolschewistische Führer in Kronstadt, dem Marinestützpunkt ganz in der Nähe von Petersburg.[30]

Auf der Fahrt von Petersburg nach Beloostrow hatte Kamenew zu Raskolnikow gesagt: »Wenn man Iljitsch kennt, weiß man, wie sehr er Festlichkeiten haßt.« Die beiden Männer lachten, denn an diesem Abend standen ihm sicher noch einige Festlichkeiten bevor.

Raskolnikow erinnerte sich: »Endlich sahen wir drei blendendhelle Lichter (an der Lok) und dann die beleuchteten Wagenfenster. Jetzt ging es langsamer . . . immer langsamer . . . noch langsamer . . .«

Lenin betrachtete verblüfft die jubelnde Menge auf dem Bahnsteig. Er stieg aus dem Wagen. Hände griffen nach ihm, ein paar hoben ihn auf die Schultern und trugen ihn zum Empfangskomitee. Diese Art von Überschwenglichkeit kannte er nicht, und er mochte sie auch nicht. »Vorsichtig, Genossen«, sagte er angeblich. »Paßt auf, Genossen.«

Aber seine Beklemmung verflog gleich. Er war überwältigt von diesem Empfang. Die Arbeiter setzten ihn ab, und er umarmte seine Schwester und seine Freunde und sogar den hocherfreuten Raskolnikow, den er noch nie gesehen hatte.

Zu Lenins Überraschung trat auch der von der Provisorischen Regierung ernannte Stadtkommandant an ihn heran und hieß ihn willkommen – steif und förmlich zwar, aber freundlich.

»Wir hatten kaum Zeit, Iljitsch zu begrüßen«, erinnerte sich Raskolnikow, »da kam Kamenew mit Sinowjew herein. Sie waren aufgeregt und strahlten.« Kamenew stellte Raskolnikow und Sinowjew einander vor. Da der kämpferische Leutnant zur See Tausende von Matrosen hinter sich hatte, die er, sobald es nötig war, auf dem schnellsten Weg mobilisieren konnte, lernten sich die beiden Männer bald sehr gut kennen.

Lenin kam den Forderungen der Menge nach, stieg auf einen Stuhl und sprach zu ihr. Er trug seinen alten grauen Überzieher, aber er hatte den Hut aus der Schweiz gegen eine Arbeitermütze getauscht. Wenn wir dem Lokomotivführer Elmsted glauben wollen, der erst in Beloostrow erfuhr, wer in seinem Zug saß, war der Führer der Bolschewiki in angriffslustiger Stimmung, obwohl er sich darüber freute, wieder in Rußland zu sein. »Russische Arbeiter«, fragte er, »wem habt ihr die Macht gegeben, die ihr dem Zaren genommen habt? Ihr habt sie den Grundbesitzern und Kapitalisten gegeben!«

»Aber nur momentan!« rief jemand aus der Menge.

Lenin hatte ausgeredet, und Ludmilla Stal bat Nadja, ein paar Worte zu den Arbeiterinnen zu sagen, aber sie schlug es ab, sie war zu überwältigt von dem, was um sie vorging: »Mir war die Kehle zugeschnürt vor Aufregung.«

Es läutete vom Zug her. Die Reisenden mußten wieder zurück. Sobald sie saßen, wandte sich Lenin an Kamenew. »Was haben Sie da in der *Prawda* geschrieben?« fragte er. »Wir haben ein paar Nummern gesehen und Sie mit allen möglichen Ausdrücken belegt.« Aber er sagte es mit einem Lächeln – »ohne Vorwurf«, wie Raskolnikow meinte. Er wußte, daß ihm Kamenew treu ergeben war, daß es für sein Verhalten einen einsichtigen Grund geben mußte. Vielleicht erkannte er jetzt schon, daß die Stimmung in Petersburg für die Partei gefährlich geworden wäre, wenn sie seine Befehle ganz genau ausgeführt hätte.

Aber Kamenew war auch nicht mehr ganz so gefügig wie früher. Vielleicht hatte die lange Verbannung ihn härter gemacht und seine Neigung zum rechten Flügel verstärkt. Es war vierzehn Jahre her, seit ihm Lew Borissowitsch, damals erst 21 Jahre alt, aus dem Kaukasus nach Genf geschrieben hatte. Sie kannten sich nicht persönlich, aber Lenin war sehr zufrieden. In seiner Antwort meinte er, es käme selten vor, daß »uns Leute nicht aus ›Pflichtbewußtsein‹ schreiben, sondern um Gedanken auszutauschen. Bitte schreiben Sie öfter . . . Ich möchte sagen, daß Ihr Artikel zweifellos Ihr literarisches Talent beweist.« Kamenew gehörte später zur Troika, und Lenin war oft wütend auf ihn – gewöhnlich wegen seiner »Nachlässigkeit«. Dann griff ihn Lenin entweder direkt an, oder er beschwerte sich bei seinem Freund Sinowjew über ihn. »Ich bin böse auf Sie«, schrieb er beispielsweise 1912 von Krakau aus. Kamenew war noch in Paris. »Sie haben keine Vorkehrungen für die Briefe vom Parteitag getroffen . . . Koba (Stalin) hat dadurch sehr wertvolle Zeit verloren.«

Doch an diesem Abend im April, auf dieser Grenzstation, die voll von Menschen war, die ihn begrüßen wollten, war es nicht ganz angebracht, seinem Freund lange Reden zu halten, der noch eine Menge Überraschungen für ihn bereithielt.

Gleichwohl bombardierte Lenin ihn mit Fragen. Als ihn jemand unterbrach und darum bat, er möge noch einmal zur Menge sprechen, meinte Lenin nur kurz angebunden: »Grigori soll hinausgehen und ein paar Worte sagen.« Und das tat er. Sinowjew sprach von der Plattform des Wagens aus, dann fuhr der Zug ab, und die Menge rief ihnen nach.

Unter anderem stellte Lenin Kamenew die folgende Frage: »Wird man uns in Petersburg verhaften?« »Die Freunde, die gekommen waren, um uns zu empfangen«, schrieb Sinowjew, »gaben keine eindeutige Antwort. Sie lächelten nur geheimnisvoll.«

Einmal hielt der Zug an einer kleinen Station. Auch hier warteten viele Arbeiter von der Fabrik in Sestrorezk. Sie streckten Lenin die Hände entgegen, und er hielt eine kurze Rede, dann ertönte die Glocke, und der Zug fuhr nach Petersburg weiter.

Die Nachricht von Lenins baldiger Ankunft wurde im Außenministerium in Petersburg besprochen. Nuratow, Miljukows Stellvertreter, verlas drei lange Noten der Botschafter Großbritanniens und Frankreichs zu diesem Thema.

Sie betonten, Lenin sei durch Deutschland gekommen. Er stelle eine große Gefahr dar. Besonders Buchanan hob hervor, wie bedrohlich Lenins Einfluß im Sowjet sein könne. Nuratow war jedoch nicht allzu besorgt darüber. Er hatte dieselbe Einstellung wie Miljukow, sein Minister, der unbeschwert eine Außenpolitik betrieb, die fast genauso war wie die des Zaren. Und auch die anderen Minister machten sich keine Sorgen. Sie zerbrachen sich nicht den Kopf darüber, daß Lenin ihrer schwachen, von der Revolution eingesetzten Regierung Schaden zufügen könne. Nur Kerenski, den Lenin schon in der Schweiz als potentiellen Gegner betrachtet hatte, unterschätzte den Führer der Bolschewiki nicht. Bei einer Kabinettsdiskussion über Extremisten hatte Kerenski – so Minister Nabokow – »mit seinem üblichen hysterischen Kichern« erklärt: »Warten Sie nur, bis Lenin kommt, dann geht die Sache erst wirklich los!«

Aber die Minister ließen sich durch diese Warnung keineswegs in Alarmstimmung bringen. Gelassen schrieb Nuratow in die Akte mit den Memoranden eine Bleistiftnotiz: »Sämtliche Informationen aus diesen drei Quellen sollen zuverlässig morgen in den Zeitungen erscheinen, und zwar ohne Erwähnung der Quellen, wobei die Mithilfe der deutschen Regierung besonders hervorgehoben werden sollte.«

Es war der erste Versuch, die Fahrt im plombierten Waggon zum nationalen Skandal zu machen.

»Die Volksmenge blockierte den gesamten Platz vor dem Finnländischen Bahnhof, störte den Verkehr und ließ selbst die Straßenbahnen kaum passieren«, berichtete N. N. Suchanow von dieser folgenschweren Nacht. »Am Nebeneingang, der zu den ehemaligen Zarengemächern führte, waren Militäreinheiten und Musikkapellen aufgestellt, auch sie unter roten Fahnen.

Zahlreiche Automobile tuckerten um die Wette. An zwei oder drei Stellen ragten aus der Menge die drohenden Konturen gepanzerter Fahrzeuge. Aus einer Seitenstraße arbeitete sich währenddessen durch die Menge, die es schnitt und erschreckte, ein Ungeheuer zum Platz durch – ein Scheinwerfer . . .«

Auf dem Bahnsteig wölbten sich alle paar Meter Triumphbogen in Rot und Gold über den Köpfen der wartenden Menge. Unter Fahnen mit »allen möglichen Willkommensgrüßen und revolutionären Parolen« standen die Ehrengarden – Soldaten aus verschiedenen Kasernen, Matrosen und Männer von den Roten Garden, der bewaffneten Miliz der Bolschewiki.

Am Ende des Bahnsteigs warteten eine Musikkapelle und einige Bolschewiki, unter ihnen Alexandra Kollontài mit einem Blumenstrauß und Wladimir Bontsch-Brujewitsch, der seinerzeit in Genf freundschaftlichen Umgang mit Lenin und Nadja gepflegt hatte und nun die Produktion der Parteiliteratur überwachte. Er war ein großzügiger, frohsinniger Mann mit Bart und stahlgeränderter Brille.

Vom frühen Morgen an hatten bolschewistische Agitatoren in den Kasernen und Arbeitervierteln der Stadt die Runde gemacht und Plakate an die Wände geklebt, die die knappe Botschaft trugen: »Lenin trifft heute ein. Kommt.« Weil es Ostermontag war, ruhte die Arbeit in den Fabriken. Es erschienen keine Zeitungen. Viele Soldaten hatten keinen Dienst, aber am Abend hatte sich die Nachricht in der ganzen Stadt verbreitet, und viele Menschen waren in langen Zügen und mit fliegenden Fahnen unterwegs zum Finnländischen Bahnhof.

In den ersten Wochen nach der Revolution begrüßte man heimkehrende revolutionäre Führer immer mit einer Parade. Erst vor wenigen Tagen war Plechanow am Finnländischen Bahnhof angekommen. Zwar hatte auch ihn eine große

Menge willkommen geheißen, aber Suchanow, ein Menschewik, war tief beeindruckt vom Empfang, der Lenin zuteil wurde. »Die Bolschewiki, die überhaupt durch Organisation zu glänzen wußten und immer bestrebt waren, das Äußere zu unterstreichen, die Paradeseite der Ware zu zeigen . . . bereiteten offenbar, ohne unnötige Bescheidenheit . . . einen wahren Triumph vor.

Jetzt hatten sie übrigens einen besonderen Grund, Lenin den Petersburger Massen als einen echten Helden hinzustellen. Lenin fuhr nach Rußland durch Deutschland in einem plombierten Waggon, als Zeichen eines besonderen Gnadenerweises der Feindregierung . . . Es war aber klar, daß die Bourgeoisie das Entgegenkommen der Deutschen in bezug auf Lenin entsprechend ausschlachten würde. Darum mußte der bereits eingeleiteten widerwärtigen Kampagne ein entsprechendes Gegengewicht geschaffen werden.«

Der Zug hatte Verspätung. In den ehemaligen Zarengemächern warteten resigniert und ungeduldig zwei Männer, die dem Führer der Bolschewiki die Grüße des Petersburger Sowjets zu entbieten hatten. Der eine war ironischerweise der Vorsitzende des Sowjets, Nikolai Tschcheidse, jener grauhaarige Georgier, den Lenin schon lange für einen gefährlichen Opportunisten hielt. Der andere, M. I. Skobelew, war ebenfalls ein maßgebliches Mitglied des Exekutivkomitees des Sowjets.

Suchanow, der auch zum Exekutivkomitee gehörte, aber nicht in offizieller Funktion anwesend war, amüsierte sich über die Szene in den Zarengemächern, »wo ich den niedergeschlagenen Tschcheidse fand, der vor Ungeduld verging und nur lahm auf Skobelews Witze reagierte«. Er wußte genau, was die beiden Männer von Lenin dachten.

Um 23.10 Uhr dampfte der Zug in den vollen Bahnhof ein. Lenin und seine Gruppe starrten aus den Fenstern und sahen es nun, dies kaum glaubliche Bild. »Erst jetzt«, so kommentierte Sinowjew später, »erst jetzt verstanden wir das geheimnisvolle Lächeln unserer Freunde.«

Staunend betrachtete Nadja die Szene auf dem Bahnsteig.

Sie erinnerte sich daran, daß sie erst vor ein paar Stunden, nach der Abfahrt aus Torneå, über die Schwierigkeiten gesprochen hatten, die sich aus ihrer späten Ankunft ergaben. Würden sie nachts und dazu noch am Ostermontag eine Droschke finden, die sie zu Marks und Annas Wohnung in der Schirokaja-Straße fuhr?

Der Zug hielt. Das Empfangskomitee »eilte zu den Wagen. Wladimir Iljitsch stieg aus dem fünften Wagen hinter der Lok, gefolgt von Nadeschda Konstantinowna«. Soweit Bontsch-Brujewitsch.

Die Musikkapellen im Bahnhof und draußen spielten die Marseillaise – später stellte sich heraus, daß die Musiker noch nicht lange genug vom Zarismus befreit waren, um die Internationale einüben zu können. Alexandra Kollontai drückte Lenin ihren großen Blumenstrauß in die Hand. Die Offiziere riefen ihre Kommandos, und die Ehrengarden präsentierten das Gewehr.

»Im selben Augenblick erstarb der Lärm«, berichtete Bontsch-Brujewitsch. »Man hörte nur noch die Trompeten. Und dann geriet plötzlich alles wieder in Bewegung, und es erschallte ein vierfaches, mächtiges, ergreifendes und von Herzen kommendes Hurra, wie ich es in meinem ganzen Leben nicht gehört habe.

Wir näherten uns den Matrosen. Der kommandierende Leutnant zur See hielt sich genau ans Paradezeremoniell und erstattete dem verdutzt dreinblickenden Wladimir Iljitsch Meldung . . .

Ich flüsterte ihm zu, die Matrosen wollten ein paar Worte von ihm hören. Wladimir Iljitsch schritt die Ehrenkompanie ab . . . Dann ging er . . . ein paar Schritte zurück . . . hielt inne, nahm den Hut ab.«

»Matrosen, Genossen«, sagte Lenin, »jetzt, da ich euch begrüße, weiß ich noch nicht, ob ihr zu allen Versprechungen der Provisorischen Regierung Vertrauen habt. Aber trotzdem weiß ich gewiß, daß man euch und das russische Volk täuscht, wenn hier wohlklingende Versprechungen gemacht werden . . . Matrosen, Genossen, wir müssen für die sozialistische Revolution kämpfen, wir müssen kämpfen, bis das

Proletariat den vollständigen Sieg erringt! Lang lebe die sozialistische Weltrevolution!«

Lenin hatte zu Ende gesprochen und stand nun einem jungen Mann gegenüber, den er sehr gut kannte – Iwan Tschugurin, »ein ehemaliger Schüler der Parteischule in Longjumeau, mit einer breiten roten Schärpe über der Schulter; sein Gesicht war feucht von Tränen«. Soweit Nadja. Tschugurin überreichte ihm »ehrenhalber, zu Ihrer Heimkehr«, einen Parteiausweis. »Die Bolschewiki des Wiborger Bezirks betrachten Sie als Mitglied ihrer Bezirksorganisation.«

Lenin war tief bewegt, denn das Industrieviertel Wiborg, dessen Arbeiter im März die Revolution in Gang gebracht hatten, beherbergte die kämpferischste Bezirksorganisation der Bolschewiki.

Er ging den Bahnsteig entlang, unter den Triumphbögen, schritt dahin zwischen den Reihen der Soldaten und Arbeiter, die sich zu seiner Begrüßung eingefunden hatten.

In den Zarengemächern erwartete ihn »der mürrisch dreinblickende Tschcheidse« – so Suchanow. An der Spitze eine Gruppe von Menschen »trat oder vielmehr rannte Lenin in den Raum . . . er blieb vor Tschcheidse stehen, als sei er gegen ein gänzlich unerwartetes Hindernis gestoßen«.

Monoton wie ein schlechter Kanzelredner begrüßte ihn Tschcheidse im Namen des Petersburger Sowjets: »Genosse Lenin . . . wir begrüßen Sie in Rußland . . . Aber« – Suchanow beschrieb es als ein »wunderhübsches ›Aber‹« – »wir sind der Ansicht, daß es jetzt zur Hauptaufgabe der revolutionären Demokratie gehört, unsere Revolution . . . zu verteidigen. Wir sind der Ansicht, daß für dieses Ziel nicht eine Spaltung, sondern eine Vereinigung aller demokratischen Kräfte notwendig ist. Wir hoffen, daß Sie zusammen mit uns dieses Ziel verfolgen werden . . .«

Lenin »stand da, als gehe ihn das Geschehen nichts an, blickte nach allen Seiten, prüfte die ihn umgebenden Gesichter und sogar die Decke der ›Zarengemächer‹, rückte seinen Blumenstrauß zurecht (der recht schlecht zu seiner ganzen Figur paßte)«.

Er antwortete nicht einmal auf Tschcheidses Worte, sondern wandte sich gleich an die Gruppe, die ihm in den Raum gefolgt war. Und er schlug genau das Thema an, das Tschcheidse befürchtet hatte. Er begrüßte sie als »die Avantgarde der proletarischen Armee der ganzen Welt . . . Der imperialistische Raubkrieg ist der Beginn eines Bürgerkrieges in ganz Europa . . . Die Morgenröte der sozialistischen Weltrevolution hat schon begonnen . . . In Deutschland brodelt alles . . . Der . . . europäische Imperialismus kann jeden Tag zusammenbrechen . . . Es lebe die sozialistische Weltrevolution!«

Die Menschen draußen hämmerten gegen die gläserne Tür, forderten, Lenin solle herauskommen aus dem engumgrenzten, abgeschlossenen Bezirk der ehemaligen Zarengemächer. Er trat hinaus auf den Platz, auf dem sich Zehntausende drängten. Der grelle weiße Lichtstrahl des Scheinwerfers beleuchtete die Szene. Lenin, so schien es, war immer noch überwältigt von diesem gewaltigen Empfang, wußte immer noch nicht genau, wie er sich verhalten sollte.

Er versuchte, in ein Auto zu steigen, das für ihn bereitstand, aber die Arbeiter wollten ihn noch nicht gehen lassen. Er stellte sich auf die Motorhaube und hielt eine kurze Ansprache. Suchanow verstand nur ein paar Worte: ». . . schändliche imperialistische Menschenschlächterei . . . mit Betrug und Lüge . . . die kapitalistischen Räuber . . .«

Nikolai Podwoiski, einer der Kommandeure der bolschewistischen Militärorganisation, nahm sich jetzt seines Führers an. Sie stiegen in das Auto, aber sie kamen nicht weiter – zu dicht war das Gewühl. Podwoiski schlug vor, sie sollten mit einem der Panzerwagen fahren, die in der Nähe standen, und bahnte Lenin einen Weg durch die wogende Menge.

Vom Turm des Panzerwagens aus hielt Lenin noch einmal eine Rede – er sprach die vielen, vielen Gesichter an, die dunkel waren unter dem gleißenden Licht des Scheinwerfers, und noch einmal hieß ihn die Menge laut willkommen.

Röhrend lief der Motor des Panzerwagens an. Jetzt gab die Menge den Weg frei, und das schwere Fahrzeug rollte langsam über den Platz. Lenin stand noch auf dem Turm, in seinen Mantel gehüllt, die Mütze auf dem Kopf – denn es war eine kalte Aprilnacht –, und er blickte über die unglaubliche Szene hin, die tausend und aber tausend Menschen, die Transparente mit revolutionären Parolen und lodernde Fakkeln trugen.

Die Straßen waren voll von Leuten, die vor dem Bahnhof keinen Platz mehr gefunden hatten. Und der laute Panzerwagen erregte auch die Aufmerksamkeit der Menschen in den Häusern.

An jeder Kreuzung machte das Fahrzeug halt, Lenin mußte sprechen. Jedesmal, so berichtete Podwoiski, habe er seine Rede mit dem herausfordernden Ruf beschlossen: »Lang lebe die sozialistische Revolution! Nieder mit den Kompromißlern!«

Etwa fünfzehnmal hatten sie die Fahrt unterbrochen, aber jetzt traf Lenin endlich vor der weißen Villa Krzesinskaja ein. Auch hier warteten im Alexandrowski-Park, der an das Haus grenzte, viele Menschen auf eine Rede Lenins. Er sprach vom Balkon im ersten Stock aus. In der Nähe konnte Lenin die Lichter der Peter-und-Pauls-Festung sehen, wo Sascha gefangen gesessen hatte, bis er hingerichtet wurde.

Der Empfang in der Stadt war ein großartiger Beweis für das Organisationstalent der Partei. Unter der riesigen Menge befanden sich nur ein paar Bolschewiki, und viele von denen, die hurra schrien, stimmten mit mancher Meinung Lenins keineswegs überein – vor allem, was den Krieg betraf. »Den Kerl müßte man auf die Bajonette aufpflanzen!« meinte ein zorniger Soldat, als Lenin vom Balkon aus sprach. »Dem müßte man es zeigen!« Suchanow stand in der Nähe und hielt es fest. Wie dieser Soldat dachten viele Soldaten, vor allem, als man in den nächsten Tagen die Bedeutung und die bis jetzt noch unbekannten Fakten der Reise im plombierten Waggon allmählich erfaßte.

»In einem Raum im ersten Stock wurde zum Abendessen gedeckt«, berichtete Podwoiski. »Am Tisch hatten sich etwa sechzig Parteiaktivisten von der Petersburger bolschewistischen Organisation um Lenin gesammelt.«

Auch der allgegenwärtige Suchanow war anwesend,

obwohl er – im Gegensatz zu seiner Frau – nicht zu den Bolschewiki gehörte. Er arbeitete als Redakteur bei der Zeitung *Letopis (Die Chronik)*, die Maxim Gorki herausgab. Lenin hatte aus der Emigration Beiträge für sie geliefert. Suchanow saß ein paar Minuten neben Lenin und sprach mit ihm über die führenden Männer des Sowjets. Dann rief Kamenew vom anderen Ende des Tisches zu ihm herüber: »Nikolai Nikolajewitsch, das ist genug. Sie können später zu Ende reden. Sie nehmen uns Iljitsch weg.«

Kamenew hatte nicht viel Gelegenheit, mit seinem Führer zu sprechen. Eine Gruppe von Matrosen aus Kronstadt war eingetroffen und wollte Lenin begrüßen. Sie warteten draußen vor der Villa. Noch einmal trat Lenin auf den Balkon. Simon Roschal hieß ihn im Namen der Männer willkommen. Zu den Matrosen, die unten im Alexandrowski-Park standen, sagte Lenin: »Niemand liegen die Worte ›sozialistische Revolution‹ mehr am Herzen als den Genossen aus Kronstadt!« Ein lautes Hurra folgte auf seine Worte.

Lenin kam kaum zum Essen, denn in den anderen Räumen der Villa warteten viele Parteiarbeiter, die ihn hören wollten. »Jemand machte den Vorschlag, er solle im großen Salon sprechen, wo die Ballerina Krzesinskaja noch vor kurzer Zeit üppige Bankette veranstaltet hatte«, schrieb Podwoiski.

Der Salon befand sich im Parterre und hatte riesige Fenster, die mit schwerem Samt verhängt waren. Weiße, mit Seidenstoff bezogene Stühle standen an den Wänden. Das eine Ende des Raums war geschwungen und gab den Blick auf einen Wintergarten mit großen Palmen und einem Miniaturwasserfall frei.

Ein Tisch wurde für Lenin herbeigetragen, und er nahm daran mit Nadja und seinen beiden Schwestern Platz. Die Zuhörer saßen ihm gegenüber.

Mitglieder von verschiedenen Bezirkskomitees der Bolschewiki hielten Begrüßungsansprachen. Am meisten war Sina Sinowjewa von der Rede Wladimir Newskis bewegt, eines alten Bolschewiken, der gemeinsam mit Podwoiski die Militärorganisation der Partei leitete. Er war ein glänzender Agitator. Sina hatte ihn schon vor Tausenden von Zuhörern sprechen hören, aber jetzt, in diesem gefühlsbetonten Augenblick, »hielt er seine Rede stammelnd und stotternd«.

»Was war los mit Ihnen, Genosse Wladimir?« fragte sie ihn danach. »Haben Sie verlernt, wie man redet?«

»Ich war wie von Sinnen«, meinte er.

Schließlich hielt Kamenew die letzte Begrüßungsansprache, und dann erhob sich Lenin und begann zu reden. Ohne schriftliche Unterlagen sprach er vor seinen Bolschewiki zwei Stunden lang über die neue Parteipolitik. »Ich werde niemals diese donnergleiche Rede vergessen, die nicht nur mich, den zufällig hierhergeratenen Häretiker, sondern auch alle Rechtgläubigen erschütterte und in Staunen versetzte«, schrieb Suchanow. »Ich wage zu behaupten, daß niemand etwas Derartiges erwartet hatte.«

»Der grundsätzliche Eindruck, den Lenins Rede auch bei denen machte, die ihm am nächsten standen, war Furcht«, schrieb Trotzki. »Alle akzeptierten Formeln, die im Laufe eines Monats durch zahllose Wiederholungen eine scheinbar unerschütterliche Dauer gewonnen hatten, wurden vor den Augen dieses Publikums in die Luft gesprengt.«

Lenin war kein dramatischer Redner. Er besaß nicht Trotzkis Fähigkeit, seine Zuhörer von Anfang an zu faszinieren. Selten setzte er Witz, Pathos oder Emotionen ein. Trotzdem war er ein Redner, der im intellektuellen Bereich eine ungeheure Wirkung ausübte. Er zerlegte »die komplizierten Systeme in einfache, allgemein zugängliche Elemente«, so formulierte es Suchanow, »und drosch damit auf die Köpfe der Zuhörer ›bis zur Bewußtlosigkeit ein‹, bis sie ihm untertan waren«. Er sagte seinen Zuhörern, der Krieg werde sich in einen Bürgerkrieg verwandeln. Anders sei es gar nicht möglich. Er griff die führenden Männer des Sowjets als »Opportunisten« und »Werkzeuge der Bourgeoisie« an und machte sich sogar über das berühmte Manifest vom 14. März lustig, das die sozialistische Weltrevolution gefordert hatte. »Revolutionen fordert man nicht«, höhnte er. »Sie entstehen aus historischen Bedingungen, Revolutionen wachsen und reifen.«

Seine Attacke gegen die Führer und die Politik des Sowjets

»reichte . . . um jeden Zuhörer schwindlig zu machen!« meinte Suchanow, denn schließlich handelte es sich hier um Schöpfungen der Revolution. Kamenew hatte dem Sowjet die Mitarbeit der Bolschewiki zugesagt. Und allgemein herrschte die Ansicht, die Tschcheidse schon in seinen Begrüßungsworten am Bahnhof angedeutet hatte, die Ansicht nämlich, daß alle Parteien um der Revolution willen zusammenhalten sollten.

Lenin betonte, er sei nicht für Zusammenarbeit, sondern für die Revolution, für die vom Volk ausgeübte Macht – jetzt habe sie nach wie vor die Bourgeoisie in der Hand. Er verkündete sein neues Konzept, das sich im plombierten Waggon herauskristallisiert haben dürfte, möglicherweise nach einem Treffen mit den Deutschen in Berlin: sofortiger Sprung in den Sozialismus, was unmöglich war – das wußten alle Marxisten. Und er schlug vor, man solle »alle Macht den Räten« geben, was ihnen ebenso undurchführbar vorkam. Der Sowjet war eine lose Verbindung von Streikkomitees. Wie sollte er mit den zwei- oder dreitausend Mitgliedern, die natürlich politische Meinungsverschiedenheiten hatten, jemals eine Nation regieren?

Interessant ist hier die Frage, ob Lenin das überhaupt beabsichtigte. War dieser Vorschlag nur ein taktisches Manöver, sollte er eine Situation schaffen, die der Partei die Machtergreifung ermöglichte? »Alle Macht den Räten« war eine zündende Parole. Die Bolschewiki konnten sie prägen, ohne egoistischer Interessen geziehen zu werden, denn sie hatten im Sowjet nur eine Minderheit. Aber vor der Fahrt im plombierten Waggon hatte Lenin nicht von einer solchen Parole gesprochen. Nun, da die deutschen Mittel zur Verfügung standen, wußte er, daß er Erfolg haben konnte.

Es gibt keinen Zweifel daran, daß Lenin in den folgenden Monaten, sei es vor oder nach dem November, in der Praxis die Macht der Partei immer über die Macht der Räte stellte.

Und auch wenn er im Augenblick das ideologisch attraktive Konzept eines allmächtigen Sowjets ernsthaft in Erwägung gezogen haben sollte, war er seinen schockierten Zuhörern weit voraus.

Denn sie wollten ja die Revolution schützen und bewahren, an der sie mitgewirkt hatten – und damit, glaubte Lenin, liefen sie einer Illusion hinterher, die ihnen die Bourgeoisie vorgaukelte. Lenin rüstete sich zur nächsten Revolution.

Gewiß vertrat Lenin in seiner Rede die Ansicht, daß sein Konzept der Sowjetmacht vernünftig sei. »Wir brauchen keine parlamentarische Republik«, erklärte er und kündigte damit einen marxistischen Grundsatz auf, »wir brauchen keine bürgerliche Demokratie, wir brauchen gar keine Regierung außer den Sowjets der Arbeiter-, Soldaten- und Landarbeiterdeputierten!« Seine anschließende Forderung nach »organisierter Beschlagnahme« von Grund und Boden schien gemäßigt, obwohl es anfangs bestürzend wirkte.

Verblüfft beobachtete Suchanow, wie die Bolschewiki der Rede ihres Führers Beifall klatschten. »Auf den Gesichtern der Mehrheit . . . spiegelte sich nur Begeisterung . . . Die Gebildeten aber, während sie kräftig und anhaltend klatschten, starrten mit einem merkwürdigen Augenausdruck einen unbestimmten Punkt an . . .«

Langsam erhob sich Kamenew. »Genossen«, sagte er, »wir mögen der Rede von Genosse Lenin zustimmen oder nicht. Vielleicht stimmen wir seiner Auffassung von dieser oder jener Situation nicht zu; aber jedenfalls . . . ist Genosse Lenin nach Rußland zurückgekehrt, der hervorragende und anerkannte Führer unserer Partei, und zusammen mit ihm werden wir vorwärts schreiten, dem Sozialismus entgegen.«

»Genosse Kamenew«, so meinte Raskolnikow etwas unzutreffend, »hatte selbst für diejenigen, die noch schwankten, eine Einigungsformel gefunden.«

Suchanow war nicht dieser Meinung. Doch seine journalistischen Instinkte waren geweckt. Nach der Veranstaltung suchte er nach Kamenew. »Aber auf meine Frage, was er über das alles denke, wimmelte Kamenew nur ab: Warten Sie, warten Sie ab!

Ich, der Ungläubige, wandte mich an einen anderen und dann an einen dritten der Orthodoxen . . . Aber meine Gesprächspartner lächelten nur, schüttelten die Köpfe und wußten überhaupt nicht, was sie sagen sollten . . .

Ich trat hinaus auf die Straße. In dieser Nacht war mir, als ließe jemand ständig Dreschflegel auf meinen Kopf niedergehen.«

Der Morgen dämmerte herauf. Lenin und seine Familie gingen zu der Wohnung in der Schirokaja-Straße, in der Anna, Mark Timofejewitsch und Maria lebten. Er und Nadja schliefen in dem Zimmer, das seine Mutter bis zu ihrem Tod im Jahre 1916 bewohnt hatte.

Gora, Annas und Marks Adoptivsohn, war schon längst zu Bett gegangen. Aber er hatte einen Willkommensgruß für Lenin und Nadja hinterlassen. Auf dem Kopfkissen lag ein Zettel mit der Losung: »Proletarier aller Länder, vereinigt euch!«

»Wladimir Iljitsch und ich redeten in dieser Nacht fast nichts miteinander«, erinnerte sich Nadja, »wir hatten keine Worte, um das auszudrücken, was wir empfanden, aber auch ohne Worte war alles verständlich.«

9

Als Lenin am nächsten Morgen erwachte, war der Himmel bleigrau verhangen – passender Hintergrund für die kommenden Ereignisse. Die Schirokaja-Straße, in der die Jelisarows wohnten, war eine breite Durchgangsstraße mit hohen, dunklen und recht düsteren Wohnhäusern, auf der Petersburger Insel gelegen, im ältesten Teil der Stadt. Hier hatte Peter der Große gelebt und den Festungskomplex von St. Peter und Paul mit seinen goldenen Turmspitzen erbauen lassen.[31]

Die Hausnummer 52 mit der Wohnung der Jelisarows (im sechsten Stock) befand sich an der Ecke einer schräg einmündenden Straße. Und darum war sie dreieckig in der Form. Das Wohnzimmer lag ganz vorn, zur Straße hin, und ähnelte einem Salon auf einem Schiff. Es hatte Fenster auf beiden Seiten und am schmaleren Ende Glastüren, die sich zum Balkon hin öffneten. Er lief spitz zu wie ein Bug.

Die Wohnung war groß und komfortabel. Mark Jelisarow war Direktor bei einer Schiffsversicherungsgesellschaft, und daher konnte sich die Familie ein Dienstmädchen leisten. Anna und Maria arbeiteten bei der *Prawda*. Anna, fünfundvierzig Jahre alt, war eine recht reservierte Frau. Als junges Mädchen hatte sie mit ihren dunklen Augen und langen Haaren faszinierend gewirkt. In späteren Jahren war sie magerer geworden. Ihr Gesicht war gespannter, Nase und Backenknochen traten schärfer konturiert hervor. Sie war eine sehr disziplinierte Frau und voll Selbstbeherrschung und Strenge – man sah es ihr an.

Maria gab sich weitaus herzlicher und spontaner. Sie war nicht so schlank wie ihre verheiratete Schwester, zehn Jahre jünger, hatte ein großes, mongolisches Gesicht mit breiter Nase und dunklen Augen – ähnliche Augen wie ihr älterer Bruder. Auch als junges Mädchen war sie eher unscheinbar gewesen, aber Lenin hatte sie immer am liebsten gemocht – vielleicht, weil ihr Altersunterschied nicht sehr erheblich war, vielleicht, weil er in ihrem Leben nicht nur die Rolle des Bruders, sondern auch die des Vaters spielte.

Mark Jelisarow war ein eleganter und immer noch gutaussehender Mann Anfang Fünfzig, mit schwarzem Vollbart. Anna hatte ihn in einer revolutionären Situation kennengelernt. An der Petersburger Universität war er ein guter Freund und Kommilitone von Sascha gewesen. Nach Saschas Verhaftung war die Familie Uljanow geächtet. In dieser Zeit hatte er ihr einen Heiratsantrag gemacht, und diese mutige Haltung muß bei Anna jeglichen Zweifel ausgeräumt haben.

Die Ankunft von Lenin und Nadja machte eine gewisse Umstellung nötig. Maria zog ins Zimmer ihrer Schwester. Mark ließ ein Bett im Herrenzimmer aufstellen. Einige Wochen lang war das Lenins Heim – bis er aus Sicherheitsgründen nicht mehr in der Stadt bleiben konnte.

Im Wohnzimmer stand ein Schachtisch mit einem Geheimfach. Hier versteckte man schon seit langem belastende Dokumente. Sie hatten viele Haussuchungen durch die Polizei überstanden.

Mittlerweile waren die beiden Zweige der zaristischen Polizei aufgelöst. Doch viele ehemalige Polizisten traten der neuen Miliz bei, die die Ordnungsfunktionen der alten Organisationen wahrnehmen sollte. Lenin ließ den Unterschied nicht gelten. Er sah darin eine weitere Maßnahme zur Irreführung der Massen und sprach auch jetzt noch von »der Polizei« – als bestünde die Ochrana nach wie vor.

Am Dienstagmorgen traf eine Abordnung der Partei in der Schirokaja-Straße ein. In dem Durcheinander, das auf Lenins schockierende Rede folgte, hatte man ganz vergessen, ihm zu sagen, daß für den nächsten Tag ein wichtiges Treffen anberaumt war – man wollte mit den Menschewiki über die Wiedervereinigung der beiden Fraktionen der Sozialdemokratischen Arbeiterpartei Rußlands diskutieren. Lenin hatte die menschewistischen Führer in seiner Rede natürlich als »Kompromißler« attackiert und schon von Zürich aus darauf bestanden, daß man keine Bündnisse mit anderen Parteien eingehen sollte. Und darum brachten die Bolschewiki mit Hangen und Bangen ihrem Führer die Nachricht bei, daß sie seinen Anordnungen nicht gehorcht hatten.

Er konnte sich kaum beschweren. Die bolschewistische Parteiorganisation war keine Diktatur, und eine Parteikonferenz hatte ordnungsgemäß den Beschluß getroffen, Koalitionsgespräche zu eröffnen. Tatsächlich bestand zwischen den beiden Fraktionen bereits eine recht enge Zusammenarbeit. In einigen Städten wirkten sie Hand in Hand und hatten sogar gemeinsame Büros.

Man weiß nicht, ob Lenin daraus ein größeres Problem machte als aus der kompromißlerischen Linie, die Kamenew in der *Prawda* vertrat. Die Revolution war eine schwindelerregende, gefühlsbetonte Erfahrung gewesen, die kaum zu klaren Gedanken beitrug. Eben deshalb wußte Lenin, daß er unbedingt und unverzüglich nach Petersburg mußte. Nun, da er eingetroffen war, konnte er der Partei jene geistige Führung geben, die sie so offensichtlich brauchte – und die erste Gelegenheit dazu bot sich ihm an diesem Dienstagmorgen. Aus ganz Rußland waren Bolschewiki zu einer Konferenz nach Petersburg gekommen, die am Vorabend geendet hatte. Sie wollten ihn hören, bevor sie wieder abreisten, denn nur die bedeutenderen Delegierten hatten an seiner Begrüßung in der Villa Krzesinskaja teilgenommen.

Mit der Abordnung der Partei fuhr Lenin zu seinem Freund Wladimir Bontsch-Brujewitsch. Er wohnte im Stadtzentrum, in der Chersonskaja-Straße. Dort führte Lenin eine kurze Unterredung mit Sinowjew und den maßgeblichen Männern der Partei. Sie fuhren über die Newa, die wie ein großes U die Stadt durchfließt. Und von der Troizki-Brücke aus sah Lenin nach zehn Jahren das Petersburg wieder, das ihm in jungen Jahren so vertraut gewesen war. Hier hatte er gelebt – erst als Student, dann als radikaler Anwalt mit revolutionären Plänen. Am Nordufer der Newa, links von der Peter-und-Pauls-Festung, die Wassilewski-Insel mit dem stattlichen Börsengebäude. Am Südufer die lange Fassadenfront von Eremitage und Winterpalast, dahinter, am Anfang des Newski-Prospekts, der berühmte Turm der Admiralität und die große goldene Kuppel der Isaakskathedrale.

Das Auto fuhr über die Brücke ins Zentrum des modernen Petersburg, passierte das Marsfeld – jene Anlage, in der vor einem Monat Hunderte von Toten beigesetzt worden waren. Bei jedem Sarg, der in die Grube gesenkt wurde, dröhnte ein Böllerschuß von der Peter-und-Paul-Festung. Nun bog der Wagen in den Newski-Prospekt ein.

Grade und breit durchzieht der Newski-Prospekt das Herz der Stadt. Hier befanden sich die teuersten Geschäfte und die schönsten Wohnungen, hier war das Zentrum der hauptstädtischen Bourgeoisie – und deshalb war es hier im März zu etlichen Schießereien gekommen.

Lenin sah wenig von der Revolution. Auf den Gehsteigen Männer mit korrekten Anzügen und Hüten und Frauen mit langen und kostbaren Kleidern. Die Kutschen und Automobile der Reichen bahnten sich langsam ihren Weg durch den dichten Verkehr auf der eleganten Hauptstraße. Vor den großen Hotels standen immer noch Portiers mit grünen, goldenen oder scharlachroten Schärpen und chinesisch anmutenden Kappen mit Pfauenfedern.

Kleinkinder aus großbürgerlichem Hause wurden von

ihren Kindermädchen spazierengefahren. Sie trugen die traditionelle Kleidung – Blau für die Jungen und Rosa für die Mädchen –, dazu weiße Mützen, *kokoschniki*, geschmückt mit silbernen Troddeln und imitierten Perlen.

Doch obwohl an diesem wolkigen Aprilmorgen nicht viel von der Revolution zu bemerken war, hatte sie zu ungeheuren Veränderungen geführt. Petersburg stand wie ein Großteil Rußlands am Rande des sozialen und organisatorischen Zusammenbruchs. In den ersten Wochen nach den entscheidenden Tagen im März hatte die ganze Nation ein »Gefühl der grenzenlosen Freiheit« überflutet, »eine Befreiung von den elementarsten Beschränkungen, die für jede menschliche Gesellschaft essentiell ist«. Soweit Kerenski.

Die Verbrechen nahmen zu. In den Fabriken wurde die Arbeit niedergelegt. Sir George Buchanans Optimismus zum Trotz schwand bei Armee und Marine die Disziplin dahin. Auf der Straße nahmen Soldaten den Offizieren mit Gewalt den Degen ab.

In ganz Rußland, in Fabriken, Kasernen und Dörfern tagten die neugebildeten Komitees. Es wurde endlos geredet, aber kaum konstruktiv gehandelt.

Der Sowjet verhütete den vollständigen Zusammenbruch. Zwar herrschte nominell die Regierung, aber der Sowjet machte das erst möglich. Weil das Chaos so nahe war, wurde jetzt im Sowjet der anfängliche Extremismus mit seinen Anklängen an die Französische Revolution durch den allgemeinen Glauben abgelöst, daß die Ordnung aufrechterhalten werden müsse. Viele Parteien hatten um der Stabilität willen ihre Ziele auf die lange Bank geschoben. In diesem Sinne waren sie fast alle »Kompromißler« geworden. Und die führenden Bolschewiki billigten diese Auffassung von der Revolution.

Für die sozialistischen Intellektuellen war diese allgemeine Haltung folgerichtig und mit der marxistischen Theorie vereinbar. Es handelte sich um die erste Phase der Revolution. Autokratie und Feudalismus waren bereits abgeschafft.

Für den normalen Arbeiter und Soldaten war die Revolution mit dem Gefühl verbunden, persönlich etwas geleistet zu haben. Jedermann war »Genosse«. In den Restaurants standen auf den Tischen Täfelchen mit der Inschrift: »Beleidigen Sie den Menschen, der sich seinen Lebensunterhalt als Kellner verdienen muß, nicht dadurch, daß Sie ihm ein Trinkgeld geben.« Überall wehten rote Fahnen, die den Sieg der Revolution symbolisierten. Von den Gebäuden hatte man die kaiserlichen Insignien entfernt – zurück blieben kahle Flecken im Stein und Verputz.

In der Stadt, die Lenin zum erstenmal seit 1905 wiedersah, herrschte großer Stolz. Und diese von Selbstzufriedenheit getönte Stimmung wollte Lenin heute zerstören.

Aber zuerst mußte er einen privaten Besuch machen. Mit Bontsch-Brujewitschs Auto fuhr er zum Friedhof, auf dem seine Mutter begraben lag. Einige Minuten lang stand er barhäuptig am Grab. Dann ging er fort, zwischen den Grabsteinen dahin, um eine neue Revolution zu beginnen.

Eine Stunde später sprach Lenin in der Säulenhalle des Taurischen Palastes zu seinen Bolschewiki – und seine Rede erschütterte die Organisation, die er geschaffen hatte, bis in die Grundfesten. Größtenteils wiederholte er natürlich, was er bereits am Vorabend gesagt hatte. Aber in der Villa Krzesinskaja hatte er nur ihm nahestehenden Genossen vertraulich seine Ansichten dargelegt. Jetzt trat er als Führer der Partei auf, forderte, die Bolschewiki sollten sich auf ihre Pflichten besinnen, griff sie an, weil sie sozialistische Prinzipien verraten hätten. Und obwohl die anderen es nicht wußten, tat er das als Oberhaupt einer Organisation, die gegenwärtig zwar ziemlich klein war, aber trotzdem potentiell ebenso erhebliche finanzielle Mittel hatte wie die anderen russischen Parteien – einschließlich der größten, der bürgerlichen Kadetten. Diese Gewißheit muß Lenin ungeheuren Auftrieb gegeben haben – noch mehr Kraft, noch mehr Zuversicht, und es ist verlockend, darüber nachzudenken, ob er so dogmatisch, so scharf gewesen wäre, wenn es diese Gewißheit nicht gegeben hätte.

In zehn Punkten – den Aprilthesen – umriß er sein neues Programm, das 160 Millionen Russen in den Sozialismus hineinkatapultieren sollte. Das forderte er: keine Unterstützung für die Provisorische Regierung; völligen Bruch mit dem Kapitalismus, Beendigung des Raubkriegs; Errichtung einer Republik der Arbeiter- und Bauernsowjets, die Produktion und Güterverteilung kontrollieren würden; Nationalisierung der Banken, Unterstellung der Banken unter die Aufsicht der Sowjets; Beschlagnahme aller privaten Ländereien; Wiederaufbau der revolutionären Internationale; Zerstörung der etablierten bürgerlichen staatlichen Organe (Armee, Polizei, Bürokratie), statt dessen Organe des Sowjets, bestehend aus Funktionären, die vom Volk gewählt und jederzeit abberufbar sein würden – Herrschaft von unten, wie er so oft wiederholte, nicht von oben.

Das wichtigste Ziel – denn es war taktischer Art – stellten vielleicht seine Leitlinien für die Partei dar. Im Sowjet hatten die Bolschewiki nur eine Minderheit, also mußten sie den Massen »geduldig erklären«, wie sie betrogen wurden – insbesondere den Soldaten an der Front, die zur Verbrüderung mit den deutschen Truppen ermutigt werden sollten. Denn das war der Beginn der Weltrevolution, die Verwandlung eines imperialistischen Konflikts zum Bürgerkrieg zwischen den Klassen – und auf Deutschland würde die Revolution zuerst übergreifen.

So lautete seine Botschaft. Aber er tadelte auch die Bolschewiki: Sie hätten sich selbst hinters Licht geführt, sie hätten sich betäuben lassen von der hitzigen Atmosphäre der Revolution im März. »Warum haben Sie nicht die Macht ergriffen?« fragte er provokativ, wippte auf den Fersen, die Daumen unter den Achseln. Dann gab er ihnen die Antwort. Die Bourgeoisie sei organisiert und sich des Klassenkampfes wohl bewußt, die Arbeiterschaft nicht.

»Wir müssen . . . offen zugeben«, mahnte er seine Zuhörer, »und es den Menschen sagen, daß wir die Macht nicht erlangen konnten, weil wir nicht klassenbewußt und nicht organisiert sind.«

Und weil sie versagt hätten – Volk und Partei –, ginge der imperialistische Krieg weiter. Tausende stürben. Und so erstaunlich es sei, die Massen bauten »in unwissendem Vertrauen« immer noch auf die Minister.

Aber nicht nur die Massen seien auf dem falschen Weg. »Selbst unsere Bolschewiki«, spottete er, scheinbar verblüfft, »zeigen Vertrauen für die Regierung . . . *Sie, Genossen*, glauben an die Regierung.« Dann reckte er den Kopf und meinte warnend: »Wenn das Ihre Position ist, müssen sich unsere Wege trennen. Ich wäre dann lieber in der Minderheit . . .«

Nun wandte er sich mit folgendem Vorwurf gegen das Parteiorgan: »Die *Prawda* fordert, daß die Regierung auf Annexionen verzichtet. Zu fordern, daß eine kapitalistische Regierung auf Annexionen verzichtet . . . ist schreiender Hohn.«

Lenin wußte, daß zwischen den Alliierten Geheimverträge bestanden, die auch Kerenski entsetzt hatten: Rußland sollte Konstantinopel, die Dardanellen und einen Großteil Mesopotamiens als Siegesbeute bekommen.

»Die grundsätzliche Frage ist: Welche Klasse führt den Krieg?« rief Lenin. »Die Kapitalistenklasse, an die Banken gebunden, kann keinen anderen Krieg führen als einen imperialistischen Krieg . . . Wir müssen den Massen klarmachen, daß der Sowjet die einzig mögliche Regierung ist, eine Regierung, wie sie die Welt mit Ausnahme der Pariser Commune noch nicht gesehen hat.«

Eine Stunde später – Menschewiki waren während der Rede dazugekommen und hatten ihn darum gebeten – wiederholte Lenin seine Thesen vor viel mehr Zuhörern im Großen Saal des Taurischen Palasts. Tschcheidse, sein bevorzugtes Angriffsobjekt, führte den Vorsitz.

Dies war die Konferenz, bei der man noch einmal über die Wiedervereinigung von Bolschewiki und Menschewiki diskutieren, bei der man den vierzehn Jahre währenden Streit beilegen wollte.

Und deshalb erhielt Lenin, als er das Rednerpodium betrat, eine gewaltige Ovation. Im Publikum saßen Männer und Frauen, die ihn seit Jahren kannten – und die bittere Verachtung, die aus seinen Artikeln und Reden sprach. Wenn sie erwarteten, daß er Kamenews Koalitionspläne bestätigte, so lag es zum einen an der Euphorie der Revolution und zum andern an dem Umstand, daß Lenin bei der

Revolution im Jahre 1905 selbst eine Einheitsfront gefordert hatte. Trotzdem muß Tschcheidse besorgt gewesen sein. Er konnte sich noch an Lenins mürrische Reaktion auf seine Begrüßungsworte im Finnländischen Bahnhof erinnern.

Lenin wartete, bis der Beifall verebbte. Er zog sein Jackett straff, glättete sich das Haar und musterte seine Zuhörer.

Sie merkten bald, daß sie nicht etwa einem Mann lauschten, der Einigkeit wollte. Das war der alte Alleszermalmer Lenin – aber ein Lenin, der sich erstaunlicherweise nicht mehr um Marx zu kümmern schien.

Sie begannen zu raunen. Doch als er sagte, die Revolution müsse »eine Räterepublik« schaffen, und als er diese als einen »Staat, für den die Pariser Commune als Vorbild diente«, definierte, ging ein Aufschrei durchs Publikum. Sie stampften mit den Füßen, trommelten auf die Tische, pfiffen ihn aus. Verzweifelt versuchte Tschcheidse, sie zur Ordnung zu rufen, aber es dauerte Minuten, bis er sich überhaupt vernehmlich machen konnte.

Lenins Programm kam den Zuhörern ohnehin völlig undurchführbar vor, aber seine Anspielung auf die Pariser Commune von 1871 schien gänzlich absurd. Die Commune war durch Wahlen zustande gekommen, die gegen den Willen der Regierung abgehalten wurden. Sie war eine Art versuchsweiser Primitivsozialismus, aber Lenin sah darin sein Konzept von der Herrschaft von unten. Damals wurden selbst die Offiziere der Nationalgarde, der Volksmiliz gewissermaßen, gewählt.

Die französische Regierung befürchtete, die Commune könne sich negativ auf die Loyalität der Soldaten auswirken und zog sich mitsamt den Truppen aus Paris zurück – aber sie kehrte wieder und zerschlug das Experiment in einem zweitägigen Massaker, das 30000 Bürgern das Leben kostete.

Die wenigen Wochen, die die Commune überlebte, reichten kaum für praktische Leistungen und Erfolge aus. Doch auch wenn sie sich länger gehalten hätte, konnte man die Erfahrungen einer Stadt schwerlich auf eine riesige Nation wie Rußland übertragen, die im Wanken begriffen und dem Zusammenbruch gefährlich nahe war.

»Das ist doch der Wahnsinn eines Irren!« schrie jemand. »Reine Anarchie«, meinte I. P. Goldenberg, ein Bolschewik aus den Tagen der *Iskra*, der abgefallen war. Steklow, Redakteur bei der *Iswestija*, dem offiziellen Organ des Sowjets, befand, die russische Revolution sei an Lenin »vorübergegangen«. »Wenn Lenin sich erst mit der Lage der Dinge in Rußland vertraut macht, wird er diese Erklärungen selbst verwerfen.« Das war auch die Einstellung der meisten Bolschewiki. W. I. Saleschski, Mitglied des bolschewistischen Stadtkomitees von Petersburg und einer der Organisatoren von Lenins Empfang am Vorabend, schrieb: »An diesem Tag konnte Genosse Lenin nicht einmal in unseren Reihen erklärte Sympathisanten finden.« Skobelew, der ihn vor vierundzwanzig Stunden zusammen mit Tschcheidse im Namen des Sowjets willkommen geheißen hatte, meinte verächtlich, er sei »ein Mann, der ausgespielt hat«.

Voller Freude berichtete der britische Botschafter Sir George Buchanan nach London: »Sämtliche Vorschläge Lenins wurden abgewiesen.«

Bei einer Kabinettssitzung im Marjinski-Palast erklärte Justizminister Kerenski, er werde Lenin aufsuchen. »Er lebt in vollständiger Isolation«, sagte er zu den anderen Ministern. »Er weiß nichts, er sieht alles durch die Brille seines Fanatismus.« Aber er suchte Lenin nicht auf.

Wenn einer der Kritiker von den enormen Mitteln gewußt hätte, die Lenin zur Verfügung standen, oder erkannt hätte, in welchem Umfang er seine neue politische Linie in Rußland propagieren konnte, dann hätte man seine Ideen nicht so leichtfertig abgetan. Mit besseren Kenntnissen wäre Alexander Kerenski, der sich als den zukünftigen Führer Rußlands sah, gewiß sehr besorgt gewesen.

In Deutschland nahm man die Meldung von den erbosten Reaktionen auf Lenins Rede mit ebensoviel Genugtuung entgegen wie in London. Doch Buchanan sah Lenin bloß als gefährlichen Demagogen, der Pazifismus predigte. Die Deutschen wußten besser Bescheid. Aus dem kaiserlichen Hauptquartier schrieb Zimmermanns Verbindungsoffizier: »Lenin arbeitet genau so, wie wir es uns wünschen . . .«

10

In der ersten Woche nach seiner Rückkehr sah sich Lenin vor ungeheure Probleme gestellt. Er mußte sie überwinden, erst dann konnte er mit seinen Plänen weiterkommen, erst dann konnte er jenen Rückhalt bei der Öffentlichkeit finden, den er für seine Arbeiterrevolution brauchte. Und erst dann konnte er die gewaltigen Gelder einsetzen, die ihm zur Verfügung standen.[32]

Er befand sich in einer äußerst mißlichen Lage. Die Parteiführer um Kamenew wehrten sich entschieden gegen seine Politik. Und als die Reise mit dem plombierten Waggon enthüllt wurde, von der nur wenige unter den Tausenden gewußt hatten, die ihn am Finnländischen Bahnhof begrüßten, kam es zu einer derart heftigen Reaktion, daß sein Leben bedroht war.

Denn seine neuen Ideen waren Wasser auf die Propagandamühle der Rechten – besonders für Pawel Miljukow, den Außenminister und Vorsitzenden der großen Kadetten-Partei.

Die Kadetten verfügten über eine vielgelesene und weitverbreitete Zeitung, die *Retsch (Die Rede)*, und hatten die Mehrheit der Bourgeoisie hinter sich, Beamte, Geschäftsleute, Offiziere, akademische Berufe. Außerdem hatten sich viele Reaktionäre vom rechten Flügel, die es für klüger hielten, im revolutionären Rußland ihre wirklichen Ansichten zu verbergen, den Kadetten angeschlossen.

Miljukow war Liberaler und Patriot. Er wollte Rußland Würde und Ruhm wiedergeben. Beides war arg lädiert durch die demütigenden Niederlagen im Krieg. Und er war fest entschlossen, den Sowjet zu vernichten und der von ihm ausgehenden sozialistischen Gefahr ein Ende zu machen. Er gab der imperialistischen Kriegspolitik den Vorzug, war sogar für die Erwerbung Konstantinopels – ein altes Ziel des Russischen Reiches –, aber er mußte bedachtsam vorgehen. Die Massen – insbesondere die Soldaten – wollten, daß der

Krieg aufhörte, waren jedoch bereit, zur Verteidigung russischen Territoriums und zur Verteidigung der Revolution weiterzukämpfen.

Für Miljukow war der Zeitpunkt, da Lenin in Petersburg eintraf, geradezu ideal. Denn jetzt konnte er die Behauptung propagieren, alle Pazifisten seien mit den Deutschen im Bunde. Indem er Lenin als Freund des Kaisers anprangerte, vermochte er die Grundlagen für einen Schlag gegen den Sowjet zu schaffen.

Es ist sehr zweifelhaft, ob Miljukow tatsächlich glaubte, daß Lenin von den Deutschen bezahlt wurde, und er wäre gewiß erstaunt gewesen, wenn er von der gewaltigen finanziellen Rückendeckung erfahren hätte, die sie für Lenin bereithielten. Aber dem Außenminister ging es nicht um die Wahrheit, sondern um die Taktik.

Der plombierte Waggon bewies einwandfrei, daß Lenin deutsche Hilfe angenommen hatte. Natürlich sei Lenin für die Beendigung des Krieges, gaben die Zeitungen und Agitatoren der Kadetten zu verstehen, natürlich fordere er die Verbrüderung zwischen den Fronttruppen, natürlich habe er bei seiner Ansprache im Taurischen Palast der Anarchie das Wort geredet, denn genau das wolle der Kaiser.

Miljukows Plan, den er gemeinsam mit General Lawrenti Kornilow, dem Kommandeur der Petersburger Garnison mit ihren 125000 Soldaten, ersonnen hatte, beruhte auf den klassischen Techniken, die jahrhundertelang von den Zaren angewandt worden waren. Zumindest erhob Trotzki später diesen Vorwurf. Auch viele von Lenins Rivalen im Sowjet argwöhnten es. Der Plan war jedenfalls simpel genug: Miljukows Kadetten würden Unruhe auf der Straße stiften. Die Schuld dafür würde man Lenin und den Bolschewiki in die Schuhe schieben. Und wenn die Ressentiments der Soldaten gegen den »deutschen Agenten« Lenin stark genug waren, würden sie sicherlich auch gegen die Unruhestifter vorgehen wollen. Und dann war die Konterrevolution schon in vollem Gang, dann wurden die Sozialisten im Sowjet verwundbar.

Die erste Phase von Miljukows Plan ließ sich sehr erfolgversprechend an. Lenin hatte die Gefahren, die der plombierte Waggon mit sich brachte, bewußt einkalkuliert. Deshalb erschien er auch mit Sinowjew vor dem Exekutivkomitee des Sowjets – es verhielt sich zwar neutral, publizierte aber in der offiziösen *Iswestija* Lenins Erklärung. Darin wurde die Rolle hervorgehoben, die der Schweizer Fritz Platten bei der Reise gespielt hatte. Überdies betonte Lenin die »Plombierung« des Waggons zur Vermeidung aller Kontakte mit Deutschen und die Einverständniserklärung, die Sozialisten aus mehreren Ländern unterzeichnet hatten.

Lenin hoffte, dies sei eine partielle Erwiderung auf die Kritik, die ihm entgegengebracht wurde. Aber seine Erklärung machte kaum Eindruck. Lautstarke Empörung schlug ihm aus den Zeitungen und auf der Straße entgegen. Die bürgerliche Presse griff ihn an, weil er mit Hilfe des Kaisers gereist war und weil er obendrein im »Palast« der Krzesinskaja ein luxuriöses Leben führe. Menschen zogen durch die Straßen und forderten auf Transparenten seine Verhaftung. Im Alexandrowski-Park bei der Villa Krzesinskaja strömte die Menge zusammen, johlte und schrie: »Nieder mit Lenin! Geh nach Deutschland zurück!«

Bei verschiedenen Regimentern wurden von den Soldatenkomitees mit großer Mehrheit Resolutionen verabschiedet, die seine Verhaftung forderten. Die Petersburger Gymnasiasten veranstalteten eine Demonstration, bei der ätzende Kritik an Lenin geübt wurde. Das Exekutivkomitee des Moskauer Soldatenrates forderte in einer Resolution Schutz vor Lenin und seiner Propaganda. »An jeder Straßenkreuzung konnte man hören: ›Lenin muß verhaftet werden‹ und später: ›Weg mit den Bolschewiki‹«, berichtete Suchanow.

Im Kriegsgebiet, viele hundert Kilometer von Petersburg entfernt, bezeichnete die Sanitätstruppe der Vierten Armee die mit dem plombierten Waggon heimgekehrten Revolutionäre als »Verräter«.

Selbst die Matrosen, das revolutionärste Element in Rußland, wandten sich voll Zorn gegen Lenin. Die Männer, die im Finnländischen Bahnhof die Ehrengarde der Marine gebildet hatten, waren so entsetzt über die näheren Umstände der Reise, daß sie die folgende öffentliche Erklärung abgaben:

»Nachdem wir erfahren haben, daß Herr Lenin mit der Einwilligung Seiner Majestät des deutschen Kaisers und Königs von Preußen zu uns nach Rußland zurückgekommen ist, drücken wir hiermit unser tiefes Bedauern darüber aus, daß wir an seiner Begrüßung in Petrograd teilgenommen haben.«

Maximow, der junge Leutnant zur See, der die Ehrengarde befehligt hatte, distanzierte sich in einem offenen Brief von Lenin und betonte, er habe nichts vom plombierten Waggon gewußt. Von Tag zu Tag wurden die Reaktionen auf diese Kampagne heftiger und extremer. »Kein Bolschewik«, so Podwoiski, »konnte eine Kaserne betreten, ohne seine Verhaftung oder gar den Tod zu riskieren.« Soldaten, die zur Partei gehörten, wurden von Kameraden verprügelt, »die man gegen die Bolschewiki aufgehetzt hatte«, und außer der Reihe an die Front geschickt. Sonderbefehle verbannten die *Prawda* aus militärischen Gebäuden.

Lenin versuchte, die Woge von Feindseligkeit in der Armee einzudämmen. Er sprach zu den Soldaten des Sowjets, aber im Augenblick hatte das kaum eine Wirkung. »Verkünden Sie Ihre Ideen in Deutschland!« schrien sie.

Die Anarchisten machten sich Sorgen wegen der Angriffe gegen Lenin, in denen es hieß, er predige den Anarchismus. Sie lehnten Lenin entschieden ab und erklärten, er sei »der gegenwärtigen Formation des Anarchismus völlig fremd . . . Seine demagogischen Reden sind für uns unannehmbar . . . (die) Anarchisten verurteilen Lenins Reise durch Deutschland«.

Seltsamerweise fand er einen Fürsprecher bei der äußersten Rechten der Hauptstadt, vermutlich, weil sie eine heftige politische Gegenbewegung befürchtete. Die *Byrschewyje wedomosti (Die Börsennachrichten)* mahnten zur Toleranz. »Bürger, die Forderung nach Lenins Tod ist ebenso kriminell und gefährlich für das freie Rußland wie der Furor seiner Reden.«

Aufgrund der offensichtlichen Gefahr wurde Lenin zusätzlich zu seinem bewaffneten Chauffeur eine Leibwache gestellt. Dreizehn Arbeiter mit Gewehren (sie kamen aus einer Wiborger Fabrik) bewachten Tag und Nacht die Jelisarowsche Wohnung in der Schirokaja-Straße.

Von einem kleinen Büro in der Redaktion der *Prawda* aus verteidigte sich Lenin, so gut er konnte. Im Parteiorgan der Bolschewiki attackierte er die *Retsch*, die behauptet hatte, »Lenins Mannschaft arbeitet für Bethmann-Hollweg und Wilhelm II.«. Sie habe nichts von den Untersuchungen des Exekutivkomitees des Sowjets zum plombierten Waggon veröffentlicht. Er warf dem Blatt der Kadetten vor, es stachele »unwissende Menschen zur Gewalttätigkeit« an.

Die rechte Presse beschuldigte er, »einen Pogrom« provoziert zu haben. Das hätte bereits zu »Gewaltandrohungen und Bombendrohungen« geführt. Er appellierte an »das Ehrgefühl der revolutionären Arbeiter und Soldaten von Petrograd«.

In seinen Artikeln bezichtigte er Miljukow und die Bourgeoisie »schamloser Lügen«. Sie bereiteten sich im geheimen darauf vor, die »Drohungen gegen den Sowjet« wahrzumachen und die Massen zu täuschen. »Wenn ihr Herren die Mehrheit des Volkes hinter euch habt . . .«, spottete er in einem Artikel, »was fürchtet ihr dann, ihr Herren, warum lügt ihr dann? Wir wollen lediglich den Arbeitern und der Dorfarmut die Fehler in ihrer Taktik verdeutlichen . . . Warum habt ihr dann Angst . . .? Ihr fürchtet die Wahrheit. Ihr lügt, um mit Hilfe von Pogromisten, von Verleumdung, Gewalttätigkeit und Unflätigkeit jede Möglichkeit zu unterdrücken, daß die Wahrheit gesagt wird.«

Lenins zornige Worte in der *Prawda* richteten wenig aus – zu erbittert wurde er angegriffen. Alexander Kerenski nahm es mit Genugtuung zur Kenntnis. Bei einem Essen in der britischen Botschaft teilte er Sir George Buchanan mit, daß »die kommunistische Doktrin, die Lenin predigt«, sich keineswegs gefährlich ausgewirkt, sondern dazu geführt habe, daß »die (extremistischen) Sozialisten an Boden verlieren«. Die Menschewiki und Sozialrevolutionäre waren ebenso aufgebracht über Lenins Programm wie die Regierung. *Sie* sahen darin den reinen Anarchismus, auch wenn dem die Anarchisten nicht beipflichteten.

Kerenski war nicht nur Minister, sondern auch ein führendes Mitglied des Sowjets – aber seine Vorstellungen von der Art Regierung, die Rußland benötigte, kamen Miljukows Ideen näher als denen seiner Kollegen im Sowjet. Er hatte eine leidenschaftliche Einstellung zur Revolution, betrachtete sie als heilige Pflicht, die Gott ihm auferlegt hatte, aber er war jetzt sehr enttäuscht vom Sowjet – vor allem von seinem extremen Flügel, den Lenin zu stärken versuchte. Kerenski hielt die geplante Konstituierende Versammlung, das Parlament, für ein weitaus besseres und erprobteres Ideal als den Sowjet.

Man hatte Kerenski mittlerweile auf die Tatsache aufmerksam gemacht, daß Lenin möglicherweise engere Verbindungen zur Wilhelmstraße unterhielt, als sich aus dem bloßen Umstand des plombierten Waggons schließen ließ. Am selben Tag wie Lenin war mit einem früheren Zug ein Gast aus dem Ausland am Finnländischen Bahnhof eingetroffen: Albert Thomas, der französische Minister für das militärische Beschaffungswesen. Er hatte mit Interesse die Fahnen und Dekorationen im Bahnhofsgebäude betrachtet – denn er besaß Informationen über den Mann, dem zu Ehren dieser Empfang veranstaltet werden sollte.

Ein paar Tage später ließ Prinz Lwow Kerenski und zwei andere Minister zu sich rufen. Der französische Geheimdienst, sagte er, verfüge über Beweise gegen Lenin, die ihm Thomas vertraulich mitgeteilt habe: Lenin stünde in Verbindung mit mehreren deutschen Agenten. Der Prinz gab dem Justizminister Kerenski und seinen beiden Kollegen Anweisung, den Wahrheitsgehalt dieser geheimdienstlichen Berichte zu überprüfen.

Kerenski sagt nicht genau, was Thomas ihnen über Lenins Verbindungen zu Deutschland anvertraute – aber einiges deutet darauf hin, daß es sich um die von uns unterstellte Verbindung Parvus–Fürstenberg–Lenin handelte. Bald gingen jedenfalls auf Fürstenbergs Order hin erhebliche Summen an Kontaktpersonen in Petersburg, mit denen er geschäftlich zu tun hatte. Zu diesen Kontaktpersonen gehörte auch der Rechtsanwalt Metscheslaw Koslowski, bolschewistischer Delegierter im Exekutivkomitee des Petersburger Sowjets, ein Freund von Fürstenberg und Pole wie er.

Sollte der Untersuchungsausschuß der Regierung zu diesem Zeitpunkt einen von Lenins Briefen an Fürstenberg abgefangen haben (die wahrscheinlich durch Kuriere befördert wurden), dann hätte er wohl Thomas' Hinweis bestätigt gefunden. Am 25. April schrieb Lenin verärgert an Fürstenberg und Karl Radek: »Bis jetzt haben wir von Ihnen nichts erhalten, absolut nichts – keine Briefe, keine Pakete, kein Geld.« Aber neun Tage später war er schon besser gelaunt. »Das Geld von Koslowski (zweitausend) erhalten«, bestätigte er. Das ist nicht viel, und die sowjetischen Herausgeber von Lenins Werken erklären, es habe sich dabei um Gelder gehandelt, die die Partei im Ausland deponiert hatte. In den nächsten Wochen erhielt Metscheslaw Koslowski viel größere Summen von Fürstenberg.

Täglich zogen von den Kadetten organisierte Demonstrationen durch die Straßen. Auf Transparenten wurden die Bolschewiki, die »deutschen Agenten«, denunziert. Und ein weiterer Konflikt nahm Lenin in Anspruch. Der Kampf innerhalb seiner eigenen Organisation war auf eine Art noch kritischer, obwohl davon keine Gefahr für Leib und Leben ausging. Denn ohne die Partei, ohne einen erweiterungsfähigen Kern, konnte Lenin weder seine Pläne von der neuen, sozialistischen Welt entwickeln noch seine finanziellen Ressourcen einsetzen.

Er befand sich in einer seltsamen Lage. Niemand stellte ihn als Führer in Frage. Selbst Kamenew, sein schärfster Kritiker, erkannte ihn als seinen Chef an. Die maßgeblichen Bolschewiki meinten lediglich, er habe einfach unrecht, er sei noch nicht lange genug im revolutionären Rußland, um die anstehenden Probleme wirklich begreifen zu können.

Einen Tag nach den Reden im Taurischen Palast attackierte Kamenew im Zentralkomitee Lenins neue Politik.

Seine Forderung, das Zentralkomitee möge die in den Aprilthesen umrissene Politik ablehnen, fand fast einmütige Zustimmung. In seinen Kolumnen in der *Prawda* meinte er mit Nachdruck, wenn die Bolschewiki »die Partei der proletarischen Masse bleiben« wollten, dürften sie Lenins Pläne nicht ausführen. Lenins Hypothese, Marx' erste Phase der Revolution sei jetzt vorbei, könne man nicht annehmen. Stalin stellte sich hinter Kamenew.

Auch das wichtige Petersburger Stadtkomitee*, das die Parteiorganisation der Hauptstadt leitete, folgte Kamenew. Es lehnte Lenins neue Linie mit überwältigender Mehrheit ab.

Da die *Prawda* die Angriffe der rechten Presse abwehren mußte und obendrein von parteiinternen Auseinandersetzungen zerrissen war, nimmt es nicht wunder, daß hinter der Szene, in den Büros der Redaktion, eine gespannte Atmosphäre herrschte. Lenin und Sinowjew waren dem aus Stalin und Kamenew bestehenden Redaktionskollegium beigetreten. »Es reichte aus«, so Bontsch-Brujewitsch, »wenn einer ein Stückchen von einem Artikel las, den der andere geschrieben hatte, und schon brach ein erbitterter Streit aus . . . in dem engen kleinen Raum«, den die vier Männer sich teilen mußten. Auf die Auseinandersetzungen »folgte Totenstille . . . alle vergruben sich in ihre Arbeit«. Sinowjew war hin und her gerissen zwischen dem Mann, mit dem er jahrelang so eng zusammengearbeitet hatte, und seinem Freund Kamenew, zu dessen gemäßigter Haltung auch er neigte.

Es ist ein interessantes Problem, ob Kamenew zu diesem Zeitpunkt wußte, daß ihnen deutsche Mittel zur Verfügung standen, oder ob Lenin das für sich behielt. Man kann kaum glauben, daß die Parteiführer nicht darüber informiert waren

---

* Die bolschewistische Organisation baute sich auf hierarchisch gegliederte Komitees auf. Jede Stadt, jedes Gebiet hatte sein Komitee. Darunter kamen die Bezirkskomitees, dann die Komitees der Fabriken oder Regimenter. An der Spitze der Pyramide stand das Zentralkomitee.
Petersburg stand im Jahre 1917 in Rußland einzig da, denn hier spielten sich die meisten wichtigen Ereignisse ab. Das Stadtkomitee, das für die Partei innerhalb Petersburgs verantwortlich war, operierte wie das Zentralkomitee von der Villa Krzesinskaja aus und spielte neben ihm eine ungewöhnlich bedeutende Rolle. Natürlich überlagerten sich zu dieser Zeit die Aktivitäten der beiden Komitees.

– das gilt besonders für Sinowjew, der im plombierten Waggon und in Stockholm mit dabei war. Es ist allerdings möglich, daß Lenin ihnen seine Strategie nicht detailliert darlegte. Sie dürften es jedoch herausgefunden haben, als die ›Sondergelder‹ einzulaufen begannen, denn dieser Umstand mußte wohl erklärt werden. Man erzählte dazu zwar ein paar ablenkende Geschichten, aber damit war das Ausmaß der Finanzierung natürlich nicht hinreichend erklärt. Doch auch wenn Kamenew von alledem wußte, dürfte es seine Ansicht, daß Lenins Politik ideologisch falsch sei, nicht beeinflußt haben – seiner Meinung nach würden auch die Massen sie als falsch erkennen. Über diese grundsätzliche Differenz half kein auch noch so großer Geldbetrag hinweg.

Lenin setzte sich natürlich nicht in allen »erregten Streitgesprächen« durch, die in der Redaktion der *Prawda* geführt wurden, aber in den meisten vermutlich doch. Er schrieb eine Serie, *Briefe zur Taktik*, in denen er seine Differenzen mit Kamenew Punkt für Punkt ausdiskutierte. Er rechtfertigte seine Forderung nach einer anderen Politik und verteidigte sich gegen den Anwurf, er habe sich völlig von Marx entfernt.

»Der Marxist«, so schrieb er, »muß das gelebte Leben zur Kenntnis nehmen, die wirkliche Realität . . . und (er darf) nicht an der Theorie von gestern hängenbleiben, die, wie jede Theorie, bestenfalls das Grundsätzliche und Allgemeine umreißt . . . Grau, teurer Freund, ist alle Theorie, und grün des Lebens goldner Baum.«

Lenin war unter großem Druck, aber er hielt ihm gut stand. Aus seinen schriftlichen Äußerungen sprechen Entschlossenheit und Entschiedenheit. Alle zeitgenössischen Berichte sagen, er sei kühl, gelassen und voll Selbstvertrauen gewesen. Bei starken Anstrengungen und heftigen Kämpfen litt er nicht unter *rages* – nur wenn er durch erzwungene Untätigkeit frustriert war wie seinerzeit in Zürich und wie er es bald wieder sein würde. Trotzdem machte ihm der Magen zu schaffen – immer sein schwacher Punkt –, und er schlief nicht gut.

Jeden Abend verließ er die *Prawda*-Redaktion in der Moika-Straße, ging über die Newa und kehrte in die Jelisarowsche Wohnung zurück. Für Nadja waren die ersten Tage nach der Ankunft in Rußland schwierig. Anna und Maria regten sich wegen ihres Bruders auf, sorgten sich um sein Essen und um seine Kleider – Nadja hatte sich zwei Jahrzehnte lang darum gekümmert. Und obwohl sie viele Jahre als Sekretärin für die Partei gearbeitet hatte und eine der erfahrensten Revolutionärinnen bei den Bolschewiki war, wurde ihr in der Villa Krzesinskaja keine eindeutige Aufgabe zugeteilt.

Sie half im Sekretariat aus, das Jelena Stassowa leitete. Nadja kannte sie noch aus der Zeit vor der Heirat mit Lenin. Doch Jelena saß bereits mit vier Assistentinnen in dem Badezimmer, das als Büro diente. Jelena scheint Nadja als Konkurrentin betrachtet zu haben. Sie erwähnte sie nicht einmal in ihren Schilderungen aus dieser Zeit. »Ich sprach mit den Arbeitern, die kamen«, schrieb Nadja und ließ durchblicken, daß sie sonst nichts zu tun hatte. »Es quälte mich sehr, daß ich keine bestimmten Funktionen hatte.«

Es ist seltsam, daß Lenin sich nicht für sie verwendete. Schließlich gehörte sie länger zur Partei als Jelena Stassowa und hätte ihm beim Kampf um die Durchsetzung seiner neuen Politik behilflich sein können. Aber vielleicht wollte er nicht störend in die Parteimaschinerie eingreifen, die so gut lief, wie es unter den gegebenen Umständen möglich war. Er hatte auch so genug Verdruß.

Lenin stand unter den bolschewistischen Führern zwar isoliert da und wurde unablässig von den anderen Parteien angegriffen, aber er war nicht so allein, wie es scheinen möchte. Viele Parteiarbeiter, die nicht zur Spitze der Hierarchie gehörten, waren extreme Revolutionäre wie er. In den Fabriken des Wiborger Bezirks gab es Bolschewiki, die so fanatisch auftraten wie seinerzeit die Sansculotten der Französischen Revolution, und sie hatten in den stürmisch bewegten Tagen im März einige Male versucht, es ihnen an Abscheulichkeit gleichzutun.

Außerdem hatte die Partei überall in Rußland Zuwachs gewonnen – besonders in Petersburg, dem Mittelpunkt der

Revolution. Hier gab es mittlerweile 15000 Bolschewiki mit Parteiausweis.

Wenige von diesen neuen Parteimitgliedern waren Intellektuelle, wenige verstanden die ideologischen Konflikte, die die Führer in Atem hielten, aber sie waren radikale Revolutionäre, und Lenin hatte ihnen mit seiner Rede im Taurischen Palast feste Anhaltspunkte gegeben. Es stellte sich sehr schnell heraus, daß sie seine Thesen akzeptierten. Eine Vollversammlung der Petersburger Parteimitglieder stellte Lenins Politik fast eine Blankovollmacht aus – obwohl das Stadtkomitee sie abgelehnt hatte. Jetzt wurde deutlich, daß die ›alte Garde‹ – die Veteranen von 1905 und aus der *Iskra*-Zeit, die freilich meistenteils erst in den Dreißigern waren – überhaupt nicht gemerkt hatte, wie das Fußvolk der Partei dachte.

Außerdem fand Lenin in der Villa Krzesinskaja zwei treue Anhänger, die zwar nicht zur Parteispitze gehörten, aber trotzdem sehr wichtig waren. Wladimir Newski und Nikolai Podwoiski führten die neu geschaffene Militärorganisation. Sie kommandierten die Roten Garden, jene Einheiten bewaffneter Arbeiter, deren Vorbild die Kampftrupps in den Fabriken waren, die sich 1905 gegen die Schwarzen Hundert formiert hatten. Die Roten Garden wurden im März aufgestellt. Soldaten gaben ihnen Gewehre. Newski und Podwoiski überwachten außerdem die Kontakte der Partei zu den Regimentern und die bolschewistischen Agitatoren.

Beide hatten sich schon vor der Spaltung von 1903 den Sozialdemokraten angeschlossen. Im Aufstand von 1905 taten sie sich als kämpferische Männer hervor. Podwoiski war 37 Jahre alt, groß, bärtig, recht gut aussehend. Auf Fotos sieht er streng aus, lächelt nie. Newski war älter, klein und gedrungen, ein brillanter Redner und geschickter Agitator. Sie arbeiteten gut zusammen. Podwoiski war der Organisator, der meist von seinem Schreibtisch in der Villa Krzesinskaja aus operierte, auf rosa Zettelchen Anweisungen für die Agitatoren notierte oder den Führern an der vordersten Front telefonisch dringende Instruktionen erteilte. Newski war der faszinierende Rhetor. Wenn es Schwierigkeiten gab, wenn die Agitatoren nicht zurechtkamen, war Newski schnell zur Stelle und setzte sein rednerisches Talent ein.

Die beiden Männer waren äußerst militant. Unter Lenins Leitung konnten sie viele Menschen auf die Seite der Bolschewiki bringen. Sie stürzten Lenin aber auch in große Gefahr, denn wenn er zur Vorsicht mahnte, wollten sie sich nicht fügen. Sie waren unabhängige, romantische Revolutionäre, die glaubten, daß das Volk durchaus die Macht ergreifen könnte, wenn es aufgebracht und einig war.

Mitte April geboten Newski und Podwoiski nur über ein paar hundert Agitatoren, und ihre Methoden waren nicht eben subtil. Die Roten Garden mit ihren Jacken und Gürteln, ihren Arbeitermützen und roten Armbinden, die beim Coup im November eine so hervorstechende Erscheinung waren, befanden sich, was Ausbildung und Formation betraf, noch in der Anfangsphase. Die Bolschewiki hatten kürzlich feste Kontakte zu den Regimentern der Garnison geknüpft, die durch die Enthüllungen über den plombierten Waggon praktisch zerstört wurden.

Die von den Kadetten organisierten Demonstranten schrien Beleidigungen gegen die Bolschewiki, Podwoiski und Newskis Agitatoren stießen auf erbitterte Feindschaft, und die beiden militanten Männer fühlten sich etwas verloren. Lenin merkte, daß ihre Kampfmoral gestärkt werden mußte. Er ließ Podwoiski zu sich rufen und sagte, man solle den Demonstranten der Kadetten etwas entgegensetzen.

»Nikolai Iljitsch«, so begann er, laut Podwoiski, »wir müssen der Bourgeoisie zeigen, daß auch wir Streitkräfte hinter uns haben . . . Es ist unbedingt nötig, daß Sie ein paar Soldaten auf die Straße bringen, die bolschewistische Parolen propagieren – und sei es nur eine Kompanie.«

Für Podwoiski war dieser Befehl nicht leicht auszuführen, aber es gab immerhin noch ein Regiment, das unter starkem bolschewistischen Einfluß stand. In den Märztagen war das Erste MG-Regiment in die Stadt einmarschiert. Sie kamen aus Oranienbaum, etwa vierzig Kilometer vor Petersburg, und sie wollten nicht wieder zurück. »Die Konterrevolutionäre könnten den Sowjet angreifen«, meinten sie. Die Bolschewiki hatten ihnen in einer Halle in Wiborg Quartier verschafft und sie jeden Tag auf der Peter-und-Paul-Festung verköstigt. Und so stand das Regiment in der Schuld der Partei.

Podwoiski organisierte eine Demonstration. Sie war sehr klein – ein paar Kompanien vom Ersten MG-Regiment, dazu mehrere Gruppen von Parteiarbeitern – und sie hatte keine besonders große Wirkung. Aber immerhin marschierten bewaffnete Männer unter dem Banner der Partei durch die Straßen.

Lenin überließ die Aktion nicht vollständig seinen militärischen Kommandeuren – und das zeugt von seiner verzweifelten Lage. Denn Lenin trat bei Konflikten möglichst nicht in der vordersten Reihe auf. Er hielt sich im Hintergrund und überwachte von da aus das Geschehen. Er redete selten im Sowjet, der wichtigste Sprecher der Partei war Kamenew. An den Straßenkämpfen nahm er praktisch nie teil.

Doch wenn es absolut nötig war, exponierte sich Lenin. Am 24. April, sechs Tage nach seiner Ankunft in Rußland, saß Lenin in der Redaktion der *Prawda*, als ein Genosse in den Raum gestürzt kam und meldete, das Regiment Ismailowski hielte im Augenblick auf seinem Paradeplatz eine Versammlung ab. Von Agitatoren aufgehetzt, hätten sich die Soldaten in einer Resolution gegen Lenin ausgesprochen und erklärt, wenn sich die Gelegenheit dazu böte, würden sie ihm einen feindseligen Empfang bereiten.

Lenin legte die Feder aus der Hand. »Ich gehe sofort hin«, kündigte er an – so Praskowija Kudelli, eine Sekretärin bei der *Prawda*.

Die anderen waren entsetzt. »Man wird Sie in Stücke reißen«, meinte jemand.

»Nein«, erwiderte Lenin. Er nahm Sinowjew mit und ging zum Paradeplatz. Und sie rissen ihn nicht in Stücke. Als er zu sprechen begann, mußte er sich noch gegen zornige Zwischenrufe durchsetzen, aber als er ausgeredet hatte, hoben ihn zwei Soldaten auf die Schultern und trugen ihn triumphierend über den Paradeplatz. Mit einem breiten Lächeln kehrte er in die Redaktion der *Prawda* zurück. »Soweit ich es beurteilen kann, haben sich die Genossen in ihrer Einschätzung der Stimmung bei den Soldaten geirrt«, meinte er, als er sich an seinen Schreibtisch setzte.

Ein paar Tage später hatte er wieder Gelegenheit, zur Truppe zu sprechen. In der Villa Krzesinskaja traf eine Abordnung ein. Sie vertrat mehrere tausend Soldaten, die sich auf dem Paradeplatz des Artillerieregiments Michailowski versammelt hatten und von Lenin eine Erklärung für seine Reise durch Deutschland hören wollten. Lenin war gerade in einer Konferenz. Trotz seines Erfolgs beim Regiment Ismailowski machten sich die Parteifunktionäre, die die Delegation empfingen, Sorgen um seine Sicherheit. Sie schickten Newski an seiner Stelle.

Als Newski die Rednertribüne betrat, erkannte er sofort, daß es Ärger geben würde. Tausende hatten sich versammelt. Es herrschte gereizte Stimmung. Die Soldaten sangen das Revolutionslied ›Opfer der Sache‹. Dann riefen sie: »Lenin her! Die Verräter her!«

Newski war Massenversammlungen gewöhnt, und er fühlte, daß es hier gleich zu verheerenden Reaktionen kommen würde. Er verließ die Rednertribüne, wollte gehen, bevor es soweit war. Jemand berührte ihn an der Schulter. Newski war entsetzt – hinter ihm stand Lenin.

»Sagen Sie ihnen, daß Lenin sprechen möchte«, befahl er.

Newski brachte Gegenargumente, wies darauf hin, daß die Lage sehr bedrohlich sei, aber Lenin drängte ihn zur Tribüne.

»Ich warte«, sagte er.

Newski gab bekannt, was Lenin ihm befohlen hatte. Ein Mann auf der Tribüne unterbrach ihn. »Genossen«, rief er, »Lenin ist da.«

Ein wütender Aufschrei ging durch die Menge. »Wladimir Iljitsch legte seinen Überzieher ab«, schrieb Newski, »und erschien auf der Tribüne . . . vor ihm eine bewaffnete Menge von dreitausend Mann . . . ›Ich bin Lenin‹, begann er, und Grabesstille senkte sich über die Massen . . . Auf einfache, klare und verständliche Weise enthüllte er die Politik der Provisorischen Regierung . . . (die Politik) des Raubkrieges.«

Als Lenin ausgeredet hatte, schwieg »die Menge, stand stumm da, eine gebändigte Streitmacht. Ein wahnwitziger Gedanke durchzuckte mich. Aber plötzlich . . . ein einmütiger Ruf . . ., der den Paradeplatz erfüllte, und die Menge strömte auf die Rednertribünen zu«. Soldaten hoben Lenin auf die Schultern, trugen ihn über den Paradeplatz zu seinem Auto, das langsam neben ihm herfuhr. Schließlich ließen sie ihn einsteigen. Und als der Wagen schneller wurde, rannten die Soldaten mit Hurrarufen hinter ihm her.

Gegen Ende April intensivierte sich Miljukows Kampagne gegen Lenin. Jeden Tag neue Demonstrationen: Studenten, Beamte, ganze Regimenter – sie forderten dazu auf, die Provisorische Regierung zu unterstützen. Sie solle den Krieg weiterführen und selbstverständlich auch Lenin verhaften lassen, diesen deutschen Agenten, der den Frieden wollte. Immer bedrohlicher wurde die johlende Menge vor der Villa Krzesinskaja.

Am 30. April, zwei Wochen nach Lenins Ankunft in Rußland, kam der makabre Höhepunkt der Kampagne gegen ihn – eine heftige und morbide Denunzierung seiner pazifistischen Ideen. Tausende von Verwundeten aus den Petersburger Lazaretten gingen auf die Straße – Beinamputierte mit Krücken, Männer mit Armstümpfen, Bandagierte mit entstellten Gesichtern, Männer, die sich nicht mehr aus eigener Kraft fortbewegen konnten und in kleinen Wägelchen fahren mußten – dieser gespenstische Zug kroch langsam den Newski-Prospekt entlang und bog dann in den Liteiny-Prospekt ein, der zum Taurischen Palast führte. Auf ihren Transparenten forderten sie »Krieg bis zuletzt«, dann das unvermeidliche »Nieder mit Lenin« und schließlich »Unsere Wunden verlangen den Sieg«.

Einige Demonstranten gingen in den Taurischen Palast. Sie forderten, daß Lenin verhaftet und nach Deutschland abgeschoben werde. Andere standen auf und hielten lange Reden vor der Schar der Verstümmelten, in denen sie in erster Linie Lenin attackierten.

Die maßgeblichen Männer des Sowjets – vor allem die Menschewiki – waren allmählich besorgt wegen dieser Kampagne, denn sie erkannten, daß möglicherweise noch mehr dahintersteckte. Die menschewistischen Führer M. I. Skobelew und Irakli Zeretelli, die Lenin nicht weniger mißbilligten als die verkrüppelten Soldaten, kamen auf den Platz vor dem Palast und verteidigten ihn: Man habe ihn nicht einmal angehört, das sei nicht gerecht. Sie wurden niedergeschrien. »Lenin ist ein Spion und ein Provokateur!«

Am selben Tag griff die *Iswestija*, das offizielle Organ des Sowjets, die »dunklen Mächte« an, die Lenin, »der sein ganzes Leben in den Dienst der Arbeiterklasse gestellt hat«, als Vorwand nahmen, um alle Sozialisten zu diskreditieren. Das sei das Vorspiel zu einer Attacke gegen den Sowjet, und danach, so erklärte die Zeitung, »hoffen sie, wieder zum alten System zurückkehren zu können«.

Aber nicht nur die Führer des Sowjets machten sich Sorgen. Von Berlin aus schickte Arthur Zimmermann ein Telegramm an den deutschen Gesandten in Stockholm: »Einer Nachrichtenagentur in Petersburg zufolge hat es eine Demonstration gegen Lenin gegeben, an der vermutlich mehr als 50000 Verwundete und Versehrte teilnahmen . . . Erbitte baldmöglichst weitere Einzelheiten.«

Am Tag darauf tat Miljukow den gewagten Schritt, auf den er seit Lenins Rückkehr hingearbeitet hatte. Er schickte eine Note an die Botschafter der Alliierten. Dadurch wollte er etwaige Zweifel an Rußland beilegen. Die Ziele Rußlands im Krieg seien durch die Revolution nicht beeinträchtigt worden. Rußland sei nach wie vor entschlossen, mit seinen Verbündeten für »jene Garantien und Sanktionen (zu kämpfen), die nötig sind, um in der Zukunft neue blutige Auseinandersetzungen zu verhindern«. Er versprach, einen imperialistischen Krieg zu führen, nicht nur einen defensiven, mit dem auch der Sowjet einverstanden war. Das war ein direkter Affront für den Sowjet. Miljukow hielt ihn für unfähig, für eine Versammlung von Schwätzern und nicht von Männern der Tat. Wenn er mit seiner Maßnahme Erfolg hatte, würde der Sowjet bald aufhören zu bestehen.

Lenin war natürlich hocherfreut, denn Miljukows Handlungsweise bestätigte, was er gesagt hatte. »Die Karten liegen auf dem Tisch . . .«, verkündete er in der *Prawda*. »Klar und deutlich. Krieg bis zum endgültigen Sieg. Die Allianz mit den britischen und französischen Bankiers ist heiliggesprochen worden . . . Kämpft – denn wir wollen die Beute. Sterbt, sterbt jeden Tag zu Zehntausenden – denn ›wir‹ . . . haben unseren Beuteanteil noch nicht bekommen!«

Wie Miljukow es beabsichtigte, gerieten die Massen wegen seiner Note in Aufruhr – es war fast wie im März. Um drei Uhr nachmittags marschierten fünf Regimenter in Richtung Stadtzentrum. Aber auch Arbeiter und Arbeiterinnen zogen dorthin – Zehntausende von erbosten Menschen, wichtiger noch: Proletarier.

Die Bolschewiki heizten die Krise nicht an, obwohl auch Bolschewiki mitmarschierten und wahrscheinlich die Transparente ausgegeben hatten, auf denen »Nieder mit Miljukow!« stand.

Der Sowjet handelte mit überraschender Entschlossenheit. Seine Führer traten den Demonstrationszügen entgegen, mahnten sie zur Umkehr und baten sie, ihren Vertretern im Sowjet zu vertrauen – sie würden die Regierung zur Änderung ihrer Politik zwingen.

Die meisten Demonstranten gingen tatsächlich nach Hause, aber den ganzen Abend über brodelte es in der Stadt. Denn Miljukow wollte nicht, daß die Krise endete, er suchte die Konfrontation. Im Stadtzentrum attackierten Redner Lenin, »der von Deutschland hergeschickt wurde, um den großen Patrioten Miljukow zu stürzen«. Die Kadetten veranstalteten eine Großkundgebung auf dem Marjinski-Platz. Miljukow sprach von einem Balkon des düsteren Palasts, den Zar Nikolaus I. seiner Tochter Maria geschenkt hatte, und versicherte, die Regierung werde »die Würde und Freiheit Großrußlands bewahren«.

Bei einer Kabinettssitzung im Marjinski-Palast teilte General Lawrenti Kornilow, der martialische Kommandeur der Petersburger Garnison, den versammelten Ministern mit, er könne etwaige Unruhen sofort ersticken. Panzerwagen und Kosaken stünden bereit. Am späten Abend sagte Miljukow zum britischen Botschafter: »Die Soldaten sind bereit, Lenin zu verhaften . . . Die Regierung wartet nur auf den richtigen psychologischen Moment.«

Lenin und das Zentralkomitee sahen sich einem Problem konfrontiert, das sich ihnen noch öfter stellen sollte. Wieweit sollten sie sich mit einer unkontrollierbaren Massendemonstration zusammentun, die sie nicht organisiert hatten? Sollten sie versuchen, die Führung zu übernehmen – um dann die Schuld dafür zugeschoben zu bekommen? Konnten sie sich andererseits als Arbeiterpartei einfach aus allem heraushalten?

Schon am späten Abend wurde Lenin zur Entscheidung gedrängt. Die *Retsch* und andere rechte Blätter schmähten die Bolschewiki, warfen ihnen vor, die Massen aufgestachelt zu haben und die Gefahr eines Bürgerkriegs heraufzubeschwören. Ein drohender Bürgerkrieg rechtfertigte natürlich Vergeltungsmaßnahmen – deshalb war Lenin auch so vorsichtig.

Doch am nächsten Morgen sah er sich zum Handeln gezwungen. Auf Flugblättern, die man in der ganzen Stadt verteilte, und auf der Titelseite der *Retsch* wurde an alle appelliert, »die für Rußland und Rußlands Freiheit sind«. Die Kadetten forderten sie dazu auf, auf die Straße zu gehen und zu zeigen, daß sie die Provisorische Regierung unterstützten.

Lenin mußte diese Herausforderung annehmen, obwohl er die Gefahren kannte. Es war durchaus möglich, daß die Kosaken eingesetzt wurden. Aber er konnte nicht tatenlos bleiben. Die Arbeiter hatten sich am Tag zuvor zurückgezogen, doch die Kadetten planten eine Massendemonstration. Die Partei rief die Arbeiter zu einer *organisierten* Demonstration auf. Newski und Podwoiski schickten auf schnellstem Wege Agitatoren in die Fabriken.

Bei einer Planungssitzung in der Villa Krzesinskaja gab Lenin taktische Anweisungen aus – er machte sich dabei seine militärischen Studien aus dem Jahre 1905 zunutze. Auf dem Newski-Prospekt würde es unweigerlich zu Zusammenstößen kommen. Deshalb sollte nur ein Teil der Arbeiter diesen Weg nehmen. Gleichzeitig würden andere Arbeiter durch die Parallelstraßen beiderseits des Newski-Prospekts ziehen. So entstand eine ›Klaue mit drei Spitzen‹. Und dank dieser Taktik konnten die Arbeiter Angriffe abwehren, die von den Seitenstraßen aus gegen den Demonstrationszug auf dem Newski-Prospekt geführt wurden.

Um drei Uhr nachmittags wälzte sich eine gewaltige Demonstration der Kadetten über den Newski-Prospekt. In langen Zügen näherten sich derweil aus den Petersburger Vororten die Arbeiter.

Soldaten marschierten nicht. Der Sowjet hatte ihnen befohlen, in den Kasernen zu bleiben und nicht einmal die Befehle ihres Kommandeurs Kornilow auszuführen – nur Befehle, die der Sowjet genehmigt hatte. Bei einer Gelegenheit wurde im Taurischen Palast gemeldet, Kornilow habe auf dem Marjinski-Platz Geschütze auffahren lassen wollen. Aber die Artilleristen weigerten sich, seinem Befehl Folge zu leisten.

An diesem Nachmittag kam es zu heftigen Zusammenstößen – vor allem auf dem Newski-Prospekt. Auf den Trottoirs stand die Bourgeoisie, auf der Fahrbahn marschierten die Arbeiter. An der Kreuzung Newski-/Sadowy-Prospekt fielen Schüsse. Immer wieder attackierten Kadetten den Demonstrationszug.

Im ganzen Stadtzentrum versperrten Lastwagen mit Kadetten den Arbeitern den Weg. Kadetten trieben sie zu kleinen Gruppen zusammen und rissen ihnen die Transparente herunter.

Auf der Puschkinskaja, einer Seitenstraße des Newski-Prospekts, stand sogar ein Lastwagen mit Mädchen. Hier kam ein Zug von 4000 Arbeitern aus dem Bezirk Roschdestwenski zum Halten. Berittene, die schon gewartet hatten, griffen ihn an, trieben ihre Pferde in die Menge hinein und nahmen den Demonstranten ihre Transparente weg.

Ein Demonstrationszug bestand ausschließlich aus Arbeiterinnen, die aus einer Baumwollspinnerei kamen. Sie trugen ein Transparent mit der Inschrift: »Lang lebe die internationale Einheit der Arbeiter.« Auf dem Newski-Prospekt prügelten Kadetten mit Stöcken auf die Frauen ein, drängten sich dazwischen und fetzten die Parole herunter, die sie empörte.

An anderer Stelle inszenierten Studenten ein Straßentheater. Sie spielten den Prozeß gegen Lenin und die »deutschen Spione«.

Am späten Nachmittag machte der Sowjet der Krise entschlossen ein Ende. Jedermann, »der zu einer bewaffneten Demonstration aufruft«, erklärte er, sei »ein Verräter an der Revolution«. Für zwei Tage verbot er Straßenkundgebungen und Demonstrationen. Das Zentralkomitee der Bolschewiki stellte sich hinter die Verfügung. Dieser Anordnung »muß jedes Mitglied unserer Partei bedingungslos gehorchen«, gab es bekannt.

Die Krise war vorbei. In der quecksilbrigen Stadt änderte sich vieles. Die Kadetten verbuchten diesen Tag als Sieg für sich, aber in Wirklichkeit war Miljukows Spiel gescheitert. Binnen zweier Wochen wurde er zum Rücktritt gezwungen – ebenso Alexander Gutschkow, der Kriegsminister, der ebenfalls eine harte Linie vertrat. General Kornilow, erbost über den Befehl des Sowjets an seine Truppen, legte das Kommando über die Garnison nieder.

Prinz Lwow bildete sein Kabinett um. Sechs Mitglieder der Sowjets traten ihm bei. Alexander Kerenski wurde Kriegsminister. Sein Stern stieg.

Er hatte 1912 die angeklagten Rädelsführer des Streiks auf den Lena-Goldfeldern engagiert verteidigt und war darum populär bei den Massen. Jetzt zählte er 36 Jahre, ein gutaussehender Mann mit Kurzhaarschnitt und jugendlichen Zügen. Er war ein dramatischer Redner mit dramatischen Techniken: Tränen, manchmal sogar Ohnmachtsanfälle.

Alles an ihm war melodramatisch. In der Öffentlichkeit trat er im schlichten Soldatenrock auf. Und er hatte sich einen zusätzlichen Effekt ausgedacht: Er trug den Arm, an dem er kürzlich verletzt worden war, in einer schwarzen Schlinge. Zu Hause empfing er seine Besucher in einem dekorativen Morgenrock.

Kerenski war weder so extrem noch so unbeweglich wie Miljukow, aber ein Patriot wie er. Die Vision vom ›Mütterchen Rußland‹ klang in allen seinen Reden an. Er hatte es nicht auf Konstantinopel abgesehen, aber er wollte dem

Nationalstolz wieder aufhelfen, der im langen Krieg mit Deutschland so sehr gelitten hatte.

Es war eine Ironie, daß die Mai-Krise die beiden Männer aus Simbirsk ein gutes Stück weiterbrachte – denn auch Lenins Position wurde erheblich gestärkt. Seltsam auch, daß aus derselben Kleinstadt an der Wolga zwei Männer kamen, die beide glaubten, sie seien vom Schicksal dazu ausersehen, das revolutionäre Rußland zu führen, und doch eine ganz andere Ideologie und Persönlichkeit hatten. Man hätte sich kaum einen größeren Gegensatz denken können als Kerenskis auffällige Art und emotionelle Rhetorik und Lenins zurückhaltenden Intellektualismus und präzise Redeweise.

Im Mai war es schon klar und unvermeidlich, daß die Entscheidungsschlacht zwischen ihnen ausgefochten werden würde. Lenin hatte es bereits in Zürich gewußt, als er versuchte, sich mit Hilfe von Zeitungsmeldungen ein Bild von der Lage in Rußland zu machen.

Es folgten entscheidende Wochen. Sie trafen nie zusammen in dieser Zeit. Aber sie waren sich beide sehr wohl der Existenz des anderen bewußt. Sie erkannten, daß sie einfach Rivalen sein mußten, denn Kerenski befehligte jetzt die Armee. Seine ehrgeizigen Pläne mit Rußland wollte er durch Siege verwirklichen. Und er verließ sich darauf, daß er die Truppen mit seiner rhetorischen Brillanz und der Kraft seiner Persönlichkeit für sich gewinnen und zur tüchtigen und erfolgreichen Armee machen konnte. Er gab Anlaß genug für den Vorwurf, den Lenin in der *Prawda* erhob. Kerenksi, schrieb er, sei ein »Bonaparte«.

Auch Lenin brauchte die Armee. Ohne sie konnte er nie die Macht ergreifen, nie eine sozialistische Gesellschaft aufbauen, nie die Weltrevolution entfachen. Kerenski machte die Runde bei den Fronttruppen, Lenin forderte sie derweil in der *Prawda* auf, sich mit den Deutschen zu verbrüdern, und warnte sie: Der Feind, den sie im Rücken hätten, sei gefährlicher als der Feind an der Front.

Im Mai wurde der Konflikt noch gedämpft und in angemessener Entfernung ausgetragen. Beide Führer hatten genug mit ihrer jeweiligen Lage zu tun. Aber man bezog

Stellung und bereitete sich auf die erste offene Auseinandersetzung vor.

Für Lenin kristallisierten sich mit der Mai-Krise die Konflikte heraus, die seit seiner Ankunft in Rußland die Ereignisse überschattet hatten. Zehntausende von Arbeitern waren organisiert worden und als Klasse auf die Straße gegangen. Die Tatsache, daß die wenigsten Bolschewiki waren, fiel nicht ins Gewicht. Viele reagierten positiv auf die Partei, wenn auch die meisten andere Parteien unterstützten. Die entschlossen marschierenden Demonstrationszüge hatten Lenin begeistert und ihm, wie er später sagte, »zum ersten Mal die Augen für die wahre Bedeutung und die wahre Rolle eines Volksaufstandes geöffnet«. Doch am wichtigsten war die Tatsache, daß sie die erste Auseinandersetzung mit der Konterrevolution gewonnen hatten. Nichts Großes – aber es stärkte die Moral in der Villa Krzesinskaja.

Die Krise beendete auch Lenins Streit – zumindest diese Phase – mit Kamenew und den Konservativen der Partei. Eine allrussische Konferenz der Bolschewiki – sie wurde einberufen, um die Arbeit abzuschließen, die im April nicht mehr hatte getan werden können – machte sich Lenins Politik zu eigen und wählte ein neues Zentralkomitee, in dem er über eine Mehrheit verfügte. Abgesehen von Sinowjew, der immer etwas schwankend blieb, aber trotzdem für Lenin stimmte, bestand diese Mehrheit aus nur einem Mann. Und das war Josef Stalin, bis dahin treuer Anhänger Kamenews. Aber Stalin merkte, daß sich der Wind gedreht hatte.

Suchanow, der Beobachter und politische Kommentator der Revolution, konnte kaum glauben, daß es Lenin in nur drei Wochen gelungen war, die Partei hinter sich zu bringen. »Das, was die ältesten Bolschewiki einen Monat zuvor als verrückt und lächerlich abgetan hatten«, schrieb er, »das war fortan die offizielle Linie der Partei, die Stunde um Stunde immer mehr Proletarier für sich gewann.«

Lenin hatte jetzt seine Basis – eine geeinte Partei. Nun konnte er damit beginnen, die enormen Mittel einzusetzen, die ihm zur Verfügung standen, nun konnte er sein glänzendes propagandistisches Talent erst recht entfalten.

11

Von seinem Büro im zweiten Stock der Villa Krzesinskaja aus überblickte Lenin das Panorama des großbürgerlichen Petersburg jenseits der Newa. Er muß sich dabei fast wie ein Kommandeur gefühlt haben, der eine Stadt betrachtet, die er belagert. Denn nach der ersten Maiwoche befand sich Lenin in eben dieser Lage – und wurde auch von seinen Gegenspielern so gesehen.[33]

Er wußte, daß er nicht viel Zeit hatte. »Seien Sie nicht selbstzufrieden«, mahnte er Newski und Podwoiski, die mit Recht auf die jüngsten Ereignisse stolz waren. »Das war nur ein kleiner Ausschlag des Pendels nach unserer Seite . . . Die Bourgeoisie wird sich jetzt fieberhaft auf die nächste Auseinandersetzung vorbereiten.

Lenin behandelte nun Agitation und Propaganda vorrangig und befahl seinen militärischen Führern eine gewaltige Kampagne: Die einprägsamen Ziele der Bolschewiki sollten dem »kleinen Mann auf der Straße« gründlich vermittelt werden. Bereits im April, bevor die Mai-Krise die Lage vereinfacht hatte, forderte Lenin ein Heer von tausend Agitatoren, das sich Zugang zu den Kasernen verschaffe und den Soldaten die Ziele der Partei erkläre. »Sie brauchen keine langen Reden«, sagte er. »Lange Reden provozieren viele Fragen, und am Ende werden die Soldaten abgelenkt . . . Sie brauchen nicht viel zu sagen. Die Soldaten werden es nach sehr wenig Worten begriffen haben.«

Damals hatte die Feindseligkeit Lenin gegenüber ihren Höhepunkt erreicht. In den Kasernen wären die Bolschewiki verprügelt worden. Jedenfalls fragten Podwoiski und Newski erstaunt, woher diese Agitatoren kommen sollten.

»Die Matrosen«, erwiderte Lenin schlicht. »Bolschewistische Matrosen. Schicken Sie sie in die Kasernen, und sagen Sie ihnen, sie sollen folgendermaßen zu den Soldaten sprechen: ›Du hast ein Gewehr und ich habe ein Gewehr. Du vergießt Blut und ich vergieße Blut.‹«

Lenins Plan war gut durchdacht. Ihm zugrunde lag die Theorie, daß eine Person, wenn man sie dazu bringen konnte, ein paar Minuten zuzuhören, sich allein durch die schlichte Logik der bolschewistischen Linie überzeugen ließ. Das Konzept vom Klassenkampf und von den Klassenfeinden – diejenigen, die Lenin verleumderisch unterstellten, er sei ein deutscher Agent – mußte die Soldaten sehr ansprechen, die bis vor kurzem die harte Disziplin unter den zaristischen Offizieren hatten ertragen müssen.

Klug war auch die Idee, Matrosen einzusetzen, denn sie hatten bei der Revolution im März eine bedeutende Rolle gespielt. Man würde sie kaum aus den Kasernen hinauswerfen, ohne sie wenigstens anzuhören.

Die Marine war natürlich ebenso erbost über den plombierten Waggon wie das Heer, aber der Stützpunkt in Kronstadt (auf der Insel Kotlin im Finnischen Meerbusen, wenige Kilometer von der Newamündung entfernt) war sehr radikal, und der junge Theodor Raskolnikow hatte einen harten Kern von loyalen Männern um sich, auf die er sich verlassen konnte.

Ende April wurden in der Villa Krzesinskaja von Podwoiski mehrere hundert Matrosen als Agitatoren ausgebildet. Diese derben, unbelesenen Männer – größtenteils Bauern, die kaum ihren eigenen Namen schreiben konnten – würden bald intellektuell argumentieren müssen, und das dürfte sie etwas erschreckt haben.

»Könnt ihr über den Frieden sprechen?« fragte Podwoiski, als sie ihre Zweifel äußerten. Zögernd meinten sie, daß das vielleicht möglich sei.

»Könnt ihr über Grund und Boden sprechen und darüber, wer die Macht ausüben und wie die Arbeiter die Kontrolle über die Produktion übernehmen sollten?«

Als Podwoiski geendet hatte, kam ihnen die ungewohnte Aufgabe leicht vor. Er sagte, wenn man ihnen Fragen stellte, die sie nicht beantworten könnten, sollten sie die Soldaten bitten, eine Delegation zu wählen und sie zur Villa Krzesinskaja zu schicken – Genosse Lenin werde dann mit ihnen reden.

Die Matrosen wurden in Gruppen auf den Weg geschickt. Aber vorher sprach Lenin noch zu ihnen. »Verlassen Sie die Kasernen nicht, bevor Sie erfolgreich gewesen sind«, schärfte er ihnen ein.

Im Mai übermittelten die Matrosen der Truppe die Botschaft der Partei. Gleichzeitig brachte Lenin eine gewaltige Kampagne in Gang, um der Bevölkerung die Thesen der Bolschewiki einzuhämmern – das besorgten Gruppen von Parteiarbeitern, die überall in der Öffentlichkeit Diskussionen einleiteten.

»Die Friedenspolitik der Partei«, so mahnte er laut Podwoiski, »muß auf jedem Platz, in jeder Anlage, auf jeder Straße und an jeder Kreuzung . . . vom frühen Morgen bis in die späte Nacht erläutert werden.« Doch die Agitatoren, darauf bestand er, sollten nie mehr als drei Ziele der Bolschewiki auf einmal diskutieren – andernfalls würden sie ihre Zuhörer verwirren.

In der Villa Krzesinskaja wurde ebenfalls massive Propaganda betrieben. Vom Dach eines Gartenhauses aus, das hinten in dem ummauerten Garten an der Ecke Kronsberg-Prospekt/Bolschaja-Dworjanskaja-Straße stand, sprachen ständig bolschewistische Redner zu der Menge. Jeder tat das eine halbe Stunde und wurde dann von einem anderen Genossen abgelöst. Die Parteiführer, auch Lenin, wechselten sich auf der Rednertribüne ab und waren große Attraktionen.

»Ihr Narren, Schwätzer und Dummköpfe«, so sprach Lenin vom Dach des Gartenhauses die Menge an,[34] »glaubt ihr denn, daß die Geschichte in den Salons gemacht wird, wo hochwohlgeborene Demokraten sich mit titelführenden Liberalen verbrüdern? . . . Die Geschichte wird in den Schützengräben gemacht, wo der Soldat unter dem wahnsinnigen Druck des verrückten Krieges dem Offizier das Bajonett in den Leib rennt und in sein Heimatdorf flieht, um dort Feuer an den Herrensitz zu legen . . .«

»Ich bin zweimal dort gewesen«, schrieb die Gräfin Irina Skarjatina in ihrem Tagebuch. »Er ist glatzköpfig, furchtbar häßlich, trägt einen zerknitterten, alten braunen Anzug, spricht ohne rhetorische Macht, mehr wie ein Professor, der

Lenin, Januar 1918

Obere Reihe von links nach rechts:
Zürich, Spiegelgasse 14.
Das Haus, in dem Lenin von Februar 1916 bis April 1917 wohnte.

Die Krupskaja

Lenin spricht auf dem Finnländischen Bahnhof zu einer Menschenmenge. (Gemälde, auf dem hinter Lenin später Stalin eingefügt wurde).

Unten:
Lenins Gruppe auf der Durchreise in Stockholm. Lenin (mit Schirm), die Krupskaja (mit breitkrempigem Hut), Karl Radeck und Inessa Armand (mit Kopftuch), Sinowjew (mit dem Söhnchen an der Hand)

AUTOMAT-BUFFE

Inessa Armand

Leo Trotzki

Michail Kamenew

Grigori Sinowjew, Oktober 1921

Nikolai Podwoiski

Wladimir Bontsch-Brujewitsch

Josef Stalin

Jakob Swerdlow

Oben links:
Die Hütte in Rasliw, in der Lenin im August 1917 wohnte.

Oben rechts:
Alexander Kerenski (links) als Kriegsminister der Provisorischen Regierung im Jahre 1917.

Unten:
Soldaten der Roten Garde während der Oktobertage in Petrograd.

Oben:
Schlange vor einem Brotladen in Petrograd.

Unten links:
Lenin und die Krupskaja nach einer Sitzung des ersten Allrussischen Erziehungskongresses in Moskau, 28. August 1918.

Unten rechts:
Lenin spricht auf dem Roten Platz in Moskau am 1. Mai 1919.

Oben:
Die Russische
Revolution 1917.

Unten:
4. Mai 1917: Einheiten der
Petrograder Garnison marschieren
zur Unterstützung der Revolution auf.

gelassen seine tägliche Vorlesung hält . . . und doch macht das, was er sagt, die Leute verrückt . . . nein, es ist unbedingt so, daß nicht die Art, wie er spricht, sondern das, was er spricht, die Zuhörer mehr elektrisiert, als jeder andere Redner es kann, den ich gehört habe – mehr als Kerenski mit seiner glänzenden Eloquenz.«

Bald konnte Lenin sich auch seine Geldquellen zunutze machen. Unter der Leitung von Wjatscheslaw Molotow, einem militanten Mann, der in der Redaktion der *Prawda* mitarbeitete, entstand ein Pressebüro. Mit ›Spezialfonds‹ des Zentralkomitees gründete es in der Provinz zehn neue Zeitungen. Binnen weniger Wochen gab es in Rußland 41 Zeitungen und Zeitschriften, die von der Partei kontrolliert wurden. 20 davon erschienen in den Sprachen von nationalen Minderheiten. Viele wurden umsonst verteilt. Insgesamt, so Professor Leonard Schapiro in seiner *Geschichte der KPdSU*, wurden pro Woche 1 500 000 Exemplare der bolschewistischen Presse unters Publikum gebracht.

Eine der wichtigsten neuen Zeitungen verdankte ihre Existenz einem Einfall von Podwoiski. Ende April hatte er Lenin den Vorschlag gemacht, die Partei solle eine eigene Zeitung für die Truppe herausgeben, einfacher als die *Prawda*, die viele Soldaten schwer verständlich fanden.

Lenin erkannte sofort dies ungeheure Potential. Voll Interesse erkundigte er sich bei Podwoiski, wie er auf die Idee gekommen sei. Ob er mit Soldaten darüber diskutiert habe? Ob er wisse, was sie in einer solchen Zeitung lesen wollten?

Begeistert meinte er: »Kein anderes propagandistisches Mittel hat eine derartige Wirkung wie eine gutgemachte Soldatenzeitung . . . aber es darf nicht nur das sein, sonst kommt nichts dabei heraus. Es muß ein echtes Soldatenblatt sein . . . das die spezifischen Interessen der Soldaten besonders berücksichtigt . . . über was sie in den Kasernen reden . . . Wenn die Soldaten selbst darin schreiben, wird die Zeitung viele Leser finden.«

Tatsächlich wurde die *Soldatskaja prawda* dann das Organ der bolschewistischen Militärorganisation. Newski und Podwoiski gehörten zwar zum Redaktionskollegium, aber die

Kleinarbeit wurde von zwei anderen Redakteuren getan, von Sina Sinowjewa und A. F. Iljin-Schenewski aus Kronstadt, einem Freund Raskolnikows. Das eigentliche Büro befand sich in der Villa Krzesinskaja, doch Sina und Schenewski verbrachten die meiste Zeit in einem großen Büro in der Nähe der Druckerei. »Hier schrieben wir die Artikel«, erinnerte sich Schenewski, »und bereiteten die vielen, vielen Briefe zur Veröffentlichung vor, die jeden Tag von Soldaten an der Front und in der Heimat eintrafen.«

Ein Teil der Gelder für die neue Zeitung kam von den Soldaten selbst – in den Kasernen und an der Front wurden Sammlungen veranstaltet –, aber das war fast mit Sicherheit mehr Werbung als echte Finanzierung – die Soldaten sollten das Gefühl haben: Das ist *unsere* Zeitung. Das war ein wichtiger Bestandteil des Projekts, das Podwoiski Lenin vorgetragen hatte.

Die engen, wenn auch informellen Bindungen zur Truppe wurden bald vertieft. Ein Teil des Erdgeschosses der Villa Krzesinskaja wurde zu einer Art Soldatenklub umgestaltet.

Die Auflage der *Prawda* hatte sich mittlerweile so erhöht, daß die alte Druckpresse nicht mehr ausreichte. Ende Mai führte Lenin dem bolschewistischen Veteranen Alexander Schotman stolz die neue Presse vor. Schotman wußte, daß die *Prawda* vor nicht allzulanger Zeit um Spenden gebeten hatte, und fragte, wie das wohl finanziert worden sei. Lenin erklärte, das Geld habe die finnische Partei gestiftet – obwohl die Kosten für die Maschine damit sicher nicht gedeckt waren. Aber Schotman erkundigte sich offensichtlich nicht danach, woher die ›Spezialfonds‹ kamen, mit denen die landesweite Propagandakampagne finanziert wurde, die Molotow dirigierte.

Den ganzen Mai lief die Kampagne. Sie hatte ungeheure Wirkungen auf vielen Gebieten. Lenin arbeitete sehr angestrengt. Er gab die *Prawda* heraus und schrieb täglich Artikel für sie. Außerdem hielt er Reden in vielen Fabriken. Er besuchte die riesigen Putilow-Werke im Stadtteil Narwa, die Newski-Docks, die Ausbesserungswerkstätten der Nikolajewski-Eisenbahn und eine Reihe von Maschinenfabriken.

Überall folgten ihm ausgebildete Agitatoren, die mit geschicktem Frage-und-Antwort-Spiel die Arbeiter dazu drängten, ihre Sowjet-Delegierten neu zu wählen, was jederzeit möglich war. Ob ihre Vertreter im Taurischen Palast für den Frieden seien, für die Kontrolle der Fabriken durch die Arbeiter, für die Macht des Sowjets? Und wenn nicht, warum wählten sie dann nicht jemand, der sich für diese Ziele einsetzte?

Gleichzeitig ließen Newski und Podwoiski in den Fabriken eine Kampfausbildung für die Roten Garden durchführen. Instruktoren, die 1905 gekämpft hatten, wurden von der Villa Krzesinskaja geschickt. Sie bildeten ihre Einheiten im Schießen, im Formationskampf und im Exerzieren aus – und rekrutierten neue Leute. Ziel war es, die Garden zu jeweils 400 Mann starken Bataillonen zu organisieren, von denen 360 Mann unter Waffen standen. Später sollte jedes Bataillon über eine MG- und eine Verbindungstruppe, über Panzerwagen und eine Sanitätseinheit verfügen. Doch diese Verfeinerungen waren noch Zukunftsmusik. Im Mai gab es nicht einmal genug Gewehre, und viele Garden mußten mit Stökken exerzieren.

An der Front machten sich Bolschewiki von der Militärorganisation die Wirkung der *Soldatskaja prawda* zunutze. Die verkaufte Auflage stieg, und die Zeitung diente als Ventil für die Unzufriedenheit der Soldaten, die in den Schützengräben lagen. Jede Woche trafen in der Villa Krzesinskaja Hunderte von Briefen von der Front ein. »Die meisten«, erinnerte sich Schenewski, »waren mit schwerfälliger, oft unleserlicher Handschrift geschrieben, stammten von Soldatenkorrespondenten (und) schilderten die Mühsale, die sie über sich ergehen lassen mußten.«

Jede Ausgabe brachte Leserbriefe. Die Redaktion versuchte außerdem, auch alle Briefe zu beantworten, die nicht veröffentlicht wurden.

Podwoiski hielt das Ergebnis der Kampagne fest: »In der politischen Erziehung der Soldaten und Arbeitermassen . . . ging es mit Siebenmeilenstiefeln voran!«

Unter dieser dynamischen Führung wuchs die Partei.

Lenin mußte jedoch viele interne Konflikte schlichten – besonders Auseinandersetzungen bei den örtlichen Komitees, auf denen sich die Partei aufbaute. Bei den Roten Garden war ein heißer Kampf entbrannt. Die Distrikte forderten für die Einheiten in ihrem Zuständigkeitsbereich Autonomie. Lenin griff ein und betonte, die Führung müsse zentralisiert sein und ausschließlich von der Militärischen Organisation – auf Weisung des Zentralkomitees – wahrgenommen werden.

Das waren erste Anzeichen dafür, daß Lenin einem neuen Dilemma gegenüberstand: Wie kontrolliert man eine schwerfällige und rasch expandierende Partei, deren Mitglieder sehr enthusiastisch sind, aber die Praxis der Revolution wenig durchdacht oder begriffen haben?

Lenin kannte die Gefahren. Er war auf der Hut. Als der Sowjet von Kronstadt sich plötzlich dafür entschied, auf der Insel eine selbständige, unabhängige Republik zu gründen – eine Art lokaler Machtübernahme durch den Sowjet –, beorderte Lenin Raskolnikow zornig nach Petersburg. »Was haben Sie getan?« fragte er den jungen Leutnant zur See. »Wie können Sie so etwas unternehmen, ohne das Zentralkomitee zu konsultieren? Das ist ein Verstoß gegen die Grundsätze der Parteidisziplin. Wegen solcher Dinge werden wir Menschen erschießen!«

Raskolnikow erkärte, der Vorschlag stamme nicht von den Bolschewiki, sondern von Delegierten anderer Parteien, aber Lenin fuhr ihn an: »Dann hätten Sie sie auslachen müssen, bis sie es sein lassen! Sie hätten ihnen vor Augen führen müssen, daß die Deklaration der Sowjetmacht in Kronstadt, isoliert vom übrigen Rußland, utopisch ist, völlig absurd! Die Provisorische Regierung wird Sie in die Knie zwingen!«

Lenin wußte aber auch, wie wertvoll Raskolnikow für die Partei war. Er beließ es nicht bei diesen zornigen Worten, er beruhigte sich und streckte ihm zum Abschied fast freundlich die Hand entgegen. »Sagen Sie den Genossen in Kronstadt, daß sie in Zukunft nie wieder einen so folgenschweren Entschluß fassen dürfen, ohne sich vorher mit dem Zentralkomitee abzusprechen.«

In dieser Entwicklungsphase war die Begeisterung der militanten Parteimitglieder (wie Raskolnikow) sehr wichtig für Lenins Programm. Trotzdem wußte er, daß die Zeit kommen würde, wo es von entscheidender Bedeutung war, sie unter Kontrolle zu halten. Im Hauptquartier wirkte jetzt ein Mann, der sehr hilfreich für ihn war. Jakob Swerdlow, einer der Parteiführer, hatte von Jelena Stassowa das immer stärker expandierende Sekretariat übernommen. Jelena war seine wichtigste Assistentin, und wie zuvor scheint Nadja im Sekretariat nur geduldet gewesen zu sein.

Swerdlow sah erstaunlich zart und zerbrechlich aus. Er war dunkelhaarig und dunkelhäutig – »schwarz wie Teer«, so Trotzki –, trug eine stahlgeränderte Brille und hatte ein schmales, wehmütiges Gesicht. Seine Stimme war laut und dröhnend und stand in seltsamem Gegensatz zu seinem mageren Körper. Als die Revolution ausbrach, war Swerdlow mit Stalin in der sibirischen Verbannung. Erst vor kurzem war er von einer Mission im Ural zurückgekehrt.

Er zählte erst 32 Jahre. Aber die Erfahrung hatte ihn hart gemacht, zum Veteranen – so war es bei vielen Parteiführern. Nach der Spaltung von 1903 hatte er sich, noch nicht einmal 20 Jahre alt, der bolschewistischen Fraktion angeschlossen.

Er war lebhaft und leistungsfähig und konnte so schnell arbeiten, daß seine Sekretärinnen und Assistenten oft nicht mitkamen. Er hatte die Parteimaschine im Griff, bestand darauf, daß alle Briefe noch am Tag des Eingangs beantwortet wurden und führte ein Verzeichnis über alle zukünftigen Aktivitäten der Partei und die Personen, denen die jeweiligen Aufgaben zugeteilt wurden. Dazu machte er sich Eintragungen in Notizbücher. Wenn ein Projekt abgeschlossen war, riß er die entsprechende Seite heraus.

Den ganzen Tag bis in die Nacht hinein wimmelte es auf den Korridoren der Villa Krzesinskaja von Arbeitern, die auf Instruktionen warteten – von Swerdlow, von einem seiner Assistenten oder von der Militärorganisation. Ständig bahnten sich Boten einen Weg durch die Flure, überbrachten Nachrichten von den Ortskomitees oder nahmen Anweisungen mit.

Lenin fand jetzt auch Unterstützung bei einem wichtigen Neuankömmling in Petersburg, bei Leo Trotzki. Sein einstmaliger Schützling und späterer Gegenspieler war endlich von den Briten in Halifax freigelassen und am Finnländischen Bahnhof begeistert empfangen worden. Die beiden Männer hatten sich oft genug in Wort und Schrift angegriffen, aber nun würden sie einen gemeinsamen Weg gehen, denn Lenin stand mit seiner neuen Politik der Theorie von der permanenten Revolution nahe, die Trotzki seinerzeit mit Parvus entwickelt hatte. Und die kompromißlerische Haltung der Menschewiki hatte Trotzkis Traum von der wiedervereinigten Sozialdemokratischen Arbeiterpartei Rußlands zerstört.

Bei einer Unterredung in der Redaktion der *Prawda*, die Trotzkis Schwager Kamenew arrangiert hatte, bat Lenin den Neuankömmling höflich, der Partei beizutreten. Trotzki gab zu verstehen, daß er nicht sofort Bolschewik werden wolle. Er hatte seine eigene kleine Partei, zu der sehr fähige Männer gehörten – etwa Lenins Freund Anatoli Lunatscharski, D. B. Rjasanow und Moses Uritzki – »ein Siebengestirn von brillanten Generälen ohne Armee«, wie Trotzkis Biograph Isaac Deutscher schrieb. Es würde noch etwas dauern, bis sie Bolschewiki wurden. Aber in der Zwischenzeit wollten sie eng mit Lenin zusammenarbeiten.

Ein weiterer Neuankömmling war Julius Martow, Lenins ehemaliger Freund und bitterer Feind aus den Tagen der Emigration. Martow hatte bei den Menschewiki lange Zeit etwa dieselbe Position eingenommen wie Lenin bei den Bolschewiki – die des allgemein anerkannten geistigen Führers –, aber auch er war schockiert von dem Zustand, in dem er die Partei antraf. Er wurde isoliert, nur ein paar treue Anhänger hielten zu ihm. Lenin bat ihn, zu den Bolschewiki zu kommen, aber Martow lehnte ab. Vielleicht war ihm die starre Parteihierarchie zu repressiv – deswegen hatte man sich ja schon 1903 gestritten.

Mit großer Wirkung wurde Lenins Politik bei den Regimentern, auf den Straßen und in immer mehr Zeitungen propagiert. Doch auch sein wichtigster Gegenspieler konnte einen enormen Erfolg für sich verbuchen. Seit seiner Ernennung zum Kriegsminister befand sich Alexander Kerenski auf einer Art Vortragsreise. Er wollte Lenin bekämpfen und die Nation aufrütteln. Darum besuchte er die Fronttruppen und bereiste Marine- und Armeestützpunkte von Finnland bis zum Schwarzen Meer. Überdies nahm er an Massenversammlungen in Petersburg, Moskau und anderen Städten teil. »Er sprach von Freiheit«, berichtete Suchanow, »vom Land, von der Brüderlichkeit der Völker und der nahen lichten Zukunft des Staates. Er rief die Soldaten und Bürger auf . . . sich der großen Revolution würdig zu zeigen.«

Und er machte ungeheuren Eindruck damit. »Überall trug man ihn auf Händen, überschüttete ihn mit Blumen. Überall spielten sich Szenen eines noch nicht dagewesenen Enthusiasmus ab.« Männer rissen sich ihre Georgskreuze* von der Brust und legten sie ihm zu Füßen. Frauen streiften ihre Juwelen ab und warfen sie auf das Podium, von dem aus er mit so großer Wirkung zu ihnen sprach.

Selbst bei den Soldaten in den Schützengräben fand Kerenski erstaunlichen Rückhalt. »Zehntausende von Soldaten der Kampftruppen schworen auf riesigen Massenversammlungen, beim ersten Befehl in den Kampf zu ziehen und für ›Land und Freiheit‹ zu sterben«, schrieb Suchanow.

Mitte Mai, als Kerenski seine größten Triumphe feierte, schien sich eine dramatische Wende anzubahnen, schien sich zu erhärten, daß Lenin Verbindungen zu den Deutschen hatte. Im Hauptquartier an der Front nahm Kerenski Einsicht in ein Protokoll, das bei der Vernehmung eines jungen russischen Leutnants namens Jermolenko angefertigt worden war. Die Deutschen hatten ihn gefangengenommen und dann unter merkwürdigen Umständen wieder freigelassen.

Jermolenko behauptete, er sei unter der Bedingung freigelassen worden, daß er für die Deutschen spioniere und für einen Separatfrieden agitiere. Offiziere des deutschen

* Tapferkeitsorden aus der Zarenzeit. (Anm. d. Übers.)

Geheimdienstes hätten ihm gesagt, daß Lenin Geld von den Deutschen erhielte und darauf hinarbeite, »das Vertrauen des russischen Volkes in seine Regierung zu untergraben«.

Jermolenko war ein verdächtiger Charakter, und seine Geschichte ließ sich nicht beweisen. Aber ein Punkt stimmte mit den Befunden überein, die der aus drei Ministern bestehende Untersuchungsausschuß, den Lwow im April eingesetzt hatte, bereits überprüfte. Die Gelder, so hatte man dem jungen Offizier gesagt, würden Lenin über einen gewissen Svendson zugeleitet, einen Beamten der deutschen Gesandtschaft in Stockholm.

Die Beweise für eine konspirative Verbindung zwischen Lenin und den Deutschen konzentrierten sich zum großen Teil auf Stockholm – wo Jakob Fürstenberg lebte und wirkte.

Trotz Jermolenko reichte das Beweismaterial gegen Lenin nicht zur Einleitung eines Strafverfahrens aus, aber das Dossier wurde dicker. Und zweifellos stimmte die Behauptung der deutschen Geheimdienstler, Lenin wolle das Vertrauen des Volkes in die Regierung untergraben. In der Propagandaflut aus der Villa Krzesinskaja wurde das nicht einmal versuchsweise kaschiert. Vielmehr wurden die Truppen aufgefordert, sich mit dem Feind zu verbünden, und die Arbeiter sollten aufhören, zu den fantastischen Profiten beizutragen, die die Kapitalisten aus ihrer Hände Arbeit schlugen.

Bei einem Trommelfeuer von derartiger Propaganda nimmt es nicht wunder, daß Anarchie und Gesetzlosigkeit um sich griffen. Marodierende Soldaten durchstreiften das Land. Häufig kam es zu Meutereien. Straßenüberfälle waren in Petersburg so sehr an der Tagesordnung, daß die Stadt in der *Retsch* mit dem Wilden Westen verglichen wurde. Eine Fabrik nach der anderen schloß, weil die Direktoren nicht mehr die Ordnung aufrechterhalten konnten. Und dafür warfen ihnen die Bolschewiki vor, sie verwendeten die ›schleichende Aussperrung‹ als konterrevolutionäre Waffe.

Dem ganzen Land – besonders aber den Städten – drohte die Hungersnot. Im Laufe der Wochen wurde die Schlange der Bedürftigen, an die Nahrungsmittel verteilt wurden, immer länger. Das war nicht Lenins Schuld, aber er machte sich diese Entwicklung zunutze. »Friede, Brot, Land«, so lautete das Versprechen der Bolschewiki. Es würde in Erfüllung gehen, wenn der Sowjet erst einmal an der Macht war.

Kerenskis Erfolge auf seiner Rundreise überraschten alle, die es miterlebten, aber die Wirkung blieb räumlich begrenzt – zumal die Bolschewiki überall im riesigen Rußland unaufhörlich Propaganda betrieben. Er konnte nicht überall sein oder dableiben, um seine persönlichen Siege auszubauen.

Kerenski verfügte natürlich über seine eigene, von der Regierung getragene Propagandamaschine, und der Sowjet arbeitete jetzt eng mit ihm zusammen, unterstützte ihn, um die Nation vor dem völligen Zusammenbruch zu bewahren. Verzweifelt versuchten sie, Ordnung zu schaffen – was Lenin natürlich zu verhindern suchte. Denn solange das Chaos herrschte und zunahm, konnte er die Parole »Alle Macht den Sowjets« als Allheilmittel anbieten. Solange die Menschen unzufrieden waren, kamen sie eher der Aufforderung der Agitatoren nach, Bolschewiki in den Sowjet zu wählen. Und die bolschewistischen Parolen sprachen direkt an. Sie waren einleuchtend und einfach: Wacht auf! Ihr steht im Klassenkampf! Ihr werdet in den Fabriken ausgebeutet und in den Schützengräben niedergemetzelt, damit die Kapitalisten sich bereichern können! Erst wenn ihr, die Arbeiterklasse, das Volk, durch den Sowjet die Macht ergreift, wird es mit eurem Leiden ein Ende haben.

Um dem völligen Zusammenbruch der Moral bei der Armee entgegenzuwirken, versuchte Kerenski, die Disziplin zu straffen. Er führte wieder Strafmaßnahmen ein – einschließlich der Todesstrafe – und forderte die vielen tausend Deserteure auf, zu ihren Einheiten zurückzukehren oder sich auf die Folgen ihres Tuns gefaßt zu machen.

Der Sowjet unterstützte ihn mit einem flammenden Appell an die Truppen. Sie sollten nicht auf die heimtückische Propaganda der Bolschewiki hören. »Haben wir Nikolaus gestürzt, um uns vor Wilhelm in den Staub zu werfen?« hieß es in dem Manifest. »Wer euch sagt, daß die Verbrüderung der Weg zum Frieden ist, der führt euch ins Verderben.«

Alle Maßnahmen des Sowjets oder der Regierung wurden von der *Prawda* mit Hohngelächter kommentiert. Kerenskis »Deklaration der Rechte der Soldaten«, in der die neuen disziplinarischen Vorschriften niedergelegt waren, wurde von den Bolschewiki als »Deklaration der Rechtlosigkeit des Soldaten« angeprangert. Die Menschewiki und Sozialrevolutionäre, spottete Lenin, seien so tief gesunken, daß sie den »russischen Imperialismus« verteidigten. Als von Petersburg aus beratende Kommissare zu verschiedenen auswärtigen Sowjets geschickt wurden, die des allgemeinen Chaos Herr zu werden versuchten, meinte er warnend, das sei »ein sicherer Schritt zur Wiederherstellung der Monarchie«.

Die Bolschewiki waren immer noch eine Minderheitspartei, aber sie hatten eine laute und verführerische Stimme. Sie machten ständig Fortschritte.

Arthur Zimmermann in Berlin war sehr erfreut über die Ergebnisse seiner Investition. »Geheime Berichte zeigen«, so notierte er am 3. Juni, »daß die Regierungen der Entente auch weiterhin Rußlands wegen große Sorgen an den Tag legen . . . Lenins Friedenspropaganda wird ständig stärker, und seine Zeitung *Prawda* druckt bereits 300000 Exemplare. Die Arbeit in den Rüstungsfabriken liegt entweder darnieder oder die Produktionsziffern sind erheblich abgesunken . . ., die Nahrungsmittelversorgung der Städte und der Armee hat gelitten. Es besteht deshalb absolut keine Möglichkeit, daß die Entente von dieser Seite Hilfe erhält.«

Das deutsche Oberkommando war bereits so zuversichtlich, daß es Truppen von der Ost- an die Westfront zu verlegen begann. Der Krieg war zum Wettlauf mit der Zeit geworden. Und jetzt erhob sich eine entscheidende Frage: Konnte Deutschland mit massivem Einsatz von U-Booten die Alliierten schwächen, bevor Amerika seine Soldaten und seine Mittel in den Kampf warf?

Die alliierten Regierungen sahen die Lage ebenso klar wie die Männer in Berlin. Ihre Botschafter setzten Kerenski unter Druck: Er solle mit einer Offensive beginnen, damit die Deutschen im Osten festgehalten wurden – denn ihre Frühjahrsoffensive im Westen war gescheitert –, und sie forderten das als Preis für einen weiteren Kriegskredit, den Rußland dringend brauchte. Kerenski war für die Offensive. Er glaubte, ein Sieg werde die Kampfmoral stärken – und daran fehlte es sehr.

Wie man es auch betrachtete, die Armee mußte zum Kämpfen überredet werden, und als Kerenski Ende Mai von seiner Rundreise nach Petersburg zurückkehrte, glaubte er, dieses Ziel erreicht zu haben – und ohne Lenin hätte er es wahrscheinlich auch erreicht. Der unvermeidliche Zusammenprall rückte von Tag zu Tag näher. Denn die Bolschewiki gewannen immer mehr Anhänger bei den Arbeitern, während die Mittelschicht sich um Kerenski zusammenscharte. Doch wie vor Schlachten in alter Zeit trugen erst die beiden Führer einen öffentlichen Zweikampf aus.

Das geschah bei der Eröffnung des Allrussischen Sowjetkongresses. Er war vor allem deshalb einberufen worden, weil er die zentrale Rolle übernehmen sollte, die bis jetzt der Petersburger Sowjet innegehabt hatte.* Fast tausend Delegierte hatten sich im Gebäude des Kadettenkorps auf der Wassilewski-Insel versammelt. Sie bildeten eine bunte, vielsprachige Menge – »schlitzäugige Tataren und blonde Kosaken«, schrieb der Reporter Albert Rhys Williams, »Groß- und Kleinrussen, Polen, Letten und Litauer – alle Stämme und Sprachen und Gewänder«.

---

* Am Sowjetkongreß nahmen Delegierte aus den Bezirkssowjets von ganz Rußland teil, darunter natürlich auch Vertreter des Petersburger Sowjets. Bis dahin war das Exekutivkomitee des Petersburger Sowjets eine Art Interimsorgan zur Überwachung der Regierung gewesen. Ab Juni wurde diese Aufgabe von einem neuen Komitee übernommen – dem Zentralexekutivkomitee des Allrussischen Sowjetkongresses –, und der Petersburger Sowjet war von da an eine lokale Organisation wie der Moskauer oder Kiewer Sowjet. Die wichtigsten Mitglieder des Exekutivkomitees des Petersburger Sowjets gehörten auch zum Zentralexekutivkomitee des Allrussischen Sowjetkongresses – und so hatten sich für gewöhnlich dieselben Männer wie vorher mit den späteren Krisen zu befassen.
Wir wollen hier die vollständige und etwas verwirrende Bezeichnung dieser Organe vermeiden. Darum ist auf den folgenden Seiten, wenn ich es nicht ausdrücklich anders sage, mit der Bezeichnung »Sowjet« immer der Kongreß der Sowjets gemeint.

Lenin hatte »seine unterirdische Höhle verlassen und war ans Tagesicht gekommen«, kommentierte Suchanow sarkastisch. Es war einer seiner seltenen Auftritte in der Öffentlichkeit. Im Kreise seiner Genossen saß er ganz hinten im Saal.

Der hochgewachsene, elegante Irakli Zeretelli, der aus der sibirischen Verbannung nach Petersburg zurückgekehrt und die prominenteste Persönlichkeit unter den menschewistischen Führern geworden war, nutzte die Gelegenheit zu einer Attacke gegen die Bolschewiki. Er bezichtigte sie ungeheuerlicher Verantwortungslosigkeit. Dann meinte er: »Nur mit vereinten Kräften können wir die Demokratie und den Sieg zustande bringen. Heute hat Rußland keine politische Partei, die sagen würde: ›Gebt uns die Macht, geht, und wir werden euren Platz einnehmen.‹«

In diesem Moment ertönte eine Stimme aus dem Saal: »Es gibt eine solche Partei!« Zur Verwunderung seiner Genossen, die seine Zurückhaltung in der Öffentlichkeit kannten, hatte sich Lenin erhoben. »Es gibt eine solche Partei«, wiederholte er, »die bolschewistische Partei!«

Erst betroffenes Schweigen, dann schallendes Gelächter. Für Menschen, die nicht aus Petersburg kamen, war der Gedanke, daß eine so kleine Partei wie die Bolschewiki – sie nahmen am Kongreß mit nur 105 stimmberechtigten Delegierten teil – die Regierung bilden wollte, einfach absurd. Die anderen Parteien wurden dagegen von 822 Delegierten vertreten. Und sie lachten wieder, als Lenin das Podium betrat und forderte, der Sowjet solle unverzüglich der Provisorischen Regierung die Macht entreißen.

»Lachen Sie nur«, meinte er herausfordernd. »Unser Programm für die Wirtschaftskrise lautet folgendermaßen: Wir fordern die Bekanntgabe der Profite, die die Kapitalisten aus Kriegsaufträgen schlagen und die zwischen fünf- und achthundert Prozent liegen; wir fordern die Verhaftung von fünfzig oder hundert Großkapitalisten, damit die Fäden der Intrige zertrennt werden . . . man soll den Völkern über ihre Regierungen hinweg erklären, daß wir alle Kapitalisten – die französischen, die englischen und alle – für Räuber halten.«

»Sie haben 1905 und 1917 erlebt«, fuhr er fort. »Sie wissen, daß keine Revolution auf Befehl gemacht wird, daß sie in anderen Ländern erst durch blutige Aufstände zustande gekommen ist, in Rußland aber gibt es keine Gruppe oder Klasse, die sich gegen die Sowjetmacht stellen könnte.«

Kerenski – er war nicht in seiner Eigenschaft als Kriegsminister anwesend, sondern als Mitglied des Petersburger Sowjets – nahm die Herausforderung an. Die beiden Männer hatten einen gemeinsamen Hintergrund, sie kamen aus derselben Stadt, aber sie hatten sich seit Jahren nicht gesehen.

Anfang 1914 hatte Kerenski eine von Lenins Schwestern auf einem Wolgadampfer getroffen. »Keine Sorge«, sagte er damals, »Sie sehen ihn bald wieder. Es wird Krieg geben, und dadurch wird für ihn der Weg nach Rußland frei.«

Bei dieser Voraussage dürfte Kerenski kaum geahnt haben, daß er nur drei Jahre später mit Lenin um die Führung Rußlands kämpfen würde.

Er stand vor diesem großen Publikum, kerzengerade, den Arm in der schwarzen Schlinge. »Man hat Ihnen hier von 1792 und 1905 erzählt«, sagte er. »Wie endete es 1792 in Frankreich? Es endete mit dem Fall der Republik und dem Aufstieg eines Diktators. Wie endete 1905?

Mit dem Triumph der Reaktion . . .

Den sozialistischen Parteien Rußlands stellt sich das Problem . . . ein solches Ende wie in Frankreich zu verhüten . . . dafür zu sorgen, daß die Genossen, die aus dem Gefängnis befreit wurden, nicht ins Gefängnis zurück müssen; daß Genosse Lenin . . . Gelegenheit hat, hier ein zweites Mal zu sprechen, und nicht wieder in die Schweiz fliehen muß . . .«

Ohrenbetäubender Applaus. Und jetzt spottete Kerenski über seinen Gegner. »Man hat uns gesagt«, meinte er sarkastisch, »daß wir nicht mit Worten kämpfen . . ., sondern mit Taten beweisen sollen, daß wir gegen den Kapitalismus kämpfen. Welche Mittel hat man uns dafür empfohlen?« Kerenski legte eine Kunstpause ein, ließ den Blick prüfend über seine Zuhörer schweifen und gab dann verachtungsvoll die Antwort: »Die Verhaftung russischer Kapitalisten.« Und wieder ging eine große Welle des Gelächters durchs Publikum.

»Genossen«, fuhr Kerenski fort, »ich bin kein Marxist, aber ich hege den höchsten Respekt für Marx . . . doch der Marxismus hat nie so kindische und primitive Mittel gelehrt . . . Nirgends rät der Sozialismus dazu, Probleme beizulegen . . . indem man Menschen verhaftet, wie es asiatische Despoten tun . . . Ihr Bolschewiki empfehlt kindische Rezepte – ›verhaften, töten, zerstören!‹ Was seid ihr denn, Sozialisten oder Polizisten des alten Regimes?«

Mitten im Tumult stand Lenin auf. Sein Gesicht war zornesrot. »Rufen Sie ihn zur Ordnung!« schrie er dem Vorsitzenden auf der Tribüne zu.

Doch Kerenski fuhr fort, sobald er sich vernehmlich machen konnte. »Sie raten uns, den Weg der Französischen Revolution von 1789 zu gehen. Sie empfehlen uns einen Weg, der zu weiterer Unordnung im Lande führt . . . Wenn Sie, gemeinsam mit der Reaktion, unsere Macht zerstören, dann werden wir eine echte Diktatur haben. Es ist unsere Pflicht, die Pflicht der russischen Demokraten, zu sagen: ›Wiederholen Sie die historischen Fehler nicht.‹«

Lenin blieb nicht bis zum Ende der Rede. Laut Kerenski »nahm er seine Aktentasche und stahl sich, fast unbemerkt und mit gesenktem Kopf, aus dem Saal«.

Kerenski glaubte, den Kampf gewonnen zu haben. Lenin hatte das Feld geräumt, und die Delegierten folgten Kerenskis Aufforderung und lehnten die Vorschläge der Bolschewiki ab.

Zweifellos war er auch zufrieden damit, daß die Untersuchung der Verbindungen, die sein Gegenspieler zum Feind unterhielt, so gute Fortschritte machte. Wenige Tage vor ihrer Auseinandersetzung auf dem Kongreß hatte Perewersew, der neue Justizminister, Oberst Nikitin zu sich rufen lassen. Nikitin, Chef der Gegenspionage, hatte seinerzeit zu verhindern versucht, daß Lenin und seine Gruppe nach Rußland einreisen durften.

»Ein Mitglied des bolschewistischen Zentralkomitees«, so

eröffnete der Minister dem Oberst, »hat mich darüber in Kenntnis gesetzt, daß Lenin durch Briefe, die von Spezialkurieren befördert werden, mit Parvus in Verbindung steht.«

Nikitin handelte sofort. Seine Leute überprüften alle Verdächtigen, die in Beloostrow über die russisch-finnische Grenze gingen. Binnen einer Woche fanden sie bei einem Bolschewiken einen Brief an Paruvs. Darin hieß es, es solle soviel ›Material‹ wie möglich geliefert werden – Material, vermutete Nikitin, bedeutete Geld. Schriftexperten untersuchten den Brief und erklärten, er stamme von Lenin.

In Wirklichkeit ist es unwahrscheinlich, daß Lenin jemals direkt an Parvus geschrieben hat. Die Experten dürften sich also geirrt haben. Doch der Untersuchungskommission schien dieser Brief ein wichtiges Beweisstück für das Verfahren zu sein, das sie gegen Lenin vorbereitete. Nikitins Leute begannen, alle bolschewistischen Führer zu beschatten.

Kerenski war mit dem Ausgang des Sowjetkongresses zufrieden, aber Lenins Kampagne gewann bei den Arbeitern ständig an Boden. Grigori Sinowjew hatte vor kurzem eine Konferenz organisiert, auf der Repräsentanten aller Petersburger Fabriken und Gewerkschaften vertreten waren. Mehr als drei Viertel der Delegierten sprachen sich für die bolschewistische Linie aus und stimmten dem Vorschlag zu, ein Zentrum zu schaffen, das die Aktionen in den Petersburger Fabriken ständig koordinierte. Auch die Zahl der bolschewistischen Sitze im Petersburger Sowjet wuchs. »Sie hatten zwar noch nicht die Mehrheit darin«, schrieb Suchanow, »aber niemand konnte daran zweifeln, daß es dazu kommen werde, und zwar bald.«

Unter diesen Umständen war Lenin damit einverstanden, eine Auseinandersetzung zwischen seinen Streitkräften und den Streitkräften der Opposition herbeizuführen. Am Mittwoch, dem 19. Juni, zwei Tage nach seinem Duell mit Kerenski, präsidierte Lenin bei einer großen Versammlung in der Villa Krzesinskaja. Die ganze bolschewistische Führung war da: das Zentralkomitee, die Chefs der Militärorganisation, das Petersburger Stadtkomitee und eine oder zwei weitere Personen – auch Nadja, die aus Enttäuschung über die Behandlung, die sie im Sekretariat erfahren hatte, der Bezirksduma – dem Stadtrat – von Wiborg beigetreten war.

Podwoiski und Newski hatten die Versammlung einberufen, weil die Militärorganisation von Soldaten der Petersburger Garnison – denen jetzt die Verlegung an die Front drohte – stark unter Druck gesetzt wurde: Sie solle eine Massendemonstration gegen die von Kerenski geplante Offensive veranstalten.

Diese Idee war bereits vor zwei Wochen erörtet worden. Damals hatte Lenin abgelehnt: Er fand, es sei zu früh für eine solche Demonstration. Aber nun bestand Podwoiski darauf, daß die Partei es sich noch einmal überlegte. Mehrere Regimenter hatten gedroht, sie würden selbst auf die Straße gehen, wenn die Partei sie nicht führte – und die Anarchisten drängten sie noch dazu. Die Anarchisten setzten sich aus zwei kleinen Parteien zusammen, die ihr Hauptquartier in Wiborg hatten und ebenso extrem und hartnäckig waren wie die Bolschewiki, sich jedoch in einem wichtigen Punkt von ihnen unterschieden. Sie wollten überhaupt keinen Staatsapparat, keine Regierungsgewalt im eigentlichen Sinne.

Podwoiski und seine Genossen von der Militärorganisation hielten es für sehr wichtig, daß die Partei die Leitung der Demonstration übernahm. Nach seiner Auseinandersetzung mit Kerenski fand auch Lenin, es spräche einiges dafür. Wenn Tausende von Soldaten unter dem bolschewistischen Banner marschierten, würden die auswärtigen Delegierten zum Sowjetkongreß sehen, wie stark die Partei in der Hauptstadt war. Diejenigen, die sich über ihn lustig gemacht hatten, sollten von einigen Realitäten Kenntnis nehmen. Später gab Lenin zu, es sei außerdem wichtig gewesen, Kerenskis Offensive zu sabotieren.

Andererseits bestand natürlich erhebliche Gefahr, daß die Demonstration in Gewalttätigkeiten ausartete, denen die Partei keinen Einhalt mehr gebieten konnte. Viele Militante aus der Militärorganisation und dem Petersburger Sowjet wollten das erklärtermaßen, aber Lenin wußte, daß die Partei für einen Staatsstreich noch nicht genügend Rückhalt hatte.

Das Zentralkomitee, das einen endgültigen Entschluß treffen mußte, spaltete sich wie üblich in zwei Gruppen. Kamenew schüttelte den Kopf wie ein freundlicher Bär und meinte, die Anhängerschaft der Partei sei noch zu klein. »Jetzt zu handeln wäre unbesonnen und übereilt.« Sinowjew schloß sich seinem Freund an. Mit seiner eigenartigen hohen Stimme behauptete er, die Partei werde dabei »ihr Leben aufs Spiel setzen«.

Swerdlow, Lenins wichtigster Mann im Zentralkomitee, stellte sich hinter die Führer der Militärorganisation. Ebenso Stalin, der sich jetzt in einer kämpferischen und linken Rolle profilierte.

Auch Nadja beteiligte sich an der Diskussion. Es ging um das Problem, wie man die Demonstration friedlich gestalten könne. »Sie wird nicht friedlich sein«, meinte sie nur, »also sollte man sie vielleicht nicht veranstalten.«

Am Ende übernahm Lenin das Kommando – und tat nichts, wie es so oft bei ihm vorkam, wenn das Risiko groß und er sich des Erfolgs nicht gewiß war. Wahrscheinlich war das eine kluge Handlungsweise. Seine militärischen Führer waren zwar voller Enthusiasmus, aber sie hatten nicht allzu viele Ideen zur Organisation einer Demonstration. Sie wußten nie ganz genau, wer auf ihre leidenschaftlichen Appelle reagieren würde. Schließlich ordnete Lenin an, Newski solle überprüfen, welche Truppenteile bestimmt mit ihnen marschieren würden. Newski war irritiert. »Das erschien mir unwichtig«, bekannte er später. »Wir machen eine Demonstration, und das wird reichen.«

Lenin meinte das nicht. In zwei Tagen, am Freitag, würden sie noch einmal zusammenkommen, sagte Lenin, und die endgültige Entscheidung treffen. Bis dahin sollte Newski Informationen gesammelt haben, auf die sie sich stützen konnten.

Aber die Ereignisse eilten dem Plan voraus – Ereignisse, die nichts mit den Bolschewiki zu tun hatten. Die Regierung fühlte sich provoziert von den militanten Aktionen der Anarchisten, ließ ihr Hauptquartier umstellen, eine Villa in Wiborg, und gab ihnen vierundzwanzig Stunden Zeit, das

Haus zu räumen. Die Anarchisten baten die Wiborger Arbeiter um Hilfe. Und am Donnerstagabend streikten 28 Fabriken des Bezirks.

Dadurch bekam Lenin das Element, das in den Vorschlägen seiner militärischen Führer nicht enthalten gewesen war – die Emotionen der Arbeiter. In aller Eile verlegte er die geplante Versammlung auf den Donnerstagabend vor und lud Repräsentanten der Fabriken und Regimenter dazu ein.

Am selben Abend billigte das Zentralkomitee eine *friedliche* Demonstration. Sie sollte am Samstag um 14 Uhr beginnen – in nicht einmal zwei Tagen. Man wollte diese Meldung so lange wie möglich geheimhalten. Die bolschewistische Presse würde erst am Samstagmorgen zu der Demonstration aufrufen.

Den ganzen Abend über arbeitete die Militärorganisation an der Planung der Demonstration – sie gab Instruktionen an ihre Mitglieder in den Kasernen und an die Roten Garden in den Fabriken aus. Auch das Petersburger Komitee erteilte Anweisungen über die Parteihierarchie in den Bezirken.

Auf Befehl des Zentralkomitees sollte die Demonstration friedlich verlaufen – was politisch vernünftig war –, aber die Planer in der Villa Krzesinskaja bereiteten sich auch auf Gewalttätigkeiten vor. In strategischen Abständen sowie an der Spitze und am Ende des Demonstrationszuges wurden die Arbeiter von Militäreinheiten eskortiert. Die Demonstration nahm ihren Ausgang von drei Punkten. Auch das Marsfeld gehörte dazu.

Am Freitagmorgen schwärmten aus der Villa die Agitatoren zu den Fabriken und Regimentern aus. Von Stalin verfaßte Flugblätter wurden verteilt. Appelle an die Massen wurden in Satz gegeben. Sie sollten am Tag darauf in der *Prawda* und in der *Soldatskaja prawda* erscheinen, in der auch die Marschroute bekanntgegeben wurde.

Am Nachmittag lief die Nachricht von den bolschewistischen Plänen im Taurischen Palast beim Petersburger Sowjet ein – und löste höchste Besorgnis aus. Das Exekutivkomitee verbot die Demonstration und wandte sich an den Sowjet: Er möge diese Verfügung kraft seiner Autorität bestätigen. Die

Regierung warnte: Jegliche Gewaltanwendung würde sie mit »aller verfügbaren Macht« beantworten – für die Männer im Hauptquartier der Partei, die die ganze Nacht durchgearbeitet hatten, klang das, als hoffe Kerenski auf einen Vorwand zum Eingreifen.

Es war ein heller Abend – denn jetzt, in der Zeit der ›weißen Nächte‹, wurde es hier im Norden nicht dunkel. Lenin saß in der Villa Krzesinskaja und wartete. Ständig liefen Berichte aus den Stadtbezirken ein. Boten, die beritten waren oder mit dem Motorrad fuhren, überbrachten sie. Lenin stand den Aktivitäten fern, gab keine Befehle – er wartete nur, und derweil erfüllten die Parteimitglieder die Pflichten, die man ihnen zugeteilt hatte. Bald wurde deutlich, daß sich die Lage gut entwickelte. Die Appelle der Partei schienen großen Widerhall zu finden. Morgen würden Tausende marschieren und bolschewistische Parolen auf die Straßen tragen – und sie würden bewaffnet sein. Auch die Arbeitereinheiten hatten den Vorschlag abgelehnt, ohne Gewehre zu demonstrieren.

Dann hieß es, Kerenski habe Truppen zur Auflösung der Demonstration in die Stadt beordert. Doch der Kriegsminister dementierte, als er davon erfuhr. Er verließ sich auf den politischen Druck – und der war erheblich.

Um 20.30 Uhr traf Kamenew erschöpft in der Villa ein und forderte Lenin dazu auf, eine Versammlung einzuberufen. Sie sollte die Demonstration möglichst rückgängig machen. Er berichtete, im Sowjetkongreß herrschten starke antibolschewistische Gefühle, die man nicht einfach ignorieren könne. Sechzehn Parteiführer traten unverzüglich zusammen, aber Kamenew fand keine Resonanz. Nur der konservative Nogin war seiner Meinung. Selbst Sinowjew ließ ihn im Stich. Die Demonstration sollte nach wie vor stattfinden.

Der Kongreß tagte. Als Tschcheidse erfuhr, daß die Bolschewiki ihre Pläne keineswegs geändert hatten, unterbrach er die Debatte und bat ums Wort. Dramatisch warnte er den Kongreß. Wenn er jetzt nicht entschlossen handle, könne der nächste Tag fatal werden.

Der Kongreß folgte seiner Aufforderung. Er verbot für drei Tage alle Demonstrationen in der Stadt und appellierte an die Massen, sie sollten nicht auf die Bolschewiki hören. »Tut nicht, wozu ihr aufgerufen werdet . . . Diejenigen, die euch dazu aufrufen, müssen wissen, daß eure friedliche Demonstration mit einem blutigen Aufruhr enden kann . . .« Um diesem Appell Nachdruck zu verleihen, teilten sich etliche Delegierte in kleine Gruppen auf, machten die ganze Nacht über bei den Fabriken und Regimentern die Runde und mahnten eindringlich, man möge der Anordnung des Kongresses gehorchen.

Um zwei Uhr morgens war Lenin immer noch in der überfüllten Villa Krzesinskaja und verfolgte die Entwicklung der Dinge. Wieder traf Kamenew ein, begleitet von Nogin und Sinowjew. Er bat Lenin noch einmal, die Demonstration zu verhindern, die seiner Überzeugung nach katastrophal für die Partei ausgehen würde. Den Bolschewiki drohte sogar der Ausschluß aus den Sowjets. Und das würde politische Isolierung bedeuten und das zentrale Element von Lenins Strategie zunichte machen.

Die Anordnung des Kongresses brachte auch Lenin in eine schwierige Lage. Wie konnte er eine Anordnung des Sowjets ignorieren, wenn er dafür zu Feld zog, daß ihm alle Macht gegeben wurde?

Erschöpft nahmen fünf Mitglieder des Zentralkomitees, die sich gerade in der Villa aufhielten, zum zweitenmal innerhalb von sechs Stunden Platz, um über die Annullierung der Demonstration zu beraten. Es war noch hell – jenes seltsame, endlose Abendlicht –, und durch die Fenster konnten sie die Bäume im Park und den goldenen Turmhelm der Peter-und-Pauls-Festung sehen.

Sie wußten alle, daß die Absage der Demonstration ungeheure Folgen haben würde.

Womöglich verloren sie die Kontrolle aus den Händen und gerieten in Verruf. Fast mit Sicherheit würden sie einen Teil der Sympathie, die sie in letzter Zeit bei den Massen erworben hatten, wieder verlieren. Lenin wußte auch, daß die Flamme der revolutionären Stimmung, die er so behutsam angefacht hatte, nicht einfach verlöschen würde. Frustration, Unzufriedenheit, Zorn würden sich ausbreiten.

Aber vielleicht war es noch gefährlicher, am ursprünglichen Plan festzuhalten?

Kamenew und Nogin hatten natürlich keine Zweifel, von Anfang an nicht. Sie waren dafür, die Demonstration abzublasen. Sinowjew änderte seine Meinung und stimmte wie sie.

Es machte nun keinen Unterschied mehr, was Lenin und Swerdlow taten, denn die Mehrheit hatte gesprochen. Lenin schien dem Problem trotzdem aus dem Weg zu gehen, so, als könne er sich nicht dazu überwinden, formell eine Aktion rückgängig zu machen, die er bereits stillschweigend gebilligt hatte.

Als die Reihe an ihn kam, zögerte er. Dann meinte er finster: »Ich enthalte mich der Stimme.«

Die vier Männer blickten Swerdlow an. Er wirkte noch kleiner, noch bedrückter als sonst. Er folgte Lenins Beispiel. »Ich enthalte mich der Stimme«, murmelte er.

In letzter Minute hatte sich die Partei dem Sowjetkongreß gefügt, aber jetzt lautete die kritische Frage: Würden die Massen der Partei gehorchen?

Genossen wurden in die Kasernen, zu den Parteibüros in den Bezirken und in die Fabriken geschickt. Telefonisch erging Anweisung an die *Prawda* und die *Soldatskaja prawda*, die Titelseite abzuändern und bekanntzugeben, daß die Demonstration abgesagt war.

Der Befehl wurde mit ohnmächtiger Wut aufgenommen. In einigen Fabriken zerrissen Bolschewiki angeekelt ihre Parteiausweise. Viele der Delegierten des Kongresses, die bei den Fabriken und Regimentern die Runde machten, wurden zornig beschimpft. Das radikale Erste MG-Regiment betonte, es werde in wenigen Tagen sowieso auf die Straße gehen und »die Bourgeoisie zerschmettern«. In Kronstadt mußten die bolschewistischen Führer zu ›unmenschlichen Maßnahmen‹ greifen, um Tausende von erbosten Matrosen daran zu hindern, daß sie in die Stadt zogen – die Anarchisten drängten sie dazu.

Bei der von der Militärorganisation getragenen *Soldatskaja prawda* kam es fast zur Meuterei. Noch zwei Stunden nach dem Befehl, nicht zu demonstrieren, wurden Exemplare mit dem ursprünglichen, unveränderten Aufruf an die Massen verteilt. Doch am Ende brachte man die Redaktion zur Räson.

Lenin konnte sich ein wenig damit trösten, daß der Befehl eingehalten wurde, aber die rückgängig gemachte Demonstration führte zu einer traumatischen innerparteilichen Krise. Er mußte versuchen, seine zornigen Kritiker zu beschwichtigen. Am Montag erschien er bei der gemeinsamen Sitzung des Zentralkomitees und des Petersburger Stadtkomitees fast wie ein Delinquent. Die Atmosphäre war eisig.

»Ihr Unmut«, sagte er mit seiner kehligen Stimme, »ist vollauf berechtigt, aber wegen des Befehls des Sowjetkongresses hatte das Zentralkomitee keine andere Wahl.« Er behauptete, die Nachricht von einem bevorstehenden Angriff der Konterrevolution sei einer der Gründe für die Annullierung der Demonstration gewesen – wofür es freilich keine Beweise gibt. »Selbst im normalen Krieg«, erklärte er, »kommt es vor, daß geplante Offensiven abgeblasen werden müssen.«

Seine Rede machte bei den zornigen Militanten wenig Eindruck. Ein Genosse nach dem andern erhob sich und attackierte den in später Nacht getroffenen Beschluß. Man erinnerte ihn kühl daran, daß man das Veto des Sowjets und einen eventuellen Angriff der Konterrevolution bereits im Planungsstadium mit in die Überlegungen einbezogen habe.

Der Beschluß sei »hysterisch«, »übereilt«, »ein politischer Fehler«, der von »unerträglicher Unschlüssigkeit« zeuge.

Bei den Ereignissen, in die die Bolschewiki nun verwickelt wurden, spielte diese Konfrontation eine entscheidende Rolle. Die Linken glaubten, Lenin habe sich geirrt und sich sogar als schwächlich erwiesen. Ihr Führer, der die Partei und ihre Perspektiven in nur drei Monaten so tiefgreifend verwandelt hatte, galt nicht mehr als unfehlbar. Und dadurch verlor er etwas Größe und Vertrauen. Dies war fast mit Sicherheit der Hauptgrund dafür, daß er die Partei bei der nächsten Krise nicht mehr kontrollieren konnte.

Aber im Moment konnte er ihren Unmut wenigstens teilweise in andere Bahnen lenken. Die Führer des Sowjets erschraken vor der Erkenntnis, daß die Stadt bedrohlich auf einen Konflikt zusteuerte. Darum hatten sie sich voller Zorn gegen die Bolschewiki gewandt. Aber nun merkten sie, daß die gespannte Atmosphäre gelockert werden mußte, und beschlossen, selbst eine Demonstration zu organisieren, die allen Parteien offenstand. Damit wollten sie die Einigkeit der ›revolutionären Demokratie‹ beweisen.

Lenin sah das als große Chance. Jetzt konnten die Bolschewiki die abgesagte Demonstration doch veranstalten, abgesichert durch den Sowjet und seine geachtete, offizielle Stellung. Nach der Abfuhr, die ihm die Militanten erteilt hatten, trat er ihnen nicht selbst unter die Augen, sondern er schickte Sinowjew. Er sollte sein »bestrickendes« Können einsetzen, wie Trotzki es nannte. Sie murrten, aber schließlich waren sie mit der Teilnahme an der Demonstration einverstanden.

Der 1. Juli war ein schöner Tag mit leuchtendblauem Himmel. Hell glitzerte die Sonne auf den Kuppeln und Türmen der Stadt. Dieser Tag war ein großartiger Erfolg für die Partei und machte, wenigstens oberflächlich, die Demütigungen der Vorwoche wieder wett. Demonstranten – ein Regiment nach dem anderen, eine Belegschaft nach der anderen – marschierten an der Tribüne des Grabmals der Märtyrer auf dem Marsfeld vorbei. Sie trugen rote und goldene bolschewistische Transparente: »Alle Macht den Räten! Nieder mit den zehn kapitalistischen Ministern! Nieder mit dem Krieg!«

»Soldaten in Grau und Oliv«, so ein Augenzeuge, »Reiter in Blau und Gold, Matrosen mit weißen Blusen, Arbeiter mit schwarzen Blusen, Mädchen mit bunten Miedern strömten durch die Verkehrsadern der Stadt, jeder Demonstrant trug eine wehende Fahne, eine Blume, ein rotes Band; scharlachne Tücher hatten die Frauen um die Köpfe, rote *rubaschki* die Männer. Darüber . . . flatterten tausend rote Fahnen. Und im Dahinströmen sang dieser Fluß aus Menschen . . .

die spontane Äußerung der Volksseele. Jemand stimmte ein Revolutionslied an; mit tiefer, sonorer Stimme nahmen die Soldaten den Refrain auf, dann fielen mit wehmütiger Stimme die Arbeiterinnen ein, das Lied erschallte laut, verklang, erstarb, dann lebte es weiter hinten wieder auf – die ganze Straße sang in voller Harmonie.«

»Hier und da«, berichtete Suchanow, »wurde die Kette der bolschewistischen Fahnen und Kolonnen durch spezifische sozialrevolutionäre Parolen und offizielle sowjetische Losungen unterbrochen, aber diese gingen in der Masse unter. Wieder und immer wieder, wie ein unwandelbarer Ruf aus dem innersten Herzen der revolutionären Hauptstadt, wie das personifizierte Schicksal zogen . . . diese Losungen auf uns zu: ›Alle Macht den Sowjets! Nieder mit den zehn kapitalistischen Ministern!‹«[35]

Schweigend marschierten die Gruppen am Grab vorbei, senkten die Fahnen zu Ehren der Toten und ließen sie wieder im Wind wehen, als sie zum Sadowy-Prospekt weiterzogen.

Einer der menschewistischen Führer auf der Tribüne meinte höhnisch: »Die Bolschewiki haben Transparente austeilen lassen, und diese Leute tragen sie herum, ohne das geringste zu verstehen.«

Lenin, der in seiner Nähe stand, blinzelte mit einem Auge und fragte lächelnd: »Warum marschieren sie nicht mit Ihren Parolen? Schließlich haben Sie die Macht!« Doch seine Freude über diesen erfolgreichen Tag wurde verdüstert durch seine Gefahren. Konnte er das Volk zurückhalten, bis die Zeit günstig war?

Am Abend saßen im Speisezimmer der Jelisarowschen Wohnung das Zentralkomitee und einige der Führer der Militärorganisation. Maria hatte eine Vase mit roten Nelken auf den Tisch gestellt. Jemand von der Demonstration hatte sie Lenin als Geschenk überreicht. Sie besprachen die Ereignisse des Tages, und Podwoiski, der bärtige, blasse, harte Podwoiski, warnte sie vor dem, was jetzt bevorstand. »Nach alledem«, meinte er, »werden die Arbeiter und Soldaten versuchen, einen Aufstand zu organisieren.«

Lenin wußte, daß sein militärischer Führer recht hatte,

aber er betonte, Podwoiski müsse sein möglichstes tun, um sie im Zaum zu halten. »In diesem Stadium«, sagte er, »wäre eine Rebellion zum Scheitern verurteilt, weil die Arbeiter in Petersburg von den Fronttruppen und von der Bevölkerung in den Provinzen keine Unterstützung bekämen . . . Nikolai Iljitsch«, so wandte er sich an Podwoiski, »das muß den Massen erklärt werden . . . Unsere Kräfte müssen für den entscheidenden Angriff zur Wachsamkeit aufgerufen werden, aber die Partei wird bestimmen, wann es soweit ist.«

12

Am selben Abend, da Lenin in der Schirokaja-Straße zu den Parteiführern sprach, war Alexander Kerenski im Hauptquartier der Armee an der Front und studierte die Berichte der Vorausabteilungen des russischen Heeres.[36]

Frühmorgens hatte die Offensive begonnen, von der er sich eine Kräftigung Rußlands und die Zurückdämmung der bolschewistischen Gefahr versprach.

Die ersten Berichte waren ermutigend. An zwei Stellen waren die feindlichen Linien überrannt worden. Zehntausende von deutschen Soldaten wurden gefangengenommen. Und die russischen Truppen griffen den Feind an, den sie vor sich hatten, und nicht – wie es Lenins Soldatenpresse häufig gefordert hatte – »den Klassenfeind im Rücken«.

Zwei Tage lang rückte die Siebte Armee vor und drängte die Deutschen in Richtung Bereschany zurück. Dann verlangsamte sich der Vormarsch und kam schließlich zum Stehen. Die Moral sank, obwohl an vorderster Front spezielle ›Schockbataillone‹ eingesetzt waren, obwohl Kerenski vor der Offensive bei den Regimentern die Runde gemacht und eine faszinierende Wirkung ausgeübt hatte.

Drei Tage später griff weiter südlich eine andere russische Armee die Österreicher an, eroberte die alte Stadt Halicz und rückte gegen Kalusch vor – aber es gelang wieder nicht, die Offensive erfolgreich fortzusetzen.

In Petersburg nahm die Bourgeoisie die Meldung von den Anfangserfolgen mit Begeisterung auf. Wieder marschierten Demonstranten der Kadetten auf dem Newski-Prospekt und riefen auf Transparenten die Nation dazu auf, sich zur Verteidigung von ›Mütterchen Rußland‹ zusammenzuscharen. Von neuem griffen Redner Lenin und seine Allianz mit den Deutschen an.

Diesmal wurde von der Villa Krzesinskaja keine Konfrontation mit den Kadetten geplant. Lenin hatte Ärger genug. Die Offensive hatte in den Kasernen Zorn erregt. Massenhaft liefen Forderungen von Regimentskomitees ein – es solle endlich gehandelt werden.

Soldaten des 180. Reserveregiments sagten zu einem bolschewistischen Agitator: »Was tun die eigentlich in der Villa Krzesinskaja? Schlafen? Los, wir wollen Kerenski verjagen!«

Die bedrohlichste Herausforderung für Lenin kam aus dem Erdgeschoß des Hauptquartiers. Dort tagte eine Konferenz von Angehörigen der Militärorganisation aus ganz Rußland. Sie vertraten 30000 bolschewistische Soldaten – Agitatoren in einer bereits demoralisierten Armee – und glaubten zuversichtlich, die Revolution könne sofort beginnen.

Die Stimmung war so kämpferisch, daß Podwoiski einen Notruf an Lenin sandte. Er möge zu ihnen sprechen – und er kam dieser Aufforderung unverzüglich nach. »Eine falsche Maßnahme von uns kann alles zerstören . . .«, sagte er zu ihnen. »Wenn wir die Macht ergreifen könnten, wäre es naiv, anzunehmen, daß es uns auch gelingt, sie zu halten . . . Man sollte die Ereignisse nicht vorwegnehmen. Die Zeit ist auf unserer Seite.«

Er verhütete zwar eine Feuersbrunst, aber seine Zuhörer nahmen die Aufforderung zum Warten recht unwillig zur Kenntnis. »Man muß der Wahrheit ins Auge blicken«, betonte ein Sprecher. »Glauben Sie mir, die Front wird uns unterstützen. An der Front herrscht keine bolschewistische Stimmung, nein, dort herrscht ein kriegsfeindlicher Geist. Und das sagt alles.«

In einem anderen Teil der Villa tagte das Petersburger

Komitee – und hier waren Ungeduld und Kritik ähnlich stark wie bei der Militärorganisation. Unter ungeheuren Schwierigkeiten hatte man einen Streik der Putilow-Fabriken in Narwa abgewendet, um den Anordnungen der Partei Genüge zu tun.

Eine neue Gefahr zeichnete sich ab. In einigen Bezirken bewirkte der scheinbare Erfolg der Offensive einen Umschwung – gegen die Partei. Der Patriotismus – jener verführerische Appell an den russischen Nationalismus, auf den Lenin selbst im Exil hatte achthaben müssen – hob sein Haupt.

Das schien Grund genug zum sofortigen Handeln. Die Bewegung sollte sich nicht weiter ausbreiten. Einige verärgerte Redner, denen die Absage der Demonstration vor zehn Tagen noch auf der Seele lag, attackierten die Parteispitze wegen ihrer ›Führungsschwäche‹. Einer forderte die Partei dazu auf, dem Sowjet ein Ultimatum zu stellen: Übernehmt die Macht, oder wir tun es.

Agitatoren aus Wiborg murrten: Sie seien ›Feuerwehrschläuche‹, sie müßten die Glut der Revolution löschen, die sie auf Befehl der Partei hätten anfachen helfen.

Lenin tat sein Äußerstes, um die Wogen der Erregung zu glätten. In einem Artikel in der *Prawda*, der einen leisen Anflug von Verzweiflung trug, erklärte er: »Wir verstehen eure Bitterkeit, wir verstehen die Erregung der Petersburger Arbeiter, aber wir sagen ihnen trotzdem: ›Genossen, ein sofortiger Angriff wäre unzweckmäßig.‹«

Kamenew – diesmal stand er mit Lenin Seite an Seite – trug am nächsten Tag unter der Überschrift Es ist nicht so einfach, Genossen einen ähnlichen Appell in der *Prawda* vor. Er betonte, bloße »Sympathie« für die Partei reiche nicht aus.

Dagegen erschien am selben Tag ein gefühlsgeladener Artikel in der *Soldatskaja prawda*, der zeigte, wie angeschlagen Lenins Autorität war. »Genossen«, hieß es, »wir haben uns lange genug zum Wohl der Bourgeoisie geopfert . . . Wer jetzt noch schläft, der möge erwachen. Seid allzeit bereit.«

Überall in der Villa flackerte Widerstand gegen Lenin auf.

Diese Rebellion war direkt auf die Propagandatechnik zurückzuführen, mit der er — unter Verwendung deutscher Gelder – jene einfachen Themen hatte verbreiten können, die überall in Rußland Tag und Nacht wiederholt wurden. Es ist eine interessante Frage, ob Lenin, als er im plombierten Waggon – eventuell nach einem Treffen mit führenden deutschen Beamten in Berlin – seine Pläne überdachte, auch die möglichen Gefahren einkalkulierte, die eine übermäßige Propaganda mit sich brachte.

Verzweifelt versuchte er, von seinem Eckzimmer im zweiten Stock aus die Partei unter Kontrolle zu halten. Er wußte, wie delikat das Problem des richtigen Zeitpunkts war. Die Massen »schwankten« zwar, aber zu viele hingen immer noch den beiden großen Parteien im Sowjet an. Wenn Kerenskis Offensive fehlschlug, würde der Glaube dieser Russen dahinschwinden, und die Bolschewiki würden Zulauf bekommen. Und erst in diesem Moment konnte die Partei zum Angriff schreiten.

Mittlerweile hatten die Ermittlungsorgane der Regierung in der Sache Lenin einen vermeintlich riesigen Fortschritt gemacht. Am 4. Juli, demselben Tag, an dem Lenins Appell zur Zurückhaltung in der *Prawda* veröffentlicht wurde, bekam Oberst Nikitin Besuch in seinen neuen Büroräumen am Woskrenskaja-Quai an der Newa. Hauptmann Pierre Laurent, Militärattaché bei der französischen Botschaft, überreichte dem Oberst den seiner Meinung nach endgültigen und überzeugenden Beweis dafür, daß Lenin und die Bolschewiki mit deutschem Geld arbeiteten.

Die Franzosen und Briten meinten natürlich, die Regierung sei viel zu vorsichtig, was die Verhaftung Lenins betraf. Laurent, dessen französische Agenten mehr geleistet hatten als Nikitins Leute, begann jetzt, Druck auszuüben.

Bei Laurents Beweisen ging es um eine Frau namens Jewgenija Sumenson, die in dem Vorort Pawlowsk wohnte. Nikitin hatte sie bereits überwachen lassen. Sie schien sehr wichtige Anhaltspunkte zu bieten. In den letzten paar Wochen hatte sie von einem Konto bei der Sibirischen Bank

800 000 Rubel abgehoben – eine erstaunliche Summe für diese ›Halbweltdame‹, wie Nikitin sie nannte, die recht bescheiden lebte. Sie hatte noch 180 000 Rubel auf dem Konto. Zu ihrem Freundeskreis gehörten Bolschewiki – auch der polnische Rechtsanwalt Metscheslaw Koslowski, den man als wichtigsten Verbindungsmann zu den Deutschen und ihrem Geld verdächtigte.

Pierre Laurent händigte Nikitin eine Reihe von abgefangenen Telegrammen aus. Sie stammten von Jewgenija Sumenson und Jakob Fürstenberg in Stockholm. Eins von ihr las sich beispielsweise so: »Nestle kein Mehl geschickt. Verhandelt.« Und ein Telegramm von Fürstenberg nach Petersburg lautete: »Kabelt, welche Vorräte da sind – Nestle.«

In Anbetracht der großen Summen, die durch Jewgenija Sumensons Hände gingen, rechtfertigten die Telegramme für Nikitin die Einleitung eines Strafverfahrens. Die Tatsache, daß sie für eine Firma arbeitete, die Geschäftsbeziehungen zu der Kompanie hatte, die Parvus zur Hälfte gehörte und von Fürstenberg geleitet wurde – was natürlich ein legitimer, rein kommerzieller Grund für die Überweisung von Geldern sein konnte –, steigerte Nikitins Gewißheit, daß dies eine Quelle war, aus der Lenin seine Kampagne finanzierte.

Doch als Nikitin bat, ein Verfahren einleiten zu dürfen, befahl man ihm, momentan noch nichts zu tun. Perewersew hatte nämlich einen wichtigen Hinweis erhalten, vermutlich von seinem Verbindungsmann in der Villa Krzesinskaja. Jakob Fürstenberg wollte nach Petersburg kommen. Er würde etwa am 18. Juli die Grenze überschreiten und Dokumente bei sich haben, die überzeugende Beweise für ein Verfahren gegen Lenin enthielten.

In Wirklichkeit ist es äußerst unwahrscheinlich, daß Fürstenberg trotz seiner Erfahrung so naiv gewesen wäre, belastendes Material bei sich zu führen, wenn er einen Grenzposten passierte, wo er mit einer Leibesvisitation rechnen mußte. Aber da er im Netzwerk der Beweise eine so zentrale Rolle spielte, war es natürlich wünschenswert, ihn auch dann zu verhaften und zu verhören, wenn man keine

Dokumente bei ihm fand. Alle Aktionen wurden daher bis zum 18. Juli verschoben. Die Grenzbeamten wurden zur Wachsamkeit ermahnt.

Am 12. Juli beschloß Lenin plötzlich, ein paar Tage Urlaub zu machen. Er hatte es sich in letzter Minute überlegt, und angesichts der explosiven Lage in der Stadt kam das recht überraschend. Seine Macht über die Partei war geschwächt. Bei den Soldaten herrschte eine derart überhitzte Stimmung, daß man offen vom baldigen Aufstand sprach. Doch es war äußerst wichtig, sie so lange zurückzuhalten, bis zweifelsfrei feststand, daß Kerenskis Offensive gescheitert war.

Lenin wählte diesen Moment, um die Stadt zu verlassen, obwohl die Lage kritischer war denn je seit seiner Rückkehr.

Seinen Briefen nach zu schließen, fühlte er sich nicht wohl. Der Druck der letzten drei Monate war ungeheuer gewesen. Heftige Kopfschmerzen und Magenbeschwerden quälten ihn. Er konnte nur wenig essen. Nachts war er unruhig, oft von Schlaflosigkeit geplagt. Seine Schwestern befürchteten, er werde einen Nervenzusammenbruch bekommen, und baten ihn, sich ein paar Tage auf dem Land auszuruhen.

Der schlechte Gesundheitszustand ist ein plausibler Grund dafür, daß Lenin die Stadt verließ, aber eigentlich entsprach das gar nicht seiner Art. Er hatte auch vorher lange Krisenzeiten durchlebt, und jedesmal hatte seine Gesundheit dabei gelitten. Doch er hatte sie durchgestanden. Es waren fast mit Sicherheit noch andere Faktoren im Spiel, Faktoren, die wir im Licht der nachfolgenden Ereignisse betrachten müssen.

Nadja war zu dieser Zeit anscheinend selten mit ihm zusammen. Seine Schwestern, die beide für die *Prawda* arbeiteten, sahen ihn öfter. Es sieht so aus, als habe sich Nadja ganz ihrer Arbeit in Wiborg gewidmet, vielleicht auch den ungleichen Kampf in der Jelisarowschen Wohnung aufgegeben, bei dem es darum ging, wer über die Gesundheit ihres Mannes wachen sollte.

Jelena Stassowa erinnerte sich, daß Maria und nicht Nadja ihr detaillierte Anweisungen zu Lenins Ernährung gab, als er einmal mehrere Tage bei ihr wohnte.

Und mit Maria und nicht mit Nadja reiste Lenin denn auch am 12. Juli zu Wladimir Bontsch-Brujewitsch. Er besuchte ihn in seiner Datscha in dem Dorf Neivola nahe bei Petersburg. Sie fuhren mit dem Zug bis Mustamäki, stiegen dort aus und nahmen vorsichtshalber und um etwaige Polizeiagenten irrezuführen eine Droschke, die sie zum Haus von Demjan Bedny brachte, einem berühmten Dichter, der ebenfalls in Neivola lebte. Von dort aus gingen sie zu Fuß.

Die Bontsch-Brujewitschs hatten Lenin oft in die Datscha eingeladen, aber gerade jetzt erwarteten sie ihn nicht. Sie waren darum überrascht, als Demjan Bedny, ein stämmiger, jovialer Mann mit dickem, rötlichem Haar, »die wackligen Stufen zum Balkon heraufgestiegen kam und sagte: ›Schauen Sie, wen ich Ihnen da mitgebracht habe.‹« Soweit Bontsch.

Bontsch und seine Frau Wera gehörten zu den 22 Personen, die damals, nach der Spaltung im Jahre 1903, in Genf zum Kern von Lenins Fraktion gehört hatten. Sie waren immer treue Anhänger von ihm gewesen – und deshalb kam er vielleicht gerade auf sie zurück, obwohl ihn noch viele andere eingeladen hatten.

An den schönen, dunstigen Abenden saßen sie lange auf dem Balkon und hörten den Grillen zu. Tagsüber ruhte sich Lenin im Schatten von Bontschs Fliederbüschen auf einer Decke aus. Manchmal las er auch – nichts Politisches, vor allem englische Romane. Mit Maria ging er an einem See in der Nähe spazieren. Er badete zusammen mit Bontsch, und obwohl er »ein hervorragender Schwimmer« war, machte er seinem Gastgeber Sorge, weil er »weit, weit hinaus« schwamm.

Der See war tief, und Bontsch warnte ihn vor den kalten Strömungen, die auch Strudel bildeten, aber Lenin lachte nur. »Hier sind schon Leute ertrunken, sagen Sie?« rief er.

»Ja«, erwiderte Bontsch, »und das ist noch gar nicht so lange her.«

»Nun, ich werde nicht ertrinken«, meinte Lenin und tauchte unter »wie ein Delphin«. Er schwamm aufs Ufer zu, stand bis zu den Hüften im Wasser, schüttelte den Kopf und strich sich die Haare glatt. »Es ist wunderbar hier!« rief er.

»Wunderbar!« Diese überschwengliche Aktivität legt den Gedanken nahe, daß sein Gesundheitszustand kaum so schlecht gewesen sein kann, daß er es gerechtfertigt gefunden hätte, die Stadt während einer Krise zu verlassen.

Einige der Fischer am Ort, die die kalten Strömungen kannten, fragten Bontsch, wer sein mutiger Freund sei. »Ein Matrose von der Ostseeflotte«, erklärte ihnen Bontsch. »Ein Verwandter von mir.«

In Neivola schlief Lenin gut. Dazu verhalf ihm eine grüne, sedierende Flüssigkeit, die er auf Wera Michailownas ausdrücklichen Wunsch jeden Abend zu sich nahm.

Manchmal kam sein Freund Demjan Bedny auf einen Sprung herüber. Er war ein guter Schachspieler, und dann saßen sie im Hof, über ein Schachbrett gebeugt, das auf einem Stuhl lag.

Der Urlaub dauerte vier Tage. Am 17. Juli um 6 Uhr morgens wurde Bontsch geweckt. Jemand trommelte an sein Schlafzimmerfenster. Es war ein Genosse aus Petersburg. In der Stadt hatte es einen Aufstand gegeben.

Lenin wurde geweckt. Laut Bontsch saß er da, starrte in ein Glas Milch und sagte: »Der Zeitpunkt ist absolut falsch.«

Das stimmte zweifellos, aber man muß Lenins Bemerkung im Zusammenhang sehen. Der Aufstand kann für ihn keine große Überraschung gewesen sein, denn die Gefahr zeichnete sich bereits deutlich ab, als er die Stadt verließ. Seltsamerweise sah das Zentralkomitee zwölf Stunden lang zu, wie die Krise eskalierte – die schwerste Krise seit den Märztagen –, ohne Lenin zu benachrichtigen.

Warum warteten sie so lange? Eine Teilantwort besteht darin, daß man vor Lenins Abreise aus Petersburg einen Notplan entworfen hatte. Es ist unvorstellbar, daß er zu einer solchen Zeit fortgefahren wäre, ohne sich zu überlegen, was die Partei tun sollte, wenn es Schwierigkeiten gab. Aber die entscheidende Frage lautet: Wie sah dieser Plan aus?

Die Julitage, so heißt diese Krisenzeit, sind ein kontroverses Thema. Die amtliche sowjetische Version besagt, daß der Aufstand von einem Regiment ausging und sich dann über die ganze Stadt verbreitete. Die Partei habe versucht, ihm

Einhalt zu gebieten. Nachdem ihr das nicht gelungen sei, habe sie die Führung übernehmen wollen, um den Aufstand unter Kontrolle zu bekommen. Das mag stimmen, aber wenn wir dagegenhalten, daß Lenin seltsamerweise Petersburg verließ und das Zentralkomitee ihn erst nach zwölf Stunden rufen ließ, scheint uns diese Erklärung etwas zu simpel.

Bedeutende westliche Historiker haben behauptet, der Aufstand sei eine versuchte Machtergreifung der Bolschewiki gewesen. Aber das stimmt nicht überein mit den einwandfrei belegten Bemühungen Lenins, die Leidenschaften innerhalb und außerhalb der Partei zu bändigen. Es paßt auch nicht zu seinen Interessen. Denn der Aufstand mußte fehlschlagen, solange er keine verläßliche allgemeine Basis bei den Arbeitern und Soldaten hatte – insbesondere bei den Frontsoldaten. Und genau das war zu diesem Zeitpunkt nicht der Fall. Daß Lenin ohne diese Basis einen Aufstand gemacht hätte, wäre atypisch und im völligen Widerspruch zur marxistischen Lehre von der revolutionären Taktik. Überdies wird eine solche Erklärung durch die Unschlüssigkeit der Parteiführer während der Krise unhaltbar.

Was aber hätte in jener ersten Juliwoche, da Lenin sich voll und ganz einsetzen mußte, um die Militanten in Schranken zu halten, im Interesse der Partei gelegen? Um die Massen auf die Seite der Bolschewiki zu bringen, mußten alle begriffen haben, daß Kerenskis Offensive gescheitert war. Doch das würde einige Wochen dauern – bis die Offensive sich völlig totgelaufen hatte, bis es offenkundig wurde, daß man keine weiteren Fortschritte zu erwarten hatte. Wenn jedoch die Deutschen *auf Kerenskis Offensive hin* eine Gegenoffensive unternommen hätten – einen räumlich begrenzten Angriff, der relativ wenig Territorium erforderte, aber der russischen Armee eine weitere demütigende Niederlage beibrachte – dann wären sehr viel schneller die Bedingungen geschaffen worden, die Lenin brauchte, um seine Massenbasis zu erweitern. Kerenski würde mitsamt seiner Politik in Mißkredit geraten. Und Lenin konnte seinen mühsam gebändigten Militanten die Kandare abnehmen und einen Aufstand anordnen, der überwältigende Erfolgschancen hatte.

Wenn das Lenins Plan war, dann bedeutet das, daß er die Operationen der Partei mit den taktischen Zügen der deutschen Armee koordinierte – eine heimliche Absprache, die viel weiter reichte als der Umstand, daß Lenin Gelder zur Verwirklichung eines gemeinsamen Ziels entgegennahm. Das hieße, daß zwischen Lenin und Berlin eine lebhafte Kommunikation bestand, und dafür gibt es, anders als beim Problem des deutschen Geldes, absolut keinen Beweis – zumindest keinen grundlegenden Beweis. Man kann auch behaupten, daß der Gegenangriff eine vernünftige Antwort auf Kerenskis Offensive war, selbst wenn man einräumt, daß die deutschen Politiker und Militärs keine provokante Aktion unternehmen wollten, die den russischen Patriotismus anheizen konnte.

Aber es ist eine Tatsache, daß Verbindungswege zwischen Lenin und Berlin existierten. Ihre Benutzung wäre eine logische Weiterentwicklung der finanziellen Beziehungen gewesen, denn eine solche Kommunikation hätte Lenins Machtergreifung erleichtert. Aus den deutschen Dokumenten geht klar hervor, daß Parvus regelmäßige Kontakte zum deutschen Auswärtigen Amt und zu Zimmermann hatte. Und es ist eine verbürgte Tatsache, daß Parvus enge Beziehungen zu Jakob Fürstenberg unterhielt, der wiederum fraglos mit Lenin und Koslowski in Verbindung stand.

Noch bedeutsamer ist eine Aussage des deutschen sozialistischen Historikers Gustav Mayer in seinem Buch *Erinnerungen*. In Schweden, sagt er, habe er als Verbindungsmann zwischen Fürstenberg und Karl Radek einerseits – er traf mit ihnen in Neglinge in ihrer Villa am Meer zusammen – und den deutschen Amtspersonen andererseits gearbeitet. Außerdem erstattete er direkten Bericht nach Berlin – und zwar an Diego von Bergen, der für die politische Subversion in Rußland verantwortlich war.[37]

Wenn Lenin wußte, daß für den 16. Juli eine deutsche Gegenoffensive geplant war, wäre seine ansonsten merkwürdige Abreise am 12. Juli erklärt. Denn wenn die Bolschewiki ihre Machtergreifung zeitlich mit der Reaktion auf diese Offensive abstimmten, hatte Lenin Zeit, sich zu entspannen

– er brauchte es dringend –, bevor er nach Petersburg zurückkehrte und den Aufstand leitete. Er glaubte vermutlich, die anderen Parteiführer könnten die Partei auch ohne ihn unter Kontrolle halten, bis in wenigen Tagen der Plan anliefe – und er hatte Grund, das zu glauben. Hatte nicht die abgesagte Demonstration vom 10. Juni bewiesen, daß die Militanten sich gegen die Befehle der Partei wehrten, ihnen aber am Ende doch gehorchten?

Es ist gut belegt, daß die Bolschewiki planten, den Aufstand zu verschieben, bis sich die demütigenden Auswirkungen von Kerenskis gescheiterter Offensive bemerkbar machten – den Beleg liefert uns vor allem Stalin mit seinem Bericht über die Julitage auf dem Sechsten Parteitag im August 1917. Natürlich wird nirgendwo festgehalten, daß Lenin irgendwelche Informationen aus Berlin erhalten hätte.

Kerenski dagegen kam in seinen Memoiren – und in einer aggressiven Rede im November im Marjinski-Palast – zu dem Schluß, die deutsche Gegenoffensive sei im geheimen Einverständnis mit Lenin geplant worden. Theoretisch hatte das eine gewisse Logik. Die deutsche Gegenoffensive begann zwar erst am 19. Juli, aber General Ludendorff bestätigte, daß sie für den 16. Juli geplant war – den Tag, an dem in Petersburg der Aufstand begann –, jedoch wegen schlechten Wetters verschoben wurde.

Kerenski betrachtete den Plan als gleichzeitige Attacke an zwei Fronten – von innen und von außen –, und obwohl man sagen kann, daß er als Beteiligter eine wichtige Quelle sei, stimmt das nicht mit Lenins Absicht zusammen, die demütigende Niederlage der russischen Armee auszunutzen; denn um das zu können, mußte er erst einmal warten. Auch die verzweifelten Bemühungen der Parteiführer, dem Aufstand Einhalt zu gebieten – das ist einwandfrei belegt –, und ihre völlige Verwirrung machen Kerenskis Theorie unhaltbar.

Was jedoch diese Bemühungen und diese Verwirrung des Zentralkomitees erklären kann, ist die schlichte Tatsache, daß die Militanten, die nichts von irgendwelchen geheimen Absprachen mit den Deutschen wußten – falls es überhaupt welche gab –, zu früh mit dem Aufstand begannen und dadurch eine Katastrophe herbeiführten. Lenins Glaube, sie würden sich letzten Endes den Anordnungen der Partei fügen, war falsch. Er hatte die Kontrolle verloren. Als er in Bontsch-Brujewitschs Datscha an jenem Morgen sagte, dieser Zeitpunkt sei »absolut falsch« meinte er damit, daß seine gesamte Strategie zugrunde gerichtet war.

Mit der Droschke fuhren sie zum Bahnhof von Mustamäki. Es ging zurück nach Petersburg. Lenin war in der Lage eines Generals, der weiß, daß seine Truppen auf einen falschen Schlachtplan festgelegt worden sind, aber keine Möglichkeit mehr hat, den Befehl zum Angriff zurückzuziehen.

Die Krise, so erfuhr Lenin jetzt, hatte sich schon vor drei Tagen angekündigt, am 14. Juli – ironischerweise bei dem Regiment, bei dem die Bolschewiki den größten Rückhalt hatten, bei den MG-Schützen. Ein Teil des Ersten MG-Regiments war an die Front beordert worden. Die Männer weigerten sich und forderten einen Aufstand und die Absetzung der Regierung.

Als die Parteiführer in der Villa Krzesinskaja davon erfuhren, befahlen sie der Militärorganisation, die Bewegung zu unterdrücken. Jetzt schien sie noch leicht kontrollierbar, nichts weiter als ein neues Beispiel für die Militanz, die die Partei in dieser ruhelosen Stadt ständig niederhalten mußte.

Der Anführer dieser Meuterei war jedoch ein Bolschewik – ein hitzköpfiger Leutnant namens A. Semaschko, der bei den Leitern der Militärorganisation etliche Sympathisanten hatte. »Diesmal lassen sie sich nicht aufhalten«, sagte Semaschko zu Newski. Newski sollte, als bester ›Entstörer‹ der Partei, den Soldaten ihre Pläne ausreden. Semaschko versuchte gewiß nicht, sie aufzuhalten. Newski ebensowenig. Bei seiner Rede an die MG-Schützen legte er nur ein Lippenbekenntnis zur Parteilinie ab. Später gab er zu, er habe so gesprochen, daß »nur ein Narr zu dem Schluß gelangen konnte, er solle nicht demonstrieren«.

Und am 16. Juli kam es zur Krise. Am Vormittag und am frühen Nachmittag machten die MG-Schützen auf Semaschkos Veranlassung hin bei den Fabriken und bei den Kasernen von anderen Regimentern die Runde und baten um Hilfe. Eine Gruppe fuhr mit dem Schiff nach Kronstadt und redete den Matrosen zu: Sie sollten sich ihnen anschließen. Lastwagen mit aufmontierten MGs rollten durch Petersburg. Das Regiment besetzte den Finnländischen Bahnhof, errichtete Straßensperren auf der Troizki- und Liteiny-Brücke, den wichtigsten Verbindungen zu den Industriegebieten im Norden der Stadt, und schickte Patrouillen auf den Newski-Prospekt. Mehrere Soldaten machten sich mit einem Lastwagen auf den Weg, um Kerenski zu suchen. In den Händen hielten sie ein Transparent mit der Aufschrift DIE ERSTE KUGEL IST FÜR KERENSKI. Aber der hatte den Marjinski-Palast verlassen, um an die Front zu reisen, wo eine deutsche Gegenoffensive bevorstand.[38] Ein paar Minuten nach seiner Abfahrt kamen seine Verfolger lärmend am Baltischen Bahnhof an, um zu entdecken, daß sie ihn knapp verfehlt hatten.

Um 14.30 Uhr befanden sich die meisten Mitglieder des Zentralkomitees in den Räumen der Bolschewiki im Taurischen Palast. Hier erreichte sie die Meldung vom Aufstand. Sie trafen sofort Maßnahmen, um der Krise Einhalt zu gebieten. Das Zentralkomitee befahl den Soldaten, nicht zu demonstrieren. Kamenew und Sinowjew setzten für die Abendausgabe der *Prawda* einen Aufruf an die Massen auf: Sie sollten sich den Forderungen der MG-Schützen verschließen. Stalin eilte zu einer Sitzung des Zentralexekutivkomitees des Sowjets und bestand darauf, daß die erklärte Absicht der Partei, den Aufstand niederzuhalten, zu Protokoll genommen würde. Aber die Delegierten spotteten nur über den düsteren, schnurrbärtigen Georgier. Sie hatten oft genug die *Prawda* und die *Soldatskaja prawda* gelesen. In beiden Zeitungen wurde sonst offen der Aufstand diskutiert. Für sie waren die Bolschewiki einfach unaufrichtig – wie üblich.

Alles, was die Parteiführer taten, hatte keine Wirkung. Raskolnikow telefonierte aus Kronstadt an und erkundigte sich nach Instruktionen. Kamenew sagte ihm mit Bestimmtheit, er solle die Matrosen daran hindern, in die Stadt zu kommen. Raskolnikow antwortete, er wolle sein Bestes tun, glaube aber nicht, daß es ihm gelingen werde.

Um 20 Uhr brachen die MG-Schützen auf. Leutnant Semaschko setzte sich über den Befehl der Partei hinweg und führte sie. Sie marschierten zum Stadtzentrum.

Unterwegs machten sie vor der Villa Krzesinskaja halt. Drinnen versuchte ein Aktionskomitee, Entscheidungen zu treffen, Handlungsanweisungen zu geben. Aus der ganzen Stadt liefen Berichte ein. Swerdlow sprach vom Balkon aus zu den Soldaten und bestürmte sie, auf der Nordseite der Newa zu bleiben. Dann redeten Podwoiski und Newski. Sie versuchten mit allen Mitteln, sie von der Demonstration abzubringen. »Genug geredet!« rief ein Soldat. »Jetzt müssen wir handeln.« Und sie setzten sich in Marsch, zogen zur Troizki-Brücke. Ihre Kapelle spielte die Internationale.

Kamenew war im Taurischen Palast. Er wußte, daß es keine Möglichkeit gab, die Demonstrationszüge aufzuhalten, die sich, wie gemeldet wurde, von allen Seiten näherten. Und so versuchte er es denn mit einer Kriegslist. Er wollte der Krise eine gewisse Achtbarkeit verleihen und die Partei vor dem gewaltigen Rückschlag bewahren, der unvermeidlich sein würde, wenn sie gezwungen war, die Bewegung zu führen. Verzweifelt wandte er sich an den Sowjet mit der Bitte, die Demonstration zu übernehmen und sie in geordnete Bahnen zu lenken. Aber die Führer der Menschewiki und der Sozialrevolutionäre weigerten sich. Sie wollten Kamenew nicht aus einer Notlage heraushelfen, die ihrer Meinung nach durch die militante bolschewistische Propaganda verursacht worden war.

Tausende von Soldaten und Arbeitern strömten ins Stadtzentrum. Es mußte zu ernstlichen Komplikationen kommen. Auf dem Newski-Prospekt entbrannte der Kampf. Scharfschützen in Toreingängen und Mansarden feuerten auf die Demonstranten. Die Soldaten und die Roten Garden zahlten es ihnen heim. »Der Straßenkampf hat etwas Panikartiges«, schrieb der Reporter Albert Rhys Williams. »Nachts pfiffen die Kugeln aus versteckten Schlupflöchern, von Dächern herunter und aus Kellern heraus . . . die Menge rannte aufgeregt hin und her, floh vor dem Kugelhagel in der einen Straße und geriet in die bleiernen Böen, die durch die nächste fegten. Dreimal glitten wir in dieser Nacht in Blutlachen auf dem Pflaster aus. Den Newski hinunter eine lange Reihe von eingeschlagenen Fenstern und geplünderten Läden – es brannte . . .«

Um Mitternacht waren die Straßen in der Umgebung des Taurischen Palasts voll von erregten Soldaten und Arbeitern. Mehrere Führer des Sowjets hielten Ansprachen und versuchten, die Menge zu beruhigen. Auch Trotzki und Sinowjew redeten. Aber die Menschen gingen nicht nach Hause. Sie blieben – viele, viele Gesichter in der Dunkelheit, die von Fackeln und von den Lichtern des Palastes erhellt wurde.

Nach Mitternacht versuchte das Zentralkomitee in den Räumen der Bolschewiki im ersten Stock immer noch, einen Weg aus der Sackgasse zu finden. Auch Trotzki war da, begleitet von zwei Führern seiner kleinen Patei, von Uritzki und Lunatscharski. Kamenew vertrat die Auffassung, es sei fatal für die Partei, die Führung zu übernehmen – aber es gab letzten Endes keine andere Alternative.

Raskolnikow telefonierte wieder aus Kronstadt an. Es sei ihm nicht gelungen, die Matrosen aufzuhalten. Zehntausend würden am nächsten Morgen in der Stadt eintreffen. Kaum daß Sinowjew eingehängt hatte, lief die Meldung ein, ein Demonstrationszug von 30000 Männern, Frauen und Kindern aus den Putilow-Werken im Stadtteil Narwa nähere sich dem Palast. Auch sie waren beschossen worden. Sie verteilten sich in den Anlagen hinter dem Palast. Viele legten sich auf dem Boden nieder und schworen, erst dann zu gehen, wenn der Sowjet die Macht übernommen hatte.

Widerwillig entschied sich das Zentralkomitee dafür, daß die Partei die Führung der Bewegung übernahm. Für den nächsten Tag sollte eine friedliche Demonstration organisiert werden.

Dieser Beschluß, der um zwei Uhr morgens getroffen wurde, erforderte eine rasche Umstellung. Es war zu spät, Kamenews und Sinowjews Aufforderung, *nicht* zu demonstrieren, durch etwas anderes zu ersetzen, denn die *Prawda* mußte jetzt in Druck gehen. Also wurde der bereits gesetzte Artikel aus der Mater herausgenommen, und die *Prawda* erschien mit einer großen, weißen Leerstelle auf der Titelseite – Zeugnis für die Unentschlossenheit der Partei.[39]

Nun, da man sich endlich entschieden hatte, ließ das Zentralkomitee auch Lenin rufen. Bisher war das nicht geschehen, und zwar zweifellos deshalb, weil ihr Hauptproblem bei den Verhandlungen mit den Führern des Sowjets die Glaubwürdigkeit war. Alle meinten, die Bolschewiki hätten die Krise heraufbeschworen. Doch da Lenin nicht in der Stadt war, wirkten ihre Unschuldsbeteuerungen eher glaubhaft. Denn würden sie einen Aufstand machen, den Lenin nicht aus nächster Nähe leiten konnte?

13

Lenin und die anderen verließen die Datscha Bontsch-Brujewitschs und erreichten in Mustamäki den 6.45-Uhr-Zug. Auf der Fahrt lasen sie die Morgenzeitungen. Andere Reisende gaben laut und erbost den Bolschewiki die Schuld an den Unruhen.[40]

Schon am Finnländischen Bahnhof konnte man die Krise wahrnehmen. Es fuhren keine Straßenbahnen. Am anderen Ende des Platzes zog eine lange Kolonne von Arbeitern in Richtung Liteiny-Brücke.

Nur eine Droschke stand da und wartete. Lenin und Maria fuhren damit zur Villa Krzesinskaja. Bontsch ging zu Fuß zu seiner Wohnung in der Chersonskaja-Straße. Sie wollten sich später wieder im Taurischen Palast treffen. Düster saß Lenin in der Droschke und blickte hinaus. Ein schwermütiger Tag, bewölkter Himmel, alles naß von Sprühregen. Auf den Straßen marschierten dichtgedrängt Soldaten und Arbeiter. Passantengruppen auf den Trottoirs beobachteten sie mit feindseligen Blicken.

In der Villa überwachten die Führer der Militärorganisation die Schlußphase einer massiven Operation. Podwoiski und Newski hatten bereits damit gerechnet, daß das Zentralkomitee sich hinter die Demonstration stellen werde, und am

Vortag den Parteizellen in den Kasernen Befehle zugehen lassen. Es sollten bolschewistische Komitees gebildet werden, die die Bataillone leiteten. Jeder Kompanie wurde ein Parteiführer zugeteilt.

Um neun Uhr morgens waren bereits sieben Regimenter unter der Kontrolle der Bolschewiki unterwegs. Panzerwagen mit laufenden Motoren warteten an allen wichtigen Straßenkreuzungen. Sie standen für den Fall bereit, daß Konterrevolutionäre angriffen.

Die Kommandozentrale befand sich in einem Herrenschlafzimmer im dritten Stock. Als Lenin dort eintraf, gingen gerade die zehntausend Matrosen aus Kronstadt an den Kais der Wassilewski-Insel von Bord – keine zwei Kilometer entfernt. Vorher – ihre Flottille steuerte auf die Newamündung zu – war ihnen ein Delegierter des Sowjets mit einem Schlepper entgegengekommen und hatte versucht, sie zum Umkehren zu bewegen. Aber die Boote aus Kronstadt verlangsamten nicht einmal die Fahrt. Bald marschierte die erste schwarze Kolonne der Matrosen über die Malaja-Newa, einen Flußarm, der die Wassilewski-Insel von Alt-Petersburg trennt. Sie zogen zur Villa Krzesinskaja.

Wie immer hielt sich Lenin aus dem großen Strom des Geschehens heraus und überließ anderen die Durchführung seiner Strategie. Er wußte nur zu gut, daß die Führer der Militärorganisation die Einheiten zwar einigermaßen in der Hand hatten, daß sie aber trotzdem alle in den Sog turbulenter Ereignisse hineingezogen werden konnten.

»Glauben Sie, Wladimir Iljitsch, daß diese Bewegung vielleicht der Beginn der Machtergreifung ist?« fragte Michail Kalinin, ein Mitglied des Petersburger Komitees. Er war es auch, der von dieser Szene berichtete.

»Wir werden sehen«, erwiderte Lenin. »Im Augenblick kann man es einfach noch nicht sagen.«

Lenin tat sein Bestes, um sich alle Möglichkeiten offenzuhalten. Er hoffte auf eine Situation, die er zum Vorteil der Bolschewiki nutzen konnte. Doch das änderte nichts an der Tatsache, daß die Zeit noch nicht reif war. Mochte die Partei auch Petersburg gewinnen – was immerhin möglich war, denn die Regimenter, die nicht mitmarschierten, verhielten sich neutral –, halten konnte sie die Macht nicht.

Wenn Lenin es dagegen ablehnte, die Soldaten und die Massen einzusetzen, die auf das Kommando seiner militärischen Führer hörten, würde er heftige Reaktionen gegen die Obersten der Partei heraufbeschwören.

So oder so, man konnte den Meinungsumschwung, der nach dem Scheitern von Kerenskis Offensive erfolgt wäre, den Meinungsumschwung zugunsten der Bolschewiki, nicht voll nutzen. Vielleicht wurde die Partei auch verboten.

Lenins einzige Hoffnung – und es war eine sehr schwache Hoffnung – bestand darin, daß der massive Druck, der an diesem Tag entstehen würde, den Sowjet dazu brachte, die Macht zu übernehmen.

Laut Suchanow – er berief sich auf Lunatscharski, der sich ebenfalls in der Villa aufhielt – einigte man sich an diesem Morgen auf einen Plan zur Machtergreifung. Lunatscharski bestritt das später, aber Suchanow beteuerte, er habe ihn nicht falsch zitiert.

Kein Zweifel, man erwog eine solche Aktion. Denn die deutsche Gegenoffensive machte Kerenskis militärischen Ruhm zunichte. Aber noch kam es zu keiner Reaktion auf diese neue Demütigung der Nation – es war zu früh dafür. Alles Beweismaterial, alle späteren Ereignisse deuten darauf hin, daß kein Entschluß gefaßt wurde – will sagen, kein anderer Entschluß als der, diese Demonstration zu leiten, die die Machtübernahme durch den Sowjet forderte.[41]

Die Kronstadter Matrosen versammelten sich zu Tausenden im Alexandrowski-Park, der an die Villa grenzte. Swerdlow kam auf den Balkon und begrüßte sie. Währenddessen ging die Diskussion im Herrenschlafzimmer weiter. Lenin hörte die dröhnende Stimme des Parteisekretärs. »Genosse Raskolnikow«, rief Swerdlow, »würden Sie die ersten Reihen bitten, näher an die Villa heranzurücken?«

Einige Minuten später betrat Raskolnikow den Raum und begrüßte Lenin mit Handschlag. Er fragte ihn, ob er zu den Matrosen sprechen werde.

Aber Lenin hatte sich innerlich ganz auf das Problem

konzentriert, wie er sich verteidigen sollte, wenn dieser Tag vorbei war. Er schüttelte den Kopf. »Fjodor Fjodorowitsch«, sagte er, »ich bin gegen diese Demonstration. Wenn ich mich weigere, zu den Genossen zu sprechen, wird das klar werden.«

Podwoiski setzte ihm zu. Er solle es sich noch einmal überlegen. Lenin brachte ein neues Argument. »Ich fühle mich nicht wohl, Nikolai Iljitsch«, meinte er. Aber draußen vor der Villa riefen Tausende von Matrosen: »Lenin! Lenin! Wir wollen Lenin hören!«

Schließlich trat er doch auf den kleinen Balkon mit seinem schwarzen, kunstgeschmiedeten Eisengitter und blickte über das Meer von Matrosenmützen hin. Eine vielköpfige Menge – noch weit hinten standen sie, unter den Bäumen – und er ihr gegenüber, eine kleine Gestalt im ausgebeulten Anzug.

»Eine unwiderstehliche Woge der Begeisterung«, berichtete Trotzki, »eine echte Kronstadter Woge, schlug dem Führer zur Begrüßung entgegen, als er auf den Balkon kam. Ungeduldig – und wie immer etwas verlegen – wartete Lenin darauf, daß die Willkommensrufe aufhörten. Bevor die Stimmen verstummt waren, begann er zu sprechen.«

»Genossen«, sagte er heiser, »ihr müßt entschuldigen, wenn ich mich auf wenige Worte beschränke. Ich bin krank gewesen. Ich begrüße euch im Namen der Arbeiter von Petrograd . . . Trotz momentaner Schwierigkeiten bin ich sicher, daß unsere Parole ›Alle Macht den Sowjets‹ am Ende siegreich sein wird, was von uns allerdings Zurückhaltung, Entschlossenheit und Wachsamkeit erfordert.«

Das war nicht die feurige Rede, die sich die Matrosen erwartet hatten. Einer von ihnen schrieb später, viele hätten nicht einsehen können, warum »eine Kolonne von Bewaffneten, die darauf brennt, in den Kampf zu ziehen, sich auf eine bewaffnete Demonstration beschränken soll«.

Lenin versuchte keineswegs, sie aufzuwiegeln, und das war vernünftig, denn obwohl seine Rede äußerst harmlos war, wurde sie später als flammender Aufruf zur Revolution dargestellt und dementsprechend ausgeschlachtet.

Dann ergriff wieder Swerdlow das Wort. Seine laute

Stimme stand wie immer in seltsamem Gegensatz zu seinem dunklen, schmalen Gesicht und zu seiner zerbrechlichen Gestalt. Er gab Anweisungen an die Matrosen aus. Sie sollten den Rücktritt der kapitalistischen Minister fordern. »Wenn die Sowjets die Machtübernahme verweigern, ist die Lage klar . . . In diesem Fall warten Sie besser auf weitere Instruktionen.«

Die Matrosen formierten sich. Ihre Kapellen begannen zu spielen, und die Kolonne setzte sich wieder in Marsch – diesmal ging es in Richtung Troizki-Brücke und Stadtmitte. Mit den Matrosen zogen viele Arbeiter aus den Fabriken auf der Wassilewski-Insel. Panzerwagen, die in strategischen Intervallen plaziert waren, begleiteten die Demonstration. In einem der Fahrzeuge saßen Newski und Podwoiski, Lenins Frontkommandeure.

Die militärischen Führer hatten ihre Strategie zur Machtergreifung ausgearbeitet und die Streitkräfte in Kampfposition aufmarschieren lassen. Ihnen fehlte nur noch der Befehl zum Angriff. Es war eine unvollkommene Strategie, nicht durchdacht und lediglich in den allgemeinsten Begriffen gehalten.

Das Herzstück, das Zentrum bildeten die Matrosen. Aber es gab auch zwei starke Flügel. Als die Matrosen über die Troizki-Brücke strömten, zogen gleichzeitig, 1200 Meter weiter flußaufwärts, die MG-Schützen, verstärkt durch Wiborger Arbeiter, über die Liteiny-Brücke. Und vom anderen Ende der Stadt marschierten Tausende von Putilow-Arbeitern aus dem Bezirk Narwa über den Sadowy-Prospekt heran.

Die drei Kolonnen – dazu gesellten sich noch viele kleinere aus anderen Stadtteilen – hatten ein gemeinsames Ziel: den Taurischen Palast. Auf ihren Transparenten forderten sie: ALLE MACHT DEN SOWJETS! und NIEDER MIT DEN KAPITALISTISCHEN MINISTERN!

Um sie vom Taurischen Palast fernzuhalten, standen vierzehn Soldaten vom Regiment Pawlowski und achtzehn Mann von der Panzerwagendivision bereit – 32 gegen Zehntausende, die von allen Seiten der Stadt zusammenströmten. Ihr Kommandeur war, seltsam genug, Oberst B. W. Nikitin von der Gegenspionage, der Mann, der so eifrig mitgeholfen hatte, belastendes Material gegen Lenin zusammenzutragen. Er war zufällig auf diesen Posten geraten. Am Tag zuvor hatte er sich im Hauptquartier des Stabes aufgehalten. Und niemand außer ihm war zur Verteidigung des Sowjets abkömmlich gewesen – eine ziemliche Ironie, denn kaum ein Mensch in Petersburg dürfte den Sowjet und das, was er vertrat, so wenig geschätzt haben wie der Oberst.

Außer Nikitins kleinem Häuflein standen in den Kasernen vier Schwadronen Kosaken als Reserve abrufbereit. Aber auch sie würden gegen Tausende von bewaffneten Soldaten nicht viel ausrichten können.

Die Minister hatten vorsichtshalber den Marjinski-Palast geräumt und sich im sichereren Wehrkreiskommando einquartiert. Es befand sich auf dem Platz vor dem Winterpalast in jenem Triumphbogen, den Nikolaus I. hatte erbauen lassen, um die Niederlage Napoleons zu feiern. Da aber selbst die reaktionärsten Einheiten, etwa das Regiment Preobraschenski, in ihren Kasernen blieben und sich neutral verhielten, war die Lage der Regierung kritisch. Sie konnte Truppen von der Front abziehen, doch bis jetzt hatte der Sowjet diese extreme Maßnahme noch nicht gebilligt – man bekam dadurch vielleicht die Dinge wieder in die Hand, aber es konnte auch unabsehbare Folgen haben, zu größerem Blutvergießen führen und mehr Märtyrer schaffen als die Revolution im März.

Wie Lenin warteten die Minister im Triumphbogen die weitere Entwicklung ab, bevor sie eine endgültige Entscheidung trafen.

Lenin war nicht mit Podwoiski und Newski bei den Matrosen – es entsprach ihm nicht, als spektakulärer Führer aufzutreten. Er fuhr ganz unauffällig mit einem Auto zum Taurischen Palast, passierte die langen Kolonnen. Und dabei muß er an die Reise im plombierten Waggon gedacht haben. Denn genau das hatte er damals im Zug geplant – Tausende sollten die Machtübernahme durch den Sowjet fordern.

Und seltsam: Wenn er sie an diesem feuchten, wolkigen Tag hätte aufhalten können, dann hätte er es sicher getan.

Fast den ganzen Nachmittag über hielt sich Lenin in den Räumen der Partei im Taurischen Palast auf. Wenn es nötig war, gab er Befehle, traf auch Entscheidungen, aber außer den Parteiführern bekam ihn niemand zu Gesicht. Immer waren es andere – gewöhnlich Sinowjew –, die zu anderen Parteien Kontakt aufnahmen, Reden im Sowjet hielten oder zu den Massen vor dem Palast sprachen. Von außen betrachtet war Sinowjew in diesen schwierigen Stunden der führende Kopf bei den Bolschewiki.

Die Krise hatte Lenin und Sinowjew einander nähergebracht – sie hatten jetzt fast dieselbe Arbeitsbeziehung wie damals in der Emigration. Es gab im Augenblick keine politischen Konflikte mit Kamenew, die Sinowjew immer so sehr zu schaffen machten. Die drei Männer arbeiteten in völliger Eintracht und versuchten, die Partei aus dem Morast zu ziehen, in den sie der linke Flügel hineinmanövriert hatte.

Gleich nach seiner Ankunft im Taurischen Palast führte Lenin eine kurze, vertrauliche Unterredung mit Sinowjew und Trotzki. Sie standen im Säulengang des großen Saales beim Büffet – wahrscheinlich nahmen sie statt des Mittagessens etwas Tee zu sich. Lenin war noch unentschlossen, aber die vielen tausend Demonstranten wirkten natürlich verlokkend. »Sollen wir es jetzt versuchen?« fragte er, laut Sinowjew. Doch dann fügte er schnell hinzu, was sie alle nur zu gut wußten: »Nein, wir können die Macht nicht übernehmen, weil die Fronttruppen noch nicht auf unserer Seite sind.«

Er kehrte in die Parteiräume im zweiten Stock zurück und lauschte den Lageberichten. Bis jetzt keine großen Konflikte, nur ein paar Zwischenfälle. Aber es würde zu Auseinandersetzungen kommen, das wußte er genau. Sicher würde es Provokationen geben wie am Vorabend und wie im Mai – jene Schüsse aus Toreinfahrten und Mansarden, auf die blutige Zusammenstöße folgten, für die man die Partei verantwortlich machen wollte.

Lenin ging im Zimmer auf und ab. Er war tief in Gedanken. Auf Bontsch-Brujewitsch, der ihn beobachtete, machte er in diesem Augenblick den Eindruck eines einsamen Mannes. Er stand vor einer heillosen Situation. Wenn er nicht einen Aufstand führen konnte, blieb ihm nur eins: warten, bis die Krise ihren Höhepunkt überschritten hatte, und hoffen, daß alle Beteiligten nach Hause gingen. Hätte Lenin die Pläne gekannt, die im selben Moment im Hauptquartier des Stabs diskutiert wurden, dann wäre er noch besorgter gewesen als ohnehin.

Kurz nach 15 Uhr auf dem Sadowy-Prospekt. Der Lastwagen, der vor der riesigen Kolonne der Putilow-Arbeiter herfuhr, passierte die Stelle, wo die Apraxin-Straße kreuzte, als die Glocke der Kirche Mariä Himmelfahrt zu läuten begann. Das war ein verabredetes Zeichen: Die ersten Schüsse fielen. Kugeln umpfiffen die Demonstranten. Sie rannten, suchten Deckung. Frauen schrien. Menschen sanken zu Boden, einige tot, einige verwundet.

Rotgardisten drangen in die Häuser ein, wo sich die Schützen versteckten, und erschossen sie.

Der Demonstrationszug der Matrosen reichte jetzt fast vom Newski- bis zum Liteiny-Prospekt. Raskolnikow und die anderen Führer an der Spitze der Kolonne waren nicht mehr weit vom Taurischen Palast entfernt.

»Man konnte die Kapelle kaum hören«, berichtete einer der Kommandeure aus Kronstadt. »Die Sonne lugte hinter den Wolken hervor . . . und plötzlich knallten hinter uns Schüsse.«

Auf dem ganzen Weg zwischen Liteiny und Newski feuerten hier und dort MGs und Gewehre in die Menge. Die Matrosen gerieten in Panik, denn sie konnten ihre Gegner nicht sehen. Sie schossen von den Dächern und oberen Stockwerken herunter. Die Matrosen brachen aus der Formation aus und feuerten wahllos zurück. Einige gingen auf der Straße in Stellung. Andere suchten Deckung in den Toreinfahrten. Viele Matrosen wurden auf der Straße niedergemäht.

Sobald die Gebäude ausgemacht waren, aus denen geschossen worden war, rumpelten die Panzerwagen der

Bolschewiki über die breiten Straßen und bestrichen die Fenster mit MG-Garben.

Endlich, nach mehr als einer Stunde, hörte die Schießerei auf. Raskolnikow und die anderen Führer redeten ihren Leuten zu. Sie sollten sich wieder in Reih und Glied aufstellen und weitermarschieren. Doch als sie schließlich vor dem Taurischen Palast anlangten, waren sie zornig – Tausende von zornigen Männern. Das MG-Regiment begrüßte sie mit Hochrufen.

Raskolnikow verließ seine Matrosen und ging in den Palast, um den bolschewistischen Führern Bericht zu erstatten. Im Vestibül begegnete er Trotzki. Die beiden Männer hatten sich kaum begrüßt, als jemand aufgeregt herzurannte. »Die Matrosen haben Tschernow festgenommen.«

Viktor Tschernow, ein Führer der Sozialrevolutionäre, die viele Mitglieder bei den Matrosen hatten, war Landwirtschaftsminister und hatte es daher mit dem heiklen Problem der Bodenreform zu tun. Als er zu den erbosten Matrosen sprechen wollte, wurde er niedergebrüllt. Einer schlug ihm mit der Faust ins Gesicht. Dann packten die Matrosen den Minister und schleiften ihn zu einem Auto.

Trotzki war bei den Matrosen wohlbekannt, denn er fuhr oft nach Kronstadt und redete zu ihnen. Außerdem verteidigte er sie häufig vor dem Sowjet. Er glaubte fest, Tschernow ohne weiteres retten zu können. Aber in einer solchen Stimmung hatte er die Matrosen noch nie erlebt. Einem streckte er die Hand hin – aber der wollte sie nicht nehmen. Trotzki stieg auf die Kühlerhaube des Autos, in dem Tschernow festgehalten wurde, wollte zu der johlenden Menge sprechen, konnte sich jedoch nicht vernehmlich machen.

Erst mit Hilfe eines Hornisten von der Marine, der in der Nähe stand, gelang es ihm, sich Gehör zu verschaffen. Der Lärm flaute ab. »Genossen . . .«, sagte er flehentlich. »Warum wollt ihr durch kleinliche Gewaltakte eurer Sache schaden . . .? Wer für Gewalt ist, der hebe die Hand.«

Offensichtlich war keiner von den vielen erbosten Männern für Gewalt. Obwohl sie noch vor kurzem lautstark Gewalt gefordert hatten, hob niemand die Hand. Ziemlich mitgenommen stieg Tschernow aus dem Auto und verschwand eilig im Palast – bleich und besorgt sah es Oberst Nikitin.

Die Bolschewiki hatten jetzt in einem Raum im Parterre ihre Kommandozentrale eingerichtet. Hier sprach auch Raskolnikow vor und erbat weitere Instruktionen. Unterwegs begegnete er Lenin, der ihn freundlich anlächelte. Aber Sinowjew übernahm das Kommando. Als der Leutnant zur See sich nach Instruktionen erkundigte, sagte Sinowjew: »Darüber müssen wir sofort diskutieren«, und berief eine Versammlung ein.

Lenin und die anderen Führer waren nicht darauf vorbereitet, jetzt schon die Macht zu ergreifen. Die vielen tausend bewaffneten und erbitterten Matrosen auf dem kleinen Platz vor dem Palast setzten sie in einige Verlegenheit. Schließlich wurde der Vorschlag laut, man solle formell das Ende der Demonstration bekanntgeben. Simon Roschal erhielt den Befehl, die Matrosen in die Quartiere zu führen, die man ihnen für die Nacht zugewiesen hatte: Einige schliefen im Keller der Villa Krzesinskaja, andere auf der Peter-und-Paul-Festung und in verschiedenen Hallen nördlich vom Fluß.

Lenin entließ seine Streitkräfte noch nicht. Wenn sich die Lage änderte, konnte er auf die Matrosen zurückgreifen.

Langsam und widerwillig räumten die Matrosen den Platz. Aber nun kamen Tausende von Putilow-Arbeitern, ebenfalls erzürnt, weil man sie auf dem Sadowy attackiert hatte.

Sie waren noch aggressiver als die Matrosen. Eine Gruppe von etwa vierzig Arbeitern drang in den Palast ein und verschaffte sich Zutritt zu dem Saal, in dem gerade das Zentralexekutivkomitee des Sowjets tagte. Ein Arbeiter sprang auf die Rednertribüne. Er war »ein klassischer Sansculotte«, so Suchanow, »mit Arbeitermütze und kurzer, blauer Bluse ohne Gürtel, mit einem Gewehr in der Hand . . . Er zitterte vor Aufregung und Wut . . .«

»Genossen«, sagte er, »wie lange müssen wir Arbeiter den Verrat noch dulden? Ihr seid hier zusammengekommen, beratet euch, schließt Abmachungen mit der Bourgeoisie und den Gutsbesitzern . . . Ihr seid damit beschäftigt, die Arbeiterklasse zu verraten. Dann wißt also, die Arbeiterklasse wird es nicht dulden! . . . Unsere Gewehre sind fest in unserer Hand.«

Tschcheidse, immer gewandt im Umgang mit zornigen Arbeitern, drückte dem Mann ein Blatt mit dem Aufruf des Sowjets in die Hand. »Hier, Genosse, nehmen Sie das bitte und lesen Sie es«, sagte er. »Hier steht, was Sie und Ihre Putilow-Kameraden zu tun haben.«

Draußen rief die Menge unheilverkündend nach Zeretelli. »Zeretelli!« brüllten sie. »Wir wollen Zeretelli!« Noch mehr Arbeiter drangen in den Palast ein. Einer aus der Menge rief: »Wenn er nicht rauskommen will, dann holt ihn!«

In der Kommandozentrale im Parterre sagte Lenin zu Sinowjew, er solle die Menge draußen beruhigen. Sinowjew ging. Er ging fast forsch und voll Vertrauen auf seine Fähigkeiten, »um sich von der Stimmung der Massen anstekken zu lassen«, wie es Trotzki formulierte. Zwischen den hohen weißen Säulen stand er vor dem Palast und blickte hin über »ein Meer von Köpfen, wie ich es nie zuvor gesehen habe. Zehntausende drängten sich aneinander und riefen: ›Zeretelli! Zeretelli!‹«.

Zeretelli war groß und elegant, Sinowjew klein und dick. Er hob die Arme, damit die Menschen schwiegen, lächelte und sagte: »Anstelle von Zeretelli bin ich zu euch herausgekommen« – und da lief eine kleine Welle des Gelächters durch die Menge – so groß war der Gegensatz. Die Spannung löste sich. Nun konnte Sinowjew die Stimmung seines Publikums manipulieren – und das tat er auf brillante Weise.

Sinowjew wollte sie natürlich zum Gehen überreden. Doch Oberst Nikitin traute ihm und seinen Motiven nicht in dem Maße wie Lenin und die anderen Parteiführer. Der Oberst befand sich in Alarmstimmung. Die dünne Linie von Wachen, die die Menge vom Palast abhalten sollte, hatte längst der Übermacht weichen und sich in das Gebäude zurückziehen müssen. »Wir waren buchstäblich von einer undurchdringlichen Menschenmauer umgeben«, schrieb er.

Das Geschrei der Menge und das Eindringen der Putilow-Arbeiter hatten in ihm einen Entschluß reifen lassen. Die Situation erforderte extreme Maßnahmen. Er sandte einen Notruf ans Wehrkreiskommando, und zwei Schwadronen Kosaken setzten sich mit einigen Feldgeschützen vom Palastplatz aus in Marsch.

Die Berittenen stießen auf dem Suworowskaja-Platz bei der Troizki-Brücke mit den Matrosen zusammen, die über den Fluß zurück wollten. Sie zersprengten die Kolonnen. Es war in jeder Hinsicht ein schlechter Tag für die Matrosen.

Dann trafen die Kosaken auf das Erste Reserveregiment, das an der Liteiny-Brücke eine Barrikade errichtet hatte. Es kam zu einem Gefecht, bei dem die Kosaken schwere Verluste erlitten.

Man hörte die Schüsse auch im Taurischen Palast. Die Delegierten ängstigten sich. War das die erwartete Attacke der Bolschewiki? Jetzt sperrte sich das Zentralexekutivkomitee nicht mehr gegen den Vorschlag, Truppen von der Front nach Petersburg zu holen.

Nach telefonischer Zustimmung des Sowjets telegrafierte das Wehrkreiskommando an das Hauptquartier der Nordfront und bat um Hilfe. Auch Kerenski wurde telegrafisch informiert. Er kabelte zurück, man müsse die Revolte mit aller Strenge unterdrücken und die bolschewistischen Führer verhaften.

Die unruhige Menge vor dem Palast hörte plötzlich Pferdegetrappel. Es waren durchgegangene Pferde ohne Reiter, die vor dem Gefecht an der Liteiny-Brücke geflohen waren und über den Liteiny-Prospekt herangaloppierten. Die Menge glaubte aber, jetzt kämen die Kosaken. Vor dem Palast fielen Schüsse, obwohl niemand genau wußte, auf was man feuerte. Panik ergriff die Menge, als die in den vordersten Reihen versuchten, sich einen Weg durch das Gewühl zu bahnen und sich in Sicherheit zu bringen. Manche zerschlugen die Fensterscheiben im Parterre, stiegen in den Palast ein und suchten dort Deckung.

Das war der Höhepunkt der Demonstration. Schließlich merkte man, daß keine Kosaken da waren, und die Spannung löste sich. Heftiger Regen setzte ein, und dieser Guß verscheuchte die Menge, die sich ohnehin bereits auflöste. Bald blickten die verschreckten Delegierten des Sowjets durch zerbrochene Fensterscheiben auf den fast leergefegten Platz. Für den Sowjet war die Krise beinahe vorbei, für Lenin begann sie erst.

Bontsch-Brujewitsch hatte den Palast verlassen und war nach Hause gegangen, in die Chersonskaja. Das Telefon läutete. Eine männliche Stimme begrüßte ihn mit Namen. »Wer ist am Apparat?« fragte Bontsch.

Der Anrufer sagte es nicht. »Erkennen Sie meine Stimme nicht?« meinte er.

Einen Moment lang war Bontsch verwirrt, und dann merkte er, wer sprach – und warum der Mann so vorsichtig war. Nikolai Kranski war ein radikaler Rechtsanwalt, den er kannte. Er arbeitete als Assistent des Justizministers Pereversew.

»Ich rufe an, um Sie zu warnen«, sagte Kranski eindringlich – so berichtet uns Bontsch. »Eine Menge von Dokumenten gegen Lenin wird zusammengetragen . . . Es ist eine ernste Sache.«

»Und worum geht es?« fragte Bontsch.

»Man beschuldigt ihn der Spionage für die Deutschen . . . man wird ein Verfahren gegen ihn und alle seine Freunde einleiten . . . Mehr kann ich Ihnen nicht sagen . . . tun Sie etwas.« Und damit hängte er ein.

Bontsch telefonierte sofort mit dem bolschewistischen Büro im Taurischen Palast. Er berichtete Lenin, was er soeben gehört hatte, und betonte ausdrücklich, er könne den Namen seines Informanten nicht preisgeben.

»Ist Ihre Quelle wirklich verläßlich?« fragte Lenin.

»Er hat einen hohen Posten bei der Regierung.«

»Hat er sich auf Gerüchte berufen, oder hat er Sie aufgrund von Dokumenten informiert?«

»Er sagte mir, er habe die Dokumente selbst gelesen . . . Sie werden den Palast sofort verlassen, nicht wahr, Wladimir Iljitsch?«

»*Nitschewo* – keine Sorge«, meinte Lenin leichthin.
»Es ist unmöglich, sich keine Sorgen zu machen.«
»*Nitschewo. Nitschewo.* Ich gehe bald weg von hier.«

Lenin kannte das Gerücht bereits, daß ein Verfahren gegen ihn eingeleitet werden sollte. Im Taurischen Palast war das mittlerweile ein offenes Geheimnis. Lenin tat nicht gleich das, was Bontsch ihm dringend riet – vielleicht, weil es in dieser Phase so ausgesehen hätte, als fühlte er sich schuldig; vielleicht auch, weil er nicht glauben mochte, daß seine Möglichkeiten erschöpft seien.

Es wurde bald klar, daß die Regierung vorerst kein Verfahren gegen Lenin eröffnen würde. Sie nutzte das Beweismaterial in Lenins Dossier als politische Waffe. Auf Anweisung des Justizministers Perewersew wurde der Presse ein Brief zugestellt, in dem die Fakten zur Affäre Lenin aufgeführt waren: die hohen Beträge, die durch Jewgenija Sumensons Hände gegangen waren; ihre Verbindungen zu dem bolschewistischen Anwalt Metscheslaw Koslowski; ihre verschlüsselte Korrespondenz mit Jakob Fürstenberg und dessen Kontakte zu Parvus; die Briefe, die man in Beloostrow bolschewistischen Kurieren abgenommen hatte; und schließlich die Aussage des Leutnants Jermolenko.

Lenin war entsetzt. Das Beweismaterial ohne Prozeß an die Öffentlichkeit zu bringen kam einer Strafverfolgung gleich. Und die Nachricht wurde nicht eben angenehmer durch den Umstand, daß dieser verheerende offiziöse Brief die Unterschrift eines Mannes trug, der Lenin früher fast so nah gestanden hatte wie Sinowjew – Grigori Alexinski, der Vorsitzende der bolschewistischen Fraktion in der Duma. Die beiden Männer waren wegen Lenins Kriegspolitik aneinandergeraten, die Beziehung hatte sich verschlechtert und mit bitterer Feindschaft geendet. Und nun machte Alexinski Punkte – und das mit großem Erfolg.

Lenin handelte sofort. Er schickte den Georgier Stalin zu Tschcheidse, der ebenfalls aus Georgien stammte. Tschcheidse befand sich gerade bei einer Sitzung des Zentralexekutivkomitees. Stalin forderte, der Sowjet solle die Veröffentlichung des Briefes in der Presse unterbinden, bis wenigstens eine Untersuchung stattgefunden hatte, die Lenin Gelegenheit gab, sich gegen die Anwürfe zu verteidigen.

Tschcheidse, kein Freund der Bolschewiki, war erbost über das Vorgehen der Regierung. Die Führung des Sowjets reagierte mit einer Geschwindigkeit, an der Lenin gewiß nichts aussetzen konnte. Sie setzte sich telefonisch mit den Pressehäusern Petersburgs in Verbindung und ersuchte im Namen des Sowjets daraum, die Meldung nicht zu veröffentlichen. Suchanow schrieb: »Natürlich zweifelte niemand von denen, die mit der Revolution tatsächlich enge Beziehungen hatten, daran, daß die Gerüchte unsinnig waren.«

Die Führer des Sowjets waren gegen Lenins Theorien, entsetzten sich sogar über seine Taktiken, aber auch etliche Jahre später – die Unterlagen des deutschen Auswärtigen Amtes waren mittlerweile publiziert – wollten sie nicht glauben, daß er in stillschweigendem Einverständnis mit dem Kaiser gehandelt haben könne. Sie erkannten nicht oder akzeptierten es nicht, daß für Lenin der Zweck zählte – und nicht die Mittel. Er arbeitete für die sozialistische Weltrevolution. Und bei einem Ziel von so globaler und historischer Bedeutung fiel die Herkunft des Geldes kaum ins Gewicht.

Die Rückendeckung durch den Sowjet war ein Grund dafür, warum Lenin sich nicht gleich versteckte. Er tauchte nicht einmal in der Zeit unter, während der die Partei darüber beriet, welche Politik sie angesichts der veränderten Lage verfolgen sollte. Doch Perewersew war geschickter, als Lenin dachte. Er hatte Vertreter des Regiments Preobraschenski zu sich rufen lassen – Vertreter des reaktionärsten Regiments unter den »neutralen« Einheiten der Stadt – und ihnen das Belastungsmaterial gezeigt. Die Soldaten waren entsetzt. Die Ressentiments vom April, die Ressentiments wegen des plombierten Waggons, lebten wieder auf, aber diesmal war der Schock noch viel größer. Die Nachricht verbreitete sich schnell in den anderen »neutralen« Kasernen und löste überall dieselbe Reaktion aus: wilden Zorn.

Der Sowjet tagte, als »plötzlich ein entferntes Geräusch hörbar wurde«, schrieb Suchanow. »Es kam näher und näher. In den Nachbarsälen konnte man bereits deutlich den

Gleichschritt Tausender von Füßen erkennen.« Es war ein historischer Moment. Das Regiment Ismailowski, das 1905 die Führer des Sowjets verhaftet hatte, marschierte jetzt, im Jahre 1917, um sie zu schützen. Es kam natürlich etwas zu spät, denn die Massen, die den ganzen Tag über den Palast umwogt hatten, hatten sich längst zerstreut. Doch die Ankunft dieses berühmten Regiments markierte symbolisch das Ende der Krise. Jetzt hatte die Regierung wieder die Zügel in der Hand. Die Delegierten des Sowjets sangen die Marseilleise. »Das klassische Bild einer beginnenden Konterrevolution!« sagte Julius Martow erbost zu Suchanow.

Nachdem sich die Nachricht in der Stadt verbreitet hatte, ging die Bourgeoisie zum Angriff über. Überall wurden Bolschewiki attackiert und sogar getötet. Gruppen von Junkern (Offiziersschülern), militanten Kadetten und patrouillierenden Kosaken nahmen Rache für ihre Kameraden, die beim Kampf an der Liteiny-Brücke gefallen waren.

»Jetzt ist ihre Stunde gekommen«, vertraute Lenin Trotzki an. »Sie können uns vernichten.«

Doch bis jetzt lag noch kein Haftbefehl gegen ihn vor, und auch nach Ankunft des Regiments Ismailowski im Taurischen Palast führte Lenin den Vorsitz bei einer Besprechung in der bolschewistischen Kommandozentrale. Es ging erstaunlicherweise um die Frage, ob die Militärorganisation ihre Anhängerschaft zu den Waffen rufen sollte. Podwoiski und Newski waren nicht anwesend, aber K. Mechonoschin, einer ihrer ranghöheren Genossen, meinte dringlich, man solle handeln, bevor es zu spät sei. Sie hätten immer noch starke Streitkäfte zur Verfügung – einige Regimenter, viele Arbeiter und die Matrosen.

Lenin nahm sich die Mühe, Mechonoschin zuzuhören, der, wie viele seiner Kollegen, keine Vorstellung von den politischen Realitäten der Situation hatte. Die meisten von diesen leidenschaftlichen Revolutionären lebten mit der Idee, auf den Barrikaden um der Sache willen zu sterben. Sie dachten nicht, wie Lenin, ans Siegen.

Kühl stellte Lenin eine Reihe von Fragen an den Mann, der zum Weiterkämpfen drängte. »Geben Sie mir einen Bericht über Ihre Stärke. Nennen Sie die Einheiten, die sich uns mit Sicherheit anschließen werden. Wer ist gegen uns? Wo befinden sich die Waffenmagazine . . .? Wo sind Proviant und Nachschub konzentriert . . .? Hat man Vorkehrungen für die Sicherheit der Newabrücken (Zugbrücken) getroffen? Ist die Nachhut für den Fall eines Fehlschlags auf den Rückzug vorbereitet?«

Mechonoschin war vernichtet. Wie Newski glaubte er, um Erfolg zu haben, müsse man die Leute nur auf die Straße bringen – wie damals im März. Aber Lenins ätzende Fragen machten eines deutlich: Sie hatten auch jetzt im Juli Leute auf die Straße gebracht – doch was war damit erreicht?

Lenin und Sinowjew fuhren zur Redaktion der *Prawda* in der Moika-Straße. Eine Leibwache von bewaffneten Matrosen fuhr auf den Stoßstangen und Trittbrettern des Wagens mit.

Auf dem Liteiny stockte der Verkehr. Langsam bewegte sich eine Kolonne von Kutschen auf die Brücke zu, die über die Newa und zum Finnländischen Bahnhof führte. Im Vorbeifahren verhöhnten und schmähten die Matrosen ihre Insassen. »Die Bourgeoisie eilt nach Finnland«, meinte Lenin trocken. Denn die Bürger wußten im Gegensatz zu Lenin nicht, daß sie nicht zu fliehen brauchten – jedenfalls noch nicht jetzt.

In der Redaktion der *Prawda* billigte Lenin die Aufmachung des Blattes. Auf der letzten Seite hieß es in einer kurzen Erklärung, die Demonstrationen seien eingestellt worden, »weil ihr Ziel, die Vorstellung der Parolen der führenden Elemente der Arbeiterklasse und der Armee, erreicht worden ist«.

Dann verließen Lenin und Sinowjew die Redaktionsräume und gingen nach Hause. Als Lenin über die Newabrücke lief, funkelte die Sonne auf der goldenen Turmspitze der Peter-und-Paul-Festung auf. Der Tag würde schön werden.

Lenin hatte noch nicht lange geschlafen, als Jakob Swerdlow in der Schirokaja-Straße eintraf und ihn weckte. Regierungstruppen waren in die Räume der *Prawda* eingedrungen, hatten die Druckmaschinen zerstört und die Büros nach belastendem Material durchsucht. Noch schlimmer, eine kleine, rechtsgerichtete Zeitung, das *Schiwoje slowo (Das lebende Worte)*, hatte die Bitte des Sowjets ignoriert, der sogar Miljukows *Retsch* nachgekommen war, nämlich die Unterstellung, daß Lenin ein deutscher Agent sei, nicht zu publizieren, bevor der Fall untersucht war. Die Schlagzeile war eindeutig: LENIN, GANETZKI UND KOSLOWSKI DEUTSCHE SPIONE! »Ganetzki« war natürlich Jakob Fürstenberg. Das *Schiwoje slowo* hatte nur eine kleine Auflage, aber das reichte schon. Das war an die Öffentlichkeit gedrungen. Und nun würden auch sicher die anderen Zeitungen den Fall publik machen.

Natürlich drohte jetzt eine Haussuchung durch die Polizei, und Swerdlow bestand darauf, daß Lenin die Wohnung sofort verließ. Die beiden Männer eilten zur Villa Krzesinskaja.

Dort war die Diskussion mit den Militanten noch im Gange – obwohl die Partei jetzt mit Sicherheit wußte, daß die Krise in den Provinzen wenig Sympathien geweckt hatte, und obwohl die am Vortag angeforderten Truppen auf dem Weg in die Hauptstadt waren.

Man war zornig, man sprach von Massendemonstrationen und Streiks, aber Lenin war klar, daß das keinen Sinn hatte. Es war Zeit, die Verluste klein zu halten, man mußte den Sturm heil überstehen und Vorkehrungen für die Zukunft treffen.

Allen Parteiführern drohte die Verhaftung, aber Lenin war natürlich am meisten in Gefahr. Ein Schauprozeß gegen ihn, ein Schauprozeß wegen Verrats, konnte für Kerenski von großem propagandistischem Wert sein. Zwar sprach einiges dafür, daß Lenin sich stellte, doch in dieser Phase schien es klüger, wenn er vorerst von der Bildfläche verschwand. Man kam überein, Lenin solle sich im Stadtteil Wiborg verstecken, in der Wohnung Sulimows, der als Sekretär für die Militärorganisation arbeitete. Und darum war Lenin nicht in der Jelisarowschen Wohnung, als Polizisten, an ihrer Spitze der reaktionäre Oberst B. W. Nikitin, dort eine Haussuchung vornahmen.

Früh am nächsten Morgen marschierten Regierungstruppen zum Angriff auf die Villa Krzesinskaja auf. Das Gebäude würde sich kaum halten lassen, darum zogen die Militärführer der Partei widerwillig ihre 500 Mann starke Streitmacht aus Soldaten und Matrosen ab und verschanzten sich in der Peter-und-Pauls-Festung, deren Garnison noch bolschewistenfreundlich war. Vor dem Frühstück in Sulimows Wohnung berichtete Sinowjew von den neuesten Ereignissen. Lenin seufzte. Seine Militanten hatten ihre Lektion immer noch nicht gelernt. »Am Ende werden sie sich doch ergeben müssen«, meinte er. »Und wenn man das Ganze verzögert, wird die Niederlage nur noch schlimmer. Gehen Sie hin, und sagen Sie ihnen das, Grigori.«

Lenin wußte, daß er hier nicht bleiben konnte. Auf vielen Akten stand der Namenszug seines Gastgebers, und nach der Besetzung der Villa Krzesinskaja würden die Regierungstruppen diese Papiere finden. Sulimow mußte mit einer Haussuchung rechnen.

Es war schwer, einen Ort zu finden, der nicht die Aufmerksamkeit der Polizei auf sich zog. Den ganzen Tag lang suchte Lenin in Wiborg nach einer Bleibe. Er hatte sich verkleidet.

Den ganzen Tag lang trafen auch Truppen von der Nordfront in Petersburg ein und nahmen auf dem großen Platz vor dem Winterpalast Aufstellung.

Am Abend erreichte Kerenski die Stadt. Erbost darüber, daß sein telegrafischer Befehl zur Verhaftung der bolschewistischen Führer nicht eingehalten worden war, entließ er den Kommandeur der Petersburger Garnison, der nach Zarskoje Selo an den Bahnhof gekommen war, um ihn zu begrüßen. Noch zorniger wurde er, als er erfuhr, daß Perewersew Lenins Dossier freigegeben hatte, denn durch diese Aktion – Kerenskis Meinung nach eine Panikreaktion – war ihnen der große Fisch, auf den sie warteten, durch die Maschen geschlüpft. Jakob Fürstenberg, so sagte man Kerenski, sei schon auf dem Weg nach Rußland gewesen. Aber die Meldung von diesem Skandal hatte ihn gewarnt. Er war nach Stockholm umgekehrt. Im Kabinett bestand Kerenski dann darauf, daß Perewersew ebenfalls entlassen wurde.

Auf dem Weg zum Wehrkreiskommando auf dem Palastplatz erklärte der Garnisonskommandeur, warum man die bolschewistischen Führer nicht habe verhaften können. Auch jetzt hielte sich im Wehrkreiskommando noch eine Delegation des Sowjets auf, die sich darauf versteift habe, daß es »zu früh (sei), die bolschewistischen Führer zu verhaften«. Noch habe keine Untersuchung stattgefunden.

Kerenski empfing sofort die Delegation. Er hatte gerade begonnen, mit ihnen über das Problem zu diskutieren, als ein Adjutant ein Telegramm von der Front brachte. Mit dramatischer Geste las der Kriegsminister es den Sowjetdelegierten vor. Die Deutschen hatten angegriffen und bei Tarnopol die russischen Linien durchbrochen. »Ich glaube«, sagte er kühl, »daß Sie sich jetzt nicht mehr gegen die Verhaftungen sperren werden.«

Obwohl sie von keinen weiteren »Tatsachen« über die bolschewistisch-deutschen Kontakte erfahren hatten, gaben die Sowjetdelegierten ihren Widerstand auf. Gegen Lenin, Sinowjew und Kamenew wurden Haftbefehle ausgestellt.

Am selben Abend suchten die Parteiführer Lenin in der Wohnung von Marguerite Fofanowa auf. Sie war eine alte Freundin von Nadja und lebte in einem alten Mietshaus in Wiborg. Die Parteiführer wußten mittlerweile von den Haftbefehlen. Sie hatten auch schon die Stimmung im Sowjet erkundet. Auf Lenins Bitte hin hatte sich Sinowjew beherzt vor das Zentralexekutivkomitee begeben und gefordert, es möge diese »ungeheuerliche Verleumdung« zurückweisen, die von den Schwarzen Hundert käme. Der Empfang war frostig. Und darum schien es klüger, wenn sich Lenin und die beiden anderen Angeklagten wenigstens so lange versteckten, bis die Lage etwas klarer war.

Nach der Unterredung verkleideten sich Lenin und Sinowjew. Sie gingen über die Newa, kamen in den Roschdestwenski-Bezirk und schlüpften in der Wohnung von Sergej Allilujew unter, dem Freund und späteren Schwiegervater Stalins. Sie wählten dieses Haus, weil es mehrere Ausgänge hatte – sehr wichtig, falls sie fliehen mußten – und weil die

Allilujews hier neu zugezogen und der Polizei noch nicht bekannt waren.

Am nächsten Morgen hatte Lenin seinen Entschluß gefaßt. Er wollte sich dem Prozeß stellen. Maria und Nadja besuchten ihn. Er sagte es ihnen. »Grigori und ich haben beschlossen, uns zu stellen«, erklärte er seiner Frau. »Geh und sage das Kamenew.«

Maria versuchte, ihn davon abzubringen, aber Nadja hatte zu viele Krisen mit ihm durchlebt. Ohne ein Wort stand sie auf, um seine Anweisung auszuführen. Hören wir Nadja: »›Wir wollen Abschied nehmen‹, hielt Iljitsch mich auf, ›wir sehen uns vielleicht nicht mehr.‹ Wir umarmten uns, und ich ging zu Kamenew und richtete ihm Lenins Auftrag aus.«

Am Abend fand eine weitere Unterredung der Parteiführer in Allilujews Wohnung statt. Der Entschluß wurde abgeändert. Besonders Swerdlow war dagegen, daß Lenin sich stellte.

Das kam vielen von Lenins Zeitgenossen seltsam vor – auch die ganze Art, wie er auf die Beschuldigungen reagierte. Suchanow schrieb, Lenins Verhalten sei unter den gegebenen Umständen unbegreiflich gewesen. »Jeder Sterbliche«, meinte er, »hätte selbst unter den ungünstigsten Auspizien eine Untersuchung gegen sich selbst beantragt. Jeder hätte auch persönlich, vor aller Augen, das Maximum für die eigene Rehabilitierung getan.«

Die amtliche sowjetische Version lautet, Lenin habe gemeint, er schwebe in Lebensgefahr. Als er vom Überfall auf die Villa Krzesinskaja erfuhr, sagte er zur Sulimowa: »Schlimmstenfalls wird man Sie verhaften, aber *ich* werde hängen.« Alles, was er in den nächsten Wochen unternahm, untermauerte die Behauptung, daß er zum Tode verurteilt worden wäre, wenn man ihn für schuldig befunden hätte, daß ein fairer Prozeß ausgeschlossen war. »Gegenwärtig gibt es in Rußland keine Garantien für die Gerechtigkeit«, schrieb er.

Wie bei vielen Aspekten von Lenins Beziehung zu den Deutschen scheint dies theoretisch einleuchtend, hält aber einer kritischen Prüfung nicht stand. Verrat war ein Kapitalverbrechen, doch die Beweise reichten nicht aus. Wichtiger war der politische Hintergrund. Die Idee vom bedrohten Lenin, die Trotzki und andere Bolschewiki vorbrachten, wurde von Suchanow zurückgewiesen. »Im Sommer 1917 konnte weder von Lynchjustiz noch von einer Todesstrafe, noch von Zuchthaus die Rede sein«, schrieb er. »Lenin riskierte nichts als eine Gefängnishaft . . . Diese Annahmen werden durch das Beispiel von Lenins Genossen in vollem Umfang bestätigt. Viele von ihnen wurden verhaftet und wegen der gleichen Verbrechen einem Gericht überantwortet. Sie saßen ungeschoren anderthalb oder zwei Monate im Gefängnis . . . Anschließend kehrte jeder von ihnen auf seinen Posten zurück.«

Es geht jedoch darum, ob Lenin es sich leisten konnte, daß seine Verbindung zu den Deutschen eingehend untersucht wurde. Als Suchanow behauptete, jeder andere hätte eine gründliche Untersuchung begrüßt, tat er dies in der Annahme, daß Lenin unschuldig sei. Doch die Tatsache, daß Lenin Geld von den Deutschen erhielt – die man angesichts des deutschen Beweismaterials nicht ernstlich anzweifeln kann, es sei denn, der Staatssekretär hätte den Kaiser belogen –, diese Tatsache versetzte ihn in eine ganz andere Lage. Eine gründliche Untersuchung würde fast mit Gewißheit zur Aufdeckung weiterer Fakten führen, die sich noch verheerender auswirkten. Wenn Lenin sich nicht stellte, konnten die Bolschewiki überdies der Regierung vorwerfen, sie bediene sich verleumderischer Taktiken und verfolge politisch Andersdenkende.

Daß Swerdlow sich am entschiedensten gegen den Prozeß aussprach, möchte uns besonders relevant scheinen. Vielleicht wußten die anderen Parteiführer nichts Genaues über Lenins Handel mit den Deutschen. Bei Swerdlow ist das ausgeschlossen. Als Sekretär hatte er die Organisation unter sich. Er verteilte die Gelder der Partei. Und er stand voll und ganz hinter jeder Aktion Lenins – der einzige Mann, auf den sich Lenin bei den problematischsten Sitzungen des Zentralkomitees völlig verlassen konnte, und sein Partner, wenn irgendwelche Taktiken eingesetzt werden mußten, um die anderen zu einem bestimmten Entschluß zu überreden. Swerdlow kannte die Lage genau und wußte, welches Belastungsmaterial eine eingehende Untersuchung zutage fördern konnte.

Und so wurde denn über das Problem entschieden. Lenin und Sinowjew würden sich auch weiterhin verstecken.

Ein paar Tage blieben die Flüchtlinge in Allilujews Wohnung. Lenin arbeitete viel. Er schrieb leidenschaftliche Artikel, in denen er seine Unschuld beteuerte und die Regierung attackierte. Sie erschienen vor allem im *Prawda-Nachrichtenblatt*, einer provisorischen, illegalen, zwei Seiten umfassenden Zeitung, die die verbotene *Prawda* ersetzen sollte, außerdem in Maxim Gorkis *Nowaja schisn (Das neue Leben)*, bei der Suchanow als Redakteur wirkte. Unter Überschriften, die ans Gefühl appellierten, wie VERLEUMDUNG UND WAHRHEIT und DREYFUSIADE – Lenin verglich seinen Fall mit der berühmten Affäre Dreyfus –, ging er gegen das Belastungsmaterial an.

Er versicherte, daß Leutnant Jermolenko gelogen hätte. Es habe keinerlei Kontakte zu Parvus gegeben. Er habe Parvus vor zwei Jahren als »Renegaten« verurteilt und sich in Stockholm sogar geweigert, mit ihm zu sprechen. »Kein Geld« hätten die Bolschewiki »jemals von Hanecki (Fürstenberg) oder Koslowski erhalten«. Überdies gehörten beide nicht zur Partei. Natürlich sagte Lenin nichts vom bolschewistischen Auslandsbüro, das Fürstenberg mit Karl Radeks Hilfe in Stockholm unterhielt.

In Wirklichkeit befanden sich unter den Papieren, die Nikitin bei den Haussuchungen der vergangenen Tage in die Hand bekommen hatte, mehrere Briefe, die klar darauf hindeuteten, daß die Partei von Fürstenberg und von Koslowski Geld erhalten hatte. Später bestätigten Fürstenberg und Radek, das Auslandsbüro habe Geld nach Rußland eingeschleust. Und Lenins Behauptung, diese beiden Schlüsselfiguren gehörten nicht zur Partei, stimmte nur zum Teil. Sie waren keine russischen Bolschewiki, wohl aber polnische.

Die Staatsanwaltschaft eröffnete jedoch kein Verfahren.

Jewgenija Sumenson gestand bei der Einvernahme durch Nikitin, daß Fürstenberg ihr die Anweisung gegeben hatte, Koslowski jeden gewünschten Betrag auszuhändigen, *ohne eine Quittung zu verlangen*. Doch das war kein hieb- und stichfester Beweis. Der Staatsanwalt konnte zeigen, daß die Partei Geld erhielt, nicht aber, daß es von den Deutschen kam.

Am Ende, so Trotzki, blieb als Belastungsmaterial nur Lenins Reise durch Deutschland übrig, »jene Tatsache, die vor unerfahrenem Publikum am häufigsten als Beweis für Lenins Freundschaft mit der deutschen Regierung vorgebracht wurde«. Und hier stellte sich dem Staatsanwalt das Problem, daß die Fahrt im plombierten Waggon nie ein Geheimnis gewesen war.

In Berlin löste die Nachricht von der Juli-Krise große Besorgnis aus. Daß Lenin ein deutscher Agent oder auf irgendeine Weise mit Parvus verbunden sei, wurde abgestritten. Noch vor der Krise war ein Abflauen in der öffentlichen Unterstützung für Lenin festgestellt und übertrieben geschildert worden. »Die Abnahme des bolschewistischen Einflusses«, berichtete der Rechtskonsulent der deutschen Botschaft in Stockholm, »muß teils als Folge der Offensive und teils als Folge der maßlosen Forderungen von Lenins Gruppe gesehen werden.«

Parvus hielt es für angeraten, beruhigend auf die Wilhelmstraße einzuwirken. Am 17. Juli – an diesem Tag erreichte die Krise in Petersburg ihren Höhepunkt – sprach er bei Arthur Zimmermann vor und versicherte ihm, Lenins Einfluß »wüchse unvermindert, allen gegenteiligen Behauptungen in der Presse der Länder der Entente zum Trotz . . . Enttäuschung habe sich bei den Soldaten bereits bemerkbar gemacht und werde zu einer weiteren Zermürbung der Armee führen«.

In Petersburg wurde mittlerweile nach Lenin und Sinowjew gefahndet. Miliz, Soldaten und Hunde kämmten die Stadt ab, dazu Hunderte von Zivilisten, die sich freiwillig an der Jagd beteiligten. Fünfzig Offiziere aus einem von Kerenskis

»Schockbataillonen« gelobten, Lenin aufzuspüren oder zu sterben. Kamenew war bereits verhaftet.

»Einiges deutete darauf hin«, so Sinowjew, »daß die Wohnung überwacht wurde.« Jedenfalls war es jetzt zu gefährlich, in der Stadt zu bleiben. In der Nacht des 22. Juli verließen Lenin und Sinowjew die Wohnung. Sergej Allilujew und Stalin begleiteten sie. Ihr neues Versteck befand sich in den dichten Wäldern bei der finnischen Grenze – unweit der Munitionsfabrik in Sestrorezk, deren Arbeiter zum Beloostrower Bahnhof gekommen waren, um Lenin als erste zu begrüßen.

Der Finnländische Bahnhof wurde streng von der Polizei kontrolliert. Deshalb sollten Lenin und Sinowjew zu Fuß nach Nowaja Derewnja gehen, einem Vorort, und dort in den Zug steigen. Das hielt man für sicherer als eine Auto- oder Taxifahrt, denn von den Patrouillen wurden ständig Kraftfahrzeuge angehalten.

Lenin rasierte sich den Bart ab, zog einen braunen Mantel an und setzte eine Kappe auf, wie sie die finnischen Bauern trugen, die jeden Tag nach Petersburg kamen.

Erst um elf verließen die vier Männer das Haus. Sie gingen so spät wie möglich, weil sie die sehr kurze Dunkelheit der Julinächte in Petersburg nutzen mußten. Unterwegs gab es keine Schwierigkeiten. Kurz vor Nowaja Derewnja, bei der Stroganow-Brücke, die über einen Seitenarm der Newa führte, wartete ein alter Bolschewik namens Nikolai Jemeljanow auf sie. Allilujew und Stalin kehrten in die Stadt zurück. Jemeljanow begleitete Lenin und Sinowjew zum Bahnhof, der außerhalb lag. Damit sie nicht auf dem Perron warten mußten, gingen sie über die Gleise, versteckten sich unter Güterwagen und stiegen dann in den letzten Waggon des anfahrenden Zuges.

Lenin, so berichtete Jemeljanow, bestand darauf, auf dem Wagentritt sitzen zu bleiben, damit er notfalls vom Zug abspringen konnte.

»Das ist gefährlich«, meinte sein Begleiter.

»Macht nichts«, erwiderte Lenin mit einem Lächeln. »Ich kann mich gut festhalten.«

Auf einer Station kam eine Gruppe lärmender Offiziere aus dem Bahnhofslokal. Offensichtlich hatten sie einiges getrunken. Sie stiegen in den vorletzten Waggon, sangen unanständige Soldatenlieder, redeten über Politik und schimpften über Lenin.

Nachdem sich der Zug wieder in Bewegung gesetzt hatte, verließ einer der Offiziere sein Abteil und lief den Gang entlang zum Ende des letzten Waggons. Die drei Männer hatten sich auf der Plattform und auf den Stufen breitgemacht und taten so, als seien sie betrunken. Der Offizier wurde neugierig. Er fragte sich, was das für Leute seien, und richtete den Blick prüfend auf Lenin, der mit hochgezogenen Schultern und hängendem Kopf auf dem Wagentritt saß. »Im Takt der Räder«, schrieb Jemeljanow später, »schwankte er hin und her. Sein Kopf sank immer tiefer. Wenn der Offizier versuchte, von rechts einen Blick zu erhaschen, neigte sich Iljitsch nach links und umgekehrt.«

Schließlich war es der Offizier leid und ging zu seinen lärmenden Kameraden im nächsten Waggon zurück. Und Lenin, verkleidet, den Betrunkenen spielend, festgeklammert am Wagentritt, reiste heimlich auf der Strecke zurück, auf der er vor drei Monaten seinem triumphalen Empfang entgegengefahren war.

Bei einer kleinen Station, wenige Kilometer von Beloostrow entfernt, stiegen Lenin und seine Gefährten aus und marschierten zu ihrem neuen Versteck – anfangs auf dem Dachboden einer Scheune neben Jemeljanows Kate, später in einer Hütte tief im Wald.

Inzwischen war dem anderen Politiker aus Simbirsk mehr Macht zugewachsen. Prinz Lwow trat zurück, und Kerenski wurde Ministerpräsident. Er war fest entschlossen, der Nation die starke Führung zu geben, die nötig war, um sie aus dem Chaos herauszuholen, in dem sie sich abmühte. Seine Offensive hatte katastrophal geendet. Die Deutschen waren weit hinter die russischen Linien vorgestoßen und hatten Tausende gefangengenommen. Ganze Einheiten desertierten – aber daran gab man Lenin und seinen »deutschen Agenten« die Schuld.

Der neue Ministerpräsident traf harte Maßnahmen, um »die Revolte« zu unterdrücken. Und der Sowjet stellte sich hinter ihn. Die Matrosen wurden ohne Waffen und in Ungnade nach Kronstadt zurückgeschickt. Alle Regimenter, die sich am Aufstand beteiligt hatten, wurden aufgelöst, die Soldaten auf verläßlichere Korps verteilt. Die MG-Schützen mußten ihre Waffen auf dem Palastplatz abgeben.

Viele Parteiführer wurden verhaftet – auch Militante wie Raskolnikow aus Kronstadt. Auch sonst waren die Auswirkungen verheerend. Bolschewiki wurden zusammengeschlagen, auch Sympathisanten der Partei. Rechtsgerichtete Offiziere schlossen sich zu Gruppen zusammen, machten in der Stadt die Runde und suchten nach Opfern.

Es war bezeichnend für die veränderte Lage, daß die Kosaken, die beim Kampf an der Liteiny-Brücke gestorben waren, wie die Märtyrer des März mit großem Zeremoniell beigesetzt wurden. Die gefallenen Arbeiter dagegen wurden in aller Stille und ohne offizielle Ehren begraben.

Die Bolschewiki hatten kein legales Hauptquartier mehr, ihre Presse mußte wieder in den Untergrund. Ironischerweise trat das antireligiöse Zentralkomitee jetzt ausgerechnet in den Räumlichkeiten der Bruderschaft zum Heiligen Sergius zusammen. Die Partei war praktisch zerschlagen. Im März hatte sie sich zwar nur geringe Hoffnungen auf eine Machtergreifung machen können, aber immerhin mehr Hoffnungen als jetzt. Das dachten die meisten – Lenin nicht.

14

»Eine kalte Nacht, mit Sternen besetzt; der Duft von Heu«, so Sinowjew in seinem Bericht über den Aufenthalt in den Wäldern bei Rasliw. »Rauch eines Feuerchens, auf dem in einem kleinen Topf Wildbret kocht . . . Wir gehen zu Bett in der Hütte. Es ist kalt. Wir wickeln uns in eine alte Decke ein, die Jemeljanow besorgt hat. Es ist eng, und wir versuchen beide, dem anderen mehr Platz zu lassen. Iljitsch sagt, er habe eine *fufaika* (eine Art Unterjacke) und brauche die Decke nicht.[42]

Manchmal kann ich lange nicht einschlafen und liege in tiefem Schweigen da. Ich höre, wie Iljitschs Herz schlägt. Wir schlafen auf engem Raum, dicht aneinandergeschmiegt.«[43]

Die Ankunft einer Kompanie von Kosaken, die die Gegend nach den beiden Flüchtlingen durchkämmten, hatte sie gezwungen, das Versteck auf dem Dachboden von Jemeljanows Scheune zu verlassen. Denn die Soldaten durchsuchten die Häuser aller amtsbekannten Bolschewiki.

Und so pachtete Jemeljanow ein Stück Land in dem abgelegenen Sumpfgelände am Rasliw-See. Lenin und Sinowjew taten, als seien sie finnische Bauern, die ihm beim Mähen des hohen Grases halfen. Seinen Freunden in der Fabrik sagte er, im Herbst wolle er sich dort eine Kuh halten.

Es war ein einsamer Ort, am leichtesten mit dem Boot zu erreichen. Jemeljanow baute eine Hütte aus Reet für sie. Jeden Tag wurde ihnen mit einem kleinen Boot Essen gebracht. Manchmal kamen auch Genossen aus Petersburg mit.

»In den ersten Tagen las Wladimir Iljitsch kaum etwas«, so Sinowjew. Er ruhte sich aus. Er setzte den Urlaub fort, den er so dringend brauchte und der durch die Krise so plötzlich unterbrochen worden war. Grigori studierte die Zeitungen, die Jemeljanow oder seine Söhne über den See herüberbrachten, und war entsetzt von der Pressekampagne gegen Lenin und die Partei. In einem Bericht wurde Lenins Frage an ihn und Trotzki zitiert. Am 18. Juli hatte er im Taurischen Palast bei einer Tasse Tee zu ihnen gesagt: »Sollen wir es jetzt versuchen?« Das war nicht einmal ernst gemeint. Aber man hatte sie offensichtlich belauscht. Und obwohl diese Frage sich seltsam ausnahm gegen den Vorwurf, sie handelten nach klaren deutschen Anweisungen, hatte sie doch etwas Verschwörerisches an sich, das auch den anderen Beschuldigungen eine unheimliche Note gab.

Lenin tat die Attacken mit einem Achselzucken ab. »Lassen Sie sich nicht aufregen«, meinte er. »Sie sollten diese Zeitungen gar nicht lesen . . . Gehen wir zum Baden.«

Lenin wartete – typisch für ihn – die Reaktion auf diesen Sturm ab. Er wußte, daß die Krise trotz aller Fehlschläge eins deutlichgemacht hatte: Die Bolschewiki waren die einzige Partei, auf die sich die Arbeiter verlassen konnten, wenn es um die Durchsetzung ihrer Interessen ging. Die anderen beiden Parteien der Unterklassen – Menschewiki und Sozialrevolutionäre – hatten sich mit Kerenski und der Konterrevolution zusammengeschlossen und die Macht »einer Militärclique in die Hand (gegeben), die an der Front unbotmäßige Soldaten niederschießt und in Petersburg die Bolschewiki überfällt«.[44] Den Kern dieser neuen Macht bildeten der zwielichtige Pawel Miljukow und seine Kadetten. »Nun werden es die Blinden sehen«, schrieb Lenin Anfang August von seinem Versteck am See aus, »und die Steine werden reden . . . Die verächtliche Verleumdung politischer Gegner wird dem Proletariat helfen, schneller zu begreifen, wo die Konterrevolution steht, um sie hinwegzufegen.«

In den ersten Tagen der Ruhe machte sich Lenin Gedanken darüber, ob sie die Macht hätten ergreifen sollen, als sich die Gelegenheit dazu bot. »Viele Male erwog er das Für und Wider«, berichtete Sinowjew. Aber schließlich bestätigte es sich, daß seine Entscheidung richtig gewesen war.

Nach kurzer Zeit begann Lenin wieder zu arbeiten. Vier Genossen aus Petersburg fuhren abwechselnd zu Lenin hinaus – einer der Jemeljanows ruderte sie über den See –, hielten ihn auf dem laufenden über die Ereignisse in der Stadt und nahmen seine Briefe und Anweisungen mit.

Nach Petersburg war ein neuer Allrussischer Sowjetkongreß einberufen worden, und obwohl Lenin nicht daran teilnehmen konnte, schrieb er sämtliche Resolutionen und legte die allgemeine politische Linie fest. Die Delegierten, die jetzt 177000 Parteimitglieder vertraten, tagten im geheimen und unter starker Bewachung von Arbeitern – erst im Stadtteil Wiborg, dann im Stadtteil Narwa. Sie ernannten Lenin in Abwesenheit zum Ehrenvorsitzenden, ratifizierten seine neue Politik, daß der Herrschaft durch den Sowjet ein bewaffneter Aufstand vorangehen müsse, und hießen Trotzki und seine Kollegen formell in der Partei willkommen.

In Rasliw schrieb Lenin an *Staat und Revolution* weiter, einem seiner berühmtesten Werke, mit dem er in der Schweizer Emigration begonnen hatte. In diesem Buch sagte er einen zweiphasigen Übergang vom Sozialismus zum voll entwickelten Kommunismus voraus. Er lag auf dem Bauch oder hockte an einem Baumstumpf, der ihm als Tisch diente, schrieb in ein blaues Notizbuch und überraschte Sinowjew damit, daß er ihm Passagen aus dem neuen Werk vortrug. »Ich kann mich nicht erinnern, daß er vorher jemals aus einem Manuskript vorgelesen hätte«, meinte Sinowjew, »aber es war eine Ausnahmesituation . . . Wir hatten viel Zeit und . . . (es herrschte) eine ganz besondere Stimmung.«

Die Regierungstruppen suchten Lenin, und Kerenski bemühte sich in seinem großen Büro im Winterpalast, von dem aus er die Newa überblickte, Rußland zu regieren. Die bolschewistische Partei war nicht verboten, aber ihre Zeitungen durften nicht erscheinen, ihr Hauptquartier war beschlagnahmt, und ihre Führer standen unter Anklage. Und Lenins Propaganda, die alle Bemühungen Kerenskis beeinträchtigt hatte, war stark eingeschränkt worden. Lenin übte keine große Macht mehr aus, und Kerenski glaubte, jetzt könne er ungehindert darangehen, die Nation zu einigen und die ungeheuren Probleme Rußlands zu überwinden. Mit der Linken war er hart umgesprungen. Bald aber drohte ihm von der Rechten noch größere Gefahr.

Im August wurden die Nächte in Rasliw kalt. Der erste Herbstregen fiel. Das Dach der Hütte war undicht, obwohl Jemeljanow das Gegenteil beteuert hatte, als Sinowjew ihn zweifelnd danach fragte. Und der Regen brachte auch Gefahren. Denn manchmal suchten Jäger Unterschlupf in der Hütte. Bisher war immer einer von den Jemeljanows dagewesen und hatte sich taktvoll solcher unwillkommenen Besucher angenommen. Doch eines Abends, als die beiden Männer allein waren, trat ein Fremder in die Hütte. Sinowjew schob die Bücher, in denen sie gelesen hatten, unters Heu und antwortete kurz und kühl auf die Frage, die ihm der Jäger stellte, um ein Gespräch in Gang zu bringen. Lenin tat so, als ob er schliefe. Der Regen ließ nach, und der Besucher ging, aber sie wußten jetzt, daß es gefährlich war, noch sehr viel länger hier zu bleiben.

Das Zentralkomitee befand sich bereits in Alarmstimmung, denn in Petersburg liefen Gerüchte um, Lenin hielte sich in Sestrorezk versteckt, und infolgedessen suchten mehrere Male Soldaten diese Gegend ab. Die rechte Presse setzte ihre Angriffe fort. »Es ist kein Geheimnis«, erklärte das *Schiwoje slowo,* das während der Krise die Geschichte vom »deutschen Agenten Lenin« veröffentlicht hatte, »daß die Erschießung von Bürgern im Juli von Herrn Lenin und den ›plombierten‹ Bolschewiki, die mit ihm ankamen, organisiert wurde . . . eine bedeutende Vielzahl dieser Verräter ist noch auf freiem Fuß und fährt mit ihrer Agitation fort.«

Die Glaubwürdigkeit dieser Zeitung litt jedoch dadurch, daß sie von Lenins Privatleben ein derart finsteres und verzeichnetes Bild entwarf, daß es sich nur um reine Fantasterei handeln konnte. Unter dem Namen »Genosse Tschaplinski«, behauptete die Zeitung, habe er regelmäßig Petersburgs elegante Café-Theater besucht, häufig in einem Séparée mit der schwedischen Schauspielerin Erna Aimusta diniert und für die Flasche Champagner 110 Rubel bezahlt. Den Kellnern habe er schäbige Trinkgelder gegeben und sie sogar als »Lakaien« beschimpft.

»Niemand zweifelt daran«, so verkündete das *Schiwoje slowo* dunkel am 2. September, »daß Lenin bald nach Berlin gehen wird.«

Zu dieser Zeit war Lenin schon über eine Woche in Finnland. Die Überschreitung der scharfbewachten Grenze hatte eingehend geplant werden müssen. Alexander Schotman, einer von Lenins Verbindungsleuten, trat einer Laienspielgruppe im Wiborger Bezirk bei, damit er, ohne Verdacht zu erregen, bei einem Friseur ein paar Perücken kaufen konnte. Ein bolschewistischer Fotograf kam an der Hütte von Rasliw vorbei und lichtete Lenin und Sinowjew ab. Sie brauchten Bilder für gefälschte Pässe – und waren jetzt angeblich Arbeiter aus der Fabrik in Sestrorezk. Lenin hatte eine neue Identität. Er hieß Konstantin Petrowitsch Iwanow und wohnte im Bezirk Rasliw.

Am Abend des 21. August verließen Lenin und Sinowjew ihr Versteck am See. Es war geplant, daß sie mit dem Zug bis Udelnaja fuhren, kurz vor dem Petersburger Vorort Nowaja Derewnja, wo sie damals, bei ihrer Flucht aus der Stadt, Jemeljanow getroffen hatten. Den nächsten Tag sollten sie in der Wohnung eines Genossen verbringen. Und am Abend darauf würde Lenin über die finnische Grenze gehen – verkleidet als Heizer einer Lokomotive, die ein vertrauenswürdiger bolschewistischer Eisenbahner fuhr. Dabei war natürlich nur Platz für einen. Sinowjew, so beschloß man, sollte sich in der Stadt verborgen halten.

Anfangs ließ sich der Fluchtplan nicht gut an. Es war noch hell, als Lenin aus der Hütte trat und zu seinem Entsetzen entdeckte, daß sich Jemeljanow mit einem Fremden unterhielt – es war ein Nachbar, der einen Spaziergang machte. Jemeljanow erklärte, Lenin sei ein finnischer Arbeiter und spräche kein Russisch. Der andere fragte, ob er den Mann anstellen könne – er hätte Arbeit für ihn.

»Nein«, meinte Jemeljanow. »Er will nach Hause. Da ist irgendwas nicht in Ordnung.«

Schließlich verabschiedete sich der Nachbar und setzte seinen Spaziergang fort. »Danke, Nikolai Alexandrowitsch«, sagte Lenin leise, »danke, daß Sie mich nicht als Knecht vermietet haben.«

Nach Einbruch der Dunkelheit machten sie sich auf den Weg. Wieder gab es Schwierigkeiten. Jemeljanow führte Lenin, Sinowjew und die beiden Verbindungsleute Alexander Schotman und Eino Rahja in einem weiten Bogen durch den Wald – vermutlich wollte er das Dorf umgehen. Zu Lenins großem Ärger verirrte er sich.

Schließlich fanden die fünf Männer zum Bahnhof von Duibun – aber davor mußten sie noch einen tiefen Fluß durchwaten.

Jemeljanow ging voraus und wollte sich auf dem Bahnhof umsehen. Miliz hielt ihn auf und verhaftete ihn. Das war sogar zweckdienlich, denn die Milizsoldaten wurden dadurch abgelenkt, und die anderen konnten unbemerkt auf einen anfahrenden Zug aufspringen.

Am nächsten Abend wartete Lenin auf dem Bahnsteig der Station Udelnaja – er trug eine blonde Perücke, Arbeitskleidung und Mütze eines Heizers. Der Zug nach Helsinki, an seiner Spitze die Lokomotive Nr. 293, fuhr ein. Mit raschen Schritten ging Lenin zur Lok. Drinnen hielt der Lokführer Hugo Jalawa Ausschau nach den bolschewistischen Wachtposten. »Wie vereinbart«, schrieb er, »stand einer von Lenins Gefährten bei der Überführung und rauchte eine Zigarette, der andere stand an einem Laternenpfahl und tat so, als läse er in der Zeitung.«

Lenin kletterte in den Führerstand und schaufelte Holzklötze in den Kessel. Der echte Heizer stieg in einen der Waggons um und fuhr als normaler Reisender mit. Jalawa betätigte seine Dampfpfeife, und der Zug setzte sich in Bewegung – der finnischen Grenze entgegen. Auch Rahja und Schotman fuhren mit. An jeder Station gingen sie auf den Bahnsteig und sahen sich um, ob irgendwo etwas Gefährliches zu bemerken war.

Kurz vor 2 Uhr morgens kam der Zug am Grenzbahnhof Beloostrow an. Seit dem Juli wurden die Ausweispapiere rigoros überprüft. Schon zu dieser frühen Stunde standen Milizsoldaten auf dem Bahnsteig bereit.

Jalawa kuppelte die Lok ab und fuhr zu einer Wasserstation. Während die Milizsoldaten durch den Zug gingen und die Pässe der Reisenden kontrollierten, sah Lenin vom Führerstand aus zu, wie Jalawa Wasser nachfüllte.

Im letzten Moment – der Zugführer rief ihn schon mit seiner Pfeife – kletterte Jalawa wieder in die Lok, kuppelte an, und es ging weiter nach Finnland.

In Terioki standen Pferde bereit. Lenin stieg aus dem Führerstand der Lok und fuhr nach Jalkala, 16 Kilometer weiter, wo er bei Rahjas Schwiegereltern Aufnahme fand. Doch Jalkala war ein gutes Stück von der Eisenbahn entfernt, die Verbindung nach Petersburg war schlecht, und darum zog Lenin nach einigen Tagen nach Helsinki um. Er reiste als finnischer Pastor verkleidet. In der finnischen Hauptstadt wohnte er bei dem Bolschewiken Kustaa Rovio, der Polizeipräsident von Helsinki war. Nach ein paar Wochen suchte er sich ein neues Versteck. Rovios Nachbarn waren auf den Freund des Polizeipräsidenten aufmerksam geworden, der so selten an die frische Luft kam. Bevor er Helsinki verließ, mußte Lenin sich ein drittes Versteck suchen.

Die Korrespondenz mit der Partei war jetzt kein Problem, denn ein Freund von Rovio arbeitete im Postwagen eines Zuges, der regelmäßig zwischen Helsinki und Petersburg verkehrte. Auch Jalawa nahm gelegentlich Briefe mit.

Lenin lebte fast wie ein Maulwurf in seinem Versteck. Er arbeitete viel. Hier vollendete er den ersten und, wie sich später herausstellte, letzten Teil von *Staat und Revolution*. Jeden Tag studierte er alle Zeitungen und analysierte die Entwicklungen in Briefen an das Zentralkomitee. Als er bei Rovio lebte, weigerte er sich anfangs, die Wohnung zu verlassen. Er ernährte sich von Eiern und Tee; Rovio brachte es ihm.

Die Wochen verstrichen, und Lenin wurde immer optimistischer. In einem Artikel über den »Bonapartismus« Kerenskis versicherte er der Partei: »Alle Zeichen scheinen darauf hinzudeuten, daß der Gang der Ereignisse sich beschleunigt und daß das Land sich der nächsten Epoche nähert, in der . . . das revolutionäre Proletariat die Macht übernehmen wird.« Er befahl dem Zentralkomitee, die Führung in Moskau einer gründlichen Revision zu unterziehen. Moskau betrachtete er als »gewaltiges proletarisches Zentrum, das größer ist als Petrograd«.

Ende August kam es zu ersten Reaktionen gegen Kerenskis harte Herrschaft: Die nach wie vor nur halb legale Partei nahm einen erheblichen Aufschwung. Am 2. September wurde der Petersburger Stadtrat gewählt. Die Delegierten waren zu einem Drittel Bolschewiki – sie repräsentierten praktisch die gesamte Arbeiterklasse der Stadt.

Lenin wußte zwar schon lange, daß bei der Armee und bei rechtsgerichteten Kreisen von einer Militärdiktatur die Rede war, aber auch er wurde durch die dramatischen Ereignisse überrascht, die sich jetzt in Petersburg abspielten.

Die Deutschen sahen sich in Frankreich wieder heftigen

Angriffen ausgesetzt und mußten die Westfront mit Regimentern aus dem Osten verstärken. General Ludendorff war dadurch gezwungen, die Ostfront umzuorganisieren, damit sie auch von weniger Soldaten gehalten werden konnte. Am 1. September griffen seine Truppen die Zwölfte Russische Armee an, die an der Nordfront stand. Nach zwei Tagen mußten die Russen den wichtigen Ostseehafen Riga aufgeben. Die Soldaten des Kaisers waren jetzt keine 500 Kilometer von Petersburg entfernt, und in Rußland gärte es wieder, eine neue Krise zeichnete sich ab. Diesmal ging es nicht um Lenin, sondern um den General Lawrenti Kornilow, jenen Mann, der bis zur Mai-Krise Kommandeur der Petersburger Garnison gewesen war.

Im Juli hatte Kerenski ihn zum Oberbefehlshaber der russischen Armee ernannt, und in dieser Eigenschaft wurde er die zentrale Figur eines Militärputschs – den die meisten Offiziere, Miljukow und seine Kadetten und mutmaßlich auch die Regierungen der Entente unterstützten.

Die Rechten planten eine Diktatur, die die Sowjets liquidieren, die Ordnung im Lande und die Disziplin bei der Armee wiederherstellen sollte. Es ist fast sicher, daß der General Riga den Deutschen überließ, um die ideale Krisensituation für seinen Coup zu schaffen. Am 7. September wies er Kerenski telegrafisch an, er möge den Belagerungszustand über Petersburg verhängen und ihm als Oberbefehlshaber alle Macht übergeben.

Doch Kerenski reagierte darauf nicht wie erwünscht. Er entließ den rebellischen General. Kornilow befahl seinen Truppen, gegen die Hauptstadt vorzurücken.

Die Armee war in die Verschwörung verstrickt, und darum blieb Kerenski keine andere Wahl, als den Sowjet um Hilfe zu bitten. Diese neue Bedrohung mußte abgewehrt werden. Dem Sowjet wiederum blieb keine andere Wahl, als sich auch auf die Bolschewiki zu stützen, die ihm ihre Hilfe angeboten hatten, denn sie waren die einzige Partei, die über eine Militärorganisation verfügte, wenn sie auch – Folge des Juli – stark ramponiert war.

Sobald die Partei vom Vormarsch Kornilows erfuhr, rief sie

die Petersburger dazu auf, ihre Stadt zu verteidigen. An die Rotgardisten, die im Juli entwaffnet worden waren, wurden wieder Gewehre ausgegeben. Auch andere Arbeiter erhielten Waffen.

Podwoiski und Newski, die nun plötzlich wieder im Zentrum der Ereignisse standen, organisierten die Verteidigung von Petersburg. Doch es kam nicht zum Kampf. Die Eisenbahner montierten die Geleise ab; damit die Züge mit Kornilows Soldaten nicht weiterfahren konnten. Die Telegrafisten blockierten Kornilows Nachrichtensystem. Der Sowjet schickte Agitatoren zu Kornilows Soldaten, die sie davon überzeugen sollten, daß sie von der Konterrevolution ausgenutzt wurden.

Der Vormarsch verlangsamte sich und geriet schließlich völlig ins Stocken. Am 12. September wurde Kornilow verhaftet. Es kam zu heftigen Reaktionen. In der Armee regte sich erbitterte Feindschaft gegen die Offizierskaste. Überall in Rußland wurden Offiziere ermordet. Im Wiborger Bezirk trieb man Generäle, Oberste und Hauptleute in den Fluß und erschoß sie im Wasser oder prügelte sie auf dem Weg zum Ufer mit Knüppeln zu Tode.

Wieder waren Revolution und Konterrevolution aneinandergeraten, und Kornilow verlieh dem bereits bestehenden Trend zu den Bolschewiki einen ungeheuren Aufschwung.

Innerhalb einer Woche hatte die Partei die Mehrheit im Petersburger Sowjet, und einige Tage später wurde Trotzki anstelle Tschcheidses sein Vorsitzender – er hatte wieder denselben Posten wie 1905! In der dritten Septemberwoche gewannen die Bolschewiki auch im wichtigen Moskauer Sowjet die Mehrheit.

Für Lenin stellten Kornilows Putsch und die Mehrheiten in den beiden bedeutendsten Sowjets von Rußland eine dramatische Wende dar. Die politische Lage hatte sich geändert. Seiner Meinung nach waren die Bedingungen für einen Aufstand jetzt ideal, aber sie blieben vielleicht nicht lange so günstig. Das Pendel konnte wieder zurückschwingen, zur Reaktion. Jetzt kam es auf Schnelligkeit an, und in einem Brief ans Zentralkomitee drängte er zum sofortigen Handeln.

»Die Geschichte wird es uns nicht verzeihen, wenn wir jetzt nicht die Macht ergreifen . . . Wir werden absolut und fraglos siegen.«

Es gibt kaum einen Zweifel daran, daß die innenpolitische Lage in Rußland Lenin dazu veranlaßte, einen baldigen Aufstand ins Auge zu fassen. Aber daneben ist es auch interessant, daß Ludendorff wie Lenin zu dem Schluß gelangte, es könne zu einem zweiten Putsch von rechts kommen, der diesmal vielleicht glückte. Er ersuchte die Wilhelmstraße, die Subversion in Rußland zu verstärken – und ein paar Tage später gab er die Instruktion aus, seine Soldaten sollten zur Verbrüderung mit dem Gegner ermutigt werden. Ludendorff schrieb am 24. September nach Berlin, und Lenin schrieb, so die Herausgeber seiner Werke, zwischen dem 25. und 27. September nach Petersburg.

Diese Daten liegen derart nah beieinander, daß man versucht ist, hier eine geheime Absprache zu unterstellen. Doch es spricht mehr dafür, daß Lenin und der deutsche Oberbefehlshaber unabhängig voneinander zu ein und derselben Beurteilung der Lage kamen.

Andererseits gibt es einige Hinweise darauf, daß Lenin, kurz nachdem er von Kornilows Aufstand erfahren hatte, an die Deutschen herantreten wollte. Am 8. September – etwa zwei Wochen vor seiner Forderung, die Partei solle die Macht ergreifen – schrieb er an Jakob Fürstenberg einen langen, weit ausholenden Brief, den er seiner Aussage nach schon geraume Zeit vorbereitet hatte.

Es ist ein geheimnisvoller Brief. Lenin spricht von Kommunikationsschwierigkeiten – was seltsam anmutet, denn es bestanden seit langem Untergrundverbindungen zwischen Finnland und Schweden. Selbst der Ochrana war es nicht gelungen, dieses Netz zu zerstören. Warum sollte es dann jetzt solche Schwierigkeiten geben? Der Brief scheint auch die Entdeckung seines Geheimnisses vorwegzunehmen. Er fordert Beweise für seine Unschuld, Verteidigung gegen die Verleumdung, er werde von den Deutschen finanziert. Dabei geht es auch um Jewgenija Sumenson. »Wer ist das?« fragte er. »Ich höre den Namen zum ersten Mal!« Er drängte

Fürstenberg dazu, seinen Geldverkehr mit ihr von unabhängiger Seite überprüfen und publizieren zu lassen.

Das scheint überzeugend, bis Lenin nach einem deutschen Agenten namens Karl Moor fragt. »Was für ein Mensch ist Moor?« erkundigte er sich. Der Umstand, daß er Moor kannte, macht deutlich, daß man den Brief nicht für bare Münze nehmen darf. Außerdem erhebt sich die Frage, warum er so lange zögerte – warum er Fürstenberg erst jetzt sagte, er müsse etwas gegen die Verleumdungen unternehmen. Das hätte schon im Juli geschehen müssen. Jedenfalls wurde das Ergebnis der Rechnungsprüfung nicht veröffentlicht.

In dem Brief finden sich auch interessante Fragen, die sich auf Geldprobleme beziehen. »Wie steht es mit Geld bei dem Auslandsbüro, das von unserem Zentralkomitee eingesetzt ist?« schreibt er. »Es ist klar, daß unser Zentralkomitee nicht helfen kann . . .« Vielleicht sollte das bedeuten: In Rußland sind sie knapp mit Geld. Können Sie Geld von den Deutschen besorgen?

Am 29. September, drei Wochen später, berichtete Richard von Kühlmann, der Zimmermann als Oberstaatssekretär im Auswärtigen Amt abgelöst hatte, in einem Brief an die Oberste Heeresleitung von den Maßnahmen der Wilhelmstraße zur Unterstützung der bolschewistischen Bewegung. »Alles deutet darauf hin«, so versicherte er, »daß die Bewegung auch künftig wächst.«

Für Lenin war die Zeit nach seinem Aufruf zur Revolte besonders frustrierend. Im Juli, als er wußte, daß es der falsche Moment war, hatte er die Partei nicht zurückhalten können. Und nun, in diesem Augenblick, der seiner Meinung nach ideal war, konnte er die Partei nicht zum Handeln bewegen. Nach den traumatischen Erfahrungen der letzten Monate waren die Petersburger Bolschewiki äußerst vorsichtig geworden. Kamenew und die Konservativen beherrschten wieder die Führungsspitze – und das praktisch unangefochten, denn auch die Linken bestanden nach der Niederlage im Juli nicht mehr auf einer militanten Haltung der Partei.

Schon war die Rede von Verbindungen zu den Menschewiki, von einer Koalition. Es war genau die Art von kompromißlerischem Denken, die Lenin seit 1903 immer wieder zu schaffen gemacht hatte.

Wichtiger noch, die Mehrheit des Zentralkomitees teilte Lenins Meinung nicht. Halbherzig diskutierte das Zentralkomitee über den Vorschlag, die Macht zu ergreifen, wenn der nächste Allrussische Sowjetkongreß tagte, obwohl die anderen sozialistischen Parteien angesichts des wachsenden bolschewistischen Einflusses dagegen waren, diesen Kongreß einzuberufen. Lenin blieb unnachgiebig: Sie würden ihre Chance verspielen, wenn sie auf einen Kongreß warteten, dessen Zukunft so ungewiß war.

Denn Alexander Kerenski bemühte sich jetzt, alle um sich zu scharen, die sich gegen die bolschewistische Gefahr wehren wollten. Und Lenin glaubte, daß der Ministerpräsident sehr gute Erfolgsaussichten hatte, wenn die Partei nicht rasch handelte. Da die Bolschewiki die beiden wichtigsten Sowjets im Lande kontrollierten, verlagerte Kerenski seine Strategie jetzt auf die Konstituierende Versammlung – doch es war schwierig und ging nicht ohne Auseinandersetzungen ab, allgemeine Wahlen in einem riesigen Land zu organisieren, in dem etwas Derartiges noch nie stattgefunden hatte.[45] Als Übergangslösung wollte er ein Vorparlament schaffen, in dem alle Gesellschaftsschichten vertreten sein sollten. Das Vorparlament würde bis zu den Wahlen zur Konstituierenden Versammlung tagen.

Lenin betrachtete das Vorparlament als ein taktisches Mittel Kerenskis zur Verbreiterung seiner Basis und zur Konsolidierung seiner Macht. Keine Frage – es mußte sabotiert werden. Als er erfuhr, daß die anderen Parteiführer sich daran beteiligen wollten, geriet er in Zorn. Wenn sie nicht unverzüglich etwas gegen Kerenskis Pläne unternähmen, schrieb er an die Mitglieder des Zentralkomitees, seien sie »Verräter und Schurken«. Und: »Verhaften Sie den ganzen Abschaum!« Wenn das Zentralkomitee nicht kämpferische Maßnahmen ergriffe, drohte er, habe es eine »furchtbare Strafe« zu gewärtigen.

Es war eine merkwürdige Attacke, die voll und ganz mit Walentinows lebensvoller Beschreibung von Lenins Wutanfällen übereinstimmt, merkwürdig deshalb, weil das Zentralkomitee die Partei leitete. Ein einzelner konnte ihm nicht drohen, auch Lenin nicht.

Das Zentralkomitee kam zu dem Schluß, daß Lenin im Moment etwas labil sei, und befahl, den Brief zu verbrennen.

Für Lenin, der in Finnland hilflos wütete, war es ganz klar, daß die anderen Parteiführer die Lage einfach nicht begriffen – vor allem begriffen sie nicht, wie begrenzt der Zeitraum war, der ihnen zur Verfügung stand. Sie mußten zuschlagen, bevor Kerenski zu stark wurde.

Verkleidet fuhr Lenin in die finnische Stadt Wiborg (nicht identisch mit dem Petersburger Vorort), um näher bei der Grenze zu sein. Und nun schmiedete er seine Pläne für den Aufstand. Er schrieb an Iwan Smilga, ein militantes Parteimitglied in Kronstadt, der im Juli zum Zentralkomitee gehört hatte, und bat ihn, die in Finnland stationierten Matrosen und Armeesoldaten für den Sturz Kerenskis zu rüsten.

Er bombardierte Nadja mit Briefen: Sie solle ihren Einfluß in Wiborg, dem wichtigen Industrieviertel Petersburgs, geltend machen, damit das Zentralkomitee dazu gezwungen werde, einen Aufstand zu organisieren. Er sandte einen Brief an den soeben zusammentretenden Petersburger Stadtrat und bat, er möge eine Resolution verabschieden, die schnelles Handeln forderte. Und er richtete einen leidenschaftlichen Appell an das Moskauer Komitee: Es solle seine Kampagne unterstützen und für den sofortigen Aufstand plädieren.

In einem langen und zornigen Brief warf er den Parteiführern vor, daß sie ihm nicht antworteten, den kämpferischen Ton seiner Artikel verfälschten und ihn beschwindelten. Herausfordernd bot er seinen Austritt aus dem Zentralkomitee an. Er werde sich dann die Freiheit nehmen, sich direkt an die unteren Ränge der Partei zu wenden. »Denn es ist meine tiefste Überzeugung, daß wir die Revolution ruinieren, wenn wir den Sowjetkongreß abwarten und den gegenwärtigen Moment verstreichen lassen.«

Er bat das Zentralkomitee, in die Stadt zurückkehren zu dürfen, und war erbost, als er erfuhr, daß ihm die Erlaubnis verweigert wurde. Alexander Schotman, sein wichtigster Verbindungsmann, besuchte ihn in Wiborg/Finnland. Lenin fuhr ihn an: »Ist es wahr, daß mir das Zentralkomitee verboten hat, nach Petersburg zu kommen?«

Schotman bestätigte das, fügte aber hinzu, es sei in seinem eigenen Interesse, denn in Beloostrow seien die Polizeikontrollen derzeit sehr streng. Lenin begann im Zimmer auf und ab zu gehen und meinte zornig: »Ich werde das nicht dulden! Ich werde das nicht dulden!«

Und er duldete es nicht. Heimlich rief er Eino Rahja nach Wiborg, der seine Flucht nach Finnland organisiert hatte, und bat ihn, ihm die Rückreise zu ermöglichen, aber das Zentralkomitee nicht davon zu unterrichten. Er hatte bereits an Nadja geschrieben: Sie solle für ihn ein gutes Versteck in der Stadt finden.

Rahja plante die Reise mit aller Sorgfalt. Und am 21. Oktober[46] fuhr Lenin, wieder als lutherischer Pastor verkleidet, mit dem Zug nach Raivola, einer Station in Grenznähe. Um unbehelligt über die Grenze zu kommen, spielte er noch einmal den Heizer. Er passierte Beloostrow mit Hugo Jalawa in der Lok Nr. 293. Rahja saß in einem Waggon des Zuges und paßte auf. In Udelnaja stieg Lenin aus und machte sich auf den Weg nach Wiborg. Er fand Unterschlupf in Marguerite Fofanowas Wohnung, in der nach der Juli-Krise die Parteiführer einmal getagt hatten.

Lenin war nach Petersburg zurückgekehrt, um seine widerspenstige Partei zum Aufstand zu zwingen. Er befand sich in einer ähnlichen Lage wie im März, als ihn in Zürich die Meldung von der Revolution erreicht hatte. Damals hatte er gewußt, daß er unbedingt und unverzüglich nach Rußland mußte, damit er seine Partei vorbereiten und gegen die unvermeidliche Auspowerung durch Kompromiß und Konterrevolution stählen konnte.

Und nun, sieben Monate später, im Oktober, war die kritische Phase gekommen, der Moment, den er vorhergesehen hatte. Wenn die Arbeiterklasse rebellierte, bevor

Kerenski vollends gerüstet war, konnte sie die Macht ergreifen und die Weltrevolution in Gang setzen, von der Karl Marx gesprochen hatte.

Und wieder wußte Lenin, daß er der einzige war, der das Proletariat dahin zu bringen vermochte.

15

Im Oktober war es in der Stadt um drei Uhr nachmittags dunkel. Ein kalter, feuchter Wind blies aus Nordwest, vom Finnischen Meerbusen her. Er drang durch die schweren Mäntel und Pelzkappen der zwölf Männer, die, jeder für sich, am Abend des 23. Oktober durch matschige, schlecht beleuchtete Straßen zu einem geheimen Treffen gingen. Es fand in einem Mietshaus statt, das zum Karpowka-Kanal hin gelegen war, der sich durch Alt-Petersburg zog.[47]

Zum erstenmal seit seiner Flucht im Juli nahm Lenin wieder an einer Sitzung des Zentralkomitees teil. Er trat den Genossen gegenüber, die er bedroht und des Verrats bezichtigt hatte.

Was die Sicherheit betraf, so war der Treffpunkt ideal. Es gab zwei Ausgänge – obligatorisch für alle geheimen Versammlungen. Wichtiger noch, die Wohnung gehörte einem prominenten Menschewiken – hier würde Kerenskis Miliz gewiß nicht nach Lenin suchen.

Suchanow, der Journalist und Politiker, der die vollständigste Chronik der beiden Revolutionen des Jahres 1917 schrieb, erfuhr später, daß eine der wichtigsten Versammlungen der russischen Geschichte in seinem Hause abgehalten worden war. »O Streich der lustigen Muse der Geschichte!« meinte er in seinen Erinnerungen.

Seine Frau Galina war eine glühende Anhängerin der Bolschewiki. Fürsorglich hatte sie ihrem Mann vorgeschlagen, er solle, da er ohnehin lange arbeiten werde, in der Nähe seines Büros schlafen (was er manchmal tat), statt noch spät in der Nacht neun Kilometer nach Hause zu fahren.

Nun trafen die Teilnehmer ein: Sinowjew, mittlerweile bärtig und mit kurzgeschorenem Haar, um sein Aussehen zu verändern, erfreut, seinen Führer wiederzusehen, aber etwas bang wegen dieses Treffens; Kamenew, der Lenin herzlich begrüßte, aber fest davon überzeugt war, daß ein Aufstand zu diesem Zeitpunkt Partei und Revolution zuschanden machen würde; Swerdlow, der ausgemergelte Parteisekretär, auf den sich Lenin verlassen konnte; Stalin, immer noch Herausgeber der Parteizeitung (die jetzt *Rabotschi put* hieß – die *Prawda* war seit Juli verboten), ein Mann von schwankender Loyalität, im März konservativ, im Juli militant und jetzt wieder zur Rechten in der Partei tendierend; Trotzki, machtvoll und stark in seiner neuen Rolle als Vorsitzender des Petersburger Sowjets, aber ein Unabhängiger – Lenin konnte nicht ganz darauf bauen, daß er seine Führerschaft vorbehaltlos akzeptierte.

Und noch mehr kamen, die, wie Trotzki, beim Parteikongreß im August ins Zentralkomitee gewählt worden waren: Sokolnikow, Mitherausgeber der Parteizeitung, einer von den 32 Genossen, die im plombierten Waggon mitgefahren waren – auch er ein Unabhängiger, wie Lenin noch aus der Zeit in der Schweiz wußte; Uritzki, einer von Trotzkis »brillanten Generälen«; Felix Dserschinski, kaum von der Krankheit genesen, die er sich in der Lubjanka, Moskaus grausamstem Gefängnis, zugezogen hatte, ein leidenschaftlicher und rücksichtsloser Revolutionär, der bald mehr gefürchtet werden sollte als alle Chefs der Ochrana*; Georgi Lomow, der vor Lenins Rückkehr von Moskau nach Petersburg gereist war, um die Mitglieder des Zentralkomitees auf Lenins Linie einzuschwören.

Zwölf Männer saßen um den runden Tisch in Suchanows Wohnzimmer unter einer Hängelampe – dazu Warwara Jakowlewa, die das Protokoll führte. Draußen hielt Galinas Bruder Juri Flakserman Wache.

---

* Dserschinski wurde nach der Revolution Chef der politischen Polizei, der Tscheka. (Anm. d. Übers.)

Aufmerksam betrachtete Lenin die anderen. Gemeinsam mit Swerdlow hatte er die Strategie für dieses Treffen sorgfältig geplant. Er wollte eine einstimmige Resolution, die die Partei zur Durchführung eines sofortigen bewaffneten Aufstandes ermächtigte, und er rechnete mit starkem Widerstand.

Das Treffen begann recht ruhig.[48] Wie üblich berichtete Swerdlow in seiner Eigenschaft als Parteisekretär über die allgemeine Lage. Doch damit, so meinte Trotzki später, bereitete er das Terrain für Lenin vor, denn er bezog sich hauptsächlich auf Mitteilungen der Parteikomitees bei den Fronttruppen. Die Haltung der Fronttruppen hatte Lenin bei seiner Manöverkritik nach den Julitagen zu der Ansicht bewogen, daß eine Machtergreifung zu diesem Zeitpunkt für die Partei tödlich gewesen wäre.

Nun sei die Lage anders, gab Swerdlow zu verstehen. »An der Front . . .«, sagte er, »werden sie (die Soldaten) sich uns gegen Kerenski anschließen.«

Es war von verdächtigen Zeichen berichtet worden, von einer drohenden Konterrevolution. An einem Abschnitt der Front wurde mit Hilfe der Kosaken ein Putsch im Stile Kornilows vorbereitet. An der Nordfront munkelte man von einem geplanten Rückzugsbefehl, der den Deutschen den Weg nach Petersburg öffnen würde, zum Herzen der Revolution. Alle am Tisch wußten, daß ein erheblicher Teil der Bourgeoisie die Bolschewiki mittlerweile für gefährlicher hielt als den Feind.

Swerdlow hatte seinen Bericht beendet, und Lenin ergriff das Wort. »Seit Anfang September«, sagte er rauh, »besteht eine gewisse Gleichgültigkeit der Frage des Aufstands gegenüber.«

Geduldig erläuterte Lenin, warum gerade jetzt die Zeit für den Aufstand ideal sei, warum, wie er von Finnland aus geschrieben hatte, »Zögern den Tod bedeutet«. Auf mehreren deutschen Schiffen in der Ostsee war es zu Meutereien gekommen, ein Hinweis darauf, wie weit sich die Unruhe auch in den unteren Klassen anderer Länder verbreitet hatte. Eine wahre Flut von Revolten in den russischen Dörfern zeigte, daß die Bauern, jener gewaltige Bevölkerungsanteil, von dem man nicht genau gewußt hatte, wo er stand, dem man immer Land versprochen hatte, der Versprechungen müde und bereit waren, einen organisierten Aufstand zu unterstützen.

»Seit Juli«, betonte Lenin, »haben wir einen gewaltigen Aufschwung genommen . . . Jetzt haben wir die Mehrheit. Die politische Lage ist reif für die Machtübernahme.«

Bis jetzt war die Sitzung ruhig verlaufen, wenn die Ruhe auch etwas gekünstelt war. Lenin, so Trotzki, »hielt sich offensichtlich zurück: Zu viele Gefühle hatten sich in ihm angestaut«.

Aber nun ging Lenin in charakteristischer Weise zum Angriff über. Er begann, Trotzki »zu bedrängen«, der ebensosehr für den Aufstand war wie Lenin selbst, im Gegensatz zu ihm aber meinte, der Petersburger Sowjet solle ihn organisieren. Das war kein Risiko, denn in Lenins Abwesenheit hatte sich Trotzki die Kontrolle über den Sowjet verschafft. Jede seiner Sektionen wurde von Bolschewiki befehligt.

Trotzki wollte der Operation Legalität verleihen, indem er den Aufstand zeitlich mit dem Allrussischen Sowjetkongreß zusammenfallen ließ, der nach heftigen Auseinandersetzungen auf den 2. November anberaumt worden war – blieben nur noch zehn Tage.

Lenin wandte sich entschieden gegen diesen Plan. Trotz seiner Verlautbarungen in den letzten Monaten hatte er den Sowjets eigentlich nie getraut, schon 1905 nicht.[49] Er gab der disziplinierten Kontrolle durch *eine* Partei den Vorzug, obwohl diese Kontrolle im Juli versagt hatte.

Zudem war der Sowjet mit seinen vielen Delegierten, Anträgen und Abstimmungen ein recht schwerfälliger Apparat. Trotzkis Plan führte unvermeidlich zu Verzögerungen.

Leidenschaftlich forderte Lenin eine »entschiedene Aktion« binnen fünf Tagen. Der 28. Oktober war das letzte Datum, das er gelten lassen wollte. Bis zum 2. November mußte die Operation seiner Meinung nach abgeschlossen sein, und das konnte einige Tage dauern. »Wir dürfen nicht warten«, meinte er beharrlich. »Wir dürfen nichts verzögern. Wie wir vom Genossen Swerdlow gehört haben, bereitet man an der Front den Umsturz vor. Wird der Sowjetkongreß überhaupt je stattfinden? Wir müssen die Macht sofort ergreifen, wir dürfen nicht auf irgendwelche Kongresse warten.«

Die eigentliche Auseinandersetzung hatte Lenin jedoch mit seinen einstmals guten Kameraden von der Troika, den Männern, die mit ihm im Exil gelebt hatten, die seine wichtigsten Helfer gewesen waren und an den langen Diskussionen in den Cafés der Avenue d'Orléans in Paris teilgenommen hatten.

Ironischerweise gab es in diesem historischen Moment für Lenin und seine beiden vertrautesten Genossen keine gemeinsame Basis, keinen Verhandlungsspielraum. Sinowjew, der monatelang zwischen seinem Freund und zwischen seinem Führer hin und her gerissen war, stand jetzt fest und unerschütterlich hinter Kamenew.

Ihre abweichende Meinung ließ sich leicht erklären: Sie fanden, durch einen bewaffneten Aufstand sei nichts zu gewinnen, aber alles zu verlieren. Wenn sie sich ein paar Wochen geduldeten, waren ihre Chancen, bei den Wahlen zur Konstituierenden Versammlung legal eine große Mehrheit zu gewinnen, »hervorragend«. Das Volk verlange nicht nach einem Aufstand. Wenn die Partei eine Revolte anzettelte, würde sie das Kleinbürgertum, »das große, dritte Lager« der Ladenbesitzer, unteren Beamten und bessergestellten Bauern der Konterrevolution in die Arme treiben. Auf die Unterstützung der Truppen könne man sich nicht verlassen. Und es gebe ein noch kritischeres Problem. Die Streitkräfte der Regierung – die Kosaken und Junker in der Umgebung von Petersburg – seien stärker als es scheine.

»Genosse Lenins Vorschlag bedeutet«, so betonte Kamenew[50], »daß wir nicht nur das Schicksal unserer Partei, sondern auch das Schicksal der russischen Revolution und der Weltrevolution auf eine Karte setzen . . . Wir haben kein Recht dazu, die ganze Zukunft auf eine Karte zu setzen, auf den bewaffneten Aufstand.«

Zornig kämpfte Lenin gegen seine alten Freunde. Die Partei könne weitaus größere Streitkräfte aufbieten als die Regierung, behauptete er. Das Volk werde sich erheben, wenn man es dazu aufriefe. Der scheinbare Mangel an Begeisterung sei darauf zurückzuführen, daß es der vielen Worte und Resolutionen müde sei. Die Soldaten würden für die Partei kämpfen.

Am entscheidendsten war, daß Lenin seine störrischen Gegner nicht von den Gefahren überzeugen konnte, die Kerenskis Plan enthielt. Es würde nicht bloß zu einem zweiten und ebenso erfolglosen Kornilow-Putsch kommen. Kerenski und sein Verbündeter Miljukow würden aus dem September lernen, wie die Bolschewiki aus dem Juli gelernt hatten. Diesmal würde die Operation gut organisiert sein.

Wieder und wieder sagte er es: »Der Erfolg der russischen Revolution und der Weltrevolution hängt von zwei oder drei Tagen des Kampfes ab.«

Seine Stimme wurde lauter, er trommelte auf den Tisch, versuchte ihnen einzuhämmern, daß es zu spät sein würde, wenn sie jetzt nicht handelten. Eine zweite Chance hätten sie nicht. Ihre Vorstellung, man könne die Macht durch verfassungsmäßige Mittel erreichen, sei naiv. Kerenski würde sie nie zum Zug kommen lassen. Sobald er das Land unter Kontrolle habe, werde er den Sowjet liquidieren. Dies sei für die Partei die letzte Gelegenheit zur sozialistischen Revolution, zur Weltrevolution – die letzte Gelegenheit für viele, viele Jahre. Und in dieser kurzen Zeitspanne seien die Bedingungen so beschaffen, daß der Aufstand nicht scheitern könne.

Aber Kamenew, rotbärtig und bebrillt, saß nur da an der anderen Seite des Tisches, saß da und schüttelte den Kopf.

Zehn Stunden lang diskutierten sie. In den Pausen trug ihnen Galina Suchanowa Tee, Brot und Wurst auf. Um Mitternacht wurde der Strom abgestellt, wie immer in dieser Zeit, da die Stadt nur sechs Stunden pro Tag mit Elektrizität versorgt war. Bei Kerzenschein setzten sie die Diskussion fort. Es war fast drei Uhr morgens, als Lenin die Entscheidung erzwang.

Er beugte sich über den Tisch, der mittlerweile mit Krümeln übersät war und auf dem gebrauchte Teetassen standen, und schrieb mit einem »abgenagten Bleistift« eine Resolution auf ein kariertes Blatt aus einem Schulheft. »In der Erkenntnis . . . daß der bewaffnete Aufstand unvermeidlich und die Zeit dazu reif ist«, notierte er mit seiner kleinen, engen Handschrift, »legt das Zentralkomitee allen Organisationen der Partei nahe, dementsprechend zu handeln und unter diesem Gesichtspunkt alle praktischen Fragen zu diskutieren und zu entscheiden.«

Dann ließ Swerdlow beim Licht der flackernden Kerzen formell über die Resolution abstimmen. Für Lenin war es ein Augenblick der atemlosen Spannung. Womöglich zögerte Trotzki. Vielleicht auch Uritzki, der Genosse aus Trotzkis früherer Organisation, der behauptet hatte, weder die Partei noch der Sowjet seien auf den Aufstand vorbereitet. Stalin war die ganze Zeit über sehr ruhig gewesen, aber vermutlich würde er sich, wie im März, Kamenew anschließen. Sokolnikow stand Kamenew näher als Lenin. Außerdem hatten Sokolnikow und Stalin Lenins Artikel aus Finnland geändert und einige militante Sätze wegredigiert.

Entgegen Lenins Befürchtungen stimmten zehn *für* die Resolution – alle außer Kamenew und Sinowjew. Diese Mehrheit von zehn zu zwei läßt einige Fragen unbeantwortet. Warum sprach sich Uritzki trotz seiner Zweifel für den Aufstand aus? Warum ließ Stalin Kamenew bei dieser entscheidenden Abstimmung im Stich? Was überzeugte Sokolnikow?

Ein möglicher Schlüssel ist der, daß der österreichische Außenminister binnen zweier Wochen Kerenski davon in Kenntnis setzen würde, daß er bereit sei, einen Separatfrieden mit Rußland zu schließen. Die entscheidende Frage ist deshalb, ob Lenin vor dem Zusammentreffen mit seinen Genossen in Suchanows Wohnung von Berlin über die Möglichkeit eines solchen Angebots informiert worden war. Wenn ja – und hier können wir uns nur im Bereich der Spekulationen bewegen –, dann erscheint seine Forderung nach schnellem Handeln in einem ganz anderen Licht. Denn wenn Kerenski dem russischen Volk die Einstellung des Kampfes an jenem großen Frontabschnitt bieten konnte, den die Soldaten des Kaisers und Königs von Österreich und Ungarn hielten, würde er Lenin »übertrumpfen«, wie er in seinen Memoiren schrieb. Das Friedensprogramm der Bolschewiki war seiner Meinung nach die wichtigste Ursache für den erneuten Zulauf zu ihrer Partei. Lenin legte daher großen Wert darauf, daß der Aufstand stattfand, bevor Kerenski nach Absprache mit Wien zur Tat schreiten konnte. Wenn ihm das glückte, war es zu spät.

Falls diese Hypothese stimmt, kann wenig Zweifel daran bestehen, daß Lenin – sollte es einschlägige Kontakte gegeben haben – von Berlin unter großen Druck gesetzt wurde. Denn ein Separatfrieden mit Österreich würde zeigen, daß das Bündnis der Mittelmächte wankte, würde Deutschland zu einer Zeit isolieren, da soeben Amerika in den Krieg eingetreten war.

War dies Wissen, das Wissen um einen baldigen Frieden mit Österreich, jener entscheidende Faktor, durch den sich Uritzki und Stalin überzeugen ließen? Beharrten Kamenew und Sinowjew deshalb auf ihrem Standpunkt, weil sie glaubten, die Partei könne – trotz des Separatfriedens mit Österreich – über die Konstituierende Versammlung ihr Ziel erreichen?

Das Protokoll der Sitzung ist skizzenhaft und liefert keinen Beweis für diese Behauptung. Trotzki, von dem die wichtigsten Informationen über die Ereignisse jener Nacht stammen, spricht nicht davon; aber das hätte er auch kaum tun können, ohne Lenins Verbindungen mit Berlin aufzudecken – die er stets energisch bestritt, obwohl er die Fakten gekannt haben muß, die durch die Akten des deutschen Auswärtigen Amtes offenbar wurden.

In Finnland hatte Lenin gegen Ende September festgestellt, daß »ein Friedensangebot an das Volk den Sieg bedeutet«, aber damals befürchtete er, die Partei könne durch einen Separatfrieden zwischen Deutschland und Großbritannien »ausgestochen« werden – was wiederum Kerenskis Position gefestigt hätte. Er erwähnte Österreich in seinen Briefen nicht – an sich seltsam, denn Österreichs Haltung würde sich mit Sicherheit als relevant herausstellen.

Der Friede, egal, wie er zustande kam, war also eine Gefahr ersten Ranges und ein Grund dafür, daß das Zentralkomitee in jener Nacht die Partei auf den sofortigen Aufstand festlegte. Zumindest theoretisch, denn in der Praxis ging das nicht so einfach.

Es regnete, als Lenin Suchanows Wohnung verließ. Er trug einen Regenmantel, den ihm Dserschinski geliehen hatte. Sein Ziel war Rahjas Wohnung, die näher lag als das Zimmer bei Marguerite Fofanowa in Wiborg. Er wollte ein paar Stunden schlafen. Die anderen verbrachten die Nacht fast alle auf dem Fußboden des Zimmers, in dem sie ihren entscheidenden Beschluß gefaßt hatten. Am Morgen gingen sie ins Smolny.

Im Juli hatte man den Taurischen Palast für die zukünftige Konstituierende Versammlung geräumt. Seitdem war das Smolny-Institut der Sitz des Sowjets. Das Smolny war ein großes, graues, palastartiges Gebäude mit Kuppel und Säulen, fast zweihundert Meter lang und in einer Newa-Schleife an der Peripherie des Stadtzentrums gelegen, wo die Straßenbahnlinien endeten. Es stand in einem kleinen Park neben der Smolny-Kathedrale, die, wie viele russische Kirchen, weiß und blau gestrichen war und von drei gewaltigen mattgoldenen Kuppeln beherrscht wurde.

Bis zum Frühling war das Smolny eine Schule für die Töchter des russischen Adels gewesen, und der Sowjet tagte ironischerweise in dem Ballsaal, in dem die Mädchen die Tanzschritte einer mittlerweile untergegangenen Welt gelernt hatten.

Trotzki, der ehemalige Schützling und spätere Gegenspieler Lenins, jetzt ein Verbündeter, der freilich nicht Lenins volles Vertrauen genoß, spielte im Smolny bei der Machtergreifung die Rolle des Stars. Wie immer blieb Lenin im Hintergrund. Diesmal gezwungenermaßen, denn er stand noch unter Anklage, und Kerenskis Polizei suchte die Stadt nach ihm ab – es liefen Gerüchte um, er sei zurückgekehrt.

Mit Trotzki hatte die Geschichte Lenin einen perfekten Vollstrecker seines Willens gegeben – eine Ergänzung seiner Person. Denn Trotzki brillierte in den Charakter- und Persönlichkeitszügen, über die Lenin nur in schwachem Maß verfügte. Er hatte eine natürliche Begabung dafür, vor der Öffentlichkeit aufzutreten, die Lenin abging – und zu seiner Rhetorik und seinem Stil gesellten sich ein außergewöhnlich tiefgründiger Intellekt und ein großes Talent für Organisation und Führung.

Zum Zeitpunkt der entscheidenden Sitzung vom 23. Oktober hatte Trotzki bereits begonnen, sich seine Basis zu schaffen. Am Vorabend hatte sich der Petersburger Sowjet bereit erklärt, ein Revolutionäres Militärkomitee zur Verteidigung der Revolution und vor allem zur Verteidigung Petersburgs zu gründen.

Die Deutschen waren nah. Es hieß, der Regierungssitz solle nach Moskau verlegt werden – dies Gerücht erhielt neue Nahrung, als die Deutschen am selben Tag, da Lenin so heftig mit seinen Parteiführern diskutierte, einem Teil der russischen Flotte bei einer Seeschlacht vor Riga eine vernichtende Niederlage beibrachten. Den Oberbefehlshaber veranlaßte diese Krise dazu, ein Drittel der Petersburger Regimenter an die Front zu beordern.

Das wiederum gab Trotzki die Gelegenheit, das Thema Aufstand anzuschlagen – er tarnte den geplanten Coup als Verteidigungsmaßnahme. Der Befehl des Oberkommandeurs, behauptete er, sei der erste Schritt eines konterrevolutionären Komplotts zur Räumung der Hauptstadt. Unter Trotzkis Führung wurde der Plan entwickelt, daß sich das Revolutionäre Militärkomitee gegen den Befehl stellen und Petersburg, das Zentrum der Revolution, verteidigen sollte.

Technisch gesehen existierte das Revolutionäre Militärkomitee noch gar nicht, denn der Sowjet brauchte einige Zeit zum Handeln, wie Lenin bereits gesagt hatte, aber praktisch wurde es jetzt zum Angelpunkt der Aufstandspläne. Trotzki gehörte nie offiziell dem Revolutionären Militärkomitee an, obwohl er es leitete. Nominell hatte dessen Führung ein 18jähriger Sozialrevolutionär inne. »Wir nutzten ihn aus«, schrieb Trotzki. »Ob er das wahrnahm oder nicht . . . weiß ich nicht.«

Oberflächlich betrachtet war das Revolutionäre Militärkomitee ein Instrument des Petersburger Sowjets zur Verteidigung der Stadt gegen die Konterrevolution. Aber praktisch kam es der alten Militärorganisation der Bolschewiki gleich. Zu den Stabschefs gehörte Nikolai Podwoiski. Ein weiterer führender Kopf war Wladimir Antonow-Owsejenko, ein Bekannter Lenins aus den Tagen in Paris. Er war ein junger, schlanker Mann, der mehr wie ein Dichter aussah als wie ein Revolutionär, doch er sollte bei den kommenden Ereignissen eine wichtige Rolle spielen. Auch Newski gehörte zur Führung, schien aber seit Juli an Einfluß verloren zu haben.

Im Smolny hatte auch das Zentralexekutivkomitee des Allrussischen Sowjetkongresses seinen Sitz, in dem nach wie vor die Menschewiki und Sozialrevolutionäre dominierten. Das Revolutionäre Militärkomitee entwickelte sich also unter den Augen der Feinde der Bolschewiki zum Sammelbecken der revolutionären Kräfte. Die Parteikader in der Armee wurden für die Revolte in Bereitschaft versetzt. Die Roten Garden in den Fabriken erhielten ihren letzten Schliff als Kampfeinheiten. Fast jeden Abend fanden im Smolny Sitzungen statt, bei denen die strategischen Richtlinien und die Verbindungen zwischen Arbeitern und Soldaten ausgebaut wurden.

Um die Bemühungen der gegnerischen Parteien zur Sabotierung des Sowjetkongresses zunichte zu machen, richtete Trotzki über den Funk einen dramatischen Appell an die Nation. Er forderte die Sowjets von Rußland und die Armee dazu auf, Delegierte nach Petersburg zu entsenden.

Während Trotzki sein Kommandosystem schuf, sah sich Lenin einer weiteren Meuterei gegenüber – der kritischsten seit Gründung der Partei. Kamenew und Sinowjew weigerten sich nach wie vor, den Beschluß des Zentralkomitees vom 23. Oktober hinzunehmen. Hinter Lenins Rücken hatten sie sich an die Partei gewandt – und etliche Genossen aus den höheren Rängen teilten ihre Ansichten. Selbst Newski, der im Juli von übereifriger Militanz gewesen war, hatte erhebliche Zweifel daran, daß das Land den Aufstand unterstützen würde. Einige Bauern waren zwar rebellisch, aber andere hatten gedroht, die Brotzufuhr zu unterbinden, wenn es zum Aufstand kam. Newski war sich nicht einmal Moskaus sicher.

Die meisten seiner Genossen glaubten, der Beschluß des Zentralkomitees sei übereilt, glaubten, sie brauchten Zeit, um die Massen vorzubereiten.

Lenin verfolgte die Ereignisse von der Fofanowaschen Wohnung aus und merkte bald, daß er einschreiten mußte, um die Partei zum Handeln zu zwingen. Am 29. Oktober, sechs Tage nach dem nächtlichen Treffen in Suchanows Wohnung, wanderte er mit Rahja durch den Regen. Er wollte zu einer Konferenz der gesamten bolschewistischen Führung, an der auch die obersten Funktionäre der verschiedenen Fabriken, der Eisenbahner, der Militärorganisation und der Petersburger Stadtbezirke teilnahmen. Sie tagten im Gebäude der Wiborger Bezirksduma.

Es war kränkend für Lenin, demütigend. Die beiden Männer, die in der Emigration jahrelang seine Adjutanten gewesen waren, machten jetzt ganz selbstsicher gegen ihn Front. »Offensichtlich«, spöttelte Sinowjew, »betrachtet man die Resolution (des Zentralkomitees zum Aufstand) als nicht ausgeführt. Denn warum diskutieren wir sonst darüber?«

»Eine Woche ist vergangen«, meinte Kamenew herausfordernd – »schrie (er) schamlos«, wie Lenin es formulierte. »Das Zentralkomitee ist besiegt worden, weil es eine ganze Woche lang nichts getan hat.«

Lenin saß aufgebracht da, aufgebracht darüber, daß seine ehemaligen Freunde versuchten, seine Politik zu unterwühlen. Schlimmer noch, sie wollten das sabotieren, was getan werden mußte – er wußte es. Kamenews Argument »konnte ich nicht widerlegen«, erklärte er später, »weil ich nicht zu sagen vermochte, was wirklich getan worden war«. Trotzki, der ihn sonst informiert hätte, war nicht da. Und so konnte Lenin nur hilflos dasitzen und zuhören, wie Kamenew sagte: »Wir haben keinen Apparat für den Aufstand. Unsere Feinde verfügen über einen viel stärkeren Apparat, der sich in dieser Woche wahrscheinlich noch vergrößert hat.«

Mit leisem Triumph erhob sich Sinowjew und unterbreitete der Versammlung »mit Unschuldsmiene«, so Lenins bitterer Kommentar, eine Resolution: Man solle erst dann über den Aufstand beschließen, wenn die bolschewistischen Delegierten zum Allrussischen Sowjetkongreß darüber abstimmen konnten. Der Kongreß begann am 2. November, vier Tage später.

Doch Kamenew und Sinowjew waren zu optimistisch. Viele stimmten mit ihnen überein, aber bei der schriftlichen Abstimmung, die Lenin forderte, wollten sie ihrem Führer bei einer so entscheidenden Frage keine Abfuhr erteilen.

Denn Lenin war unerbittlich. »Es gibt nur zwei Möglichkeiten – Kornilows Diktatur (Kornilows Streitkräfte hatten sich mittlerweile um Kerenski geschart) oder die Diktatur des Proletariats.«

Zu Kamenews und Sinowjews Überraschung gewann Lenin die Abstimmung mit überwältigender Mehrheit. Der Aufstand sollte wie angeordnet ablaufen. Lenin hatte sein Ziel erreicht. Er konnte in die Abgeschiedenheit der Fofanowaschen Wohnung zurückkehren.

In diesen Wochen war Lenin sehr um seine Sicherheit besorgt. Er glaubte fest, daß Kerenski ihn hinrichten lassen würde, wenn er ihn aufspürte. Und er war überzeugt davon, daß die Polizei die Stadt nach ihm abkämmte, weil er jetzt eine ernstliche Bedrohung darstellte.

Selten verließ Lenin das kleine Zimmer, das ihm Marguerite Fofanowa zur Verfügung gestellt hatte. Wenn er sich in die anderen Räume der Wohnung wagte, trug er immer seine Perücke – vermutlich hatte er Angst vor unerwartetem Besuch. Er hatte Schwierigkeiten mit der Perücke. »Er versuchte immer, sie geradezurichten«, schrieb die Fofanowa, »und fragte die anderen immer, ob er sie ordentlich aufgesetzt hätte.«

Viele konnte er nicht fragen. Denn er hielt in der Wohnung keine Sitzungen ab, er wollte nicht, daß die Polizei aufmerksam wurde. Mit Genossen traf er sich nur außerhalb. Außer der Fofanowa waren Nadja, Maria und Rahja die einzigen Besucher.

Er lehnte sogar Fofanowas Vorschlag ab, daß er gelegentlich auf dem Balkon der Wohnung (die im fünften Stock lag) etwas frische Luft atmen solle. Er ging nur einmal hinaus, und das lediglich, um einen Blick auf die Abflußrohre zu werfen – vielleicht konnte er sie bei einer etwaigen Flucht gebrauchen.

Marguerite Fofanowa war 34 Jahre alt und verheiratet. Sie hatte früher dem Petersburger Sowjet und der Wiborger Bezirksduma als Delegierte angehört. Dort traf sie Nadja. Sie war in einem Verlagshaus auf der Wassilewski-Insel beschäftigt. Auf Befehl der Partei hatte sie im August ihre beiden Kinder und das Kindermädchen zu ihren Eltern aufs Land geschickt. Ihr Mann lebte nicht mit ihr zusammen.

Wie immer verbrachte Lenin viel Zeit mit Zeitunglesen, und da man in Wiborg nicht alle bekam, mußte die Fofanowa jeden Morgen, bevor sie zur Arbeit ging, mit der Straßenbahn in die Innenstadt fahren, um Zeitungen zu besorgen. Lenin saß da, in die Lektüre vertieft, und strich Passagen, die ihn interessierten, mit einem Blaustift an.

Zwei Tage nach der Parteikonferenz in den Räumlichkeiten der Wiborger Bezirksduma arbeitete Lenin abends in seinem kleinen Zimmer, als die Fofanowa ihn ans Telefon rief. Anfangs, so sagte er später, habe er nicht glauben können, was ihm der Genosse am anderen Ende der Leitung erzählte. Der Genosse las ihm vor, was Kamenew in der *Nowaja schisn* geschrieben hatte (der Zeitung, die Maxim Gorki gehörte und von Suchanow herausgegeben wurde). Und jetzt erkannte er, daß es wirklich stimmte. Unglaublich – Kamenew und Sinowjew wollten ihre Niederlage immer noch nicht hinnehmen. Sie hatten einen Aufruf an die Partei und die Bevölkerung von Petersburg verfaßt und darin die Warnung ausgesprochen, daß »ein bewaffneter Aufstand . . . wenige Tage vor dem Sowjetkongreß . . . fatal für das Proletariat und für die Revolution wäre«.

Es war ein in jeder Hinsicht unglaublicher Verrat, begangen von Männern, die in den langen und harten Jahren der

Illegalität gelernt hatten, was straffe, revolutionäre Parteidisziplin bedeutete. Sie hatten den Aufstandsplan enthüllt, sogar auf das Datum hingewiesen und, fast schlimmer noch, der Öffentlichkeit damit verraten, daß die Partei innerlich zutiefst gespalten war.

Lenin brauchte merkwürdig lange, um diese Ungeheuerlichkeit zu verarbeiten. Er wartete vierundzwanzig Stunden. Dann erst schrieb er für den *Rabotschi put* eine bittere Erwiderung an seine »ehemaligen Genossen«. »Ich betrachte sie nicht mehr als Genossen . . .«, erklärte er. »Ich werde mit aller Kraft im Zentralkomitee und beim (bolschewistischen) Kongreß dafür kämpfen, daß sie aus der Partei ausgeschlossen werden.«

Doch das Zentralkomitee weigerte sich hartnäckig, dieser seiner Forderung nachzukommen – vielleicht, weil er nicht selbst bei der Sitzung anwesend war und sich darauf verließ, daß Swerdlow den Fall für ihn erledigte.

Taktvollerweise schied Kamenew freiwillig aus dem Zentralkomitee aus, aber ansonsten wurden die beiden Männer kaum bestraft.

Allein, frustriert und zur Tatenlosigkeit verurteilt, saß Lenin in der Fofanowaschen Wohnung, empörte sich gegen die Haltung des Zentralkomitees und wurde noch argwöhnischer als zuvor. Dunkle Ängste zehrten an ihm – womöglich würden sich die Parteiführer mit einemmal öffentlich hinter Kamenew und Sinowjew stellen und den Aufstand abblasen.

Selbst Trotzki, der zu sehr mit der Vorbereitung des Aufstands beschäftigt war, um sich auf irgendeine Weise am innerparteilichen Streit zu beteiligen, betrachtete Lenin mit grämlichem Mißtrauen – und das mit einigem Grund, denn Trotzki hatte seinem Führer wenig Informationen über seine Planungen zukommen lassen. Und er bereitete den Aufstand natürlich im Namen des Petersburger Sowjets vor und nicht im Namen der Partei, wie Lenin es gefordert hatte.

Er machte sogar ungeheure Fortschritte. Am 29. Oktober – dem Tag, da Kamenew über Lenin spöttelte und behauptete, die Partei verfüge nicht über den nötigen Apparat – zeitigten sich erste Ergebnisse. Die Regimenter der Garnison erklärten, sie würden sich weigern, dem Befehl Folge zu leisten, der sie an die Front beorderte. Einige Stunden später versuchte Trotzki, die Autorität des militant gewordenen Sowjets zu erproben. In seinem Namen unterzeichnete er eine Anweisung an die Waffenarsenale: Sie sollten 5000 Gewehre an die Roten Garden ausgeben.

Nach dieser Aktion wurde er natürlich im Sowjet von den Menschewiki attackiert. Doch Trotzki war bereits 1905, im Alter von 23 Jahren, ein guter Diskussionsredner gewesen. Als man sich nach den Aufstandsplänen der Bolschewiki erkundigte, erwiderte er dagegen, in wessen Namen diese Frage gestellt werde. »Im Namen Kerenskis, der Gegenspionage, der Geheimpolizei oder irgendeines anderen Organs?«

Als man ihn wegen seiner Anweisung an die Arsenale anging, erklärte er: »Im Interesse des Sowjets haben wir keine bewaffnete Aktion beschlossen« – was formal gesehen natürlich stimmte. Der Sowjet hatte keinen dementsprechenden Beschluß gefaßt, aber die Partei. Er wollte die Bewaffnung der Arbeiter rechtfertigen und meinte warnend: »Wir müssen bereit sein . . . Wir müssen ständig auf die Konterrevolution vorbereitet sein.«

Sein Dementi reichte schon aus, um den bereits mißtrauischen Lenin in seinem Wiborger Refugium in Alarmstimmung zu versetzen – außerdem war die Eröffnung des Sowjetkongresses um fünf Tage, auf den 7. November, verschoben worden, was allerdings in keiner Weise an Trotzki lag.

Lenin ließ Trotzki zu sich rufen. Seine Besorgnis wurde durch die Erklärungen seines Feldkommandeurs etwas gemildert. Widerwillig ließ er gelten, daß Trotzkis Taktik im Sowjet geschickt gewesen sei.

Aber trotzdem befürchtete er, Kerenski könne zur Tat schreiten, bevor sie für ihren Coup gerüstet waren. »Sind Sie sicher, daß man nicht heimlich gegen uns vorgehen wird?« fragte er Trotzki besorgt. »Sind Sie sicher, daß man uns nicht überrumpeln wird?«

Trotzki versuchte, ihn zu beruhigen. »Jetzt geht alles automatisch«, meinte er.

Eine seltsame Stimmung herrschte in der Stadt. Tagtäglich wurde in der Zeitung über den bolschewistischen Aufstand und über die Möglichkeit eines Rechtsputschs diskutiert. Die Spannung wuchs immer mehr.

»In den Straßen«, schrieb John Reed in *Zehn Tage, die die Welt erschütterten,* »drängten sich gegen Abend riesige Menschenmassen, den Newski auf und nieder flutend und sich um die herauskommenden Zeitungen reißend . . . Raubüberfälle mehrten sich in einem Maße, daß es gefährlich war, sich in die Nebenstraßen zu wagen. Auf dem Sadowy sah ich eines Nachmittags, wie eine Volksmenge von einigen hundert Menschen einen beim Stehlen erwischten Soldaten niederschlug und zu Tode trampelte. Geheimnisvolle Individuen strichen um die in der Kälte stundenlang nach Brot und Milch anstehenden, vor Frost zitternden Frauen herum, tuschelnd, daß die Juden die Lebensmittel auf die Seite brächten und daß, während das Volk hungere, die Sowjetmitglieder im Luxus schwelgten.«

Den ganzen Tag über und bis tief in die Nacht herrschte im Smolny rege Aktivität. Männer und Frauen arbeiteten ständig in den Räumen des Komitees. Im ersten Stock, im großen Saal unter den kristallnen Kronleuchtern, schrien und argumentierten die Hunderte von Delegierten zum Petersburger Sowjet, erhoben Einspruch und baten energisch ums Wort. Nachts waren die langen Korridore übersät mit schlafenden Soldaten und Arbeitern. Während der Dunkelheit brannten in allen drei Stockwerken die Lichter, und von außen glich das Smolny mit seiner langgestreckten Fassade einem Ozeandampfer.

Die Stimmung in der Stadt war seltsam unwirklich. Die Cafés auf dem Newski hatten Hochbetrieb bis in die frühen Morgenstunden. Auf den Gehsteigen promenierten wie zur Zarenzeit in Pelz gekleidete Prostituierte. In den Spielklubs spielten die Kunden, blindlings verbissen wie die Lemminge, um ungeheure Einsätze.

»Und in dem kalten Regen«, schrieb Reed, »unter einem unfreundlichen, grauen Himmel die große, pulsierende Stadt, die rascher und rascher dahinstürmt – wohin?«

Am Abend des 1. November berichtete Podwoiski bei einer Sitzung im Smolny vom Fortgang der Planungen. In den großen Industrievierteln, in Wiborg und Narwa, arbeiteten Rotgardisten und Soldaten eng zusammen. Über die Parteizellen bei der Panzerwagendivision verfügten die Bolschewiki über die meisten Militärfahrzeuge der Stadt. Die Artillerie- und Garderegimenter waren bereit zum Aufstand, ebenso die Matrosen. Man hatte bereits Wachen eingeteilt, die die Ausfallstraßen der Stadt gegen etwaige Aktionen der Kosaken oder anderer regierungstreuer Truppen verteidigen sollten.

Swerdlow, der den Vorsitz geführt hatte, teilte Podwoiski am Ende der Sitzung mit, Iljitsch wünsche ihn, Antonow-Owsejenko und Newski zu sprechen. Sicherheitshalber sollten sie sich auf verschiedenen Wegen nach Wiborg begeben und sich in der Wohnung von Dmitri Pawlow treffen, in der das russische Büro des Zentralkomitees in den Tagen der Illegalität vor dem März immer seine Geheimsitzungen abgehalten hatte. Die Wohnung befand sich in der Serdobolskaja-Straße, in der Nähe von Lenins Versteck.

Lenin erwartete sie. Er war verkleidet und trug seine Perücke. Zuerst wollte er einen detaillierten Bericht über die militärische Planung hören. Dann führte er Podwoiski zu einem Sofa und setzte sich neben ihn. »Sagen Sie mir, Nikolai Iljitsch«, meinte er, »haben Sie alles nachgeprüft?«

»Gewiß, Wladimir Iljitsch«, versicherte ihm Podwoiski. »Die Kommandeure der Militärorganisation, einschließlich meiner, inspizieren tagtäglich sämtliche Einheiten der Roten Garden und die Truppenteile der Armee.«

Weil die Organisation im Juli so schlecht gewesen war, nahm Lenin die drei Männer sozusagen ins Kreuzverhör. Er wollte Details wissen, vor allem Details über die Roten Garden, die politisch besonders wichtig waren, weil es sich um Arbeiter und um einen Arbeiteraufstand handelte. Allerdings hatten sie wenig kämpferische Erfahrung. Podwoiski stellte er besonders Fragen bezüglich der Kommandeure der Rotgardisten. »Kann er gut schießen?« meinte er, als Podwoiski einen bestimmten Mann als »wunderbaren Burschen«

bezeichnete. »Kann er eine große Kanone abfeuern . . .? Kann er notfalls ein Fahrzeug steuern? Weiß er etwas von der Taktik des Straßenkampfs?«

Verlegen gab Podwoiski zu, es nicht zu wissen. »Ich habe die Kommandeure der Roten Garden nicht von diesem Standpunkt aus betrachtet, Wladimir Iljitsch«, sagte er.

»Eijeijei!« rief Lenin. »Was für ein herrlicher Vorsitzender der Militärorganisation! Wie wollen Sie einen Aufstand dirigieren, wenn Sie nicht wissen, was für Leute Ihre Kommandeure sind? Es reicht nicht, wenn sie gute Agitatoren sind . . . wenn sie gute Reden halten. Ein Aufstand ist keine Versammlung, um Reden zu lauschen . . .«

Er forderte, daß alle Befehlshaber der Roten Garden, die nicht im Straßenkampf ausgebildet waren, sofort abgelöst wurden – egal, wie zuverlässig sie politisch waren. »Und sind Sie überzeugt davon, daß die Kommandeure der regulären Truppen sich nicht zurückziehen?« fragte er. »Schließlich sind es zaristische Offiziere.«

Hier befand sich Podwoiski auf sicherem Boden. »Es sind nur noch die Kommandeure auf ihrem Posten, die die Kontrolle durch die Soldatenkomitees akzeptieren«, sagte er.

Lenin ging auf und ab. Mit seiner Perücke sah er aus wie ein kleiner alter Mann. Er gab strategische Richtlinien aus, die sie seiner Meinung nach übernehmen sollten.

Podwoiski schlug vor, Lenin möge die Verordnungen drucken lassen, die die neue Regierung nach der Machtergreifung erlassen würde. Lenin brach in Gelächter aus. »Woran denken Sie, Nikolai Iljitsch?« fragte er. »Zuallererst müssen wir den Sieg erringen, danach können wir immer noch Verordnungen drucken.«

In den frühen Morgenstunden kehrten die drei Männer durch die feuchte Dunkelheit zum Smolny zurück, ins Zimmer 17 im dritten Stock. Sie begannen sofort mit einer Überprüfung der gesamten Organisation, klopften sie auf die Schwächen hin ab, die Lenin mit seinen Fragen aufgezeigt hatte, strafften die Organisation, entsandten Kommissare, die neue Anweisungen erteilten. Besonders der Parteiorganisation in Finnland – ein sehr wichtiges Gebiet, da hier

Kosaken und ein Großteil der Marine stationiert waren, außerdem lag es nahe bei Petersburg – mußte mehr Aufmerksamkeit geschenkt werden. Als es dämmerte, war Newski bereits auf dem Weg nach Helsinki.

Die Unterredung mit dem Planungsstab scheint eine Art Beschwichtigungsmittel für Lenin gewesen zu sein – wahrscheinlich hatte Swerdlow das angeregt, der seine Frustration verstand. Denn Lenin befand sich in einer mißlichen Lage. Die Revolution, die er sein ganzes Leben lang geplant hatte, die es nicht gegeben hätte, wenn er nicht nach Petersburg zurückgekehrt wäre und darauf bestanden hätte, diese Revolution fand nun ohne ihn statt. In Wiborg blieb er fast unbeachtet am Rande des Geschehens. Die Parteiführer arbeiteten so viel, daß sie kaum Schlaf fanden – es war keine Rede davon, daß sie fast bis zum Ende des Bolschoi-Prospekts fahren und die Ereignisse mit ihrem Führer besprechen konnten.

Trotzki hatte alles gut unter Kontrolle. Er baute seine Machtbasis sicher und methodisch auf. Die meisten Regimenter in der Stadt und sämtliche Garnisonen im Umkreis – es war ein großer Ring, der fast bis Moskau reichte – hatten ihre Unterstützung zugesagt. Die Rotgardisten waren bereit. Die Matrosen warteten auf den Befehl zum Losschlagen.

Von der Front liefen gute Nachrichten ein: Die Neuwahlen zu den Regimentskomitees hatten den Bolschewiki Stimmengewinne gebracht.

Systematisch und mit Bedacht setzte Trotzki den Apparat allmählich in Bewegung. Am 3. November instruierte er alle Regimenter der Garnison, nur Befehlen zu gehorchen, die vom Revolutionären Militärkomitee genehmigt waren – und am nächsten Tag bestätigten die Delegierten der Regimenter die Weisungsbefugnis des Komitees. Der Garnisonskommandeur war dadurch mit einem Schlag sämtlicher Macht beraubt. Bis zur Eröffnung des Sowjetkongresses blieben nur noch vier Tage – und in dieser Zeit mußte die Machtergreifung stattfinden. Delegierte aus ganz Rußland begannen bereits in der Stadt einzutreffen. Sie sprachen etwas ängstlich im Smolny vor, dessen Umgebung von Rotgardisten abgeschirmt wurde. Die Wachen verlangten Passierscheine, die alle paar Stunden geändert wurden.

Obwohl die Zeit drängte, bereiteten Trotzki und Swerdlow den Coup ausgesprochen sorgfältig vor. Swerdlow war das Zentrum, die Schaltzentrale für Informationen, die einliefen, und Instruktionen, die hinausgingen. Trotzki war die treibende Kraft. Die Leiter des Revolutionären Militärkomitees mit ihrem großen Stadtplan von Petersburg im Zimmer 17 bildeten den Planungsstab.

Der 4. November, ein Sonntag, sollte der letzte Termin sein, an dem Vorbereitungen getroffen wurden – eine Art Heerschau und letzte Überprüfung der Streitkräfte, über die das Revolutionäre Militärkomitee verfügte, eine Suche nach bisher unentdeckten Schwächen. Am »Tag des Petersburger Sowjets« – so lautete die recht großspurige Bezeichnung – gab es keine provokanten Demonstrationen wie an ähnlichen Tagen in der Vergangenheit. Statt dessen wurden überall, in Fabriken, Kasernen, Sälen, Theatern, Kundgebungen abgehalten.

Trotzki fuhr hinaus zu einer großen Halle in der Nähe der Peter-und-Pauls-Festung. »Die Stimmung um mich«, schrieb Suchanow, der von dieser Veranstaltung berichtete, zu der viele Tausende gekommen waren, »näherte sich der Ekstase. Es schien, als werde die Menge jetzt gleich ohne Verabredung und Anweisung eine religiöse Hymne anstimmen.«

»Die Sowjetmacht«, sagte Trotzki, »wird alles, was es im Lande gibt, den Armen und den Soldaten in den Schützengräben geben.«

Er forderte die Menge zur Zustimmung auf, zu einer einhelligen Befürwortung der Revolution. Tausende hoben die Hand.

»Diese Abstimmung soll euer Eid sein, mit allen Kräften, ungeachtet aller Opfer, den Sowjet zu unterstützen, der die große und schwere Aufgabe auf sich geladen hat, den Sieg der Revolution zu Ende zu führen und euch Land, Brot und Frieden zu geben!«

Die Menge tat einen Schwur nach dem anderen, und ebenso geschah es bei anderen Kundgebungen in Petersburg. »An sich war das schon der Aufstand«, schrieb Suchanow.

Es war, genauer gesagt, eine Forderung, Enthusiasmus für den Aufstand – Enthusiasmus, der laut Kamenew und Sinowjew gar nicht vorhanden war. Lenin hatte recht behalten. Er hatte den Ruf ergehen lassen, und das Volk antwortete. Dieser Sonntag muß ihn, der sich immer noch in der Fofanowaschen Wohnung versteckte, erfreut und bestätigt haben, wenn er auch nichts davon sagte. Noch war er innerlich zerrissen: Würde das Zentralkomitee, das Kamenew und Sinowjew nicht hatte ausschließen wollen, am Ende doch klein beigeben? Noch quälte ihn der Verdacht, daß er mit Kerenski einen Kompromiß schließen würde, denn Kerenski würde ihm sicher einen Handel vorschlagen – er tat es dann auch. Aber Lenin hätte sich keine Sorgen zu machen brauchen, denn mittlerweile hatte Kerenski herzlich wenig anzubieten.

16

Seit Trotzki mit seiner Planung begonnen hatte, liefen Informationen über seine Tätigkeit in Kerenskis großem Büro über der Newa ein. Doch da er meinte, bei der Rechten und bei den zwei großen sozialistischen Parteien genügend Rückhalt zu haben, war er nicht allzu besorgt. »Ich möchte nur, daß sie handeln«, sagte er zu Sir George Buchanan. »Dann werde ich sie vernichten.«[51]

Der Grund für Kerenskis Zuversicht war das Vorparlament. Es tagte ständig im Marjinski-Palast und hatte viele der Funktionen übernommen, die früher der Sowjet ausgeübt hatte. Außerdem verabschiedete es Gesetze.

Die Bolschewiki boykottierten das Vorparlament, aber die anderen sozialistischen Führer und die maßgeblichen Männer der bürgerlichen Parteien beteiligten und exponierten sich. Kerenski hatte das Gefühl, die Nation zu führen, weil das Vorparlament hinter ihm stand.

Nachdem Trotzki damit begonnen hatte, Maßnahmen zur Kontrolle der Garnison durch das Revolutionäre Militärkomitee zu treffen, versuchte Kerenski, ihn in Schach zu halten. Der Petersburger Kommandeur machte alle Regimenter darauf aufmerksam, daß jeder, der die Massen zum Bürgerkrieg aufhetze, »ein bewußtes Werkzeug Kaiser Wilhelms« sein müsse. Außerdem beorderte Kerenski die Offiziersschüler aus den Städten in der Umgebung nach Petersburg, um die Verteidigung des Winterpalasts zu verstärken. Von der Michailowski-Artillerieschule waren sechs Feldgeschütze gekommen. In der Millionnaja-Straße östlich vom Palastplatz und in den Alexandrowski-Anlagen westlich davon wurden Wachen postiert.

Der »Tag des Sowjets«, an dem die bolschewistischen Redner in der ganzen Stadt geradezu ekstatische Aufnahme fanden, machte deutlich, daß eine bolschewistische Revolte drohte. Am Montagmorgen zog Kerenski Truppen von der Front ab – darunter auch Kosaken – und holte aus Pawlowsk eine »Schockdivision« in die Stadt.

Den Aktionsraum der Regierung bildeten der Winterpalast mit seinem Gebäudekomplex um den Palastplatz südlich vom Fluß und die Peter-und-Pauls-Festung nördlich vom Fluß. Die Garnison der Festung war noch loyal. Durch die Palastbrücke wurden die beiden Bastionen miteinander verbunden.

An diesem Montagmorgen stimmten die Minister bei einer Kabinettssitzung im Winterpalast Kerenskis Vorschlag zu, daß die Regierung endlich gegen die Bolschewiki vorgehen sollte. Am selben Tag noch wollte man die Parteizeitungen verbieten und die Führer des Revolutionären Militärkomitees verhaften.

Vorsichtshalber wurde die *Aurora*, das einzige große Schiff auf der Newa, das kürzlich im Dock überholt worden war, auf See beordert. Die Mannschaft war unzuverlässig, was bei der Marine häufig vorkam.

Im Smolny arbeiteten die Männer, deren Verhaftung im Palast geplant wurde, beharrlich auf die Machtergreifung hin

– jetzt benannten sie endgültig Kommissare für alle Einheiten. Swerdlow persönlich instruierte das Komitee der *Aurora*, deren Kapitän telefonischen Befehl erhalten hatte, in See zu stechen. Das Kriegsschiff sollte aber nicht auslaufen, denn das Revolutionäre Militärkomitee brauchte es für seine Pläne.

Das Smolny wurde festungsmäßig hergerichtet. Im Erdgeschoß und auf den Balkonen wurden MGs in Stellung gebracht. Aus Feuerholz wurden Barrikaden gebaut. 1500 Rotgardisten und einige MG-Schützen sollten die Verteidigung des Smolny übernehmen. Beim Eingang wärmten sich die Wachen ihre Hände über Kohlepfannen.

Das Revolutionäre Militärkomitee informierte die Bevölkerung davon, daß jeder Militäreinheit und jeder Schlüsselstellung in der Stadt ein Kommissar zugeteilt war. »Die Kommissare sind als Vertreter des Sowjets unverletzlich«, mahnte das Komitee. »Widerstand gegen die Kommissare ist Widerstand gegen den Sowjet.«

Gegen Mittag – es liefen ständig Berichte ein – studierten die Leiter des Revolutionären Militärkomitees im vollbesetzten Zimmer 17 im obersten Stock des Smolny den Stadtplan von Petersburg: Podwoiski, schlank und bärtig, mit roten Augen, weil er zu wenig geschlafen hatte; Antonow-Owsejenko, unrasiert, das lange Haar durcheinander, der Kragen schmutzig. Alle anderen im Raum waren abgezehrt vor Erschöpfung. Sie waren tagelang nicht mehr nach Hause gekommen und hatten, sofern sie konnten, zwischendurch kurz auf dem Boden oder auf Sofas geschlafen.

»Sie kannten das Temperament jedes Regiments«, schrieb Trotzki, »und verfolgten jede Schwankung der Sympathien und der Ansichten in den Kasernen . . . Es blieben jedoch einige dunkle Schatten auf der Karte.«

Und einer dieser »Schatten« war besonders kritisch: die Peter-und-Pauls-Festung. Ihr Kommandeur war sich seiner Garnison so sicher, daß er an diesem Montag damit gedroht hatte, den Kommissar des Revolutionären Militärkomitees zu verhaften.

Das Problem ließ sich nicht länger aufschieben. Man konnte die Festung nicht an Kerenski abtreten. Trotzki wurde zu einer abschließenden Besprechung über die taktischen Maßnahmen ins Zimmer 17 gerufen. Antonow drängte zum Angriff. »Warum marschieren wir nicht mit einem zuverlässigen Pawlowski-Bataillon in die Festung ein und entwaffnen die feindlichen Einheiten?« meinte er.

Trotzki schüttelte den Kopf. Das war zu drastisch, Wasser auf die Mühlen der Offiziere. »Die Truppe wird das nicht teilnahmslos hinnehmen«, sagte er nachdenklich.

Am Nachmittag fuhr er zur Festung, um zu den Männern zu sprechen. Er baute auf seine faszinierende persönliche Ausstrahlung. Glücklich rief er später im Smolny an und sagte, die Garnison der Festung habe sich bereit erklärt, nur Befehle vom Revolutionären Militärkomitee entgegenzunehmen.

Am Abend war alles für den Aufstand bereit. Fehlte nur noch eine provozierende Aktion Kerenskis, damit Trotzki den Aufstand als Maßnahme zur Verteidigung der Revolution darstellen konnte und nicht zugeben mußte, daß es sich um einen Staatsstreich handelte.

Es war noch nicht dunkel, und Trotzki ging unruhig mit Podwoiski durch die langen, gewölbten Korridore des Smolny. Ein Mann und eine Frau rannten ihm keuchend entgegen. Junker waren in die Redaktionsräume des *Rabotschi put* und des *Soldat*, der Parteizeitungen, eingedrungen, hatten sie geschlossen und die Türen mit Siegeln versehen.

Trotzki schickte sofort einen Befehl an die Soldaten, die in der Nähe der Druckerei stationiert waren. Sie sollten die Siegel entfernen und die Drucker schützen. Die Produktion der Zeitungen wurde bald wiederaufgenommen.

Und Trotzki hatte die Entschuldigung, die er brauchte, das Mittel, mit dem er den aggressiven Griff nach der Macht als Verteidigungsmaßnahme gegen die konterrevolutionären »Verschwörer« tarnen konnte – so nannte er die Regierung.

»Der Petrograder Sowjet ist in Gefahr . . .«, funkte das Revolutionäre Militärkomitee an alle Regimenter der Garnison und befahl ihnen »vollständige Aktionsbereitschaft«.

»Der Volksfeind ist in der Nacht offensiv geworden«, diese Warnung gab ein Funker an Bord der *Aurora* an die Kasernen außerhalb von Petersburg weiter. »Das Revolutionäre Militärkomitee leitet den Widerstand gegen den Angriff der Verschwörer.« Man solle alle »konterrevolutionären Vorausabteilungen« aufhalten, die gegen die Stadt vorrückten – damit meinte das Revolutionäre Militärkomitee die Entsatztruppen der Regierung.

»Bürger!«, so appellierte das Revolutionäre Militärkomitee an die Petersburger. »Die Konterrevolution hebt ihr Haupt. Die Kornilow-Anhänger mobilisieren ihre Streitkräfte, um den Allrussischen Sowjetkongreß zu zerschmettern . . . Der Petersburger Sowjet der Arbeiter- und Soldatendeputierten übernimmt die Verteidigung der revolutionären Ordnung . . . Bürger, wir rufen euch dazu auf, völlige Ruhe und Selbstbeherrschung zu bewahren.«

Am selben Morgen trat Kerenski im Marjinski-Palast ans Rednerpult, um zum Vorparlament zu sprechen. »Die Hauptstadt . . .«, erklärte er, »ist im Aufruhr begriffen. Wir haben es mit einem Versuch zu tun, den Mob gegen die bestehende Ordnung aufzuhetzen . . . die Frontlinien den Armeen Kaiser Wilhelms preiszugeben . . . Jeder möge sich daran erinnern, daß Kalusch und Tarnopol (dort hatten die Deutschen bei ihrer Gegenoffensive die russischen Linien durchbrochen) mit dem Juliaufstand zusammenfiel.«

Kerenski war davon überzeugt, daß Lenin den Zeitpunkt des Aufstands nach geheimer Absprache mit Berlin festgesetzt hatte. Denn erst vor drei Tagen hatte Graf Ottokar Czernin in Wien dem Ministerpräsidenten vertraulich mitgeteilt, Österreich sei bereit, einen Separatfrieden mit Rußland zu schließen. Das war ungeheuer wichtig. Damit hätte Kerenski seine Probleme lösen, seine Stellung festigen und die Bolschewiki in ihre Schranken weisen können.

Aber das Angebot kam zu spät. Denn als Kerenski zum Vorparlament sprach, traf das bolschewistische Zentralkomitee im Smolny bereits die letzten Vorbereitungen. Lenin war natürlich nicht anwesend. Aus den zeitgenössischen Dokumenten gewinnt man fast den Eindruck, daß man ihn in seinem Versteck am Bolschoi-Samsonjewski-Prospekt vergessen hatte. Er hatte seinen historischen Zweck erfüllt. Er hatte die Lage sondiert und die Partei zum Aufstand gezwungen. Beim Aufstand selbst brauchte man ihn nicht mehr – zumindest griff man nicht auf ihn zurück.

Sinowjew war nicht da. Auch Stalin nicht – seine Aufgabe als Herausgeber der Parteizeitung nahm ihn voll in Anspruch. Aber Kamenew war da, obwohl er formell nicht mehr dem Zentralkomitee angehörte. Er hatte seinen Widerstand aufgegeben und half mit, wo er konnte.

Swerdlow führte wie üblich den Vorsitz. Gelassen faßte das Komitee den Beschluß, am Abend die Macht zu übernehmen, Spezialaufgaben wurden zugeteilt. Einem Genossen wurden die Funk- und Telegrafenverbindungen unterstellt, ein anderer sollte den Kontakt mit den Eisenbahnern aufrechterhalten, ein dritter war für die Versorgung mit Lebensmitteln verantwortlich. Zwei Männer hatten Verbindung zum Parteikomitee in Moskau zu halten. Swerdlow sollte ein Auge auf die Minister der Provisorischen Regierung haben und in ständigem Kontakt mit der Peter-und-Pauls-Festung bleiben, die als Reservehauptquartier gedacht war, falls das Smolny angegriffen und genommen wurde. Kamenew erhielt Anweisung, in Verhandlungen mit den beiden gegnerischen sozialistischen Parteien einzutreten – ihre Führer schätzten ihn mehr als die anderen Bolschewiki. Laut Kerenski sollte Kamenew sie lediglich einlullen. Das mag zur Taktik gehört haben, aber gewiß konnte die Mitarbeit der linken Sozialrevolutionäre, der Bauernpartei, für die revolutionäre Regierung nach dem Aufstand von Nutzen sein.

Kurz nach Mittag war John Reed im Smolny. »Ununterbrochen kamen und gingen Kuriere und Kommissare . . .«, berichtete er aus der rauchgeschwängerten Kommandozentrale des Revolutionären Militärkomitees. »Im Saal stieß ich auf einige der unteren Führer der Bolschewiki. Einer wies auf seinen Revolver. ›Das Spiel beginnt‹, sagte er bleichen Antlitzes.«

Tatsächlich ergriff Kerenski dann die Initiative. Am frühen Nachmittag besetzten Junker die Bahnhöfe. Die Regierungstruppen bildeten an den wichtigsten Straßenkreuzungen Kommandoposten und requirierten Privatfahrzeuge. Die bedeutendsten Brücken über die Newa und die Newa-Arme wurden hochgezogen – bis auf die Palastbrücke, die unter schwerer Bewachung stand.

Das Revolutionäre Militärkomitee hatte mit seiner Aktion erst nach Einbruch der Dunkelheit beginnen wollen, doch als im Zimmer 17 im Smolny bekannt wurde, was in der Stadt geschah, erkannte man, daß gehandelt werden mußte. Denn der freie Zugang über die Brücken war entscheidend für die gesamte Strategie. Podwoiski telefonierte mit den Kommissaren, die nahe bei den Brücken eingesetzt waren. Sie sollten die Lage erkunden. Einige Brücken waren hochgezogen worden, obwohl die meisten Kommissare versucht hatten, das rückgängig zu machen. Podwoiski gab die Brücken in die Obhut der Soldaten, deren Kaserne jeweils am nächsten lag. »Die Brücken müssen um jeden Preis unten bleiben«, befahl er.

Zwölf Stunden lang, den Nachmittag und den Abend über, herrschten Verwirrung und Durcheinander in der Stadt. Der Kampf konzentrierte sich auf die Brücken. Einige wurden mehrere Male hochgezogen und wieder heruntergelassen. Die Nikolajewski-Brücke, die Wassilewski-Insel und Stadtmitte verband, war erst lange Zeit nach Mitternacht fest in der Hand des Revolutionären Militärkomitees.

Patrouillen des Gegners durchstreiften die Straßen. Nur das Smolny und der Winterpalast – beide bewehrt mit Artillerie, MGs und Barrikaden – befanden sich eindeutig unter Kontrolle der einen und der anderen Seite.

Trotz Kerenskis Maßnahmen änderte das Revolutionäre Militärkomitee den bereits am frühen Morgen ausgearbeiteten Plan nicht – das geschah wohl deshalb, weil eine Umorientierung bei so vielen Beteiligten Verwirrung stiften konnte.

Plötzlich weigerten sich auf Anordnung der Regierung die

Angestellten der Telefonzentrale – größtenteils Kadetten –, Gespräche aus dem Smolny weiterzuvermitteln. Der Kommissar des Regiments Keksgolmski wurde zu ihnen geschickt, um sie davon abzubringen.

Auch auf der Peter-und-Pauls-Festung gab es Schwierigkeiten – und zwar mit dem Fahrrad-Regiment, das nicht an der gestrigen Versammlung teilgenommen und Trotzkis Rede nicht gehört hatte. Wieder mußte Trotzki mit einer starken Eskorte über die Newa eilen, um feindselige Soldaten zur Unterstützung des Sowjets zu überreden – dieselben Soldaten, die im Juli die Villa Krzesinskaja gestürmt hatten. Und wieder brachen seine Persönlichkeit und seine fast magische Überredungskunst den Bann.

Im Lauf des Abends führte das Revolutionäre Militärkomitee ein paar kleinere einleitende Operationen durch. Soldaten besetzten das Telegrafenamt – das später von Kerenskis Truppen zurückgewonnen wurde – und die Nachrichtenagentur der Regierung. Dann gingen schwere Regenfälle über der Stadt nieder. Man wartete.

Auch Lenin wartete in der Wohnung in Wiborg. Er war nicht einmal vom Beschluß des Zentralkomitees zum Aufstand unterrichtet, wußte nicht, daß in der Stadtmitte bereits gekämpft wurde – vermutlich, weil ein Telefongespräch zu dieser kritischen Zeit zu gefährlich gewesen wäre.

Die Fofanowa war noch in ihrem Büro im Verlagshaus auf der Wassilewski-Insel, als sie um 16 Uhr erfuhr, daß die Brücken hochgezogen worden waren und daß sich Truppen in Marsch gesetzt hatten.

Die Petersburger waren an Konflikte gewöhnt und trafen – mittlerweile routinemäßige – Vorkehrungen für die Krise. Alle verließen ihre Büros und gingen nach Hause. Die Geschäftsinhaber ließen ihre Rolläden herunter.

In aller Eile fuhr die Fofanowa mit der Straßenbahn nach Hause und erstattete Lenin Bericht.

Er geriet in Alarmstimmung – denn daß einige Brücken hochgezogen waren, bedeutete, daß die Regierung die Initiative ergriffen hatte. »Man darf die Dinge einfach nicht länger hinauszögern!« rief er ärgerlich. »Wir müssen unverzüglich mit dem bewaffneten Aufstand beginnen.«

Er schickte die Fofanowa zum Wiborger Bezirkskomitee. Sie sollte herausfinden, ob man die Brücken wieder heruntergelassen hatte oder nicht. Außerdem sollte sie Nadja, die sich im Büro des Komitees aufhielt, einen Brief geben. Darin bat er sie, auf rasches Handeln zu dringen und von der Partei die Erlaubnis zu fordern, daß er sein Versteck verlassen und sich ins Smolny begeben durfte.

Die Fofanowa ging. Lenin war innerlich aufgewühlt, glaubte immer noch, Trotzki und das Zentralkomitee zauderten und hofften in letzter Minute, legal an die Macht zu kommen, wie Kamenew und Sinowjew es verlangt hatten. In den Zeitungen war sogar von Verhandlungen zwischen dem Revolutionären Militärkomitee und Kerenskis Armeehauptquartier die Rede gewesen.

Er setzte sich an den Tisch in seinem Zimmer und schrieb einen leidenschaftlichen Appell an die Partei, rief sie zum Handeln auf: »Genossen, ich schreibe diese Zeilen am Abend des 6ten. Die Lage ist äußerst kritisch . . . Mit all meiner Kraft möchte ich die Genossen davon überzeugen, daß jetzt alles an einem dünnen Faden hängt, daß auf der Tagesordnung Fragen stehen, die nicht durch Konferenzen und Kongresse gelöst werden (nicht einmal durch Sowjetkongresse), sondern nur durch das Volk . . . durch den Kampf der bewaffneten Massen . . . Wir dürfen nicht warten! Wir können alles verlieren! . . . Die Regierung wankt. Wir müssen ihr um jeden Preis den Todesstoß versetzen. Die Aktion hinauszuzögern, bedeutet Tod.«

Es war eine Erleichterung für Lenin, eine Art Ventil, denn der Brief konnte an diesem Abend höchstens einige wenige Parteimitglieder erreichen.

Als die Fofanowa gegen 21 Uhr zurückkehrte, war Rahja gerade bei Lenin. Alle Brücken seien wieder heruntergelassen, sagte sie Lenin – was freilich nicht stimmte –, aber das Wiborger Komitee habe darauf bestanden, daß er nicht ins Smolny ginge. Auf den Straßen patrouillierten bewaffnete Junker. Das sei viel zu gefährlich.

Zornig beharrte Lenin darauf, daß sie noch einmal das Komitee aufsuchte. »Fragen Sie sie . . . wovor sie Angst haben. Sind nicht hundert bolschewistische Soldaten da . . . die mich mit ihren Gewehren verteidigen würden?« Er schrieb einen weiteren kurzen Brief an Nadja und gab ihn der Fofanowa mit. Wenn sie bis 23 Uhr nicht zurück sei, sagte er, werde er tun, was er für nötig halte.

Der Petersburger Sowjet tagte fast ununterbrochen im Ballsaal im zweiten Stock des Smolny. Am Abend, als es in der Innenstadt zu Zusammenstößen zwischen Junkern und Truppen des Revolutionären Militärkomitees kam, trat Trotzki ans Rednerpult – »von einer Welle tosenden Beifalls getragen«, wie es ein Augenzeuge schilderte. »Sein schmales, spitz zulaufendes Gesicht trug einen wahrhaft mephistophelischen Ausdruck.«

»Man fragt uns«, rief er, »ob wir einen Aufstand beabsichtigen. Ich kann eine klare Antwort auf diese Frage geben. Der Petersburger Sowjet glaubt, daß jetzt endlich der Moment gekommen ist, da die Macht auf die Sowjets übergehen muß . . . Wir glauben, daß unsere Regierung, mit der das provisorische Kabinett betraut wurde, eine jämmerliche und hilflose Regierung ist, die nur darauf wartet, vom Besen der Geschichte hinweggefegt zu werden . . .

Morgen beginnt der Sowjetkongreß. Es ist die Aufgabe der Garnison und des Proletariats, ihm die Macht zur Verfügung zu stellen, die sie sich erworben haben.«

Trotzki bediente sich einer delikaten und betrügerischen Strategie. Er gab immer noch nicht zu, daß das Revolutionäre Militärkomitee eine offensive Operation plante. Er stellte alles als Verteidigungsmaßnahme hin.

Um Mitternacht erging aus dem Smolny der Befehl zu zwei einleitenden Aktionen. Swerdlow telegrafierte nach Helsinki: »Sendet Statuten« – auf dieses Codewort hin setzten sich sofort 500 Matrosen in Marsch. Die *Aurora* sollte flußaufwärts zur Nikolajewski-Brücke fahren, die immer noch hochgezogen und unter Kontrolle der Junker war. »Den freien

Verkehr mit allen verfügbaren Mitteln wiederherstellen«, so lautete die Instruktion für den an Bord befindlichen Kommissar des Revolutionären Militärkomitees.

Alle Offiziere der *Aurora* standen unter Arrest, weil sie sich geweigert hatten, den Befehlen des Kommissars zu gehorchen. Doch im letzten Moment konnte der Kapitän es nicht ertragen, daß ein Matrose versuchen sollte, sein großes Schiff in recht seichtem Wasser flußaufwärts zu manövrieren. Er ließ dem Kommissar ausrichten, er sei bereit, das Schiff bis zur Brücke zu steuern.

Schlepper bugsierten den Kreuzer vom Kai weg, an dem er gelegen hatte. Langsam dampfte die *Aurora* flußaufwärts.

Die Fofanowa war vor 23 Uhr in ihre Wohnung zurückgekehrt. Aber alles war dunkel. Auf einem sauberen Teller, der auf dem Eßtisch neben den Resten von Lenins Abendbrot stand, lag ein Zettel: »Ich bin dorthin gegangen, wohin Sie nicht wollten, daß ich gehe. Auf Wiedersehen – Iljitsch.«

Lenin lief mit Rahja durch den Regen. Sie gingen südwärts in Richtung Smolny. Lenin war verkleidet, die unvermeidliche Perücke auf dem Kopf, um Kinn und Wangen ein Tuch gewickelt. Es sollte so aussehen, als litte er an Zahnschmerzen. Er hüllte sich fest in seinen Mantel und schlug den Kragen hoch. So konnte man ihn kaum erkennen.

Sie kamen an eine Haltestelle. Eine Straßenbahn näherte sich gerade, und sie stiegen ein. »Wohin fahren Sie?« fragte Lenin den Schaffner.

Der Schaffner blickte ihn befremdet an. »Wissen Sie nicht, daß es bald eine Revolution gibt?« fragte er den Mann, der wochenlang für die Revolution plädiert hatte und immer noch nicht davon überzeugt war, daß sie zustande kommen würde. »Wir haben frei, damit wir die Bourgeoisie schlagen können!«[52] Der Wagen fuhr ins Depot. Er würde nicht bis zur Newa kommen, sondern bereits am Finnländischen Bahnhof abbiegen.

Lenin und Rahja stiegen am Samsonjewski-Prospekt aus, gingen vorsichtig am Finnländischen Bahnhof vorbei – denn hier mußte man mit regierungstreuen Patrouillen rechnen – und näherten sich der Liteiny-Brücke.

Die Brücke war heruntergelassen. An der Nordseite hielten Rotgardisten Wache. Die vom Revolutionären Militärkomitee ausgestellten Passierscheine der beiden Männer wurden kontrolliert. Zwar ließen die Rotgardisten sie auf die Brücke, aber sie warnten davor, daß auf der anderen Seite Regierungstruppen stünden und Passierscheine der Regierung verlangen würden.

Als sie jedoch das andere Ende der langen Brücke erreichten – die Newa war an diesem Punkt ziemlich breit –, stritten die Junker gerade mit einer großen Gruppe von Arbeitern, die sie aufgehalten hatten, und Lenin und Rahja konnten sich unbemerkt vorbeistehlen.

Sie gingen den Liteiny-Prospekt hinunter, bogen in die Schpalernaja ein und kamen am Taurischen Palast vorbei. Junker zu Pferd hielten sie auf. Rahja tat so, als sei er betrunken, begann ein Streitgespräch mit ihnen und lenkte sie ab, damit Lenin ungehindert in der Dunkelheit verschwinden konnte.

Schließlich trafen sie beim Smolny ein. In allen Stockwerken brannte Licht. Am Eingang drängte sich eine große Menge. Aus Sicherheitsgründen wurden alle paar Stunden die Passierscheine geändert, und viele waren abgelaufen – Lenins und Rahjas Passierscheine ebenfalls. Lenin und Rahja zeigten sie vor, und die wachhabenden Rotgardisten verweigerten ihnen prompt den Zutritt. Aber sie waren nicht mehr sehr streng, sie übten bei diesem schlecht organisierten Passierscheinsystem keinen großen Zwang aus. Die Menge war aufgeregt, überall drängelte man sich. Unbemerkt stahlen sich die beiden Männer an den Wachen vorbei und betraten das Gebäude.

Als Lenin ins Smolny kam, war die Stunde des Aufstands nahe. »Stimmen Sie etwa einem Kompromiß zu?« Das waren seine ersten, gereizten Worte an Trotzki.

Trotzki merkte gleich, daß Lenin sich auf Zeitungsmeldungen bezog, in denen es hieß, das Revolutionäre Militärkomitee verhandle mit der Regierung. Lächelnd schüttelte er den Kopf. »Wir haben diese beruhigende Meldung absichtlich der Presse zugeleitet«, sagte er. »Es war nur eine Kriegslist, um den Zeitpunkt des Angriffs zu verschleiern.«

»Das ist gut«, meinte Lenin anerkennend. Er rieb sich aufgeregt die Hände – so berichtete Trotzki – und ging im Zimmer auf und ab. »Das ist sehr gut.« Dann stieg wieder Angst in ihm hoch. »Warum ist es so ruhig auf den Straßen?« wollte er wissen.

Trotzki erklärte, es sei alles unter Kontrolle. In der ganzen Stadt stünde die Partei bereit zur Machtergreifung. Sobald es hell würde, sei die Operation abgeschlossen.

Die Vollstrecker der Revolution waren so müde, daß sie rote Augen hatten, aber sie gaben trotzdem telefonische Anweisungen aus – und Lenin beruhigte sich endlich etwas. Er sah keine Verzögerung, keinen Kompromiß. Trotzdem blieb er vorsichtig. Er teilte Trotzkis unbedingte Zuversicht nicht. »Bis jetzt ist noch nichts erreicht«, sagte er und bombardierte Trotzki mit detaillierten Fragen zu seiner Planung.

Bald nach der Ankunft im Smolny hatte er die Mütze abgenommen und das Tuch vom Gesicht entfernt. Aber seine Perücke trug er immer noch. Bontsch-Brujewitsch meinte dann, er solle sie absetzen. »Ich bewahre sie für Sie auf«, meinte er und fügte augenzwinkernd hinzu: »Vielleicht brauchen wir sie noch . . .«

Um 2 Uhr morgens begann die Operation. Von Kommissaren des Revolutionären Militärkomitees geführte Einheiten aus Soldaten und Arbeitern marschierten durch die dunklen, nassen Straßen, um die Ziele zu nehmen, die man ihnen angewiesen hatte: Bahnhöfe, Elektrizitätswerke, Wasserwerke, die Staatsbank und die Proviantspeicher, Telefonzentrale und Telegrafenamt – Regierungstruppen hatten sie im Lauf des Abends bei einem Gegenangriff besetzt – befanden sich jetzt fest in der Hand der Aufständischen. Winterpalast und Wehrkreiskommando wurden aus dem Telefonnetz ausgeschaltet.

Die Brücken, die das Revolutionäre Militärkomitee noch nicht vollends kontrollierte, wurden nacheinander genommen. Es kam kaum zu Kämpfen. In den meisten Fällen räumten die Regierungstruppen ihre Posten, ohne sich zu wehren.

Um 3.30 Uhr ging die *Aurora* mitten im Fluß vor Anker. Ihre Scheinwerfer richteten sich auf die Nikolajewski-Brücke, deren einer Teil hochgezogen war. Auch hier leisteten die Junker keinen Widerstand. Matrosen setzten vom Kreuzer über und ließen die Brücke herunter – und eine Schar von Rotgardisten und Soldaten, die auf der Wassilewski-Insel gewartet hatte, strömte über die Newa.

Im Winterpalast tagte Kerenski mit mehreren Mitgliedern seines Kabinetts. Es ging um die Krise. Ein Adjutant trat ein und meldete, Rotgardisten hätten die Telefonzentrale und wichtige Regierungsgebäude besetzt, rebellierende Trupps näherten sich dem Palastplatz. Bald erfuhr Kerenski, daß mehrere Schiffe von der Ostseeflotte gefechtsbereit in die Newa eingelaufen waren und daß die *Aurora* an der Nikolajewski-Brücke lag – der Palast war in Reichweite ihrer Kanonen.

Der Garnisonskommandant machte einen dramatischen Vorschlag. Warum stürmten sie nicht das Smolny? Sie hätten genügend loyale Truppen. Aber Kerenski hielt das für undurchführbar. Überdies begann er allmählich, seinen Stab des Verrats zu verdächtigen. Bis jetzt war der Aufstand auf wenig Gegenwehr gestoßen. Und plötzlich glaubte Kerenski auch zu wissen, warum. Seine rechten Offiziere – dieselben, die heimlich Kornilow unterstützt hatten – wollten seinen Sturz, denn sie meinten, er sei zu schwach. Sie glaubten nicht, daß Lenin imstande sei, längere Zeit eine Regierung zu führen. Mit der Rückendeckung des gesamten Offizierskorps würden sie ihm dann die Macht wieder entreißen und die eiserne Herrschaft verwirklichen, nach der sich viele von ihnen sehnten.

Kerenski eilte über den Platz zum Hauptquartier des Stabs und übernahm persönlich die Kontrolle über die Regierungstruppen. Doch er konnte wenig tun. Die Kosaken waren unschlüssig. Einige hatten sich dafür entschieden, neutral zu bleiben. Andere hatten ihre Unterstützung zugesagt.

Kerenski läutete mehrere Male die Kasernen an, aber er stieß immer wieder auf Zaudern. »Wir satteln unsere Pferde«, hieß es des öfteren. Aber es geschah nichts dergleichen.

Gegen Morgen wurde die Lage bedrohlich für Kerenski. Sogar die Palastbrücke befand sich in der Hand bolschewistischer Matrosen. Seine Telefone waren ausgeschaltet – allerdings hatte er noch einen intakten direkten Draht zum Hauptquartier an der Front. Die Bolschewiki hatten den Junkern im Winterpalast für den Fall, daß sie auf ihren Posten blieben, mit schweren Strafen gedroht.

Kerenskis einzige Hoffnung waren nun jene Truppenteile und Kosaken, die sich auf seinen Notruf hin von der Front her der Stadt näherten. Kurz nach Tagesanbruch fuhr er nach Pskow, um dort auf sie zu warten. Er befahl seinem Chauffeur, normale Geschwindigkeit zu halten, solange sie im Stadtzentrum waren – er wollte die Posten nicht auf sich aufmerksam machen. Und er hatte Erfolg mit seiner Methode. Kerenski wurde erkannt, aber nicht aufgehalten. Mechanisch nahmen ein paar bolschewistische Soldaten sogar Haltung an.

Die Lage der beiden Gegenspieler aus Simbirsk hatte sich dramatisch ins Gegenteil verkehrt. Nun floh Kerenski aus der Stadt. Und Lenin sollte bald Staatsoberhaupt werden.

Die im Smolny einlaufenden Berichte zeigten, daß sich die Stadt mit Leichtigkeit unter Kontrolle bringen ließ. Lenin, Kamenew und einige andere Genossen verließen den dritten Stock und gingen ins Zimmer 36. Dort machten sie sich Gedanken über den Aufbau der neuen Regierung, die sie bilden wollten.

»Wladimir Iljitsch war äußerst fröhlich und gutgelaunt«, berichtete das Parteimitglied A. A. Joffe. Er neckte Kamenew wegen seiner Befürchtungen, sie könnten sich, wenn sie an die Macht kämen, kaum länger als zwei Wochen halten. Kamenew war jetzt auf die Parteilinie eingeschwenkt, aber er hatte immer noch gewisse Zweifel wegen der Zukunft. Eine Stadt, auch wenn es sich um die Hauptstadt handelte, war schließlich nicht ganz Rußland.

»Machen Sie sich nichts draus«, meinte Lenin grinsend, »wenn zwei Jahre vergangen sind, werden Sie immer noch sagen: Wir können uns nur zwei Jahre halten.«

Joffe äußerte, wie gut es sei, daß die Revolution praktisch ohne Blutvergießen zustande gekommen sei. Lenin wurde sofort ernst. »Freuen Sie sich nicht zu sehr«, meinte er. »Es wird noch viel Blut vergossen werden. Wer schwache Nerven hat, sollte besser gleich aus dem Zentralkomitee ausscheiden.«

Sie diskutierten darüber, wie die neue Regierung heißen sollte. Lenin schlug laut Kamenew vor, man möge sie »Regierung der Bauern und Arbeiter« nennen. Der Titel »Minister«, der an das alte zaristische Regime erinnerte, mußte natürlich wegfallen. »Warum nennen wir die neue Regierung nicht ›Rat der Volkskommissare‹?« meinte Kamenew.[53]

Später – es war noch nicht hell – ging Lenin wieder in die Kommandozentrale des Revolutionären Militärkomitees, um die letzten Berichte vom Aufstand zu hören. Das Tempo hatte sich verlangsamt. Der Winterpalast war noch nicht genommen. »Wollen Sie mir das bitte erklären!« herrschte er Podwoiski an.

Der arme Podwoiski, der den Angriff befehligen sollte, wußte den Grund auch nicht. Er telefonierte und fragte nach, bekam aber keine befriedigenden Auskünfte. Tatsächlich verhielt es sich so, daß der Angriffsplan, der acht Regimenter, große Kontingente von Rotgardisten und Matrosen aus Kronstadt sowie mehrere Kriegsschiffe umfaßte, einfach zu umfangreich war, um in der Zeit durchgeführt zu werden, die man dafür angesetzt hatte. Kleine Sturmtrupps – ähnlich wie die, welche die anderen wichtigen Stellungen in der Stadt genommen hatten – hätten den Palast wohl leichter erobern können.

Um 7 Uhr morgens sammelten sich die Einheiten erst in den Straßen um den Palastplatz. Das Gros der Matrosen war noch nicht einmal in der Stadt eingetroffen. Podwoiski versicherte Lenin, der Angriff werde mittags erfolgen – aber es kam nicht dazu. Auch um 3 Uhr nachmittags war es noch nicht soweit, auch abends nicht.

Es war ein Glück für die Bolschewiki, daß sie auf keinen ernstzunehmenden Widerstand stießen, denn diese Teilaktion war ausnehmend schlecht organisiert.

Der Morgen war bitterkalt. Die Petersburger begannen allmählich wahrzunehmen, daß jetzt die Bolschewiki in der Stadt herrschten. Die gelben Straßenbahnen, voll wie immer, verkehrten fahrplanmäßig. Die Geschäfte waren geöffnet. An den Wänden hingen Appelle an die Petersburger: Sie sollten sich nicht zum Aufstand aufwiegeln lassen.

Vor der Staatsbank standen Soldaten mit aufgepflanzten Bajonetten Wache. John Reed trat in seiner Eigenschaft als Auslandskorrespondent an sie heran. »Wozu gehört ihr?« fragte er. »Zur Regierung?«

»Die Regierung ist futsch«, antwortete ein Soldat grinsend. »*Slawa Bogu!* – Gott sei Dank!«

Um 10 Uhr verkündete das Revolutionäre Militärkomitee eine von Lenin verfaßte Proklamation. Sie wurde über Funk durchgegeben und in der Stadt plakatiert: »Die Provisorische Regierung ist abgesetzt. Alle Staatsgewalt ist auf das Revolutionäre Militärkomitee übergegangen . . . Lang lebe die Revolution der Arbeiter, Soldaten und Bauern!«

Drei Stunden später umstellten Soldaten und Matrosen den Marjinski-Palast, in dem das Vorparlament noch tagte. Den Delegierten wurde befohlen, das Gebäude zu verlassen. Ein Matrose stieg auf die Rednertribüne und sagte: »Schluß mit dem Rat. Geht schnell nach Hause.«

Um 14.35 Uhr trat der Petersburger Sowjet im Smolny zu einer Sitzung zusammen, und Trotzki verkündete triumphierend: »Im Namen des Revolutionären Militärkomitees gebe ich bekannt, daß die Provisorische Regierung aufgehört hat zu bestehen.«

Während Trotzki noch sprach, betrat Lenin den Saal. Für die Delegierten sah er fremd aus ohne seinen Bart. Dann regte sich Beifall, erst dünner Beifall, der immer stärker wurde, als man ihn erkannte.

»In unserer Mitte«, sagte Trotzki, »ist Wladimir Iljitsch Lenin, der durch die Umstände daran gehindert war, die ganze Zeit bei uns zu sein . . . Begrüßt den zurückgekehrten Lenin!«

Als Lenin ans Rednerpult trat, ging ein Tosen durch den Saal – eine »stürmische Ovation«. Er ließ die Augen über die vielen Gesichter vor sich schweifen, streckte das Kinn vor, sein Blick wurde hell. »Die unterdrückten Massen werden sich selbst ihre Regierung schaffen«, verkündete er. »Der alte Staatsapparat wird mit Stumpf und Stiel zerschlagen, und es wird ein neuer Verwaltungsapparat in Gestalt der sowjetischen Organisationen geschaffen. Von heute an beginnt eine neue Ära in der Geschichte Rußlands, und diese dritte russische Revolution muß letzten Endes zum Sieg des Sozialismus führen.«

Dunkelheit senkte sich über die Stadt. Die Minister von Kerenskis Provisorischer Regierung befanden sich noch im Winterpalast und wollten nicht wahrhaben, daß sie abgesetzt waren. Für Lenin war es ein Ärgernis, daß die Sturmtruppen den Palast noch nicht in der Hand hatten. Denn der Allrussische Sowjetkongreß, der am selben Abend begann, sollte vor vollendete Tatsachen gestellt werden.

Gegen 16 Uhr drängten sich in den Straßen um den Palastplatz Soldaten, Matrosen und Rotgardisten. Im Fluß hatten fünf Schiffe festgemacht. Doch vier Stunden später war der Palast immer noch nicht genommen. Nicht einmal der Angriff hatte begonnen, obwohl Tausende dafür bereitstanden. Bordkanonen und die Geschütze der Festung waren auf den schmutzigroten Palast gerichtet. Die Verteidigung war schwach – einige Junker, ein paar Kosaken, die trotz der Weigerung ihrer Kollegen beschlossen hatten, für die Regierung zu kämpfen, und eines der aus Frauen bestehenden »Todesbataillone«, die in den letzten Monaten zum Wehrdienst einberufen worden waren. Ein Frauenbataillon hatte man sogar an die Front geschickt: Die Frauen sollten den Männern ein Beispiel geben. Doch trotz ihrer Entschlossenheit, für Mütterchen Rußland zu kämpfen, hatten die

Soldatinnen nicht viel ausrichten können. Jedenfalls war die Moral der Verteidiger, die überall massierte Sodaten- und Arbeiterverbände sahen, nicht die beste.

Warum also, fragte Lenin vom Smolny aus immer wieder, hatte man noch nicht mit der Operation begonnen? Es gab mehrere Gründe: Man wollte Blutvergießen vermeiden, es herrschte Verwirrung, und vor allem hatten die Minister einige Emissäre, die in den Palast gekommen waren und sie aufgefordert hatten, sich zu ergeben, als Geiseln genommen. Schließlich konnten die Emissäre jedoch mit Hilfe der nervösen Soldaten im Palast entfliehen.

Alle Hindernisse waren beseitigt, aber der Angriff begann immer noch nicht. Die Kommandeure hofften nach wie vor, sie könnten den Sturm auf den Palast umgehen. Sie hatten Agitatoren eingeschleust, von denen einige als livrierte Diener verkleidet waren, und diese Agitatoren forderten die Soldaten im Palast dazu auf, sich zu ergeben.

Die Eröffnung des Sowjetkongresses wurde um zwei Stunden verschoben, damit etwas mehr Spielraum blieb, aber Lenins Ärger und Ungeduld wuchsen. In einer wütenden Notiz drohte er Podwoiski mit Kriegsgericht und Exekutionskommando, wenn er nicht sofort den Angriff auf den Palast befahl. Schließlich hallte Geschützdonner über die Newa. Aber die *Aurora* und die Kanonen der Festung feuerten keine scharfe Munition ab. Trotzdem begann daraufhin eine längere Schießerei. MGs feuerten quer über den Palastplatz. Die Truppen rückten dichter heran und schossen, griffen aber nicht an. Zwei Panzerwagen rumpelten über den Platz, schwenkten, passierten die Front des Palastes und eröffneten das Feuer.

In den Straßen um den leeren Platz drängten sich Menschen, die auf den Befehl zum Angriff warteten. Derweil wurde um 22.40 Uhr im Ballsaal des Smolny der Zweite Allrussische Sowjetkongreß eröffnet. Der Raum war voller grimmig dreinblickender Männer in grauen Militärmänteln, wie sie auch von vielen Zivilisten getragen wurden. Aber natürlich saßen hier auch etliche Delegierte der Armee. Tabakrauch zog in

Schwaden durch den Raum. Man konnte die 160 Jahre alten Lüster an der Decke des Saals kaum mehr erkennen.

Der bereits im Juni ernannte Vorsitzende war der Menschewik Theodor Dan, der vor Jahren gemeinsam mit Lenin für die *Iskra* gearbeitet hatte. Mittlerweile gehörte er zu seinen bittersten Feinden. Dan läutete seine Glocke und bat um Schweigen. »Genossen«, sagte er traurig, »der Sowjetkongreß ist unter so ungewöhnlichen Umständen zusammengetreten . . ., daß Sie verstehen werden, warum das Zentralexekutivkomitee es für unnötig hält, sich mit einer politischen Rede an Sie zu wenden . . . In diesem Augenblick sind unsere Parteigenossen im Winterpalast . . .«

Zur selben Zeit befanden sich Lenin und Trotzki in einem Zimmer unweit des Saals, das nur mit ein paar Stühlen möbliert war. Auf den nackten Fußboden hatte jemand Decken und Kissen gelegt. Die beiden Männer lagen da und ruhten sich aus – »Seite an Seite, Leib und Seele lockerten sich wie zu straff gespannte Saiten . . . Wir konnten nicht schlafen und sprachen leise miteinander.«

Interessanterweise nahmen sie nicht an der Eröffnung des Kongresses teil – jener formellen, wenn auch nur technischen Machtübergabe an den Sowjet, die das Herzstück der bolschewistischen Forderungen gebildet hatte. Lenin sprach den ganzen Abend lang nicht. Vielleicht wartete er darauf, daß der Winterpalast erobert wurde und die Minister der alten Regierung in den Zellen der Peter-und-Paul-Festung verwahrt wurden.

Plötzlich kam eine von Lenins Schwestern ins Zimmer. »Martow spricht«, sagte sie zu Trotzki. »Man fragt nach Ihnen.«[54]

Das neue Präsidium war gewählt. Vierzehn von seinen fünfundzwanzig Mitgliedern gehörten den Bolschewiki an. Sieben waren linke Sozialrevolutionäre. Kamenew hatte den Vorsitz.

Es kam zu zornigen Angriffen aus dem Saal und zu ebenso gefühlsgeladenen Gegenattacken. Die Bolschewiki wurden

»politische Heuchler«, »Renegaten«, »Betrüger« genannt. Der Aufstand sei »eine militärische Verschwörung mit Hilfe des Petersburger Sowjets«.

Und die Kritiker wurden von Parteimitgliedern niedergeschrien: »Konterrevolutionäre«, »Kornilow-Anhänger«, »Provokateure«! Delegierte von der Armee warfen anderen Delegierten von der Armee vor, sie hätten gelogen und die Haltung der Truppe verfälscht wiedergegeben.

Dann verließ eine große Gruppe von Menschewiki den Saal, um im Winterpalast »mit der Regierung unterzugehen«, um sich »vor die MGs der Terroristen zu werfen«.

Sie zogen aus dem Sowjet aus – schrille Pfiffe und Verwünschungen begleiteten sie.

Plötzlich wurden Tumult und Geschrei vom Donner schwerer Geschütze überdröhnt. Die Artillerie auf der Festung hatte das Feuer auf den Winterpalast eröffnet, diesmal mit scharfer Munition. Dazu kam ein Feldgeschütz unter dem Triumphbogen auf dem Palastplatz.

Julius Martow, Lenins Jugendfreund, der gemeinsam mit ihm die *Iskra* begründet hatte, bat ums Wort. Erschöpft und ausgezehrt stand er da, seine Schultern waren zusammengesackt, seine Stimme nur mehr ein heiseres Krächzen: »Das ist der beginnende Bürgerkrieg, Genossen! . . . In den Straßen erschießt man unsere Brüder . . . Eine der revolutionären Parteien (versucht), die Frage der Macht durch eine militärische Verschwörung zu entscheiden.«

Pfiffe und Hurrageschrei. Er versuchte, den Lärm zu übertönen, plädierte für eine geeinte Demokratie, für eine Koalitionsregierung der sozialistischen Parteien. »Genossen«, sagte er eindringlich, »wir müssen dem Blutvergießen ein Ende bereiten.«

Trotzki trat ans Rednerpult, um ihm zu antworten. Er kannte Martow seit vierzehn Jahren. In Paris hatten sie gemeinsam die *Nasche slowo* herausgegeben. Wie so viele Emigranten hatten sie miteinander gestritten, aber beide hatten sie an den Sozialismus geglaubt. Doch das gehörte der Vergangenheit an. Martows Herausforderung mußte mit einem Blick auf die Zukunft beantwortet werden.

»Wir haben die revolutionäre Energie der Petersburger Arbeiter und Soldaten gestählt . . .«, erklärte Trotzki. »Unser Aufstand hat gesiegt. Und nun schlägt man uns vor: Verzichtet auf euren Sieg, erklärt euch zu Konzessionen bereit, schließt eine Abmachung. Mit wem? Ich frage: Mit wem sollen wir eine Abmachung schließen? . . . Eure Rolle ist verspielt; und jetzt schert euch da hin, wo euer Platz von nun an ist: in den Mülleimer der Geschichte!«

Martow, verletzt durch diese heftige Attacke, rief bitter: »Dann gehen wir!« und bahnte sich seinen Weg durch die Menge auf der Tribüne. Als er den Saal verließ, hörte er noch, wie Trotzki forderte, man solle die Kompromißler wegen ihres »verbrecherischen Versuchs, den Allrussischen Kongreß zu zerschlagen«, unter Anklage stellen.

Um 11 Uhr hatte sich das Frauenbataillon im Winterpalast ergeben. Der Kampf war abgeflaut. Aber jetzt eröffneten die Geschütze wieder das Feuer. John Reed mischte sich unter die Menschen, die auf der Morskaja-Straße, die direkt auf den Triumphbogen auf dem Palastplatz zuführte, auf den Beginn des Angriffs warteten. »Kommandorufe wurden laut, und in der Dämmerung sahen wir, wie die Masse sich vorwärts schob. Man hörte nichts als Schritte und Klirren der Waffen. Wir schlossen uns den ersten Reihen an. Einem schwarzen Strome gleich, die ganze Breite der Straße füllend, ohne Gesang, ohne Rufen, fluteten wir durch das Rote Tor.«

Von allen Seiten kamen Rotgardisten und Soldaten auf den riesigen Platz. In der Mitte, bei der gewaltigen Alexandersäule, nahmen sie Aufstellung und rannten auf den Palast zu. Die Eingänge wurden durch Barrikaden aus Feuerholz abgeschirmt. Die Angreifer kletterten darüber und rechneten damit, auf Männer mit Bajonetten zu stoßen. Doch die Offiziersschüler, die Junker, waren gegangen.

Durch alle Türen strömten Soldaten und Arbeiter in den Palast und stürmten die Marmortreppen hinauf. Es kam kaum zu bewaffneten Auseinandersetzungen. In einem Raum im Ostflügel, so berichtet John Reed, waren Kisten mit Gewehrkolben aufgebrochen worden.

»Genossen!« rief jemand. »Nichts anrühren, nichts nehmen, Eigentum des Volkes!«

Das Revolutionäre Militärkomitee hatte Plündern zum Kapitalverbrechen erklärt. An den Eingängen zum Palast standen Rotgardisten und durchsuchten jeden, der das Gebäude verließ.

Im zweiten Stock, in einem fensterlosen Raum mit Elfenbeinpaneelen, saßen die Minister der Provisorischen Regierung. Sie hatten ihr Konferenzzimmer, dessen große Fenster sich zur Newa hin öffneten, verlassen, als die Schießerei zu gefährlich wurde.

Die Tür flog auf. Herein drängte eine Schar von Soldaten, Matrosen und Rotgardisten, an ihrer Spitze Antonow-Owsejenko, einer von Podwoiskis Kollegen. »Ich verhafte Sie im Namen des Revolutionären Militärkomitees«, sagte er zu den Ministern. Er notierte ihre Namen. Die anderen verhöhnten die Minister.

Lenin fuhr mit Bontsch-Brujewitsch zu dessen Wohnung, um dort die Nacht zu verbringen. Er war so erschöpft, daß er im Auto einschlief. Aber das muß ihn erfrischt haben, denn später fand er keine Ruhe mehr. Laut Bontsch, der den Rest der Nacht auf dem Wohnzimmersofa zubrachte, brannte im Schlafzimmer noch stundenlang das Licht. Später fand er heraus, daß Lenin die Verordnung aufsetzte, kraft deren der private Grundbesitz konfisziert wurde.

Als Lenin am Morgen aus dem Schlafzimmer trat, um mit Bontsch Tee zu trinken, war er gut gelaunt. »Gratuliere zum ersten Tag der sozialistischen Revolution«, meinte er. Kurz darauf fuhr er wieder ins Smolny.

An diesem Donnerstagmorgen war seine Macht noch sehr bedroht. Kerenski befand sich in Pskow und sammelte eine konterrevolutionäre Armee zum Marsch auf Petersburg um sich. Am selben Tag erklärten mehrere wichtige Gewerkschaften – darunter die Eisenbahner, die Telegrafisten und die Postler –, daß sie gegen die Usurpation der Macht durch eine einzige Partei seien.

Lenin ließ sich keinerlei Besorgnis anmerken. Bei einer

Sitzung des Zentralkomitees bestürmte ihn Kamenew – wahrscheinlich unterstützt von Sinowjew –, die Regierung auch für Sozialisten aus anderen Parteien zu öffnen, wie Martow es empfohlen hatte. Das werde ihre Basis verbreitern und teilweise den Vorwurf entkräften, sie seien durch einen Staatsstreich und nicht mit Unterstützung der Öffentlichkeit an die Macht gekommen. »Wir können uns nicht halten«, behauptete Kamenew. »Zuviel steht gegen uns.«

Aber Lenin blieb hart. »Wir werden keinen Zollbreit nachgeben«, betonte er. Er wollte nichts und niemand erlauben, seine sozialistische Revolution, seine Weltrevolution zu verderben. »Die Kompromißler können beitreten«, sagte er, »vorausgesetzt, sie akzeptieren unser Programm.« Und dann überlegte er weiter, wer alles Volkskommissar in der neuen Regierung werden sollte.

Den ganzen Tag über herrschte in der Kommandozentrale des Revolutionären Militärkomitees hektische Aktivität. Ein Befehl nach dem andern ging hinaus. Wer Kerenski auf irgendeine Weise half, würde so bestraft werden, als hätte er ein schweres Verbrechen gegen den Staat begangen. Die Regierungsangestellten (sie gehörten zu Kamenews »großem dritten Lager«, das sich aus dem Kleinbürgertum rekrutierte) erhielten den Befehl, mit ihrer Arbeit fortzufahren. Weigerten sie sich, so drohten ihnen harte Strafen. Auf Plünderung, Krawalle und ökonomische Spekulation stand die Todesstrafe. Der Nahrungsmitteltransport wurde vorrangig behandelt. Die Todesstrafe bei der Armee wurde abgeschafft.

Und vor allem erging ein Appell an die Kosaken, auf die Kerenski in erster Linie seine Hoffnungen setzte: »Brüder Kosaken! Man will euch gegen Petrograd führen. Man will euch in einen Kampf mit den revolutionären Arbeitern und Soldaten der Hauptstadt zwingen . . . Brüder Kosaken, weigert euch, die Befehle der Feinde des Volkes durchzuführen. Sendet eure Delegierten nach Petrograd, damit sie die Dinge mit uns besprechen . . . Der Allrussische Sowjetkongreß streckt euch seine brüderliche Hand entgegen.«

In Berlin war die Stimmung an diesem Tage weniger gespannt. Für Graf Diego von Bergen, den Beamten, der die politische Subversion leitete, und den neuen Oberstaatssekretär im Auswärtigen Amt, Richard von Kühlmann, war die bolschewistische Machtergreifung in Petersburg der krönende Erfolg einer Politik, die das Auswärtige Amt seit jenem Tag im Januar 1915 verfolgt hatte, da Parvus in der Wilhelmstraße erschienen war. Der plombierte Waggon und die deutschen Millionen hatten Ergebnisse gezeitigt, die fast über ihre kühnsten Hoffnungen hinausgingen. Denn Lenin mußte jetzt, wie versprochen, in Friedensverhandlungen eintreten, und binnen vier Monaten würden mehr als eine Million deutscher und österreichischer Soldaten von der Ostfront abgezogen werden. Im März begannen die Deutschen in Frankreich mit einer verheerenden Offensive gegen die Streitkräfte der Entente – und dabei wirkten die 44 Divisionen mit, die jetzt noch im Osten standen. Und Rußland würde sich nicht mehr verteidigen können und den Kurs einschlagen müssen, für den sich der Kaiser entschied.

Am Nachmittag des 8. November sprach man im Auswärtigen Amt jedoch vor allem davon, daß der Faden, an dem Lenins Macht hing, sehr dünn war. Wie konnte man ihn stützen? Die Lage war heikel. Das ging aus einem Telegramm hervor, das man soeben aus Stockholm erhalten hatte. Der deutsche Botschafter schrieb: »Ich empfehle dringend, alle öffentlichen Verlautbarungen der freundschaftlichen Übereinstimmung mit Rußland in der deutschen und österreichischen Presse zu vermeiden. Eine freundschaftliche Übereinstimmung mit kaiserlichen Staaten kann von den Bolschewiki nicht als Losung gebilligt werden. Sie können den Frieden mit Deutschland nur rechtfertigen, wenn sie sich auf den Willen des Volkes und auf Rußlands verzweifelte Lage berufen.«

Kühlmann stimmte dem voll zu. »Die Ansicht, daß die äußerste Mäßigung geübt werden sollte, wird hier geteilt«, telegrafierte er zurück. »Die Presse ist dahingehend instruiert worden.« Um der neuen Regierung finanzielle Rückendeckung zu geben, wurden auf die dringende Bitte des deutschen Botschafters in Schweden hin zwei Millionen Mark nach Stockholm überwiesen – und vom Schatzamt erbat man weitere 15 Millionen Mark für »politische Propaganda in Rußland«.

In Petersburg versammelten sich die Delegierten zum Sowjetkongreß abends wieder im Ballsaal des Smolny. Viele trugen jetzt Gewehre mit aufgepflanzten Bajonetten bei sich, denn angesichts des zu erwartenden Angriffs von Kerenski und den Fronttruppen rüstete das Revolutionäre Militärkomitee jeden mit einer Waffe aus, der noch keine hatte. Das muß Lenin gefallen haben, denn es entsprach dem Konzept, das ihm in der Spiegelgasse vorgeschwebt hatte, dem Konzept vom bewaffneten Proletariat, von der Herrschaft von unten, der Herrschaft durch das Volk.

Diesmal traten die Delegierten zu einer Arbeitssitzung zusammen. Sie sollten eine neue Regierungsform ratifizieren, den Rat der Volkskommissare unter Lenins Vorsitz, der dem Sowjetkongreß verantwortlich war; sie sollten ein Gesetz verabschieden, kraft dessen der private Grundbesitz – mit Ausnahme des Landes, das Bauern und Kosaken gehörte – ersatzlos beschlagnahmt wurde; und vor allem sollten sie beschließen, dem Krieg Einhalt zu gebieten.

Kurz nach 20.30 Uhr betraten die Mitglieder des neuen Zentralexekutivkomitees, Lenin unter ihnen, den Saal. Ein lautes, turbulentes Willkommen schallte ihnen entgegen. Sie nahmen auf der Tribüne Platz. Wie immer mußten erst Routineangelegenheiten abgewickelt werden, bevor der Kongreß sich den wichtigen Punkten der Tagesordnung zuwenden konnte. Kamenew verlas einen Bericht. Ein paar kurze Reden – Beschwerden und Grußadressen – wurden gehalten.

Dann erhob sich Lenin, trat vor, »die Hände fest an den Rand des Rednerpults gekrampft«, so John Reed, »seine kleinen blinzelnden Augen über die Menge schweifen lassend, wartend, bis der minutenlange, ihm offensichtlich gleichgültige Beifallssturm sich gelegt haben würde«.

Als er sich endlich Gehör verschaffen konnte, erklärte er:

»Wir werden jetzt mit dem Aufbau der sozialistischen Ordnung beginnen.« Und ein weiterer »wilder Begeisterungssturm« ging durch den Saal.

»Das erste«, fuhr Lenin fort, »ist die Durchführung praktischer Maßnahmen zur Verwirklichung des Friedens . . .« In einer langen Proklamation, die an die Völker und Regierungen aller kriegführenden Länder gerichtet war, schlug er einen dreimonatigen Waffenstillstand vor. In dieser Zeit sollten Friedensverhandlungen stattfinden.

»Der Friedensvorschlag«, betonte Lenin, »wird auf den Widerstand der imperialistischen Regierungen stoßen. Wir machen uns darüber keine Illusionen; aber wir hoffen auf den baldigen Ausbruch der Revolution in allen kriegführenden Ländern. Das ist der Grund, weswegen wir uns an die Arbeiter Frankreichs, Englands und Deutschlands im besonderen wenden.«

Als Lenin ausgeredet hatte, stand Kamenew auf und bat, alle, die für die Proklamation seien, sollten ihre Karten hochhalten.

»Und plötzlich«, schrieb Reed, »einem gemeinsamen Impulse folgend, hatten wir uns erhoben und sangen die Internationale. Ein alter graubärtiger Soldat schluchzte wie ein Kind. Alexandra Kollontai unterdrückte rasch die Tränen. Mächtig brauste der Gesang durch den Saal, durch Fenster und Türen zum stillen Nachthimmel empor.«

Die erste Etappe der unglaublichen Verwandlung von Lenins Leben war beendet. Der Mann, der noch vor dreiundvierzig Wochen ärmlich in einem kleinen Zimmer in der Altstadt von Zürich gelebt hatte, war jetzt Herr über Rußland. Der Revolutionär, der jahrelang Komplotte gegen den Zaren geschmiedet hatte, wurde Oberhaupt des Staates.

In dieser Nacht vollzog Lenin unter den Augen Hunderter von Delegierten zum Sowjetkongreß einen Akt, der in den Annalen der Geschichte einzig war, der sich an Bedeutung mit der Unterzeichnung der Magna Charta in Runnymede und der Unabhängigkeitserklärung von Philadelphia messen konnte – beides gehörte zu den Vorbedingungen dieses historischen Ereignisses. Die Machtübernahme durch die

Bolschewiki sollte die menschliche Denkart verändern, eine Weltmacht von ungeheurem Ausmaß schaffen und das Leben von Hunderten von Millionen neu formen.

Es ist faszinierend, sich vor Augen zu halten, wie genau kalkuliert der Zeitablauf war, von der dieses bedeutende Ereignis abhing; faszinierend, sich zu überlegen, was geschehen wäre, wenn Lenin nicht im April in Petersburg eingetroffen wäre, wenn die deutschen Interessen nicht einige Monate lang mit den seinen übereingestimmt hätten und wenn es keinen plombierten Waggon gegeben hätte.

17

»Wenn es den Leninisten gelingt, den versprochenen Waffenstillstand zustande zu bringen«, schrieb Graf Czernin, der österreichische Außenminister, zwei Tage nach Lenins Rede vor dem Sowjetkongreß in einem Brief nach Berlin, »dann möchte mir scheinen, daß wir auf dem russischen Sektor einen fast vollständigen Sieg errungen haben, denn . . . in ihrer gegenwärtigen Verfassung wird die russische Armee gewiß ins Hinterland zurückströmen, um zur Stelle zu sein, wenn der Grundbesitz verteilt wird. Unter den momentanen Umständen würde ein Waffenstillstand diese Armee verschwinden lassen . . .«

Die neue Lage war das Ergebnis brillanter Militärdiplomatie. Der Plan, Lenin im plombierten Waggon nach Rußland zu transportieren und ihn anschließend zu finanzieren, hatte den Deutschen mehr gegeben als nur den Separatfrieden, den sie so dringend brauchten. Die Unterhändler, die in Brest-Litowsk mit den russischen Repräsentanten zusammentrafen, um über die Friedensbedingungen zu sprechen, forderten von der neuen Regierung den Verzicht auf Finnland, Polen, die baltischen Staaten und die Ukraine. Die mit Deutschland verbündete Türkei sollte große Gebiete im Kaukasus erhalten.

Die sowjetischen Kommissare waren entsetzt, denn diese

Forderungen waren sehr viel erheblicher, als es schien. Das verlangte Territorium umfaßte ein Drittel der Gesamtbevölkerung, ein Drittel des bebauten Landes und die Hälfte der russischen Industrie. Als die Deutschen schließlich des Diskutierens müde wurden und ihre restlichen Truppen an der Ostfront vorrücken ließen, waren die Russen gezwungen, den demütigenden Vertrag zu unterzeichnen.

Und am Ende ergab sich die Ironie, daß die Deutschen das, was sie in Lenin investiert hatten, mit ungeheuren Zinsen zurückbekamen. Kraft einer Ergänzungsbestimmung, die im August 1918 dem Vertrag von Brest-Litowsk angefügt wurde, sollte die neue sowjetische Regierung den Deutschen 120 Millionen Goldrubel zahlen – zum damaligen Kurs über 240 Millionen Mark; also sehr viel mehr als das, was das deutsche Auswärtige Amt den Bolschewiki zur Verfügung gestellt hatte.

Nachdem die Deutschen mit Hilfe der Divisionen, die sie aufgrund ihres Handels mit Lenin von der Ostfront abziehen konnten, ihre Frühjahrsoffensive begonnen hatten, fanden sie, Lenin habe seinen Zweck erfüllt. Wie die rechtsstehenden Russen glaubten auch sie, daß er nicht imstande sein werde, an der Macht zu bleiben. »Er hat die ganze Kosakenarmee gegen sich«, behauptete der Kaiser, obwohl Kerenskis Versuch, Petersburg zurückzuerobern, bereits gescheitert und der ehemalige Minsterpräsident außer Landes geflohen war. Aber Wilhelm II. hatte nicht mit der fanatischen Entschlossenheit und Hingabe gerechnet, mit der die Bolschewiki und die Rote Armee in den Bürgerkrieg gingen, der zwei Jahre dauerte und trotz der gewaltigen Streitkräfte des Gegners schließlich siegreich für die Bolschewiki endete.

Nicht Lenin verlor die Macht, sondern der Kaiser. Die Offensive im Westen, für die Wilhelm Lenin gebraucht hatte, um mehr Truppen einsetzen zu können, war fast erfolgreich – aber eben nicht ganz. Sie erwies sich als letzte verzweifelte Bemühung der Deutschen in ihrem langen und zermürbenden Kampf gegen die Phalanx der Gegner.

Und nach dem Scheitern der Offensive waren die Deutschen zu erschöpft, um der Gegenoffensive der Entente-

Mächte standhalten zu können, die mit Hilfe der eben in Europa eingetroffenen amerikanischen Truppen ausgefochten wurde.

Lenins neue Gesellschaft wurde nicht so, wie er es sich vorgestellt hatte. Gewiß – er vernichtete das kapitalistische System. Aber sein Traum von einer Gesellschaft, die dem Vorbild der Pariser Commune folgte, der Traum, den er in seinen Briefen aus der Schweiz und in seinen Aprilthesen umrissen hatte, verwirklichte sich nicht. Er konnte einen sozialistischen Staat schaffen, in dem eine gewisse Gleichheit herrschte, doch sein Konzept von der Herrschaft von unten, der Herrschaft durch das Volk, wurde nicht einmal ansatzweise Wirklichkeit.

Er errichtete vielmehr ein System der Herrschaft von oben, das weitaus strenger war als das des Zaren. Und die Geheimpolizei, die er schuf, erwies sich als sehr viel repressiver als die Ochrana. Am Ende herrschte Lenin mit Hilfe des Terrors über Rußland.

Auch gab er niemals ernsthaft den Sowjets die Macht. Er gab sie der Partei. Als schließlich die Wahlen zur Konstituierenden Versammlung stattgefunden und die Bolschewiki nur 25% der Sitze errungen hatten, kam Lenin zu dem Schluß, daß für die Konstituierende Versammlung kein Platz in seinem neuen Rußland sei. Obwohl er in den ersten Monaten des Jahres 1917 immer wieder betont hatte, er werde den einzelnen Regionen die volle Autonomie geben, tat er es nie.

In zwei grundsätzlichen Annahmen wurde Lenin widerlegt. Zum einen hatte er geglaubt, er werde eine Weltrevolution in Gang setzen. Er meinte, daß das neue System, das er 1917 in Rußland aufgebaut hatte, sich durch Aufstände des Proletariats bald auch in anderen Ländern ausbreiten würde.

Zum andern hatte er geglaubt, die imperialistischen Regierungen würden den Krieg nicht beenden können, der Konflikt werde erst dann ein Ende finden, wenn sich der Krieg in einen Bürgerkrieg zwischen den Klassen verwandelte.

1924 starb Lenin an einem Schlaganfall. Nadja lebte bis 1939. Sie starb an einer Herzattacke. Inessa war Lenin vorausgegangen. 1921 starb sie im Kaukasus an Typhus. Ihr Leichnam wurde zu einem Staatsbegräbnis in den Kreml überführt. Lenin war ungewöhnlich betroffen über ihren Tod. »Er war völlig verzweifelt, hatte seine Mütze tief über die Augen gezogen«, schrieb Alexandra Kollontai. »Wir dachten, er werde jeden Moment zusammenbrechen.«

Den Genossen, die Lenin am nächsten gestanden hatten, erging es nicht gut. Trotzki wurde ins Exil gezwungen und später ermordet. Kamenew und Sinowjew wurden wie so viele während der Stalinschen Säuberungen erschossen.

Und Parvus, der sozialistische Magnat, war nach dem November 1917 allein und verlassen. Er war für die Deutschen sehr nützlich gewesen, aber seine sozialistischen Ideen erschienen ihnen zu gefährlich. Für Lenin war er politisch nicht tragbar. Von Stockholm aus bat Parvus um die Erlaubnis, nach Rußland kommen zu dürfen. Als Lenin schließlich antwortete, geschah es kurz und barsch. »Schmutzige Hände«, schrieb er, »sollen die Sache der Revolution nicht antasten.«

Nachwort

Die Beweise für Lenins Verbindungen zu den Deutschen sind in den relevanten Kapiteln ausführlich diskutiert worden. Zweck dieses Nachworts ist es, die einzelnen Fakten und Argumente zusammengefaßt darzustellen, damit sich ein besserer Überblick ergibt.

Die meisten zeitgenössischen Historiker – in Amerika Adam B. Ulam von der Harvard University, in Großbritannien Leonard Schapiro von der London School of Economics und in der Bundesrepublik Deutschland Fritz Fischer von der Hamburger Universität – vertreten eine Auffassung, die zuerst von Dr. George Katkov vorgebracht wurde, die Auffassung nämlich, daß es erwiesen ist, daß Lenin Geld von den Deutschen erhalten hat.

Mein Buch geht von dieser Grundlage aus (das Beweismaterial wird weiter unten detailliert angeführt). Es versucht außerdem, Lenins Aktionen und Lenins Politik im Lichte dieses höchst bedeutsamen Motivs darzustellen und teilweise neu zu interpretieren. Es untersucht die logischen Folgerungen aus der Situation und gelangt so auf spekulativem Weg zu möglichen Antworten auf Fragen, die viele Forscher, die sich mit dieser kurzen, aber entscheidenden Phase in Lenins Leben befaßt haben, einer Phase mit ungeheuren Auswirkungen auf die Weltgeschichte, beschäftigt und verwirrt haben.

Die wichtigste Vermutung ist die, daß Lenin in direkter Verbindung mit Berlin stand. Das wäre sicherlich logisch. Denn er war bereit, finanzielle Hilfe in großem Umfang anzunehmen, um die Ziele zu verfolgen, die er mit den Deutschen gemein hatte, und daher ist es wahrscheinlich, daß er auch anderweitige Verbindungen zu ihnen herstellte, wenn es nötig war, um eben diese Ziele zu erreichen. Es gibt keinen Beweis dafür, daß Lenin mit Berlin kommunizierte, doch es bestanden zweifellos Kontaktmöglichkeiten, und es deutet einiges darauf hin, daß diese Möglichkeiten von Mitgliedern der bolschewistischen Organisation genutzt wurden.

Wenden wir uns nun dem Beweismaterial und den Behauptungen zu:

1. *Die Deutschen stellten den Bolschewiki erhebliche Finanzen zur Verfügung.*

Das geht schlüssig aus zwei Telegrammen hervor, in denen der deutsche Oberstaatssekretär im Auswärtigen Amt den Kaiser davon unterrichtete, daß seine Abteilung die Bolschewiki ständig mit Geld versorgt habe und daß ihre Partei »ohne unsere ständige Unterstützung nicht die Größe und den Einfluß« hätte gewinnen können, »den sie heute hat«. Dies wird bestätigt durch eine Kostenaufstellung vom 4. Februar 1918, die sich unter den Akten des deutschen Auswärtigen Amtes befindet und dessen Ausgaben für Propaganda und spezielle Zwecke im Ausland aufführt. Danach sind für Rußland 40580997 Mark bereitgestellt worden. Von dieser Summe waren am 31. Januar 1918 26566122 Mark verbraucht. Aus anderen Dokumenten, die die Ausgaben nach der Machtergreifung durch die Bolschewiki spezifizieren, geht hervor, daß vor dem November 1917 11500000 Mark verbraucht wurden.

Obwohl es in dieser Kostenaufstellung nur »Rußland« und nicht »Lenin« heißt, legt die Formulierung des Staatssekretärs in seinem Telegramm an den Kaiser die Vermutung nahe, daß es sich um hohe Ausgaben handelte, und man kann deshalb annehmen, daß vor allem die Bolschewiki die Empfänger dieser Gelder waren.

Es gibt weiteres Material, das diese Behauptung bestätigt, etwa Eduard Bernsteins Aussage, die Bolschewiki hätten 50

Millionen Mark erhalten; dann die schiere Logik, daß die Deutschen die Bolschewiki ihrer Friedenspolitik wegen unterstützten; das Fehlen sonstiger finanzieller Quellen, die der Partei die Möglichkeit eröffnet hätten, eine so gewaltige Propagandakampagne durchzuführen; und schließlich der Weg, den das Geld nahm – nämlich über Fürstenbergs kommerzielle Kanäle. Am wichtigsten ist hier jedoch der deutsche Oberstaatssekretär, denn er wußte natürlich am besten darüber Bescheid, welche Ausgaben seine Abteilung hatte.

Die Sache hat einen sehr schwachen Punkt: In den bolschewistischen Quellen fehlt jedes einschlägige Beweismaterial, was freilich nicht wunder nimmt. Nach Lenins Tod (1924) wurden alle Dokumente zum Leben Lenins kraft Gesetzes der regierungsamtlichen Kontrolle unterstellt – und damit auch der regierungsamtlichen Zensur. Vor Lenins Tod war dieser Problemkreis – Lenin selbst bestritt natürlich immer, Hilfe von den Deutschen erhalten zu haben – viel zu heikel, als daß die Bolschewiki davon gesprochen hätten. Allerdings wußten wahrscheinlich nur sehr wenige davon.

Ich betrachte es mit anderen Autoren zwar als erwiesen, daß Lenin Geld von den Deutschen bekam, aber die Wege, über die das Geld der Partei zufloß, sind unvollständig dokumentiert. Der Schlüssel zu diesem Rätsel dürfte wohl Jakob Fürstenberg sein. Das wurde jedoch nie völlig bewiesen. Wahrscheinlich ist der wichtigste Beweis Jewgenija Sumensons Geständnis. Andererseits war Oberst Nikitin ein verdächtiger und unerfreulicher Charakter, der sich in seinem Buch schwelgerisch darüber verbreitete, daß Jewgenija Sumenson bei ihrer Verhaftung von Soldaten verprügelt worden sei. Ihr Geständnis muß man also unter dem Aspekt betrachten, daß es ihr möglicherweise unter der Folter abgepreßt wurde – außerdem wurde sie nie vor Gericht ins Kreuzverhör genommen.

2. *Lenin kommunizierte möglicherweise mit Berlin.*

Die Kanäle, über die Informationen fließen konnten, waren fraglos vorhanden. Es gibt Beweise dafür, daß Parvus mit der Wilhelmstraße und Zimmermann in Verbindung stand, daß er außerdem enge Kontakte zu Jakob Fürstenberg unterhielt, der seinerseits brieflich mit Lenin verkehrte.

Ein weiteres Bindeglied zwischen Fürstenberg und Berlin ist Gustav Mayer, der in seinem Buch *Erinnerungen* bezeugt hat, daß er der Verbindungsmann zwischen Fürstenberg/Radek und den deutschen Behörden war, daß er überdies direkt an Diego von Bergen Bericht erstattete, der die politische Subversion in Rußland unter sich hatte.

Kerenski und Nikitin spielten den Umstand hoch, daß der *Berliner Lokal-Anzeiger* bereits am 16. Juli 1917 einen Bericht der *Prawda* über die Unruhen in Petersburg brachte – er war telegrafisch aus der Hauptstadt an Jakob Fürstenberg übermittelt worden. Das war zwar kein hinlänglicher Beweis für irgendwelchen Verrat, aber es zeigt, wie schnell die Kommunikation funktionieren konnte.

Daraus folgt: (1) Lenin hätte sich, wenn er gewollt hätte, sehr leicht über bereits bestehende Kanäle mit Berlin in Verbindung setzen können. (2) Manchmal hätte er Veranlassung dazu gehabt, vor allem im Juli und im Oktober. Kurz, er hatte Grund und Gelegenheit, mit Berlin zu kommunizieren, aber es gibt keinen Beweis dafür, daß er es auch tat.

3. *Lenin traf während der Fahrt im plombierten Waggon in Berlin mit Deutschen zusammen, erfuhr, in welchem Umfang er finanziert werden sollte, und änderte daraufhin seine revolutionäre Taktik.*

Das ist eine dramatische, aber folgerichtige Vermutung, die sich auf folgende Tatsachen stützt: (1) Lenin erhielt von den Deutschen erhebliche Mittel. (2) Lenin änderte zwischen der Abfahrt aus Zürich und der Ankunft in Petersburg seine Meinung (detaillierte Angaben im siebenten Kapitel, Anmerkung[23]), und diese Meinungsänderung ging mit den deutschen Interessen konform. (3) Der Zug stand etwa 20 Stunden in Berlin, obwohl das Auswärtige Amt zu einem früheren Zeitpunkt desselben Tages nicht diese Absicht gehabt hatte. (4) Während dieses Aufenthalts befand sich Lenin ganz in der Nähe des Auswärtigen Amtes, das ihn zu finanzieren plante. (5) Der Bahnhof stand unter scharfer militärischer Bewachung, was ein völlig sicheres und streng geheimes Zusammentreffen ermöglicht hätte. (6) Niemand hat Lenins Meinungsänderung ausreichend erklären können. (Professor Schapiro vermutete, Lenin habe seine Meinung beim Anblick der Menge am Finnländischen Bahnhof geändert, aber ich kann ihm hier kaum folgen, denn Lenin hielt kurz nach der Begrüßung schon die erste Rede, in der er seine neue Politik umriß, und ich glaube nicht, daß Lenin so impulsiv eine entscheidende Änderung seiner Politik vornahm.)

Daraus folgt: Weil ein Treffen mit Lenin leicht zu bewerkstelligen, zweckdienlich und wünschenswert war, suchten ihn wahrscheinlich Angehörige des deutschen Auswärtigen Amtes auf, um die Finanzen mit ihm zu diskutieren. Das ist meiner Meinung nach der Grund für seine neue Taktik – vor allem für die neue Zeiteinteilung –, denn er wußte jetzt, daß die Gelder, die ihm zur Verfügung standen, eine sehr viel größere Propagandakampagne mit sehr viel größerer Wirkung ermöglichten, als er noch in Zürich gedacht hatte. Das ist natürlich reine Spekulation.

4. *Lenin verließ das äußerst unruhige Petersburg am 12. Juli nicht nur, weil er krank war, sondern auch, weil er das Datum der deutschen Gegenoffensive kannte und seinen Coup so angesetzt hatte, daß er sich das Gefühl der nationalen Demütigung nach der Niederlage der russischen Armee zunutze machen konnte – d. h. er hatte genug Zeit, um die Stadt zu verlassen.*

Das ist eine Vermutung, die sich auf eine unbewiesene Annahme gründet, die wir bereits diskutiert haben, die Annahme, daß er mit Berlin kommunizierte. Unsere Vermutung ergibt sich aus folgenden Tatsachen: (1) Selbst wenn man seine schlechte gesundheitliche Verfassung bedenkt, paßt es nicht zu Lenins Charakter, daß er in diesem kritischen Moment die Stadt verlassen haben soll, um sich auszuruhen. (2) Die Bolschewiki wollten den Aufstand so ansetzen, daß sie sich das Gefühl der nationalen Demütigung nach der Niederlage der russischen Armee zunutze machen konnten – das geht aus den Bemühungen Lenins und den Bemühungen anderer hervor. Sie versuchten nämlich, Anfang Juli die Militanten in der Partei zurückzuhalten. Bestätigt wird uns dies durch einen Bericht Stalins auf dem Sechsten Parteikongreß im August. (3) Der Aufstand sollte frühestens eine Woche, wahrscheinlich aber erst zwei Wochen nach dieser Niederlage stattfinden – darum hatte Lenin reichlich Zeit, sich auszuruhen. (4) Bei einem derart wichtigen Problem wie dem bolschewistischen Aufstand, der in diesem Fall bis zu einem gewissen Grade mit den Operationen der deutschen Armee verflochten war, wäre eine Kontaktaufnahme mit Berlin logisch gewesen – vorausgesetzt, es bestanden die dementsprechenden Verbindungsmöglichkeiten. (5) Alles deutet darauf hin, daß die bolschewistischen Führer dem Aufstand Einhalt zu gebieten suchten, den Militante angezettelt hatten, die nicht zur Führungsspitze gehörten.

5. *Lenin stellte sich nach dem Debakel im Juli nicht, weil bei einer Gerichtsverhandlung möglicherweise belastende Fakten ans Licht gekommen wären.*

Suchanow weist die Behauptung zurück, mit der Lenin seine Flucht rechtfertigte. Er sagte, Lenin habe nach den Julitagen keineswegs die Hinrichtung gedroht, und führte als Beispiel Kamenew und Trotzki an, die tatsächlich verhaftet wurden. Außerdem stand das Verfahren gegen Lenin auf schwachen Füßen.

Nadja und anderen zufolge plante er anfangs, sich zu stellen, änderte aber auf Drängen des Zentralkomitees seine Meinung. Dagegen äußerte er laut Sulimowa ihr gegenüber vierundzwanzig Stunden vor seiner Flucht, er glaube, man werde ihn hinrichten, wenn man ihn fände.

Es ist ganz natürlich und verständlich, daß man sich in dieser kritischen Phase unschlüssig darüber war, wie man am besten handeln sollte. Den sowjetischen Quellen (Nadja und Sulimowa) kann man nie ganz trauen. Suchanows Bericht war der eines Unabhängigen. Er konnte Lenins Flucht nicht begreifen. Aber nun, da die Finanzierung durch die Deutschen bewiesen ist – und das heißt, die Beschuldigungen der Regierung hatten eine Basis, wenn auch das

Beweismaterial für ein Verfahren nicht ausreichte –, nun kann man durchaus vermuten, daß er sich deshalb keiner eingehenden Befragung unterziehen wollte. Außerdem konnte man die Regierung, wenn kein Prozeß stattfand, der Verleumdung bezichtigen.

6. *Lenin drang auch deswegen so heftig darauf, daß die Partei gegen ihren Willen einen Aufstand machte, weil Berlin ihn darüber informiert hatte, daß die Österreicher Kerenski einen Separatfrieden anbieten würden. Dieser Handel hätte alle Aussichten der Bolschewiki, an die Macht zu kommen, zerstört.*

Das ist eine dramatische Vermutung: Lenin hatte neben den Gründen, die er publik machte, einen weiteren Grund zum raschen Handeln – es drohte ein zweiter Rechtsputsch, der im Gegensatz zu Kornilows Putsch durchaus Erfolg haben konnte. Die Zeit war ideal für die Machtergreifung, die Armee stand hinter der Partei. Beides wird nicht bestritten, beides gilt allgemein als Grund für Lenins Handlungsweise, doch die Gefahr eines Separatfriedens – die nicht allgemein gewürdigt wird – war möglicherweise noch größer als die Gefahr, die Chance zur Revolution zu verfehlen.

Es gibt natürlich keinen Beweis dafür, daß Lenin Informationen aus Berlin hatte. Betrachten wir trotzdem die Hintergründe des berühmten Treffens vom 23. November: (1) Die Österreicher wollten tatsächlich in nächster Zeit einen Separatfrieden anbieten (siehe Kerenskis Memoiren). (2) Österreichs desillusionierte Einstellung zum Krieg war kein Geheimnis. Das bevorstehende Friedensangebot entging dem deutschen Geheimdienst zweifellos nicht und war deshalb auch schon vor der eigentlichen Initiative in Berlin bekannt. (3) Obwohl nach dem Juli die bisherigen Verbindungen zwischen Lenin und Fürstenberg unterbrochen waren, hatten sie noch, als Lenin in Finnland war, über das alte Kuriersystem miteinander Kontakt – das beweist ein veröffentlichter Brief von Lenin an Fürstenberg. Fürstenbergs Verbindungen von Schweden nach Berlin blieben von dem Debakel im Juli unbeeinflußt. (4) Lenin (nach schriftlichen Äußerungen aus Finnland) und Kerenski (so steht es in seinen Memoiren) glaubten beide, daß die Bolschewiki keine Chance mehr haben würden, an die Macht zu kommen, wenn Kerenski dem russischen Volk einen Separatfrieden bieten konnte. (5) Lenin spricht in seinen Briefen aus Finnland zwar nicht von Österreich, schreibt aber höchst besorgt von der Möglichkeit eines Separatfriedens – die größte Gefahr liegt für ihn in einem Abkommen zwischen Deutschland und Großbritannien.

ANHANG

Glossar

Politische Institutionen und Parteien in Petersburg im Jahre 1917

DIE REGIERUNG

Duma: Die zaristische Institution, die einem Parlament im westlichen Sinne am nächsten kam. Nur Besitzende und Steuerzahler wurden durch ein System von Wahlmännerausschüssen repräsentiert. Der Zar konnte die Duma nach eigenem Gutdünken auflösen.

Bezirksduma: Lokale Bezirksräte, die ebenfalls durch eine beschränkte Anzahl von Wählern gewählt wurden.

Sowjets: Bedeutet wörtlich »Räte«. Die Sowjets setzten sich aus Delegierten zusammen, die aus Fabriken und von anderen Arbeitsstätten kamen. Jede Stadt und jeder große Distrikt hatte einen Sowjet, der in seiner ganzen Art einem Gewerkschaftskongreß ähnelte, wenn er auch nicht nur auf Gewerkschaften beschränkt war.

Petersburger Sowjet: Da Petersburg das Zentrum der Revolution im März war, übernahm der Petersburger Sowjet für einige Monate die Rolle eines nationalen Sowjets, die er im Juni an den Allrussischen Sowjetkongreß abtrat. Danach war er – zumindest theoretisch – nur ein normaler Stadtsowjet. Sein Sprachrohr und seine Führungsspitze bildeten das von den Delegierten gewählte Exekutivkomitee.

Allrussischer Sowjetkongreß: Ein Kongreß, an dem Sowjetdelegierte aus ganz Rußland teilnahmen. Er wählte im Juni 1917 ein Zentralexekutivkomitee, das in Permanenz in Petersburg tagte. Einige der Führer des Zentralexekutivkomitees waren auch Führer des Exekutivkomitees des Petersburger Sowjets, als dessen Delegierte sie am Kongreß teilnahmen. Daher blieben dieselben Personen im Zentrum des Geschehens, obwohl sich die Führungsrolle vom Petersburger Sowjet auf den Sowjetkongreß verlagert hatte.

Provisorische Regierung: Nach der Revolution im März und der Absetzung des Zaren entstand ein System der »doppelten Macht«. Die Minister regierten das Land. Der Sowjet, der Rückhalt bei der Bevölkerung hatte, überwachte sie.

Das erste Kabinett setzte sich hauptsächlich aus liberalen Kadetten zusammen. Dieser Partei traten nach der Revolution im März, als es nicht mehr angeraten war, Monarchist oder auch nur Konservativer zu sein, viele Mitglieder der Rechtsparteien bei. Zum ersten Kabinett gehörten aber auch zwei Mitglieder des Petersburger Sowjets.

Anfangs war der Sowjet sehr linksgerichtet. Dann traten noch mehr Führer des Sowjets in die Regierung ein, es entstand ein »Koalitionskabinett«. Mit der Zeit, besonders aber nach Lenins Ankunft und der Propagierung seiner neuen, radikalen Politik, verschob sich die politische Richtung des Sowjets nach rechts. Diese Entwickung sah Lenin als »kompromißlerischen« Verrat.

Konstituierende Versammlung: Sie war als Parlament im eigentlichen Sinn des Wortes geplant. In der Zeit, die in diesem Buch behandelt wird, fanden noch keine Wahlen zur Konstituierenden Versammlung statt. Allerdings war sie im Gespräch. Die Interessen der einzelnen Parteien führten allerdings dazu, daß sich der Aufbau des Wahlsystems verzögerte. Nach Lenins Machtübernahme wurde gewählt. Die Bolschewiki erhielten jedoch nur eine Minderheit der Stimmen. Das stellte Lenin vor zu viele Probleme, und die Konstituierende Versammlung wurde aufgelöst.

Vorparlament: Heißt manchmal auch »Rat der Republik«. Es wurde auf Kerenskis Initiative hin im Oktober 1917 geschaffen und sollte übergangsweise die Legislative wahrnehmen. Lenins Meinung nach war das Vorparlament manipuliert. Darum verließen es die Bolschewiki schon am ersten Sitzungstag. Während des Aufstands wurde das Vorparlament aufgelöst.

DIE PARTEIEN

Sozialdemokratische Arbeiterpartei Rußlands (SDAPR): Die Partei glaubte an eine sozialistische Entwicklung, wie sie Karl Marx vorhergesagt hatte. 1903 spaltete sie sich in zwei Fraktionen auf, die manchmal zusammenarbeiteten, manchmal gegeneinander kämpften und sich 1917 endgültig trennten. Es handelte sich um folgende Fraktionen:

Bolschewiki: Die kleinere Fraktion, geführt von Lenin, der die Ansicht vertrat, die Partei müsse aus Berufsrevolutionären bestehen.

Menschewiki: Die weitaus größere Fraktion, mehr demokratisch im westlichen Sinne und auch bereit, neben Berufsrevolutionären bloße Anhänger und Sympathisanten zuzulassen. Plechanow, Axelrod und Wera Sassulitsch waren die Führer der älteren Revolutionärsgeneration, doch die treibende Kraft wurde Martow. Nach der Revolution wurden Männer wie Tschcheidse, Skobelew und Zeretelli die bedeutendsten Gestalten.

Sozialrevolutionäre Partei (SR): Die größte Partei Rußlands, groß vor allem deshalb, weil sie die Bauern repräsentierte, den zahlenmäßig stärksten Bevölkerungsanteil. Das Programm der Sozialrevolutionäre enthielt einige marxistische Ziele. Die Partei glaubte jedoch hauptsächlich an eine sozialistische Entwicklung, die sich auf die bereits bestehenden bäuerlichen Dorfgemeinschaften gründete. Kerenski und Tschernow waren die bedeutendsten Sozialrevolutionäre.

Kadetten: Die Bezeichnung setzte sich zusammen aus den Initialen »Konstitutionelle Demokraten«. Diese Partei repräsentierte das Bürgertum und das Kleinbürgertum – Beamte, Offiziere, Ladenbesitzer usw. Sie wurde von Miljukow geleitet, der eine konstitutionelle Republik oder Monarchie nach britischem Vorbild anstrebte. Fast alle Minister der Provisorischen Regierung waren Kadetten.

Anarchisten-Kommunisten: Eine ausgesprochen militante Partei, deren Mitglieder in einzelnen Fragen ähnliche Ansichten vertraten wie die Bolschewiki, etwa, was den Grundbesitz betraf, die aber im Gegensatz zu ihnen nicht an den Staat glaubten.

DIE BOLSCHEWISTISCHEN PARTEIKOMITEES

Die Partei setzte sich aus Zellen zusammen, die in eine Pyramide von Organisationen eingegliedert waren, deren jede ein gewähltes Komitee hatte. Jede Stadt hatte ihr Parteikomitee, ebenso jeder Stadtbezirk. An der Spitze stand das Zentralkomitee, das wiederum bei den Parteitagen von den Repräsentanten der wichtigsten russischen Parteikomitees gewählt wurde.

Zentralkomitee: Bis zur Revolution im März gab es faktisch zwei Zentralkomitees: eins in Rußland, wo die Partei verboten war, und eins im Exil: das Auslandsbüro des Zentralkomitees. Mit Lenins Rückkehr nach Rußland entfiel die Notwendigkeit dieser Auslandsabteilung.

Petersburger Komitee: Es führte die aus den hiesigen Bezirkskomitees zusammengesetzte Petersburger Parteiorganisation. Im Jahre 1917, als die Existenz der Partei vor allem von den Ereignissen in Petersburg abhing, überlagerten sich die Funktionen des Petersburger Komitees und des Zentralkomitees.

Militärorganisation: Sie kontrollierte die Parteizellen bei Armee und Marine und führte die Roten Garden, Einheiten, die aus bewaffneten Zivilisten bestanden. Sie arbeitete eng, wenn auch nicht immer harmonisch, mit dem Petersburger Komitee zusammen. Die wichtigsten Führer der Militärorganisation waren Newski und Podwoiski.

DIE PETERSBURGER GEBÄUDE

Taurischer Palast: Sitz der Duma, später des Petersburger Sowjets. Für kurze Zeit benutzten ihn auch die Minister der Provisorischen Regierung.

Marjinski-Palast: Sitz der Provisorischen Regierung, bis sie im August in den Winterpalast umzog. Später Sitz des Vorparlaments.

Winterpalast: Früher Residenz des Zaren, ab August Sitz der Provisorischen Regierung.

Villa Krzesinskaja: Bis Juli Hauptquartier der Bolschewiki.

Smolny-Institut: Sitz des Petersburger Sowjets und des Allrussischen Sowjetkongresses nach dem September.

Marineakademie (Wassilewski-Insel): Im Juni Tagungsort des Allrussischen Sowjetkongresses.

Anmerkungen

Wenn keine deutschen Ausgaben der angegebenen Quellen vorliegen, werden die fremdsprachigen Originaltitel genannt. Russische Buchtitel sowie Zeitungs- und Zeitschriftennamen werden bei Quellenangaben in der wissenschaftlichen Transkription wiedergegeben. Die Titel von russischen Zeitschriften- und Zeitungsartikeln sind dagegen nur deutsch aufgeführt.

Kapitel 1

1 Wichtigste Quellen: W. I. Lenin, *Gesammelte Werke*, vierte russische Ausgabe Bd. 35, 36, 37, 43; G. Zinov'ev, *Pravda*, 16. April 1924 (russ.); L. D. Davidov, *Leninskaja gvardija planet*, o. O., o. J.; N. Valentinov, *Encounters with Lenin*, London 1968; A. Lunatscharski, *Profile der Revolution*, Frankfurt/Main 1968; B. Wolfe, *Drei, die eine Revolution machten*, Frankfurt/Main 1965; W. Gautschi, *Lenin als Emigrant in der Schweiz*, Zürich und Köln 1973; E. Wilson, *Auf dem Weg zum Finnischen Bahnhof*, Frankfurt/Main 1974.

2 Nichtsowjetische Historiker lehnen im allgemeinen die Behauptung der sowjetischen Historiker ab, daß die Hinrichtung seines Bruders Sascha Lenin zum Revolutionär gemacht habe – aber dabei erhebt sich die Frage: Wie definiert man einen Revolutionär? Die Fakten aus dieser Phase seines Lebens sind verschwommen. Vielleicht wurde er erst ca. vier Jahre nach Saschas Tod wirklich aktiv, nachdem er sich als Rechtsanwalt qualifiziert hatte, aber nichtsdestoweniger muß die Wirkung auf seine Studien und auf seine Lektüre ungeheuer gewesen sein.

Kapitel 2

3 Wichtigste Quellen: N. K. Krupskaja, *Erinnerungen an Lenin*, 2 Bde., Wien–Berlin 1929; R. Pipes, *Social Democracy and the St. Petersburg Labor Movement*; J. Freville, *Ines Armand* (franz.); B. Wolfe, *Drei, die eine*

Revolution machten und »Lenin and Inessa Armand« in *Slavic Revue*, 1963; R. H. McNeal, *Bride of the Revolution*, University of Michigan Press 1972; L. Trotzki, *Über Lenin*, Frankfurt/Main 1964, und *Mein Leben*, Berlin 1930; N. Valentinov, *Encounters with Lenin*; Lilina (Zina Zinov'eva), *Leningradskaja pravda*, Nr. 22/1924; W. B. Scharlau und Z. A. B. Zeman, *Freibeuter der Revolution*, Köln 1964; D. W. Treadgold, *Lenin and His Rivals*.

4 Um Verwirrungen zu vermeiden, bezeichne ich Josef Dschugaschwili hier schon als »Stalin«, obwohl er diesen Decknamen erst 1912 annahm, etwa fünf Jahre später.

5 Nach Marcel Body, einem Botschaftsassistenten von Alexandra Kollontai zu der Zeit, da sie sowjetische Botschafterin war, in »Alexandra Kollontai«, *Preuves*, April 1952.

Kapitel 3

6 Wichtigste Quellen: wie erstes Kapitel. Außerdem: Lenin, *Briefe*, Bd. 4, Berlin 1967; D. Suliašvili, *Begegnungen mit W. I. Lenin im Exil* (russ.); N. Suchanow, *1917, Tagebuch der russischen Revolution*, München 1967; L. Trotzki, *Geschichte der russischen Revolution*, Frankfurt/Main 1960; A. Kerenski, *Die Kerenski-Memoiren*, Wien–Hamburg 1966, und *The Catastrophe*, London 1927 (repr. New York 1971); M. Futrell, *Northern Underground*, London 1963; G. Safarov, »Über Genossen Lenin«, *Leningradskaja pravda*, Nr. 17/1925 (russ.); A. E. Senn, *The Russian Revolution in Switzerland, 1914–1917*, University of Wisconsin Press 1971.

7 Kerenski war der Führer der Trudowiki, einer kleinen Partei unter mehreren Parteien, die unter dem Banner der Sozialrevolutionäre arbeiteten.

8 Technisch gesehen waren die beiden Polizeiorganisationen des Zaren von der Provisorischen Regierung aufgelöst worden – möglicherweise wußte Lenin das noch nicht. Doch viele Mitglieder dieser beiden Organisationen gehörten jetzt zur Miliz, die Polizeiaufgaben erfüllte. Das sollte jedoch nicht mit Lenins Idee von der »Volksmiliz« verwechselt werden.

Kapitel 4

9 Wichtigste Quellen: Alle für die Reise nach Rußland verwendeten Quellen findet man vollständig im Literaturverzeichnis. Zehn von den Passagieren verfaßten Berichte von der Reise, entweder in Buchform oder in Form von Artikeln: Fritz Platten, Nadja (Krupskaja), Radek, Safarow, Sinowjew, Lilina (Sina Sinowjewa), Olga Rawitsch, Sokolnikow, Zchakaja und Suliaschwili.

Lenin selbst lieferte dem Sowjet eine kurze, nicht in die Einzelheiten gehende Darstellung. Weitere wichtige Quellen sind die Akten des deutschen Auswärtigen Amtes, die natürlich auch die Korrespondenz der Gesandtschaft in Bern enthalten; außerdem zwei Berichte des Schweizer Zolls sowie – was die britische Reaktion auf diese Reise angeht – die Akten des Foreign Office in London und das Buch *Theatre of Life* von Lord Esme Howard, dem vormaligen britischen Botschafter in Stockholm.

Zwei Autoren haben die deutschen Quellen untersucht – W. Hahlweg und Dr. Z. A. B. Zeman – und sehr hilfreiche Bücher zu diesem Thema verfaßt (nähere Angaben siehe Literaturverzeichnis). Nikolai Fritz Platten, Archivar und Sohn von Fritz Platten, hat dazu einen längeren Aufsatz geschrieben, in den der Verfasser freundlicherweise Einsicht nehmen durfte. Dieser Aufsatz ist zum Teil und ohne Querverweise in der Zeitschrift *Grani* abgedruckt worden. Auch die Biographie des sowjetischen Historikers A. Iwanow über Fritz Platten wurde herangezogen. Zwei andere sowjetische Autoren, Moskowski und Semjonow, berichten in ihrem Buch *Lenin in Schweden* von weiteren interessanten Details.

Die Beschreibung des plombierten Waggons und des Reiseweges fußt auf den Berichten der Passagiere, ergänzt durch sehr hilfreiche Angaben des Verkehrsmuseums der Deutschen Bundesbahn in Nürnberg zu den damaligen Eisenbahnbetriebsmitteln, zum Eisenbahnsystem und zur kriegsbedingten Situation in Deutschland.

Weitere Quellen für die Reise und die Ereignisse, die vor der Reise stattfanden: W. B. Scharlau und Z. A. B. Zeman, *Freibeuter der Revolution*; Arthur Siefeldt in *Bakinskij rabočij*, Nr. 24/1924 (zu Lenins Treffen mit Parvus); Erich Ludendorff, *Meine Kriegserinnerungen*, Berlin 1919, und *Kriegführung und Politik*, Berlin 1922; S. T. Possony, *Lenin*, Köln 1965; Barbara Tuchman, *The Zimmermann Telegram*, New York 1958; Paul Levi zitiert bei David Shub, *Lenin*, Wiesbaden 1952; Gérard Walter, *Lénine*, Paris 1971; Henri Guilbeaux, *Wladimir Iljitsch Lenin*, Berlin 1923.

10 Die von Fürstenberg geführte Gesellschaft gehörte zu 50% Parvus und zu 50% seinem Teilhaber Georgi Sklarz, der ebenfalls deutscher Agent war.

11 Daß dies an Parvus ging, läßt sich nicht zwingend beweisen, aber laut Scharlau und Zeman erhielt niemand sonst Summen dieser Größenordnung für politische Vorhaben in Rußland.

Kapitel 5

12 Wichtigste Quellen: wie viertes Kapitel.

13 Die genaue Zahl liegt etwas im dunkeln. Bei der Ankunft in Rußland sagte Lenin, die Gruppe bestünde aus 32 Teilnehmern. Das würde mit dem Papier übereinstimmen, das die Passagiere beim Mittagessen im

Zähringerhof unterschrieben. Darauf standen 29 Unterschriften. Nicht unterschrieben hatten Fritz Platten und die zwei Kinder, die laut Sina Sinowjewa mitfuhren (der vierjährige Robert und ihr Sohn Stepan). Als die Gruppe jedoch in Rußland eintraf, waren zwei nicht mehr dabei – Platten und Radek. Entweder war Lenin also bei der Ankunft in Rußland ungenau – vielleicht benutzte er als Unterlage für seine Schätzung das Papier aus dem Zähringerhof –, oder es fuhren noch andere Personen mit, deren Namen wir nicht kennen.

14 Platten spielte in seinem Buch das Verhalten der Schweizer Zollbeamten herunter. David Suliaschwilis Aussage, er sei erzürnt gewesen, wird jedoch durch Rapporte des Schweizer Zolls in Schaffhausen und Thayngen erhärtet, in denen es ebenfalls um diese Vorgänge geht.

15 Der sowjetische Historiker A. Iwanow gibt dafür keine Quelle an. In seiner Platten-Biographie weist er auch anderes Material nicht nach, das m. W. auch nirgends sonst existiert. Andere Fakten wiederum stimmen nicht. Diese Kritik trifft freilich auch für andere Erlebnisberichte über die Reise zu. Es möchte scheinen, daß Iwanow sich auf eine Darstellung eines der beiden deutschen Offiziere gestützt hat – vielleicht auf einen Bericht des Leutnants von Bühring. Allerdings ließ sich diese Vermutung in Moskau nicht erhärten. Als Quelle ist Iwanow nicht ganz verläßlich, aber er gehört dem Institut für Marxismus und Leninismus an, und sein Buch erschien im Sowjetischen Staatsverlag für politische Literatur. Es scheint keine politischen Aspekte zu geben, die eine Verzerrung oder Manipulierung der Fakten nach sich ziehen müßten.

16 Nadja schrieb, Robert habe nur französisch gesprochen. Karl Radek behauptete in der *Prawda*, er habe russisch gesprochen, aber Minsker Dialekt. Was Robert sagte, wird transkribiert als *wusk dues*. Dr. Harold Shukman vom St. Antony's College in Oxford meint, Radek habe sich geirrt. Er sagt, die o. a. Wendung sei im Russischen nicht identifizierbar, sie erinnere aber vage an die jiddische Wendung für »Was ist los?«.

17 Zitiert bei Moskowski und Semjonow in *Lenin in Schweden*.

18 Radek spricht in der *Prawda* von Ben Baverk, aber der Verfasser und alle, die er deswegen konsultierte, haben über diesen Theoretiker nichts ausfindig machen können.

Kapitel 6

19 Wichtigste Quellen: wie viertes Kapitel. Außerdem: Lilina (Zina Zinov'eva) in *Leningradskaja pravda*, Nr. 22/1924; B. V. Nikitin, *Rokovye gody* (Jahre der Entscheidung), Paris 1937.

20 Man nimmt an, daß Sina in dem noch verbleibenden Abteil zweiter Klasse saß. Es ist bekannt, daß Lenin ein Abteil zweiter Klasse hatte – vermutlich am Ende des Ganges, damit er besser arbeiten konnte –, daß

Radek und die anderen das Nachbarabteil hatten und die deutschen Offiziere das Abteil dritter Klasse am anderen Ende des Wagens. Platten berichtete, man habe bei den Abteilen zweiter Klasse den Frauen den Vorrang gegeben, und man vermutet, daß auch Sina und Helene Kon das nutzten. Vielleicht gilt das auch für Roberts Mutter, aber möglicherweise hat sie es auch vorgezogen, bei den anderen jüdischen Bundisten zu bleiben.
Außerdem ist es wahrscheinlich, daß Platten das Abteil dritter Klasse neben dem Abteil der Begleitoffiziere hatte. Auf diese Weise konnte man sich leichter miteinander verständigen.

21 Meine Quelle ist Zina Zinov'eva (in der *Leningradskaja pravda*, 1924). Interessanterweise schreibt sie nichts davon, ob Inessa an ihren Fahrradausflügen teilnahm oder nicht. Inessa wohnte damals in Longjumeau wie sie. Das kann Takt gewesen sein oder auch Eifersucht, denn Inessa stand nicht nur Lenin sehr nahe, sie hielt auch Vorträge an der Parteischule, Sina dagegen nicht. Vielleicht fuhr Inessa nicht gerne Rad. Trotzdem ist es seltsam, daß sie an diesen Wochenendbelustigungen nicht teilgenommen haben soll.

Kapitel 7

22 Wichtigste Quellen: wie viertes Kapitel. Außerdem: A. Lunatscharski, *Profile der Revolution*; Leonard Schapiro, *Die Kommunistische Partei der Sowjetunion*, Frankfurt 1962, und *The Origin of the Communist Autocracy*, London 1955; R. H. McNeal, *Bride of the Revolution*; John P. Nettl, *Rosa Luxemburg*, Köln–Berlin 1967 (über Radek und Fürstenberg); Viktor Mushtukov and Vadim Kruchina-Bogdanov, *Lenin and the Revolution*, o. O., o. J.

23 Die Tatsache, daß Lenin auf der Fahrt von der Schweiz nach Rußland seine Meinung änderte, können wir aus einem Vergleich ersehen: Seine Schriften aus der Schweiz, *nachdem* er von der Revolution erfahren hatte (insbesondere seine beiden Briefe an Alexandra Kollontai, die berühmten fünf *Briefe aus der Ferne* und der *Abschiedsbrief an die Schweizer Arbeiter*, der genau datiert ist und am Tag seiner Abreise in Zürich im Zähringerhof verlesen wurde), unterscheiden sich inhaltlich von den Aufzeichnungen und Berichten von seinen Reden am Abend der Ankunft in Petersburg und von seiner Rede im Taurischen Palast am Tag darauf, in der er seine Aprilthesen verkündete. Siehe V. I. Lenin, *The Revolution of 1917*, Bd. 1, o. O. 1929; N. N. Sukhanov, *The Russian Revolution 1917*, New York 1955; F. Raskolnikow in *Proletarskaja revoljucija*, Nr. 1/1923; Leo Trotzki, *Geschichte der russischen Revolution*. Es gibt kaum einen Zweifel daran, daß Lenin seinen Entschluß zum *Sprung* in den Sozialismus *nach* der Abreise aus der Schweiz und *vor* der Ankunft in

Rußland traf. Alle Quellen stimmen darin überein, daß dieser sein Entschluß Überraschung hervorrief. Die Meinungsänderung geht deutlich aus seinen Schriften hervor.
Der Umstand, daß er seine Ansichten über die Rolle des Sowjets änderte, ist etwas anfechtbar, denn er schrieb *vor* der Abreise aus der Schweiz etwas über die Vorbereitung der Sowjets auf die Machtübernahme, und es ist die Frage, was er damit genau meinte.
Nadja Krupskaja berichtete in ihren *Erinnungen an Lenin,* in der Schweiz habe Lenin nicht »von der Eroberung der Macht durch die Sowjets der Arbeiterdeputierten in der Zukunft« gesprochen, sondern von »der konkreten Vorbereitung zur Machtergreifung, von der Bewaffnung der Massen, vom Kampf um Brot, um Frieden und Freiheit«. Und daher möchte es scheinen, daß er die Sowjets eher als Mittel zur Organisierung der Arbeiter betrachtete, nicht als wirkliches Regierungsorgan.
Professor Leonard Schapiro von der London School of Politics and Economics (London University) meint in *The Origin of the Communist Autocracy:* »Nicht in der Schweiz entwickelte er die Doktrin, man solle die Phase der Mittelklasse im Verlauf der Revolution gar nicht erst beginnen lassen . . . Aus den Wochen des Wartens in der Schweiz findet sich nichts in seinen Schriften, das darauf hinwiese, daß der Sowjet und nicht das bewaffnete Volk die Macht ergreifen sollte.« In einem Brief an den Verfasser schrieb er ergänzend: »Wann immer er (Lenin) in der Schweiz davon spricht, daß die Sowjets die Macht ergreifen sollen, scheint er sie mit einer Art bewaffneter oder aufständischer Massen gleichzusetzen. In Rußland tritt die Umstellung dann klar zutage – jetzt beginnt er vom wirklichen, vom Petersburger Sowjet zu reden.«
Professor Robert H. McNeal, Vorstand des Departments für Geschichte an der University of Massachusetts, schreibt in seiner Krupskaja-Biographie *Bride of the Revolution:* Lenins »Aprilthesen waren für sie möglicherweise ein Schock, denn zu den Ansichten, die Lenin kurz vor der Abreise aus der Schweiz äußerte . . . hatte die Parole ›Alle Macht den Räten!‹ nicht gehört. Wenn Lenin auf der Fahrt nach Rußland zu seiner neuen Meinung gelangte, so erzählte er es jedenfalls niemand«.
Und schließlich ist es eine Tatsache, daß die Partei, als Lenin in Rußland eintraf, mehr als zwei Wochen Zeit gehabt hatte, seine beiden politischen Briefe an Alexandra Kollontai und den ersten seiner *Briefe aus der Ferne* zur Kenntnis zu nehmen. Und es gibt überhaupt keinen Zweifel daran, daß die Bolschewiki erstaunt waren, als er jetzt seine neue Politik darstellte. Also verstanden sie sehr wohl, daß sein Ruf nach der Macht für die Sowjets sich von dem unterschied, was er von der Schweiz aus an sie geschrieben hatte.

24 Jakob Fürstenberg war unter drei Namen bekannt: (1) Hanecki, sein polnischer Familienname, (2) Ganeckij, die russische Version seines Namens, transkribiert: Ganetzki, (3) Fürstenberg, sein Deckname.

25 Joel Carmichael, »German Money and Bolshevik Honour«, *Encounter*, März 1974.

26 Man muß Suliaschwili zwar als wichtige Quelle betrachten, weil er auf der Reise von Zürich nach Petersburg mit dabei war, aber die Art, wie er schreibt, ist sehr verdächtig, was das Politische und das Emotionale angeht. Es erstaunt, daß Lenin, der ihn kaum kannte, ihn für eine Strecke von fast tausend Kilometern in sein Abteil gebeten haben soll, obwohl im Zug sehr viel bessere Freunde von ihm saßen, etwa Charitonow. Interessant ist, daß Inessa, die – nach verschiedenen Quellen – in einem anderen Abteil des plombierten Waggons untergebracht war, zu diesem Zeitpunkt mit Lenin und Nadja im selben Abteil war – so Suliaschwili.

Gewiß sind Teile von Suliaschwilis Darstellung gefälscht und mit erfundenen Zutaten versehen, so etwa sein lebendiger Bericht darüber, wie Stalin die Reisenden als einziger Repräsentant der Partei in Beloostrow empfing.

Da uns aber über diesen Abschnitt der Reise keine anderen Quellen vorliegen, habe ich Suliaschwilis Darstellung verwendet – in der Annahme, daß er zumindest hier nicht lügt.

27 Lenin schlug diese Namensänderung in einer Rede am ersten Tag in Petersburg vor, was Suliaschwili, der seinen Bericht einige Jahre später verfaßte, genau gewußt haben dürfte. So, wie es hier steht, klingt es etwas unecht, aber gleichwohl ist es immerhin möglich.

Kapitel 8

28 Wichtigste Quellen: wie viertes Kapitel.

29 Die sowjetische Darstellung dieser Geschichte weicht von der meinen ab. Safarow, Sinowjew und Sina geben in ihren Berichten zu verstehen, die Soldaten seien »Defensisten« gewesen, also für die Fortführung des Kriegs bis zum siegreichen Ende eingetreten. Podwoiski zitiert hingegen Lenins erste Rede in Petersburg am Abend der Ankunft und behauptet, Lenin habe gesagt, die Soldaten seien einmütig der Meinung gewesen, der Krieg müsse jetzt beendet werden. Überdies hätten sie durch eine dramatische Geste angezeigt, daß sie ihre Bajonette in den Boden stecken wollten. Suchanow, der uns die gründlichste Aufzeichnung von Lenins Rede hinterlassen hat, erwähnt diesen Punkt nicht, was aber nicht zu heißen braucht, daß es nicht so gesagt wurde. Doch wurde Podwoiskis Buch 1958 veröffentlicht, fünf Jahre nach Stalins

Tod. Sinowjew existierte zu dieser Zeit praktisch nicht mehr in den Geschichtsbüchern. Ich habe mich also auf drei Autoren berufen, die damals an der Reise teilnahmen.

30 Es besteht Uneinigkeit darüber, wer dem Empfangskomitee angehörte – Raskolnikow sagt, Alexandra Kollontai sei dagewesen. Schljapnikow sagt, sie habe Lenin erst auf dem Finnländischen Bahnhof erwartet, einen großen Blumenstrauß in der Hand. In zwei Berichten wird behauptet, Stalin sei dagewesen. Der eine, servile, stammt von David Suliaschwili, der andere von Sinowjew. Er erschien nach Lenins Tod in der *Prawda* (1924). Andere Darstellungen sagen nichts von Stalins Anwesenheit. Auch die Krupskaja erwähnt ihn nicht. Man kann fast mit Sicherheit annehmen, daß Sinowjew aus taktischen Gründen so handelte.

Kapitel 9

31 Wichtigste Quellen: N. N. Sukhanov, *The Russian Revolution 1917;* Leo Trotzki, *Geschichte der russischen Revolution;* V. D. Bonč-Bruevič, *Na boevych postach Fevral'skoj i Oktjabr'skoj revoljucii (Auf den Kampfposten der Februar- und Oktoberrevolution)*, Moskau 1931; V. I. Lenin, *The Revolution of 1917;* A. Šljapnikov, *Semnadcatyi god (Das Jahr 1917)*, Moskau 1925–31; N. I. Podvojskij, *Semnadcatyj god*, o. O. 1958; Sir George Buchanan, *My Mission to Russia*, London 1923; Alexander Kerenski, *Die Kerenski-Memoiren* und *The Catastrophe;* P. B. Browder und A. Kerenski, *The Russian Provisional Government*, Stanford 1961; Elena Stasova, *Stranicy žisni i bor'by (Seiten des Lebens und Kampfes)*, Moskau 1957; Frank A. Golder, *Documents of Russian History, 1914–1917*, New York 1927; N. K. Krupskaja, *Erinnerungen an Lenin;* V. Mushtukov and V. Kruchina-Bogdanov, *Lenin and the Revolution;* A. Ilin-Genevsky, *From the February Revolution to the October Revolution*, o. O. 1917; Akten des britischen Außenministeriums sowie Zeitungsartikel (Zeitungen siehe Literaturverzeichnis).

Kapitel 10

32 Wichtigste Quellen: wie neuntes Kapitel. Außerdem: F. F. Raskolnikov, *In Kronstadt und »Pieter« 1917*, o. O. 1925 (russ.); E. A. Ross, *The Russian Bolshevik Revolution*, o. O. 1921; A Rabinowitsch, *Prelude to Revolution*, o. O. 1968.

Kapitel 11

33 Wichtigste Quellen: wie neuntes und zehntes Kapitel. Außerdem: Isaac Deutscher, *Der bewaffnete Prophet*, Stuttgart 1962; N. V. Sorokin, *Leaves from My Russian Diary*, o. O. 1925; Leo Trotzki, *Über Lenin* und *Mein Leben;* K. T. Swerdlowa, *Jakov Michailowitsch Swerdlow*, Berlin (DDR)

1964; Albert Rhys Williams, *Through the Russian Revolution*, New York–London 1967; B. V. Nikitin, *Rokovye gody*.
34 Laut Trotzki in *Über Lenin*.
35 Damit waren die zehn Minister im Kabinett gemeint, die keine Sozialisten waren.

Kapitel 12
36 Wichtigste Quellen: wie neuntes und elftes Kapitel. Außerdem: Erich Ludendorff, *Meine Kriegserinnerungen*.
37 Michael Futrell, *Northern Unterground*, S. 222.
38 Kerenski behauptet in seinen Memoiren, er sei abgereist, weil die Deutschen am 16. Juli die russischen Linien durchbrochen hätten. Ludendorff versichert in seinen Erinnerungen, daß der Angriff erst am 19. Juli erfolgte. Irgend etwas Bedrohliches an der Front erforderte jedoch selbstverständlich die Anwesenheit des Kriegsministers.
39 Einige Historiker, darunter Suchanow, haben behauptet, daß aus der *Prawda* der Aufruf zu einer friedlichen Demonstration entfernt wurde – damit hätte die Führung aus Furcht vor dem, was sie begangen hatte, die Leitung der Demonstration aus der Hand gelegt. Aus Quellen der Partei geht jedoch klar hervor, daß der Aufruf, *nicht* zu demonstrieren, entfernt wurde. Siehe auch Rabinowitsch, *Prelude to Revolution*.

Kapitel 13
40 Wichtigste Quellen: wie neuntes Kapitel ff., besonders aber Rabinowitsch, *Prelude to Revolution*. Außerdem: G. Sinowjew, »Lenin in den Julitagen« und *N. Lenin, Sein Leben und seine Tätigkeit*, Berlin 1920; N. Emeljanov, »Iljitsch in Rasliw«, *Znamja*, Nr. 2/1957.
41 Mehrere bedeutende Historiker – vor allem Professor Adam B. Ulam von der Harvard University und Dr. Harold Shukman vom St. Antony's College in Oxford – haben die Ansicht vertreten, daß Lenin den Juliaufstand organisierte. Meines Erachtens geht aus den vorliegenden Protokollen der Partei, aus Erlebnisberichten und nicht zuletzt aus Lenins Politik und Lenins Verhalten hervor, daß die Partei eindeutig außer Kontrolle geraten war, daß sie gegen Lenins Befehle rebellierte.

Kapitel 14
42 Wichtigste Quellen: G. Sinowjew, »Lenin in den Julitagen«, N. Emeljanov, »Iljitsch in Rasliw«; V. I. Lenin, *Toward the Seizure of Power*; A. Šotman, »Lenin im Versteck, Juli–Oktober«; K. Rovio, »Lenin verbirgt sich im Haus des Polizeichefs von Helsingfors«; E. Rahja, »Erinnerungen an Wladimir Iljitsch«; V. Nevskij, »Oktober 1917«; David Shub, *Lenin*; H. Jalava, »Zwei Begegnungen mit Iljitsch in einem Zug«.

43 Ich habe mich sehr auf Sinowjews detaillierte Schilderung des gemeinsamen Aufenthalts mit Lenin in Rasliw gestützt. Interessanterweise heißt es in der amtlichen sowjetischen Darstellung dieser Zeit, Lenin sei allein in Rasliw gewesen. Sinowjews Artikel wurde 1927 in der *Proletarskaja revoljucija* veröffentlicht. In diesem Jahr baute Stalin seine Macht aus, waren Sinowjews und Trotzkis Stern im Sinken begriffen. Der Herausgeber der Zeitung druckte eine Vorbemerkung ab, in der der Artikel kritisiert wurde – es hieß, Sinowjew beanspruche zuviel Ruhm für sich, was durchaus gestimmt haben mag, doch es wurde nicht bestritten, daß sein Bericht zutreffend war.
44 In Wirklichkeit war trotz der Wiedereinführung der Todesstrafe noch niemand erschossen worden.
45 Theoretisch hatte Lenin nichts gegen die Konstituierende Versammlung. Er machte es der Provisorischen Regierung sogar zum Vorwurf, daß sie absichtlich die Vorbereitungen zur Wahl hinauszögere. Aber er wandte sich gegen das Vorparlament, das, wie er sagte, manipuliert war, damit Kerenski es kontrollieren konnte.
46 Es bestehen beträchtliche Differenzen über den Tag, an dem Lenin nach Petersburg zurückkehrte. Zweifellos war er jedoch am 23. Oktober wieder in der Stadt. Ich halte mich hier an die amtlichen sowjetischen Quellen.

Kapitel 15
47 Wichtigste Quellen: L. Trotzki, *Geschichte der russischen Revolution* und *Mein Leben*; N. N. Sukhanov, *The Russian Revolution 1917*; N. I. Podvojskij, *Semnadcatyj god*; John Reed, *Zehn Tage, die die Welt erschütterten*, Wien–Berlin 1927, Berlin (DDR) 1967; Louise Bryant, *Six Months in Red Russia*, New York 1918; W. A. Antonow-Owsejenko, *Im Jahre Siebzehn*, Berlin (DDR) 1958; V. I. Lenin, *Toward the Seizure of Power*; M. Fofanova, »Erinnerungen an 1917«; V. Nevskij, »Oktober 1917«; A. Kerenski, *The Catastrophe* und *Die Kerenski-Memoiren*; V. Mushtukov and Kruchina-Bodanov, *Lenin and the Revolution*; E. A. Ross, *The Russian Bolshevik Revolution*, o. O. 1921; O. H. Gankin und H. H. Fisher, *The Bolsheviks and the World War*, Stanford 1940.
48 Die Quellen dieser wichtigen Sitzungen sind zum einen die dabei aufgenommenen Protokolle, außerdem Trotzkis Schilderung in *Geschichte der russischen Revolution* und *Über Lenin*, Suchanows, Kamenews und Sinowjews Brief an die Partei (siehe Gankin und Fisher), Mushtukov and Kruchina-Bogdanov *Lenin and the Revolution*, Gankin und Fisher, *The Bolsheviks and the World War*. Suchanov behauptet in seinem Buch, er habe nichts von diesem Treffen in seiner Wohnung gewußt, sondern erst danach davon erfahren, und spielt das ziemlich

hoch – hingegen versichert Alexander Solschenizyn im *Archipel Gulag*, er habe es sehr wohl gewußt.

49 Als Lenin im Jahre 1905 auf dem Weg nach Rußland war, schrieb er von Stockholm aus, der Sowjet könne »die Keimzelle einer provisorischen revolutionären Regierung« werden, doch als er in Petersburg eintraf und ihn in Aktion sah, änderte er seine Meinung. Er betrachtete ihn nun mehr als »Kampforganisation für bestimmte Zwecke«. Dies Konzept verdichtete sich später, und er behauptete, der Sowjet könne »tatsächlich überflüssig werden«.

50 Ich habe dies unter der Annahme hierhergesetzt, daß Kamenew bei der Sitzung das sagte, was er am nächsten Tag zu diesem Problem schrieb.

Kapitel 16

51 Wichtigste Quellen: wie fünfzehntes Kapitel. Außerdem: A. Belyšev, »Der Schuß von der Aurora«; V. D. Bonč-Bruevič, *Na boevych postach Fevral'skoj i Oktjabr'skoj revoljucii*, und Lenin in *Petrograd und Moskau* (russ.); P. Daščevič, »Die Oktobertage«; A. Ilin-Genevsky, *From the February Revolution to the October Revolution*, o. O. 1917; K. Mechonošin, »Kommandoposten des Kampfes in der Oktoberrevolution«; S. Pestkovskij, »Die Oktobertage in ›Pieter‹«; N. I. Podvoiskij, »Das Revolutionäre Militärkomitee«; C. Pentkovskij, »Das Revolutionäre Militärkomitee« und »Erinnerungen an den Oktoberaufstand . . .« in *Proletarskaja revoljucija*, Nr. 10/1922; Kamenew zitiert nach E. A. Ross, *The Russian Bolshevik Revolution*.

52 Diese kleine Geschichte wird von Historikern als russische Propaganda angezweifelt – das mag sein. Aber es kann sich durchaus auch so zugetragen haben, wie Rahja es schildert.

53 Kamenew behauptete, er habe diese Bezeichnung aufgebracht. Trotzki behauptete dasselbe für sich.

54 Trotzki gibt an, der Sprecher sei Dan gewesen, aber aus anderen Quellen geht klar hervor, daß es sich um Martow handelte.

Literaturverzeichnis

Das Literaturverzeichnis ist in drei Abschnitte gegliedert:

1. *Quellenmaterial zum plombierten Waggon und zur Reise von der Schweiz nach Rußland* (es wird diskutiert im vierten Kapitel, Anmerkung 9).
2. *Berichte von Personen,* die an den in diesem Buch beschriebenen Ereignissen teilgenommen haben (mit Ausnahme des plombierten Waggons und der Reise nach Rußland).
3. *Allgemeine Werke.* Am Ende findet sich ein Verzeichnis der verwendeten Zeitungen.

Wenn keine deutschen Ausgaben vorliegen, werden die fremdsprachigen Originaltitel genannt. Hinter russischen Verfassernamen, deren gängige Transkription von der wissenschaftlichen Transkription abweicht, wird in Klammern die wissenschaftliche Transkription wiedergegeben. Russische Buchtitel sind ebenfalls in der wissenschaftlichen Transkription aufgeführt. Die Titel von russischen Zeitschriften- oder Buchartikeln sind dagegen nur deutsch wiedergegeben.

Wenn eine Quelle mehrere der behandelten Perioden betrifft, wird sie zur Bequemlichkeit des Lesers in den jeweiligen Abschnitten aufgeführt. Dabei kann es zu Mehrfachnennungen kommen.

1. Quellenmaterial zum plombierten Waggon und zur Reise von der Schweiz nach Rußland *(einschließlich Abfahrts- und Ankunftsdaten)*

Bontsch-Brujewitsch, W. D. (Bonč-Bruevič, V. D.): Na boevych postach Fevral'skoj i Oktjabr'skoj revoljucii, Moskau 1931.

British Foreign Office Files: Correspondence between the Foreign Office and the ambassadors in Petersburg, Stockholm and Berne, the Admirality and internal documents, Public Record Office, London.

Drabkina, F.: »Die Ankunft von Genossen Lenin«, Proletarskaja revoljucija, Nr. 4/1927.

Elmsted, Genosse: »Im selben Zug wie Iljitsch«; »Erinnerungen des Lokführers (in Finnland)«, Leningradskaja pravda, Nr. 87, 16. April 1924.
Hahlweg, Werner: Lenins Rückkehr nach Rußland, Leiden 1957.
Howard, Lord Esme: Theatre of Life, o. O. 1935.
Ganeckij (d. i. Jakob Fürstenberg): »Die Ankunft von Genossen Lenin aus der Schweiz«, Proletarskaja revoljucija, Nr. 87/1924.
Iwanow, A. I. (Ivanov, A. I.): Fritz Platten, Moskau 1963.
Krupskaja, N. K.: Erinnerungen an Lenin, 2 Bde., Wien–Berlin 1929.
– »Vom Exil nach ›Pieter‹«, Pravda, Nr. 87, 16. April 1924.
Lenin, V. I.: The Revolution of 1917, 2 Bde., o. O. 1929.
– Gesammelte Werke (vierte russische Ausgabe), Bd. 19, 23, 35, 36, 43 sowie Bd. 37, S. 56 (Lenins Gepäck).
– Briefe, Bd. 4, Berlin (DDR) 1967.
Lilina (Zina Zinov'eva): »Genosse Lenin bricht nach Rußland auf«, Leningradskaja pravda, Nr. 87, 16. April 1924.
– »Mit Lenin im Exil«, Leningradskaja pravda, Nr. 22/1924.
Moskowski, P. W., und Semjonow, V. G. (Moskovskij und Semenov): Lenin in Schweden, o. O. 1972 (russ.).
Platten, Fritz: Die Reise Lenins im plombierten Wagen, Berlin 1924.
– »Lenin's Return« in They Knew Lenin, o. O. 1968.
Platten, N. F.: »Von der Spiegelgasse in den Kreml«, Grani, Nr. 77 und 79/1972.
Podwoiski, Nikolai (Podvojskij, Nikolaj): »Die Rückkehr«, Gudok, Nr. 17/1925.
Radek, Karl: »Im plombierten Wagen«, Prawda, Nr. 91, 20. April 1924.
Raskolnikow, F. F. (Raskolnikov): in Proletarskaja revoljucija, Nr. 13/1923.
Rawitsch, Olga (Ravič, Olga): »Die Reise durch Deutschland«, Pravda, Nr. 88, 18. April 1927.
– »Die Februartage in der Schweiz«, Katorga i ssylka (Zwangsarbeit und Verbannung), Bd. 1, o. O. 1927.
Safarow, Georgi (Safarov, Georgij): »Genosse Lenin«, Leningradskaja pravda, Nr. 87, 16. April 1924.
– »Über Genossen Lenin«, Leningradskaja pravda, Nr. 17/1925.
Schljapnikow, Alexander (Šljapnikov, Aleksandr): Semnadcatyj god, Moskau 1925–31.
Schweizerisches Bundesarchiv, Bern: Briefe des Zollamtsvorstands der Zolldirektion Schaffhausen und des Zollpostens Thayngen zu Lenins Durchreise (1920).
Sinowjew, Grigori (Zinov'ev, Grigorij): »Auf der Reise«, Pravda, Nr. 87, 16. April 1924.
Sinowjewa, Sina: → *Lilina.*

Sokolnikow, G. (Sokolnikov): »Die Rückkehr Lenins aus dem Exil«, Leningradskaja pravda, Nr. 90, 18. April 1928.
Stassowa, Jelena (Stasova, Elena): Stranicy žizni i bor'by, Moskau 1957.
Suchanow, N. N. (Suchanov): 1917, Tagebuch der russischen Revolution, München 1967; The Russian Revolution 1917, New York 1955; beides gekürzte Ausgaben des russischen Originals Zapiski o revoljucii.
Suliaschwili, David (Suliašvili): »Mit Lenin von der Schweiz nach Petrograd«, Zarja Vostoka (Tiflis), Nr. 781/1925.
– Begegnungen mit W. I. Lenin im Exil, o. O. 1957 (russ.).
Uljanowa, Maria (Uljanova, Marija): »Lenins Ankunft in Rußland«, in Vospominanija o V. I. Lenine, Bd. 3, Moskau 1960.
Zchakaja, Micha: »Begegnungen mit Lenin«, in Vospominanija o V. I. Lenine, Bd. 3.
Zeman, Z. A. B.: Germany and the Revolution in Russia, Documents from the archives of the German foreign ministry, London 1958.

2. Erlebnisberichte aus der Zeit zwischen Lenins Ankunft in Rußland und der Oktoberrevolution

Antonow-Owsejenko, W. A. (Antonov-Ovseenko, V. A.): Im Jahre Siebzehn, Berlin (DDD) 1958.
Belyschew, A. (Belyšev): »Der Schuß von der Aurora«, in Petrograd Oktjabr' 1917, Moskau 1957.
Bontsch-Brujewitsch, W. D. (Bonč-Bruevič): Na boevych postach Fevral'skoj i Oktjabr'skoj revoljucii.
– Lenin in Petersburg und Moskau, o. O. 1956 (russ.).
Bryant, Louise: Six Months in Red Russia, New York 1918, Nachdruck New York 1970.
Buchanan, Sir George: My Mission to Russia, 2 Bde., London 1923.
Černov: → *Tschernow.*
Černova: → *Tschernowa.*
Daschkewitsch, P. (Daškevič): »Die Oktobertage«, in Petrograd Oktjabr'.
Dserschinskaja, Sofia (Dzerzinskaja, Sofija): V gody velikich boev (In den Jahren der großen Kämpfe), Moskau 1964.
Erinnerungen an den Oktoberaufstand. Ein Treffen von Teilnehmern an der Oktoberrevolution am 7. November 1920 in Petrograd, Proletarskaja revoljucija, Nr. 10/1922.
Fofanowa, M. (Fofanova): »Erinnerungen an 1917«, Leningradskaja pravda, Nr. 19/1928.
Gorki, Maxim (Gorkij): Days with Lenin, London 1932.
– Lenin, o. O. 1967 (engl.).
Guilbeaux, Henri: Wladimir Iljitsch Lenin, Berlin 1923.

Ilin-Genewski, A. (Il'n-Ženevskij): From the February Revolution to the October Revolution, o. O. 1917.
Jalawa, Hugo (Jalava): »Zwei Begegnungen mit Iljitsch in einem Zug«, Leningradskaja pravda, Nr. 87/1924.
Jemeljanow, N. (Emeljanov): »Iljitsch in Rasliw«, Znamja (Das Banner), Nr. 2/1957.
Kamenew, L. B.: »Oktobertage«, zitiert bei *E. A. Ross* (→ 3. Abschnitt des Literaturverzeichnisses).
Kerenski, Alexander (Kerenskij, Aleksandr): The Catastrophe, London 1927, Nachdruck New York 1971.
– Die Kerenski-Memoiren, Wien–Hamburg 1966.
Kollontai, Alexandra (Kollontaj, Aleksandra): A Great Life, o. O. 1927.
Krupskaja, N. K.: Erinnerungen an Lenin.
Lenin, W. I.: Gesammelte Werke, 40 Bde., 1 Ergänzungsband und 2 Registerbände, Berlin (DDR) 1955–70.
– The Revolution of 1917, 2 Bde.
– Toward the Seizure of Power, 2 Bde., o. O. 1933.
Ludendorff, Erich: Meine Kriegserinnerungen, Berlin 1919.
– Kriegführung und Politik, Berlin 1922.
Lunatscharski, A. (Lunačarskij): Profile der Revolution, Frankfurt 1968.
Mechonoschin, K. (Mechonošin): »Kommandoposten des Kampfes in der Oktoberrevolution«, in Petrograd Oktjabr'.
Newski, Wladimir: »Oktober 1917«, in Petrograd Oktjabr'.
Nikitin, B. V.: Rokovye gody, Paris 1937, engl. The Fatal Years, o. O. 1938.
Pestkowski, S. (Pestkovskij): »Die Oktobertage in ›Pieter‹«, Proletarskaja revoljucija, Nr. 10/1922.
Piontkowski, C. (Pentkovskij): »Das Revolutionäre Militärkomitee in den Oktobertagen«, Proletarskaja revoljucija, Nr. 10/1927.
Podwoiski, N. I. (Podvojskij): Semnadcatyj god, o. O. 1958.
– »Die Militärorganisation des Zentralkomitees der Bolschewistischen Partei im Jahre 1917«, Krasnaja letopis', Nr. 8/1923.
– »Das Revolutionäre Militärkomitee und die Roten Garden während der Oktoberrevolution«, in Petrograd Oktjabr'.
Rahja, E.: »Erinnerungen an Wladimir Iljitsch«, in Vospominanija o V. I. Lenine.
Raskolnikow, F. F. (Raskolnikov): In Kronstadt und »Pieter« 1917, o. O. 1925 (russ.).
Reed, John: Zehn Tage, die die Welt erschütterten, Wien–Berlin 1927, Berlin (DDR) 1967.
Rovio, Kustaa: »Lenin verbirgt sich im Haus des Polizeichefs von Helsingfors«, in They Knew Lenin.

Saleschski, W. I. (Zaležskij, V. I.): »Die erste legale Sitzung des Petersburger Komitees«, Proletarskaja revoljucija, Nr. 13/1923.
Schljapnikow, A. (Šljapnikov): Semnadcatyj god.
– »Dem Oktober entgegen«, Proletarskaja revoljucija, Nr. 10/1924.
Schotman, Alexander (Šotman, Aleksandr): »Lenin im Versteck, Juli–Oktober«, in Vospominanija o V. I. Lenine, Bd. 1, Moskau 1956.
Siefeldt, Arthur, in Bakinskij rabočij (Baku), Nr. 10/1924.
Sinowjew, G. (Zinov'ev): »Lenin in den Julitagen«, Proletarskaja revoljucija, Nr. 8–9/1927.
– N. Lenin, Sein Leben und seine Tätigkeit, Berlin 1920.
– V. I. Lenin, o. O. 1924 (engl.).
Skariatina, Irina: A World Can End, o. O. 1931.
Sorokin, N. V.: Leaves from My Russian Diary, o. O. 1925.
Stassowa, Jelena (Stasova, Elena): Stranicy žizni i bor'by.
– So war Lenin, o. O. 1961 (engl.).
Suchanow, N. N.: The Russian Revolution 1917; 1917, Tagebuch der russischen Revolution.
Swerdlowa, K. T. (Sverdlova): Jakob Michailowitsch Swerdlow, Berlin (DDR) 1964.
Trotzki, Leo (Trockij, Lev): Geschichte der russischen Revolution, Frankfurt 1960.
– Über Lenin, Frankfurt 1964.
– Mein Leben, Berlin 1930.
Tschernow, W. M. (Černov, V. M.): Great Russian Revolution, o. O. 1936.
Tschernowa, A. (Černova): New Horizons, o. O. 1936.
Walentinow (d. i. N. V. Volskij): Encounters with Lenin, London 1968.
Williams, Albert Rhys: Through the Russian Revolution, New York–London 1967 (Nachdruck).

3. Allgemeine Werke

Abramowitsch, R. R. (Abramovič): Die Sowjetrevolution, Hannover 1963.
Agafanow, W. K. (Agafanov, V. K.): Die Ochrana im Ausland, o. O. 1918 (russ.).
Browder, P. B., und Kerenski, A.: The Russian Provisional Government 1917, 3 Bde., Stanford 1961.
Carr, E. H.: The Bolshevik Revolution, 3 Bde., New York 1950.
Chamberlain, W. H.: Die russische Revolution, Frankfurt 1958.
Dawidow, L. D. (Davidov): Leninskaja gvardija planet (über Fritz Platten), o. O. 1967.
Deutscher, Isaac: Der bewaffnete Prophet, Trotzki 1879–1921, Stuttgart 1962.

Fischer, Fritz: Griff nach der Weltmacht. Die Kriegszielpolitik des kaiserlichen Deutschland, Düsseldorf 1964.
Fischer, Louis: Das Leben Lenins, Köln–Berlin 1964.
Freville, J.: Inés Armand, o. O. 1957 (franz.).
Futrell, Michael: Northern Underground, London 1963.
Gankin, O. H., und Fisher, H. H.: The Bolsheviks and the World War, Stanford 1940.
Gautschi, Willi: Lenin als Emigrant in der Schweiz, Zürich–Köln 1973.
»German Foreign Office Documents on Financial Support to the Bolsheviks«, International Affairs, April 1956.
Golder, Frank A.: Documents of Russian History, 1914–17, New York 1927.
Katkov, George: Russia 1917, The February Revolution, London 1967.
Kuski, G. S. (Kuskij): Zug Nr. 293, o. O. 1965 (russ.).
Maskulja, A. B.: Micha Zchakaja, o. O. 1968 (russ.).
McNeal, Robert H.: Bride of the Revolution (N. K. Krupskaja), University of Michigan Press 1972.
Moorehead, Alan: The Russian Revolution, London–Glasgow 1958.
Mushtukov, V., and Kruchina-Bogdanov, V. (Muštukov, V., und Kručina-Bogdanov, V.): Lenin and the Revolution, o. O., o. J.
Nettl, J. P.: Rosa Luxemburg, Köln–Berlin 1967.
Payne, Robert: Lenin. Sein Leben und sein Tod, München 1965.
Possony, Stefan T.: Lenin, Köln 1965.
Rabinowitsch, A. (Rabinovič): Prelude to Revolution, o. O. 1968.
Ross, E. A.: The Russian Bolshevik Revolution, o. O. 1921.
Schapiro, Leonard (Šapiro): The Origin of the Communist Autocracy, London 1955.
– Die Geschichte der Kommunistischen Partei der Sowjetunion, Frankfurt 1962.
Scharlau, W. B., und Zeman, Z. A. B.: Freibeuter der Revolution (Parvus-Helphand), Köln 1964.
Senn, Alfred Erich: The Russian Revolution in Switzerland 1914–17, Madison, Milwaukee und London 1971.
Shub, David: Lenin, Wiesbaden 1952.
Shukman, Harold: Lenin and the Russian Revolution, London 1966.
Smith, E. E.: The Ochrana, o. O. 1967.
Treadgold, D. W.: Lenin and his Rivals. The struggle for Russia's future, New York 1955.
Tuchman, Barbara: The Zimmermann Telegram, New York 1958.
Ulam, Adam B.: Die Bolschewiki, Köln–Berlin 1967.
Vospominanija o Vladimire Il'iče Lenine (Erinnerungen an Lenin), 3 Bde., Moskau 1956, 1957, 1960.

Walter, Gérard: Lénine, Paris 1971.
Warth, Robert: The Allies and the Russian Revolution. From the fall of the monarchy to the peace of Brest-Litovsk, Durham 1954.
Wilson, Edmund: Auf dem Weg zum Finnischen Bahnhof, Frankfurt 1974.
Wolfe, Bertram: Drei, die eine Revolution machten, Frankfurt 1965.
– »Lenin and Inessa Armand«, Slavic Review, 1963.
Zeman, Z. A. B.: Germany and the Revolution in Russia, London 1958.
– A Diplomatic History of the First World War, London 1971.
– *und Scharlau: → Scharlau und Zeman.*

Zeitungen

Bakinskij rabočij (Der Bakuer Arbeiter)
Birževye vedomosti (Die Börsennachrichten)
Den' (Der Tag)
Gudok (Die Sirene)
Izvestija (Die Nachrichten)
Krasnaja letopis' (Die rote Chronik)
Novoe vremja (Die neue Zeit)
Pravda (Die Wahrheit)
Proletarskaja revoljucija (Die proletarische Revolution)
Reč (Die Rede)
Ruskaja volja (Die russische Freiheit)
Zarja vostoka (Das Morgenrot des Ostens)
Živoe slovo (Das lebende Wort)

Register

K

L

R

S